Theodor Fontane, geboren am 30. Dezember 1819 in Neuruppin, ist am 20. September 1898 in Berlin gestorben.

Unsere Literatur kennt nur wenige Erinnerungsbücher von wirklich hohem Rang. *Von Zwanzig bis Dreißig* zählt dazu – ebenso der autobiographische Roman *Meine Kinderjahre* (it 705). Im Mittelpunkt der Selbstdarstellung *Von Zwanzig bis Dreißig* stehen Fontanes Jahre als Apotheker in Berlin, Leipzig, Dresden und wiederum in Berlin. Er erzählt vom Alltagsleben, schildert Ereignisse des Jahres 1848 in Berlin, spricht von den Freunden, von Bernhard von Lepel, von Paul Heyse und von Theodor Storm. Er berichtet von seiner ersten Englandreise und schließlich davon, wie er seine Frau kennenlernt.

Von Zwanzig bis Dreißig – das ist Fontanes Leben in Berlin Mitte des vorigen Jahrhunderts. Farbiger, pointierter und liebenswürdiger ist diese Zeit nie wieder beschrieben worden.

insel taschenbuch 985

Fontane

Von Zwanzig bis Dreißig

Theodor Fontane (um 1843)
nach einem Kreideporträt von Friedrich Georg Kersting

THEODOR FONTANE

Von Zwanzig bis Dreißig

AUTOBIOGRAPHISCHES

Herausgegeben von Otto Drude
Mit zahlreichen Abbildungen
Insel Verlag

insel taschenbuch 985
Erste Auflage 1987

Hinweise zu dieser Ausgabe am Schluß des Bandes
Vertrieb durch den Suhrkamp Taschenbuch Verlag
Umschlag nach Entwürfen von Willy Fleckhaus
Satz: Fotosatz Otto Gutfreund, Darmstadt
Druck: Nomos Verlagsgesellschaft, Baden-Baden
Printed in Germany

1 2 3 4 5 6 - 92 91 90 89 88 87

INHALT

Berlin 1840

»Mein Leipzig lob' ich mir«

In Bethanien

Im Hafen

VON ZWANZIG BIS DREISSIG

Von »Zwanzig bis Dreißig« – unter diesem Titel gebe ich hier Autobiographisches und zwar im Anschluß an schon früher veröffentlichte Mitteilungen, die, mit meinem zwölften Lebensjahre abschließend, sich »Meine Kinderjahre« betitelten.

Es könnte danach beinahe scheinen, als ob ich, gewollt oder nicht gewollt, eine Lücke gelassen und einen Sprung über acht Jahre fort gemacht hätte. Dies ist aber nicht der Fall, weil ich vielfach auf die zwischenliegende Zeit von zwölf bis zwanzig zurückgegriffen habe. Noch häufiger freilich weit darüber hinaus, was denn auch schließlich diesem Buche seinen etwas unstatthaften Umfang gegeben hat. Ich sehe darin einen Uebelstand und empfinde denselben um so stärker, als ich wohl weiß, wie mißlich es ist, mit seinem Ich zu dauernd und zugleich zu weit und breit vor sein Publikum hinzutreten. Aber ich werde möglicherweise pardoniert, wenn ich an dieser Stelle schon verrate, daß ich, um ein bestimmtes Zuviel einigermaßen auszugleichen, von einer ursprünglich geplanten Weiterführung dieser meiner Erinnerungen Abstand genommen und vor mir selber diesen zweiten Teil auch zugleich als letzten proklamiert habe.

So blickt denn der momentan umdrängte Leser wenigstens in eine wolkenlose Zukunft und läßt diesen Blick ins Freie vielleicht mir und meinem Buche zugutekommen.

Berlin. Im Mai 1898 Th. F.

BERLIN 1840

ERSTES KAPITEL

In der Wilhelm Roseschen Apotheke (Spandauerstraße)

Ostern 1836 war ich in die Rosesche Apotheke – Spandauerstraße, nahe der Garnisonskirche – eingetreten. Die Lehrzeit war wie herkömmlich auf vier Jahre festgesetzt, so daß ich Ostern 40 damit zu Ende gewesen wäre. Der alte Wilhelm Rose aber, mein Lehr-Prinzipal, erließ mir ein Vierteljahr, so daß ich schon Weihnachten 1839 aus der Stellung eines »jungen Herrn«, wie wir von den »Kohlenprovisors« genannt wurden, in die Stellung eines »Herrn« avancierte. Der bloße Prinzipalswille reichte jedoch für solch Avancement nicht aus, es war auch noch ein Examen nötig, das ich vor einer Behörde, dem Stadt- oder Kreisphysikat, zu bestehen hatte und bei diesem vorausgehenden Akte möchte ich hier einen Augenblick verweilen.

Etwa um die Mitte Dezember teilte mir Wilhelm Rose mit, daß ich »angemeldet« sei und demgemäß am 19. selbigen Monats um halb vier Uhr nachmittags bei dem Kreisphysikus Dr. Natorp, Alte Jakobstraße, zu erscheinen hätte. Mir wurde dabei nicht gut zumut, weil ich wußte, daß Natorp wegen seiner Grobheit ebenso berühmt wie gefürchtet war. Aber was half es. Ich brach also an genanntem Tage rechtzeitig auf und ging auf die Alte Jakobstraße zu, die damals noch nicht ihre Verlängerung unter dem merkwürdigen, übrigens echt berlinischen Namen »Neue Alte Jakobstraße« hatte. Das noch aus der friderizianischen Zeit stammende, in einem dünnen Roccoco-Stil gehaltene Häuschen, drin Natorp residierte, glich eher einer Prediger- als einer Stadtphysikuswohnung, Blumenbretter zogen sich herum und ich fühlte deutlich, wie die Vorstellung, daß ich nunmehr einem Oger gegenüber zu treten hätte, wenigstens auf Augenblicke hinschwand. Oben freilich, wo, auf mein Klingeln, die Gittertür wie durch einen heftigen Schlag, der mich beinah wie mit einer Keule traf, aufsprang, kehrte mir mein Angstgefühl zurück und wuchs stark, als ich gleich danach dem Gefürchteten in seiner mehr nach Tabak als nach Gelehrsamkeit aussehenden Stube gegenüberstand. Denn ich sah deutlich, daß er von seiner Nachmittagsruhe kam, also zu Grausamkeiten geneigt sein mußte; sein Bulldoggenkopf, mit den stark mit Blut unterlaufenen Augen, verriet in der Tat wenig Gutes. Aber wie das so geht, aus mir unbekannt gebliebenen Gründen, war er sehr nett, ja geradezu gemütlich. Er nahm zunächst aus einem großen Wandschrank ein Herbarium und ein paar Kästchen mit Steinen heraus und stellte, während er die Herbariumblätter aufschlug, seine Fragen. Eine jede klang, wie wenn er sagen wollte: »Sehe schon, du weißt nichts; ich weiß aber auch nichts und es ist auch ganz gleichgültig.« Kurzum, nach kaum zwanzig Minuten war ich in Gnaden entlassen und erhielt nur noch kurz die Weisung, mir am andern Tage mein Zeugnis abzuholen. Damit schieden wir.

Als ich wieder unten war, atmete ich auf und sah nach der Uhr. Es war erst vier. Das war mir viel zu früh, um schon wieder direkt nach Hause zu gehn und da mich der von mir einzuschlagende Weg an dem Hause der d'Heureuseschen Konditorei vorüberführte, drin – was ich aber damals noch nicht wußte – hundertundfünfzig Jahre früher der alte Derfflinger gewohnt hatte, so beschloß ich bei d'Heureuse einzutreten und den »Berliner Figaro«, mein Leib- und Magenblatt, zu lesen, darin ich als Lyriker und Balladier schon verschiedentlich aufgetreten war. Eine spezielle Hoffnung kam an diesem denkwürdigen Tage noch hinzu.

Keine vierzehn Tage, daß ich wieder etwas eingeschickt hatte, noch dazu 'was Großes, – wenn das nun vielleicht drin stünde! Gedanke kaum gedacht zu werden. Ich trat also ein und setzte mich in die Nähe des Fensters, denn es dunkelte schon. Aber im selben Augenblicke, wo ich das Blatt in die Hand nahm, wurden auch schon die Gaslampen angesteckt, was mich veranlaßte, vom Fenster her, an den Mitteltisch zu rücken. In mir war wohl die Vorahnung eines großen Ereignisses und so kam es, daß ich eine kleine Weile zögerte, einen Blick in das schon aufgeschlagene Blatt zu tun. Indessen dem Mutigen gehört die Welt; ich ließ also schließlich mein Auge drüber hingleiten und siehe da, da stand es: »Geschwisterliebe, Novelle von Th. Fontane«. Das Erscheinen der bis dahin in mal längeren, mal kürzeren Pausen von mir abgedruckten Gedichte hatte nicht annähernd solchen Eindruck auf mich gemacht, vielleicht weil sie immer kurz waren; aber hier diese vier Spalten mit »Fortsetzung folgt«, das war großartig. Ich war von allem, was dieser Nachmittag mir gebracht hatte, wie benommen und mußte es sein; vor wenig mehr als einer halben Stunde war ich bei Natorp zum »Herrn« und nun hier bei d'Heureuse zum Novellisten erhoben worden. Zu Hause angekommen, berichtete ich nur von meinem glücklich bestandenen Examen, über meinen zweiten Triumph schwieg ich, weil mir die Sache zu hoch stand, um sie vor ganz unqualifizierten Ohren auszukramen. Auch mocht' ich denken, es wird sich schon rumsprechen und dann ist es besser, du hast nichts davon gemacht und dich vor Renommisterei zu bewahren gewußt.

*

Mit diesen Ereignissen schloß 1839 für mich ab und das neue Jahr 40 brach an. Ich wechselte nicht, wie das gewöhnlich geschieht, meine Stellung, sondern blieb noch fast ein

Jahr lang als Avancierter in meiner alten Position. Hatte dies auch nicht zu bedauern. Es war ein sehr angenehmes Jahr für mich, was in sehr verschiedenen Dingen und so sonderbar es klingt auch in der frischen politischen Brise, die damals gerade ging, seinen Grund hatte. Denn mit dem Sommer 1840, oder was dasselbe sagen will mit dem am 7. Juni erfolgten Tode Friedrich Wilhelms III., brach für Preußen eine neue Zeit an, und ich meinerseits stimmte nicht bloß in den überall um mich her auf Kosten des heimgegangenen Königs laut werdenden Enthusiasmus ein, sondern fand diese ziemlich illoyale Begeisterung auch berechtigt, ja pflichtmäßig und jedenfalls im hohen Maße gesinnungstüchtig. Jetzt denk ich freilich anders darüber und bekenne mich mit Stolz und Freude zu einer beinah schwärmerischen Liebe zu diesem lange nicht genug gewürdigten und verehrten Könige. Während meiner märkischen Arbeiten, die mich später, durch viele Jahre hin, mit allen Volksschichten in Dorf und Stadt in Berührung brachten, bin ich der Eigenart dieses Königs in von Mund zu Mund gehenden Geschichten und Anekdoten viele hundert Male begegnet und in immer wachsendem Grade habe ich dabei den Eindruck gehabt: welch ein herrlicher Mann! Wie mustergültig in seiner wundervollen Einfachheit und wie viel echte wirkliche Weisheit in jedem seiner, vom bloßen Espritstandpunkt aus angesehen, freilich oft prosaisch und nüchtern wirkenden Aussprüche. Wenn überhaupt noch absolut regiert werden soll, was ich freilich weder wünsche, noch für möglich halte, so muß es so sein. Ganz Patriarch. Man hat ihm den Beinamen des »Gerechten« gegeben und dann, nach berliner Art, darüber gewitzelt; aber dies Wort »der Gerechte« drückt es doch aus und weil es keine Phrase, sondern eine Wahrheit war, war es eine große Sache. Dazu kam noch eines: für mich hat das hohe Ansehen, das der so oft als unbedeutend erklärte König in seiner eigenen Familie genoß, immer eine besondere Bedeutung gehabt, wenigstens nach der moralischen Seite hin. Der kluge Kronprinz, so sehr er dem Vater überlegen war, war doch voll Verehrung und rührendster Liebe für ihn. Und so jedes Mitglied des Hauses, die Kinder wie die Schwiegerkinder. Selbst der eiserne Nicolaus konnte dem Zauber dieses schlichten Mannes, der trotzdem ein König war, nicht widerstehn. Er dachte nicht daran, wie's damals hieß, einen »Knäs« oder »Unterknäs« aus ihm machen zu wollen, sondern hatte nur, wie wahrscheinlich für keinen andern Sterblichen, ein Hochmaß von respektvoller und zugleich herzlicher Zuneigung für ihn. Das bewies er noch in des Scheidenden letzter Stunde.

So denn noch einmal, ein König, der, wie wenige, die Liebe seines Volkes verdiente, war an jenem 7. Juni 1840 heimgegangen, aber andrerseits war zuzugestehn – und darin lag die Rechtfertigung für vieles was geschah und nicht geschah – daß es *politisch* nicht so weiter ging; die Stürme von 89 und 13 hatten nicht umsonst geweht, und so war es denn begreiflich, daß das alt-französische »der König ist tot, *es lebe der König*« in vielen Herzen mit vielleicht zu freudiger Betonung der Schlußworte gesprochen wurde. Knüpften sich doch die freiheitlichsten und zunächst auch berechtigtsten Hoffnungen an den Thronfolger. Die Menschen fühlten etwas, wie wenn nach kalten Maientagen, die das Knospen unnatürlich zurückgehalten haben, die Welt plötzlich wie in Blüten steht. Auf allen Gesichtern lag etwas von freudiger Verklärung und gab dem Leben jener Zeit einen hohen Reiz. »Es muß doch Frühling werden.« Alle die, die den Sommer 40 noch miterlebt haben, werden sich dieser Stimmung gern erinnern.

Ich zählte, so jung und unerfahren ich war, doch ganz zu denen, die das Anbrechen einer neuen Zeit begrüßten und fühlte mich unendlich beglückt an dem erwachenden politischen Leben teilnehmen zu können. Allwöchentlich hatte ich, neben sonstigen Freistunden, auch einen freien Nachmittag und mit der Feierlichkeit eines Kirchengängers, ja sogar in der sonntäglichen Aufgeputztheit eines solchen, begab ich mich, wenn dieser freie Nachmittag da war, regelmäßig zu Stehely, um hier allerlei Zeitungen: die Kölnische, die Augsburger, die Leipziger Allgemeine etc. zu lesen. Dieser Wunsch wurde mir freilich immer nur sehr unvollkommen erfüllt, denn es war die Zeit der sogenannten »Zeitungstiger«, die sich unersättlich auf die Gesamtheit aller guten Zeitungen stürzten und diese, grausam erfinderisch, entweder auf dem Stuhl, auf dem sie saßen, oder unterm Arm – oder auch vorn in den Rock geschoben – unterzubringen wußten. Ein Einschreiten dagegen war nicht möglich, denn die betreffenden Herren waren nicht nur Stehelysche Habitués, sondern zugleich auch Leute von gesellschaftlicher Stellung. Es hieß also sich in Geduld fassen und manchmal wurde man auch belohnt. Aber selbst wenn alles ausblieb, so verließ ich trotzdem das Lokal mit dem Gefühl, mich, eine Stunde lang, an einer geweihten Stätte befunden zu haben.

*

In gehobener Stimmung nahm ich dann andern Tages meine Arbeit wieder auf und fand es in dieser Stimmung jedesmal leichter, mit meiner Umgebung zu verkehren.

Von dieser nun zunächst ein Wort.

Da war in erster Reihe der alte Wilhelm Rose selbst. Dieser – übrigens erst ein Mann in der ersten Hälfte der vierzig – war, auf Gesellschaftlichkeit hin angesehn, nichts weniger als interessant, aber doch ein dankbarer Stoff für eine Charakterstudie. Hätte man ihn einen Bourgeois genannt – ich weiß nicht, ob das Wort damals schon im Schwange war –, so hätte er sich einfach entsetzt; er war aber doch einer. Denn der Bourgeois, wie ich ihn auffasse, wurzelt nicht eigentlich oder wenigstens nicht ausschließlich im Geldsack; viele Leute, darunter Geheimräte, Professoren und Geistliche, Leute die gar keinen Geldsack haben, oder einen sehr kleinen, haben trotzdem eine *Geldsackgesinnung* und sehen sich dadurch in der beneidenswerten oder auch nicht beneidenswerten Lage, mit dem schönsten Bourgeois jederzeit wetteifern zu können. Alle geben sie vor, Ideale zu haben; in einem fort quasseln sie vom »Schönen, Guten, Wahren« und knixen doch nur vor dem goldnen Kalb, entweder indem sie tatsächlich alles was Geld und Besitz heißt, umcouren oder sich doch innerlich in Sehnsucht danach verzehren. Diese Geheimbourgeois, diese Bourgeois ohne Arnheim, sind die weitaus schrecklicheren, weil ihr Leben als eine einzige große Lüge verläuft. Daß der liebe Gott sie schuf, um sich selber eine Freude zu machen, steht ihnen zunächst fest; alle sind durchaus »zweifelsohne«, jeder erscheint sich als ein Ausbund von Güte, während in Wahrheit ihr Tun nur durch ihren Vorteil bestimmt wird, was auch alle Welt einsieht, nur sie selber nicht. Sie selber legen sich vielmehr alles auf's Edle hin zurecht und beweisen sich und andern in einem fort ihre gänzliche Selbstsuchtslosigkeit. Und jedesmal wenn sie diesen Beweis führen, haben sie etwas Strahlendes.

In diese Gruppe gehörte nun auch unser Wilhelm Rose, der, während er glaubte mit der längsten Elle gemessen werden zu können, doch schon bei gewöhnlichster Zollmessung zu kurz gekommen wäre. Vier und ein halbes Jahr lang hab ich ihm in die Karten sehen können. Er war der Mann der ewigen sittlichen Entrüstung und doch wenn beispielsweise feinere, also auch kostspieligere Drogen, an deren Beschaffenheit etwas hing, zu Kauf standen – ich mag hier keine Details geben –, so wurde daran nicht selten gespart, gespart also an Dingen, an denen schlechterdings nicht gespart werden durfte. Dann war er freilich auf zwölf

Stunden hin in einer kleinen Verlegenheit. Aber es war nicht die richtige. Er genierte sich bloß, weil er an die Möglichkeit, ja Wahrscheinlichkeit eines Kontrolliertsein's dachte.

Daß unser Wilhelm Rose nebenher auch den *zweiten* großen Bourgeoiszug hatte: *den*, alles was von ihm ausging oder ihm zugehörte, gründlich zu bewundern, versteht sich von selbst; *seine* Apotheke war die berühmteste, sein Laboratorium war das schönste, *seine* Gehülfen und Lehrlinge waren die besten oder doch wenigstens durch sein Verdienst am besten untergebracht und *seine* Kerbelsuppe (die wir jeden Mittwoch kriegten, – eine furchtbare Semmelpampe) war die frühlingsgrünste, die gesündeste, die schmackhafteste. Jegliches was seine Hand berührte, nahm schon dadurch einen Höhenstandpunkt ein, in Wahrheit aber war alles nur knapp zu mittelmäßig. Entschuldigt wurde diese tief in Komik getauchte Hochschätzung freilich durch zweierlei. Zunächst dadurch, daß die *ganze Zeit so war:* die Scheidung in echt und unecht, in reell und unreell, in anständig und unanständig, hatte damals noch nicht stattgefunden; alles, mit verschwindenden Ausnahmen, war angefleckt und angekränkelt. Es ist denn auch ein barer Unsinn, immer von der »guten alten Zeit« oder wohl gar von ihrer »Tugend« zu sprechen; umgekehrt, alles ist um vieles besser geworden und in der schärferen Trennung von gut und bös, in dem entschiedneren Abschwenken (namentlich auch auf moralischem Gebiete) nach rechts und links hin, erkenne ich den *eigentlichsten Kulturfortschritt*, den wir seitdem gemacht haben. Ich bin sicher, jeder, der sich auf solche Fragen und Dinge nur einigermaßen versteht, wird mir hierin beistimmen.

Aber der alte Rose, wie schon angedeutet, wurde nicht bloß durch die Zeitläufte, nicht bloß durch den allgemeinen Gesellschaftszustand entschuldigt, sondern ebenso sehr, oder vielleicht mehr noch, durch seinen speziellen Lebens-

1 *Apotheke »Zum weißen Schwan«*
Fontanes erste Lehrstelle bei Wilhelm Rose

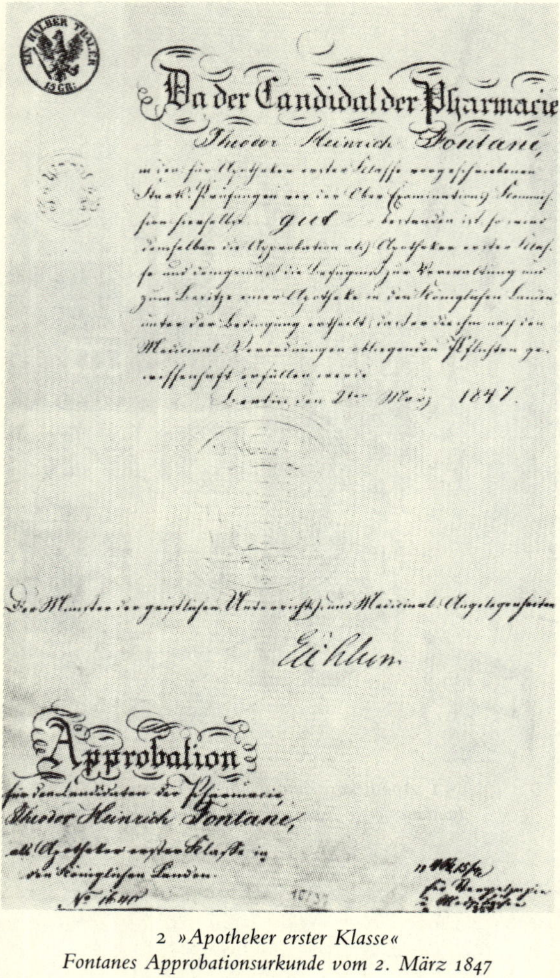
Da der Candidat der Pharmacie
Theodor Heinrich Fontane,
in den für Apotheker erster Klasse vorgeschriebenen Staats-Prüfungen vor der Ober-Examinations-Commission überhaupt gut bestanden ist, so wird demselben die Approbation als Apotheker erster Klasse und demgemäß die Befugniß zur Verwaltung und zum Besitze einer Apotheke in den Königlichen Landen unter der Bedingung ertheilt, daß er die ihm nach den Medicinal-Verordnungen obliegenden Pflichten gewissenhaft erfüllen werde.
Berlin, den 2ten März 1847.
Der Minister der geistlichen, Unterrichts- und Medicinal-Angelegenheiten
Eichhorn
Approbation
für den Candidaten der Pharmacie
Theodor Heinrich Fontane,
als Apotheker erster Klasse in den Königlichen Landen.

2 *»Apotheker erster Klasse«*
Fontanes Approbationsurkunde vom 2. März 1847

gang, will sagen durch das Milieu, darin er stand, auch, von Kindheit an, immer gestanden hatte. Sein Vater war ein ausgezeichneter Mann gewesen und seine beiden Brüder, Heinrich und Gustav Rose, waren es noch. Unter diesen beiden Berühmtheiten bewegte er sich als ein Unberühmter, immer beinah krampfhaft bemüht, sich durch irgend 'was Apartes als ein Ebenbürtiger neben ihnen einzureihn. Das führte denn natürlich zu lauter Halbheiten, unter denen sein Geschäft, sein guter Verstand und zuletzt auch sein Charakter zu leiden hatten. Er wurde mehr und mehr eine Zwittergestalt, ein Mann der Apotheker hieß, während er doch eigentlich keiner war, weil er sich eben zu gut dafür hielt und der nun allerlei Plänen und Aufgaben nachhing, zu deren Bewältigung er weder die äußeren noch die inneren Mittel besaß. Obenan stand hier das Reisen. Er ging darin so weit, daß er sich ganz ernsthaft einbildete, etwas wie ein Entdecker oder Forschungsreisender zu sein, eine Gruppe von Personen, zu der er sich in Wirklichkeit doch nur verhielt, wie ein Schlachtenbummler zu Moltke. Natürlich war er in Italien, Frankreich und England gewesen und hatte von London her – ganz charakteristisch für ihn und leider auch für unsre damaligen Gesamtzustände – die große Nachricht mitgebracht »daß das Annähen eines Knopfes einen Schilling koste«. Da hatte man den Weltreisenden, der über einen Sechser nicht fort konnte. Paris, London, Italien! Sein eigentlichstes Tummelfeld aber war die Schweiz. Hier bestieg er Berge bis zu 6000 Fuß und kam davon mit einer Siegermiene zurück, als habe sich etwas Ungeheuerliches zugetragen. Zu dieser Einbildung war er nun freilich bis zu einem gewissen Grade berechtigt; er litt nämlich, weil er kurzhalsig und ein Asthmatiker war, unter »Rigi« und »Schyniger Platte« ganz so, wie wenn er den Popokatepetl erstiegen hätte und unterzog sich dieser Unbequemlichkeit auch nur deshalb, weil er nur so seine zweite, größere und weit über die Reiserei hinausgehende

Leidenschaft zu befriedigen vermochte, die: vor einem aus jungen und zum Teil recht hübschen Professorenfrauen zusammengesetzten Kreise, seine Reisevorträge halten zu können. Er war dann, den ganzen Tag über, in einer höchsten Aufregung, schnaufte durchs ganze Haus hin – wie denn Schnaufen überhaupt eine Haupteigenschaft von ihm war – und schleppte dabei Reliefkarten und illustrierte Werke vier Treppen hoch auf einen kleinen achteckigen Turm hinauf, der, ganz oben, mit einem mit vielen bunten Aussichts-Glasscheiben reich ornamentierten Zimmer abschloß. Stieg man dann, und zwar durch eine aufzuklappende Lukentür, noch etwas höher hinauf, so hatte man, von einer umgitterten Plattform aus, einen wundervollen Ueberblick über Alt-Berlin. In diesem Turmzimmer, das nach Alchimie und Astrologie, nach Faust und Seni schmeckte, versammelten sich die zur Vorlesung geladenen Damen und ich sage schwerlich zu viel, wenn ich ausspreche, daß der alte Rose in diesem Allerheiligsten die glücklichsten Stunden seines Daseins verbracht habe. Daß die Damen von einem gleichen Glücksgefühl erfüllt gewesen wären, möchte ich bezweifeln, weil der Vortragende, in Verkennung seiner Gaben, auch allerlei Witziges und Humoristisches einzustreuen liebte, will also sagen grade das, was ihm, neben Grazie, die Natur am meisten versagt hatte.

Dies alles klingt nun ein wenig lieblos und ist insoweit auch unverdient, als mein Lehrherr, gemessen an der Mehrzahl seiner Kollegen, immer noch von einer gewissen Ueberlegenheit war; in einem allerwichtigsten Punkt aber war er doch wirklich um ein Erkleckliches schlimmer als diese. Das war, wie schon angedeutet, die tiefeingewurzelte Vorstellung von seiner sittlichen Potenz, eine Vorstellung, deren ungewöhnliches Höhenmaß nur noch von ihrer Unberechtigtheit übertroffen wurde.

So viel über König Artus selbst, woran ich zunächst nur

noch ein Wort über seine Tafelrunde, will sagen seine Gehülfen und Lehrlinge zu knüpfen habe. Diese Letztren, die Lehrlinge also, waren – was sich auch später, in andren Offizinen, immer wiederholte – allerliebste junge Leute, frisch, gescheit, talentvoll, aus denen, ausnahmslos, auch was geworden ist. Daß dem so sein konnte, lag daran, daß sie sämtlich aus guten Häusern stammten, also die berühmte »gute Kinderstube« gehabt hatten. Die Bedeutung davon ist meist entscheidend für's Leben und gar nicht hoch genug zu veranschlagen. Die altpreußische Redensart »je ärmer je besser« ist eine Torheit. Gäbe es eine einfache Armut, eine Armut an sich, so ließe sich über den Wert des bloßen Entbehrenlernens streiten; aber den von der landesüblichen Armut unzertrennlichen Druck, diesen und seine Wirkung – ein paar Kraftnaturen natürlich abgerechnet – werden die Durchschnittmenschen nicht wieder los. Und deshalb waren denn auch die Gehülfen ein vorwiegend minderwertiges Material, weil sie meist aus kleinen elenden Verhältnissen herkamen. Sie katzbuckelten und setzten sich dann zur Entschädigung auf's hohe Pferd, wo sie's irgendwie glaubten riskieren zu können. Scheiterten sie auch damit, so blieb ihnen immer noch das Intriguieren. Die besten waren deshalb in der Regel die, die sich schon der Karrikatur näherten und wenn sie nicht die besten waren, so waren sie doch jedenfalls die interessantesten. Unter diesen stand mein Freund Martin Döring obenan. Er war, eh er Apotheker wurde, mehrere Jahre lang in Wiesbaden oder Bibrich Soldat gewesen, weshalb wir ihn »unsren Nassau-Usinger« nannten. Er hatte ganz die Haltung eines kleinstaatlichen Unteroffiziers aus dem vorigen Jahrhundert, gradlinig und steif wie ein Ladestock, langer Rock, schwefelgelbe Weste und eine hohe schwarze Militärbinde. Martin Döring, ein guter Kerl, war wohl schon über vierzig. Unvergeßlich ist er mir durch ein besondres Malheur geworden, das eines Tages über ihn hereinbrach. Er war eigentlich sehr tugendhaft; einmal aber litt er doch Schiffbruch und kam dadurch in die Lage, sich eines Arztes versichern zu müssen. Er wählte dazu, höchst unklugerweise, den Roseschen Hausarzt, Geheimrat Dr. Bartels – Großvater des gegenwärtigen Sanitätsrats – der ihn einfach an die Luft setzte, nachdem er ihm vorher eine Rede gehalten, in der das Wort »ungehörig« in allen möglichen und zum Teil sehr starken Schattierungen wiederkehrte. Der arme Mensch wollte sich denn auch das Leben nehmen, beruhigte sich aber wieder, nachdem er sich, in einer beneidenswert würdigen Haltung, über »Humanität« und »Christliche Gesinnung«, die beide durch Bartels schwer geschädigt worden seien, gegen mich ausgesprochen hatte.

Zur selben Zeit, als wir uns dieses guten »Nassau-Usingers« erfreuten, hatten wir auch einen viven kleinen Sachsen in unsrer Mitte, der ein Bruder des damals noch unberühmten und seinen städtischen Beinamen noch nicht führenden Schulze-Delitzsch war. Dieser letztre, zu jener Zeit noch Assessor, sprach öfter bei uns vor und brachte mir seine nun wohl schon längst in Vergessenheit geratenen Dichtungen mit, an denen ich mich aufrichtig erbaute. Besonders an einem Liede, das glaub ich »der Verbannte« oder »der Geächtete« hieß und mit den Worten schloß:

Frei allein sind im Walde die Vögel,
Und ich, ich bin vogelfrei . . .

Das erschien mir großartig und ich war ganz hingerissen davon.

*

Ich habe bis hierher von den Personen im Hause gesprochen und möchte nun auch erzählen, wie das Leben darin war. Dies hatte manches Eigentümliche, was zum Teil an der lokalen Umgebung lag, zu der, wie schon eingangs erwähnt, auch die Garnisonskirche gehörte. Diese griff mannigfach in unser Leben ein. Meist um Ostern und Pfingsten herum, gab es in dieser Kirche große Musik-Aufführungen, Oratorien von Graun, Händel, Mendelssohn, und an solchem Oratoriumstage verwandelte sich dann unsre Apotheke in eine Art Tempelvorhalle, drin die Billets verkauft wurden. Ich war jedesmal der »Mann am Schalter« und hatte dabei das Vergnügen – statt der üblichen Sommersprossenschönheiten mit krausem roten Haar, die Kurellasches Brustpulver oder Lippenpomade kauften – ein gut Teil der vornehmen berliner Welt an meinem Schiebefenster erscheinen zu sehn. Zum Schluß dann, wenn an weitren Billetverkauf nicht mehr zu denken war, ging ich auch wohl selber in die Kirche, blieb aber nie lange. Der erste Eindruck, wenn die Töne mächtig einsetzten, war immer groß und ich fühlte mich wie gen Himmel gezogen; aber nach zehn Minuten schon kam eine gewisse Schläfrigkeit über mich, und ich machte dann, daß ich wieder fort kam. So ist es mir, bei großen Musikaufführungen, mein Lebelang ergangen. Man muß etwas davon verstehn, muß folgen können; kann man das nicht – und die Meisten bilden sich wohl nur ein, daß sie's können – so wird das »angenehme Geräusch« sehr bald langweilig. Ich bin überzeugt, daß gerade wirkliche Musiker mir hierin Recht geben werden; es ist eben nicht für jeden. Der berühmte Satz »Kunst sei für alle« ist grundfalsch; Kunst ist umgekehrt für sehr wenige und mitunter ist es mir, als ob es immer weniger würden. Nur das Beefsteak, dem sich leicht folgen läßt, ist in einer steten Machtsteigerung begriffen.

Unsre Apotheke war aber nicht bloß eine Verkaufsvorhalle für die Garnisonkirchen-Konzerte, der alte Rose suchte auch was darin, sein Haus selbst auf eine gewisse Kunsthöhe zu heben. Ohne was von diesen Dingen zu verstehn, fand er es doch fein und seines Namens würdig, sich um alles Dahingehörige zu kümmern und innerhalb eng gezogener Grenzen sogar den Mäzen zu spielen. Er verstieg sich dabei bis zu Bilderankäufen – kleine italienische Landschaften – und allerlei höhere Kunstleute gingen ein und aus, darunter Schinkel, der durch seine Frau ein ziemlich naher Verwandter des Hauses war. Trotz all dieser Allüren aber stand Kunst erst in zweiter Reihe; weit darüber hinaus wurde, wenigstens dem Anscheine nach, das Literarische gepflegt. W. Rose war Mitbegründer eines eine bestimmte Zahl von Professorenfamilien umschließenden Lesezirkels und jeden dritten oder fünften Tag erschienen moderne Bücher in merkwürdig guten Einbänden, die von mir in Empfang genommen und an eine für sie bestimmte Stelle niedergelegt wurden. Aber damit war auch eigentlich alles getan. Alle diese Bücher blieben an der erwähnten Stelle liegen und wanderten nur sehr ausnahmsweise die Treppe hinauf, in die Wohn- und Familienräume. Der Einzige, der wirklichen Nutzen davon zog, war ich. Mit besondrer Regelmäßigkeit erschien zu meiner großen Freude Gutzkows »Telegraph«, wahrscheinlich jedesmal ein Sammelband, der aus einer bestimmten Anzahl von Nummern bestehen mochte. Beinah alles, was ich vom »jungen Deutschland« weiß, weiß ich aus *der* Zeit her und Mundt, Kühne, Laube, Wienbarg – Gutzkows selbst ganz zu geschweigen – waren damals Haushaltsworte für mich. Von Wienbarg las ich eine mich ganz hinreißende Geschichte, die den Titel führte: »Byrons erste Liebe«. Wenn dann der alte Rose spät nach Mitternacht aus einer Gesellschaft heim kam und mich über der sonderbaren Lektüre betraf, so war er damit freilich nicht recht einverstanden, unter andern auch schon deshalb nicht, weil ich immer alle Flammen brennen ließ, also sehr viel Gas konsumierte. Daneben aber klang es in seiner glücklicherweise nicht bloß von Sparsamkeitsrücksichten, sondern auch von Eitelkeit erfüllten Seele: »Nun ja, ja, für gewöhnlich ginge das nicht, für gewöhnlich ist eben darauf zu halten, daß die jungen Leute ›den alten Hagen‹ – ein berühmtes altes Apothekerbuch – lesen. Dieser hier liest statt dessen Gutzkow. Zunächst durchaus ungehörig. Aber in der Roseschen Apotheke darf so was am Ende vorkommen: das ist eben *das*, wodurch wir uns von dem Gros der übrigen unterscheiden. Das Rosesche muß mit einer andern Elle gemessen werden.« Und so blieben mir die Kränkungen erspart, die sich sonst nur zu häufig an solche Dinge knüpfen.

*

So waren die Personen, so war das Leben im Hause, Schilderungen, bei denen ich bereits an mehr als einer Stelle mit einklingen ließ, wie mein eignes Tun verlief. Aber über diesen letztern Punkt möcht' ich mich doch noch etwas ausführlicher auslassen dürfen.

Die beste Zeit im Hause war immer der Sommer, wo wir, weil die Prinzipalität dann auf ganze Monate hin ausflog, uns selbst überlassen blieben und einem Vicekönige unterstellt wurden. Solche Vicekönige sind oft strenger als die eigentlichen Herrscher, aber man nimmt den Kampf mit ihnen doch leichter auf; man sieht ihre Autorität nicht für voll an oder geht davon aus: »ach, diese armen Teufel müssen eine Ernsthaftigkeitskomödie bloß spielen; eigentlich wären sie gern so ausgelassen wie ihr selbst.« Im ganzen lag es so, daß wir, während dieser herrenlosen Zeit, ordentlich und ehrlich unsre Schuldigkeit taten, aber in den Freistunden um vieles ungebundener auftraten. Ich nun schon gewiß. So lange ich Lehrling war, waren dieser Ungebundenheit immer bestimmte Grenzen gezogen, aber vom Sommer 1840 ab benutzte ich mein inzwischen eingetretenes Avancement zu allerhand Tollheiten und eines Tages gab ich sogar ein Fest, ein reines Bacchanal, wenn ich die Dürftigkeit der Mittel erwäge, die mir zur Verfügung standen. Mein im Hinterhause gelegenes Zimmer war ausgeräumt worden, um eine lange Tafel decken zu können, an der nun, bunt untereinander gemischt, meine ganze Kollegenschaft und meine literarischen Freunde saßen, unter diesen auch ein junger Offizier von der Garde, der aber wohlweislich seinen Offiziersrock mit einem Durchschnittscivil vertauscht hatte. Das Fest selbst galt meinem eben damals Berlin verlassenden Freunde Egbert Hanisch, den ich in einem spätren Kapitel ausführlicher zu schildern haben werde. Waldmeisterbowlen wurden in immer neuer Zahl und Menge gebraut, den ganzen Tisch entlang standen Vergißmeinnichtkränze in Schüsseln, Toaste drängten sich an Toaste und so sangen wir bis in die Nacht hinein. Mir ist nachträglich immer das hohe Maß von Freiheit erstaunlich, das sich die Jugend unter allen Umständen zu verschaffen weiß. Dabei muß ich noch hinzusetzen, daß das, was ich damals peccierte, nur ein schwacher Ausläufer dessen war, was, Mitte der dreißiger Jahre, meine Lehrlings-Vorgänger geleistet hatten. Einer dieser letztern war ein junger Falkenberg, entzückender Kerl, angehender oder auch schon etablierter Don Juan und dabei Sohn eines richtigen, in seiner Sphäre sogar berühmt gewordenen Polizeirats. Dieser junge Falkenberg nun – er besaß später die Viktoria-Apotheke, Friedrichstraße, dicht am Belle-Alliance-Platz – war ein Ausbund von Keckheit und Ausgelassenheit, worin er nur noch von seinem älteren Kollegen, einem Roseschen Neffen, übertroffen wurde. Mit diesem zusammen hatte Falkenberg, in Tagen und Wochen, wo sie gemeinschaftlich den Nachtdienst hatten, die ganze Spandauerstraßengegend devastiert und auf den Kopf gestellt und zwar dadurch, daß sie, der eine mit einer kleinen festen Leiter, der andere mit allerlei Handwerkszeug ausgerüstet, überall die Geschäftsschilder abbrachen und diese *vertauschten*, so daß wo beispielsweise »Pastor Berduscheck« wohnte, den Tag darauf »Hebamme Mittermeier« zu lesen war und umgekehrt. Wie sich denken läßt, kam es ihnen bei diesem Treiben darauf an, sich in Anzüglichkeiten zu überbieten. Mitunter aber scheiterten sie, wenn sie vor einem plötzlich sichtbar werdenden Nachtwächter die Flucht ergreifen mußten; in solchem Falle nahmen sie dann die bereits abgerissenen, aber noch nicht umgetauschten Schilder einfach als gute Prise mit nach Hause. Diese Prisenstücke hatten sich, wie sich denken läßt, im Laufe zweier Jahre zu einem förmlichen, in einem Kohlenkeller untergebrachten Museum erweitert. Da standen und lagen sie, verstaubt und vergessen, bis der endliche Abgang des vorgenannten Roseschen Neffen ihnen noch einmal zu einer fröhlichen Auferstehung verhalf. Falkenberg, dem Scheidenden ein Fest gebend, wandelte das gemeinschaftlich von ihnen bewohnte Zimmer in eine Art Ruhmeshalle um, drin all die geraubten Gegenstände, – darunter namentlich Doktorklingeln mit der Aufschrift »Nachtglocke«, so wie auch von Weißbier- und Budikerkellern abgebrochene »Genrestücke« – hoch aufgespeichert waren. Alle diese *Spolia opima* standen, lagen oder hingen umher, Tannengirlanden dazwischen und unter Absingung wehmutsvoller Lieder, gedachte man der schönen Räuberzeit, um auf immer Abschied von ihr zu nehmen.

Neben diesem Übermute verschwand natürlich *mein* Zauberfest, das, wenn ich nicht irre, in den Juli des Sommers vierzig fiel. Anfang September kam dann der alte Rose zurück. Ich seh' ihn noch, wie er mit einem Male vor uns stand: der auf kurzem Halse sitzende Kopf in einer Schnuren-Kapuze – wie man ihnen auf alten Schweizer- oder Hussitenbildern begegnet – dazu ganz verbrannt im Gesicht vom ewigen Bergklettern und die Augen leuchtend von Entdecker- und Erobererglück. Denn er hatte mal wieder an einer vor ihm noch unbetretenen Stelle gestanden, oder bildete sich's wenigstens ein.

Armer Enthusiast, Dein Glück sollte nicht lange dauern!

Gleich am anderen Morgen durchschritt er sein Gewese, zog sich dann, als er den Rundgang beendet, in sein nur durch einen schmalen Flur von der Apotheke selbst getrenntes Zimmer zurück und wollte hier sehr wahrscheinlich gleich mit Aufzeichnungen all der erlebten Herrlichkeiten beginnen. Aber das Schicksal hatte, für diesen Tag wenigstens, anders über ihn beschlossen. In seiner Abwesenheit nämlich, war es, unter den Gehilfen, zu Bildung zweier feindlicher Parteien gekommen, die sich nun gegenseitig verklagten und mich mitschleppten, um ihnen nötigenfalls als Zeuge dienen zu können. Jede Partei trug denn auch ihre Sache vor und der alte Rose hörte eine Weile ruhig zu, wenn man ein dampfmaschinenartiges Prusten und Schnauben ein ruhiges Zuhören nennen kann. Endlich aber unterbrach er die Zänkerei, weil er seinen Unmut nicht länger bezwingen konnte: »Meine Herren... ich bitte Sie... haben Sie Mitleid mit einem alten Manne. Haben Sie denn kein Gefühl für meine Lage... Da war ich drittehalb Monat in einer großen Natur, ja, meine Herren, in einer *sehr* großen Natur und nun komme ich zurück, erhoben in meinem Gemüt, erhoben und glücklich, und das Erste was ich hier hören muß, sind Ihre Nichtigkeiten, Ihre Kleinheiten, Ihre Jämmerlichkeiten. Oh, oh... Ich dächte, Sie hätten mehr Rücksicht auf mich nehmen können.«

Und so ging es noch eine Weile weiter.

Er hatte mit seiner »sittlichen Empörung« aber mal wieder total unrecht und erwies sich nur aufs Neue als jener Bourgeois, als den ich ihn schon eingangs zu schildern versucht habe. Wie's *uns* in den dritthalb Monaten ergangen war – gut genug, aber es konnte doch auch schlecht gewesen sein – war ihm vollkommen gleichgültig; er fand es »kleinlich« und »elendiglich«, daß sich zwei Menschen gezankt hatten, nicht weil sie sich überhaupt gezankt, denn er konnte sich auch zanken, sondern lediglich weil ihm dieser Zank unbequem war und ihn hinderte, seine Reisebeschreibung frischweg zu beginnen. Er hatte bloß einen Schein des Rechts auf seiner Seite. Daß es Interessen neben den seinigen gab, leuchtete ihm nicht ein; wir waren einfach Spielverderber. Er gehörte ganz in die Klasse der naiven Egoisten.

*

In eben diesem Sommer vierzig war ich sehr fleißig. Wie ies möglich war, ist mir in diesem Augenblicke ziemlich unfaßlich. Den Tag über treppauf treppab, so daß von Muße für Nebendinge keine Rede sein konnte, dazu nachts wenig Schlaf, weil nur allzuhäufig geklopft und geklingelt und ellenlange Rezepte durch eine kleine Kuckluke hineingereicht wurden. Ich weiß also wirklich nicht, wo die Zeit für mich herkam. Aber sie fand sich trotzdem. Ich kann es mir nur so erklären, daß meine geschäftliche Tätigkeit in zwei sehr verschiedene Hälften zerfiel und daß auf vier Wochen »Frontdienst« immer vier Wochen in der »Reserve« folgten. Der Frontdienst nahm mich jedesmal völlig in Anspruch, kam ich dann aber in die Reserve, das heißt in's Laboratorium, wo jede Berührung mit dem Publikum aufhörte, so besserte sich die Situation sehr wesentlich. Hier paßte mir alles vorzüglich und schon der hohe gewölbte Raum heimelte mich an; was mir aber ganz besonders zustatten kam, das war eine für mich wie geschaffene Beschäftigung, die meiner, durch einen glücklichen Zufall, hier harrte.

Dieser Zufall war der folgende.

Der alte Wilhelm Rose hatte geschäftliche Beziehungen nach England hin, und diese Beziehungen trugen ihm – immer natürlich mit der Elle von damals gemessen – enorme Bestellungen auf einen ganz bestimmten Artikel ein. Dieser Artikel hieß Quecken-Extrakt oder *Extractum*

Graminis. Jeder Eingeweihte wird nun lachen, weil er eben als Eingeweihter weiß, daß es keinen gleichgültigeren und beinah auch keinen obsoleteren Artikel gibt, als Extractum Graminis. In England aber muß es damals Mode gewesen sein, statt unsrer uns nach Marienbad und ähnlichen Plätzen führenden Brunnenkuren, eine Quecken-Extrakt-Kur durchzumachen, – nur so läßt es sich erklären, daß wir große Fässer davon nach London, ganz besonders aber nach Brighton hin, zu liefern hatten. Alles drehte sich um diesen Exportartikel. Mir fiel die Herstellung desselben zu, und so saß ich denn, tagaus tagein, mit einem kleinen Ruder in der Hand, an einem großen eingemauerten Zinnkessel, an dem ich, unter beständigem Umherpätscheln, die Queckensuppe kochte. Schönere Gelegenheit zum Dichten ist mir nie wieder geboten worden; die nebenherlaufende, durchaus mechanische Beschäftigung, die Stille, und dann wieder das Auffahren, wenn ich von der Eintönigkeit eben schläfrig zu werden anfing, – alles war geradezu ideal, so daß, wenn zwölf Uhr herankam, wo wir unser Räubercivil abzulegen und uns für »zu Tisch« zurecht zu machen hatten, ich die mir dadurch gebotene Freistunde jedesmal zum Niederschreiben all dessen benutzte, was ich mir an meinem Braukessel ausgedacht hatte. Bevor der Herbst da war, hatte ich denn auch zwei größere Arbeiten vollendet: eine Dichtung, die sich »Heinrichs IV. erste Liebe« nannte und einen Roman unter dem schon das Sensationelle streifenden Titel: »Du hast recht gethan.«

Der Stoff zu der erstgenannten epischen Dichtung war einer Zschokkeschen Novelle, der Roman einem Ereignis entnommen, das sich eben damals in einem abgelegenen Teile von Mark Brandenburg zugetragen hatte. Folgendes war der Verlauf. Eine schöne Amtsrats-Tochter, an einen Oberförster verheiratet, lebte seit ein paar Jahren in einer sehr glücklichen Ehe. Da mit einem Male stellte sich ein *mauvais sujet* bei ihr ein, ein Mann von kaum dreißig, der früher als Gärtner oder Jäger in ihres Vaters Diensten gestanden und mit dem sie damals ein Liebesverhältnis unterhalten hatte. Der forderte jetzt Geld, überhaupt Unterstützung von ihr, weil er arm und elend sei. Sie gab ihm denn auch was sie hatte. Dies wiederholte sich mehrere Male und weil ihre Mittel zuletzt erschöpft waren und sie nicht mehr aus noch ein wußte, der Strolch aber immer zudringlicher wurde, so beschloß sie der Sache ein Ende zu machen. Sie lud ihn in den Wald zu einer neuen Begegnung ein, zu der er auch kam und zwar bewaffnet, weil er der Sache nicht recht mehr trauen mochte. Ganz zuletzt aber, als er sich wieder in der Liebhaberrolle zu versuchen trachtete, war er unvorsichtig genug, das Gewehr bei Seite zu stellen. Im selben Augenblicke griff sie danach und schoß ihn über den Haufen. Dann ging sie zurück, um ihrem Manne zu sagen, wie's stünde. Dieser war mit allem einverstanden und sagte ruhig: »*Du hast recht gethan.*« Der Spruch der Gerichte, vor die die Sache kam, lautete auf etliche Jahre Gefängnis, ein Urteil, das der König in kurze Festungshaft in Glatz oder Kosel umwandelte. Nachdem die junge Frau hier Gegenstand allgemeiner Huldigung gewesen war, kehrte sie in die Oberförsterei zurück, von ihrem Manne im Triumph eingeholt. – So die Geschichte, die mich begeistert hatte; der Naturalist steckte mir schon im Geblüt. Was ich geschrieben, schickte ich an ein zu jener Zeit viel gelesenes Blatt, das glaub ich der »Volksfreund« hieß, erhielt es aber mit dem Bemerken zurück: »es ginge nicht; es sei zu anzüglich.« Ich beruhigte mich dabei und deponierte das Manuskript, weil ich bald danach Berlin verließ, in die Hände eines Bekannten von mir. Wie mir berichtet worden, ist dann alles viele Jahre später, während ich im Auslande war, irgendwo gedruckt worden, eine Sache, die mir mit einem andern Romane noch ein zweites Mal passiert ist. Es war, diese zweite Arbeit, die Übersetzung einer sehr guten Erzählung der Mrs. Gore. Titel: »The moneylender.« Ein armer Anfänger kann seine Sachen, sie seien gut oder schlecht, nie recht anbringen, weil er nicht Bescheid weiß; hat dann aber ein Geschäftskundiger, der mitunter in ziemlich sonderbarer Weise zu solchem Manuskripte gekommen ist, die Sache in Händen, so ist es für den wie bar Geld; kriegt er nicht viel, so kriegt er wenig.

»Du hast recht gethan« hatte für mich noch ein Nachspiel oder dergleichen, um dessentwillen ich überhaupt in solcher Ausführlichkeit bei der Geschichte verweilt habe.

Sommer zweiundneunzig, also *zweiundfünfzig Jahre* nach Niederschreibung jener Jugendarbeit, saß ich in einer Sommerwohnung in Schlesien, den schönen Zug des Riesengebirges als Panorama vor mir. Eines Morgens traf »eingeschrieben« ein ziemlich umfangreiches Briefpaket ein, augenscheinlich ein Manuskript. Absender war ein alter Herr, der, zur Zeit als Pensionär in Görlitz lebend, in seinen besten Mannesjahren Bürgermeister in jener Stadt gewesen war, in deren Nähe die vorerzählte Tragödie gespielt und in deren Mauern die Prozeßverhandlung stattgefunden hatte. Während seiner Amtsführung war ihm die Lust gekommen, sich eingehender mit jener cause celèbre zu beschäftigen und was er mir da schickte, war das den Akten entnommene Material zu einem, wie er mit Recht meinte, »märkischen Roman«. In den Begleitzeilen hieß es: »Ich schicke *Ihnen* das alles, denn Sie sind der Mann dafür, und ich würde mich freun, den Stoff, der mir ein sehr guter zu sein scheint, durch Sie behandelt zu sehn.«

Man stelle sich vor, wie das auf mich wirkte. Die Beantwortung des Briefes war nicht leicht und ich schrieb ihm ausweichend: »ich sei zu alt dafür.« Wenn aber dem liebenswürdigen Herrn diese »Mitteilungen aus meinem Leben« in Blatt oder Buch zu Gesicht kommen sollten, so wird er aus ihnen den eigentlichen Grund meiner Ablehnung ersehn. Ihm diesen eigentlichsten Grund zu schreiben, war *damals* unmöglich; es hätte auf ihn wirken müssen, wie wenn man einen freundlichen Anekdotenerzähler undankbar mit dem Zurufe: »kenne ich schon« unterbricht.

ZWEITES KAPITEL

Literarische Vereine.
Der Lenau-Verein: Fritz Esselbach, Hermann Maron, Julius Faucher

Am Schluß des vorigen Kapitels sprach ich von ein paar Arbeiten, einem kleinen Epos und einem längeren Roman, an denen ich während des Sommers 1840 arbeitete. Das leitet mich zu dem literarischen Verkehr hinüber, den ich damals hatte. Dieser war, auf meine bescheidenen Lebensverhältnisse hin angesehn, ein sehr guter zu nennen und machte mich ziemlich gleichzeitig zum Mitgliede zweier Dichtergesellschaften, deren eine sich nach *Lenau*, die andere nach *Platen* benannte. Den beiden Dichtern, die die Paten und Namensgeber dieser Vereine waren, bin ich bis diesen Tag treu geblieben.

Ich beginne mit dem *Lenau-Verein*, in den ich mich durch meinen Freund Fritz Esselbach eingeführt sah. Zunächst ein Wort über diesen meinen Freund.

*

Meine Bekanntschaft mit ihm – Fritz Esselbach – datierte schon von der Schule her und hatte sich so plötzlich und beinah so leidenschaftlich eingeleitet, wie sonst nur eine Liebe, nicht aber eine Freundschaft zu beginnen pflegt. Ich war auf einem märkischen Gut zu Besuch gewesen und machte von dorther die Rückreise nach Berlin mit einer jener immer nach Juchtenleder riechenden alten Fahrposten. Gleich nach Mitternacht kamen wir in Oranienburg an, in dessen Passagierstube mir ein schlankaufgeschossener junger Mensch von etwa fünfzehn Jahren auffiel, der für nichts andres Augen zu haben schien, als für seine drei jüngeren Geschwister. Ich wurde sofort von einem Gefühl stärkster Zuneigung erfaßt und sagte mir: »ja, so möchtest Du sein! ja, wenn Du solchen Freund je haben könntest!« Aber wer beschreibt mein Staunen und Entzücken, als ich denselben jungen Menschen am andern Morgen in meiner Schulklasse vorfand. Er hatte bis dahin dem »Joachimsthal« angehört und sich erst ganz vor kurzem entschlossen, das Gymnasium mit der Gewerbeschule zu vertauschen, weil ihm alte Sprachen zu schwer wurden. Er war überhaupt von sehr mäßigen Anlagen, aber von einem ganz ausgezeichneten Charakter, fein, vornehm, treu, gütig. Leider auch ein wenig sentimental und dabei ganz Idealist, was verhängnisvoll für ihn wurde. Ziemlich spät, als er schon Mitte der zwanzig sein mochte, begann er sich der Landwirtschaft zu widmen und ging zu diesem Behufe nach Schlesien, allwo er denn auch, nachdem er sich in höherem Mannesalter glücklich verheiratet hatte, gestorben ist. In den Jahren aber, die seiner Verheiratung weit vorausgingen, ging er durch schwere Prüfungen. Er hatte sich auf dem Gut, auf dem er die Landwirtschaft zu lernen begann, in ein Hofemädchen verliebt, so leidenschaftlich, so bis zum Sterben, daß er sie zu heiraten beschloß. Ihr ganz ungewöhnlicher Liebreiz, mit natürlicher Klugheit gepaart, ließ diesen Entschluß auch als verständig erscheinen. Er gab sie, nach Breslau hin, in Pension, um sie hier heranbilden zu lassen und ersehnte den Tag ihrer Vereinigung. In den Sternen aber war es anders beschlossen; seine halb väterliche pädagogische Fürsorge, die es mit Bildung und Erziehung ganz ernst nahm, erschien dem reizenden Geschöpf alsbald nur langweilig und komisch und so wandte sie sich andern Göttern zu. Das Verlöbnis mußte wieder gelöst werden, nachdem es ihm ein Stück seines besten Herzens gekostet hatte.

Sommer 1840 aber, um die Zeit, von der ich hier erzähle, standen diese schmerzlichen Ereignisse noch weit aus und Fritz Esselbach erfreute sich froher, glücklicher Tage, die die natürliche Folge seiner großen Beliebtheit waren. Er war in mehr als einem Kreise heimisch und bewegte sich innerhalb der Finanz- und Beamtenwelt mit derselben Leichtigkeit wie innerhalb der Bourgeoisie. Gelegentlich nahm er mich in diese Kreise mit und so kam es meinerseits zu Gastrollen.

Von einer dieser Gastrollen, und zwar einer innerhalb der Bourgeoisie gegebenen, spreche ich hier zuerst.

»Weißt Du«, so hieß es eines Tages seinerseits, »Du könntest mir eigentlich eine Polterabendrolle schreiben und wenn Du's noch besser mit mir vorhast, so schreibst Du Dir selber auch eine und begleitest mich.«

»Wo ist es denn?«

»Es ist bei einem Hofschlächtermeister in der Klosterstraße. Dicht neben dem ›Grünen Baum‹.«

»O, das ist ja meine Gegend. Von da fahren ja immer unsre Ruppiner Hauderer ab. Ich bin nämlich mit Permission ein Ruppiner.«

»Nun gut; nimm das als einen Fingerzeig.«

Und wirklich, ich schrieb nicht bloß *ihm*, sondern auch *mir* eine Polterabendrolle. Von der seinigen weiß ich nichts mehr, die meinige aber war die eines ruppigen, den linken Fuß etwas nachziehenden und als Hochzeitsgeschenk eine Amor- und Psyche-Gruppe bringenden Gipsfigurenhändlers. Der Triumph war vollständig und größer als ich ihn je wieder in meinem Leben erlebt habe. Daran denkt man gern zurück. Aber auch sonst noch war der Abend von großem Interesse für mich, denn ich habe mich damals zum ersten und zum letzten Male in einem wirklich reichen altberliner Bürgerhause bewegt. Ich empfing davon, in jedem Anbetracht, den allergünstigsten Eindruck. Daß es hoch her ging, daß die Festräume von Lichtern und Gold und Silber glänzten, versteht sich von selbst, aber es ging zugleich auch ein völlig aristokratischer Zug durch das Ganze, der sich, neben anderm, ganz besonders darin aussprach, daß, bei freundlichstem Entgegenkommen, alles von einer gewissen Reserviertheit begleitet war. Wie's innerhalb derselben Sphäre heutzutage steht, kann ich mit Sicherheit nicht angeben, aber ich möchte, nach Beobachtungen auf einigermaßen angrenzendem Gebiete, beinah glauben, daß wir seitdem keine sonderlichen Fortschritte gemacht haben. Vielleicht war es auch ein ganz besonders gutes Haus.

Das zweite Mal, wo sich Fritz Esselbach, und zwar unter Assistenz einer ringellöckigen Dame, meiner bemächtigte, stand wieder ein Polterabend in Sicht, aber diesmal in einem ganz andern Kreise. Der bis vor kurzem noch unter uns lebende, längst zu einer Celebrität gewordene Professor Kummer, verheiratete sich mit einer Mendelssohnschen Tochter und der Polterabend wurde Neue Kommandantenstraße gefeiert, im Hause der Brauteltern. Ich traf etwas verspätet ein, als man eben schon die Plätze vor der im Saal aufgeschlagenen Bühne verlassen wollte. Voll großer Güte gegen mich aber machte man kehrt, nahm die Plätze wieder ein und ließ sich eine Gärtnerburschenrolle, will also sagen das denkbar trivialste, ruhig und selbst unter Beifallsbezeigungen gefallen. Trotzdem war es, gemessen an meinem als Gipsfigurenhändler eingeheimsten Erfolge, kaum ein succès d'estime, worüber mich auch die große Liebenswürdigkeit der Wirte wie der Gäste nicht täuschen konnte. Vorn, im Zuschauerraum, stand ein Militär, Stabsoffizier, der sich, als ich von der Bühne herab in den Saal trat und da umherirrte, mit mir armen verlegenen Jungen entgegenkommend unterhielt. Anderthalb Jahrzehnte später verging kaum ein Gesellschaftsabend im Franz Kugler'schen Hause, wo mir nicht Gelegenheit gegeben worden wäre, die Bekanntschaft von damals zu erneuern. Er, der sich meiner an jenem Polterabende so freundlich angenommen hatte, war ein Schwager Franz Kuglers, der Major – spätere General – Baeyer, der berühmte Geodätiker, Schöpfer seiner Wissenschaft.

*

Fritz Esselbach, überall mein Introdukteur, führte mich auch, wie schon eingangs hervorgehoben, in den Lenau-Club ein. Den Anstoß dazu gab aber nicht meine Dichterei, sondern eine ganz zufällige Begegnung, ohne welche meine Bekanntschaft mit diesem Dichterverein vielleicht nie stattgefunden hätte. Von dieser Begegnung zunächst ein Wort.

Wir, Fritz Esselbach und ich, kamen vom Tiergarten her und schlenderten über den Karlsplatz fort, auf die Oranienburgerstraße zu, an deren entgegengesetztem, also ganz in der Nähe des Haack'schen Marktes gelegenen Ende Fritz Esselbach wohnte. Als wir bis an die Ecke der Auguststraße gekommen waren, sah ich, daß hier, eine Treppe hoch, gerad' über der Tür eines Materialwarenladens, ein junger Mann im Fenster lag und seine Pfeife rauchte. Fritz Esselbach grüßte hinauf. Der junge Mann, dem dieser Gruß galt – ein Mädchenkopf, mit einer in die Stirn gezogenen gelben Studentenkappe – wirkte stark renommistisch; noch viel renommistischer aber wirkte seine Pfeife. Diese hatte die Länge eines Pendels an einer Turm- oder Kirchenuhr und hing, über die Ladentür fort, fast bis auf das Straßenpflaster nieder. Vor der Ladentür, weil gerade »Oelstunde« war, war ein reger Verkehr, so daß die Pfeife beständig Pendelbewegungen nach links oder rechts machen mußte, um den Eingang für die Kunden, die kamen, frei zu geben. Natürlich wär' es für den Ladeninhaber, der zugleich Hausbesitzer war, ein Kleines gewesen, sich dies zu verbitten, er ließ den Studenten da oben aber gern gewähren, weil dieser seltsame Schlagbaum ein Gegenstand stärkster Anziehung, eine Freude für die Dienstmädchen der ganzen Umgegend war; alle wollten an der Studentenpfeife vorbei.

»Wer ist denn das?« fragte ich. »Du grüßtest ja hinauf.«

»Das ist Hermann Maron.«

»Kenn' ihn nicht.«

»Dann mußt Du ihn kennen lernen. Er macht auch Verse, ja, ich glaube besser als Du. Nächsten Sonnabend ist Sitzung unseres Lenau-Vereins. Ich bin selber erst seit kurzem Mitglied, aber das tut nichts; ich werde Dich einführen.«

Und so geschah es. Zu festgesetzter Stunde stieg ich mit meinem Freunde die schmale stockdunkle Stiege hinauf und wurde, nachdem wir uns bis ins Helle durchgetappt hatten, einem in einem kleinen und niedrigen Zimmer versammelten Kreise junger Männer vorgestellt. Es waren ihrer nicht viele, sechs oder acht, und nur zwei davon haben später von sich reden gemacht. Der eine war der von jener flüchtigen Begegnung her mir schon bekannte Hermann Maron selbst, der andere war Julius Faucher. Beide vollkommene Typen jener Tage.

Hermann Maron, unser Herbergsvater, gab den Ton an. Er war aus einem sehr guten Hause, Sohn eines Oberforstmeisters in Posen, und hatte sich, von Jugend an maßlos verwöhnt, in völlige Prinzenmanieren eingelebt. Selbst der skeptische und an Klugheit ihm unendlich überlegene Faucher unterwarf sich ihm, vielleicht weil er, wie wir alle, in den bildhübschen Jungen verliebt war. Dazu kam Marons offenbare dichterische Ueberlegenheit. Eins seiner Gedichte führte den Titel: »Ich mach' ein schwarzes Kreuz dabei«, Worte die zugleich den viermal wiederkehrenden Refrain des vierstrophigen Liedes bildeten. Mutter, Freund,

Geliebte sind vor ihm hingestorben und die Frage tritt jetzt an ihn heran, was seiner wohl noch harre, in Leben, Liebe, Glück. Und »ich mach' ein schwarzes Kreuz dabei« lautet auch hier wieder, vorahnend, die Antwort. Sein Leben war ein verfehltes und jäh schloß es ab.

Meine Bekanntschaft mit ihm war damals, Sommer 1840, nur von kurzer Dauer, auch kamen wir uns nicht recht näher, weil ich, trotz des glatten Gesichts, ja, ich möchte fast sagen, um desselben willen, etwas Unheimliches an ihm herausfühlte. Vier, fünf Jahre später sah ich ihn flüchtig wieder. Er war in manchem verändert, nur nicht darin, daß er durchaus Sensation machen mußte. Sonderbarerweise verfuhr er dabei ganz nach seinen früheren Inszenierungsprinzipien. Er wohnte zu jener Zeit zwei Treppen hoch in der Kronenstraße und gefiel sich, ganz ähnlich wie früher, darin, sich zur Erbauung der Vorübergehenden derart ins offne Fenster zu setzen, daß seine Beine, links und rechts neben dem Fensterkreuz herunterhingen. So saß er da, lesend, rauchend, während drüben das Abendrot über den Dächern hing.

Dann – aber erst geraume Zeit später – ersah ich aus den Zeitungen, daß er sich einer nach Ostasien (Japan) bestimmten staatlichen Expedition angeschlossen habe, deren Chef Graf Fritz Eulenburg, der spätere Minister des Innern, war. Marons Stellung zu Graf Fritz Eulenburg, der wohl eine Vorliebe für derartig aparte Persönlichkeiten haben mochte, war die denkbar beste, so daß sich ihm, dem sichtlich Bevorzugten, eine glänzende Zukunft zu bieten schien. Er gab auch ein Buch über Japan heraus, das sehr gerühmt wurde. Trotzdem wollte es nichts Rechtes mit ihm werden, so daß er es schließlich als ein großes Glück ansehen mußte, daß sich eine reiche, nicht mehr junge schlesische Dame in ihn verliebte. Die Vermählung fand statt und es folgten halbwegs glückliche Jahre, wenn das Gefühl, aus den Schulden und Verlegenheiten heraus zu sein, ausreicht, einen Menschen glücklich zu machen. In diesen Jahren sah ich ihn wieder, als einen Sechziger, oder doch nicht viel jünger. Es war in einem großen Zirkel bei Wilhelm Gentz, dem Afrikamaler, Hildebrandtstraße 5.

»Alle Wetter, Fontane, daß ich Sie hier wiedersehe. Wie geht es Ihnen?«

»La la.«

»Ja, la la. Gott, wenn ich an die Auguststraße zurückdenke und unsere Verse. Viel ist nicht dabei 'rausgekommen. Ich müßte Sie denn ausnehmen.«

Das Verbindliche, das in der Schlußwendung zu liegen schien, bedeutete nicht viel, denn der Spott überwog.

Ich versuchte nun von Japan und Graf Eulenburg zu sprechen. Aber er unterbrach mich und sagte: »Ach, lassen wir doch das. Ich will Sie lieber mit meiner Frau bekannt machen. Ich bin nämlich verheiratet.« Und dabei wies er, während er übermütig lachte, auf eine, ein paar Schritte zurückstehende Dame.

Die alte Dame selbst hatte ein unbedeutendes, aber sehr gutes und freundliches Gesicht und man sah deutlich, daß sie, trotzdem seine Haltung nur Ueberheblichkeit und keine Spur von Respekt ausdrückte, doch nur für ihn lebte. Wir tauschten unsre Karten aus und wollten uns besuchen und von alten Zeiten sprechen.

Es kam aber nicht dazu, denn nicht sehr viel später schied er aus dem Leben. Es verlief so. Das Vermögen der Frau war aufgezehrt und er bezog eine Wohnung, wenn ich nicht irre ganz in Nähe des Oranienburgertors, nur wenig hundert Schritt von jener Auguststraßenecke entfernt, wo ich ihn vierzig Jahre früher kennen gelernt hatte. Die Verlegenheiten wurden immer größer und er beschloß seinen Tod. Sein Verfahren dabei war Maron vom Wirbel bis zur Zeh. Er zeigte sich übrigens, als die Stunde da war, nicht ohne eine gewisse, wenn auch nur von Dankbarkeit und vielleicht mehr noch von Charakterkenntnis diktierten Liebe zu seiner Frau und so kam es denn, daß er sich die Frage stellte: »ja, wenn Du nun fort bist, was wird alsdann aus dieser Armen, die nie für sich denken und handeln konnte? Das Beste ist, sie stirbt mit.« Und so saßen sie denn auf dem Sofa der immer öder gewordenen Wohnung und nahmen ein allereinfachstes Frühstück ein. Die Frau, ahnungslos, ließ es sich schmecken und noch den Bissen im Munde, traf sie die tödliche Kugel. Im nächsten Augenblick schoß er sich selbst durch die Schläfe.

Charakteristisch war auch der an den Hauswirt gerichtete Brief, der sich auf seinem Schreibtisch vorfand. Er entschuldigte sich darin, daß er nicht bloß die Miete nicht gezahlt, sondern durch sein Tun auch das Weitervermieten erschwert habe. Das war sein Letztes. »Ich mach' ein schwarzes Kreuz dabei.«

*

Viel bedeutender als Maron und überhaupt der weitaus Bedeutendste des ganzen Kreises war Julius Faucher. Nur sehr wenige sind mir in meinem langen Leben begegnet, die reicher beanlagt gewesen wären und keinen habe ich kennen gelernt, an dem man das, was man damals ein »Genie« nannte, so wundervoll hätte demonstrieren können, wie an ihm. Ich sage mit Vorbedacht »damals«; jetzt denkt man Gott sei Dank anders darüber. Man weiß jetzt, daß ein Philister ersten Ranges ein großes Genie sein kann, ja, erst recht, während man sich ein solches, in den dreißiger und vierziger Jahren, ohne bestimmte moralische Defekte nicht gut vorstellen konnte. Jedes richtige Genie war auch zugleich ein Pump- und Bummelgenie. Von dieser Regel gab es nur wenig Ausnahmen.

Faucher erschien in den Sonnabendsitzungen, die, wie schon kurz erwähnt, bei Maron stattfanden, mit großer

Pünktlichkeit, sprach aber wenig, weil ihn unser lyrisches Treiben eigentlich langweilte, nicht aus Mangel an literarischem Verständnis, sondern umgekehrt, weil er von künstlerischem Sinn mehr besaß als wir. Er hatte die feinere Zunge und zeigte sich vor allem als der kritisch Ueberlegene. Die Hauptsache waren ihm die Kneipereien, die sich an die »Sitzungen« anschlossen. An mir nahm er ein gewisses Interesse, was halb schmeichelhaft halb unschmeichelhaft war. Er sah mich aus seinen klugen Augen an und schien dabei sagen zu wollen: »es ist doch unglaublich, was noch für Menschen vorkommen.« Einmal lud er mich ein, ihn zu besuchen. Seine Wohnung war Unter den Linden, die Nachbarecke von Kranzler. Wenn ich nicht irre, führten breite Außentreppen, wie man sie in Schweizer Häusern sieht, zu seinem in einem Hofflügel gelegenen Zimmer hinauf. Man sah, wenn man eintrat, sofort, daß er aus einem guten Hause stammte; von der herkömmlichen Oedheit einer Berliner Chambre garnie zeigte sich nichts, alles war eigentümlich und anheimelnd zugleich und statt der »Philöse« erschien ein hübsches Mädchen, das den Tee brachte.

»Nun lieber Fontane, es ist nett, daß Sie gekommen sind. Ich habe Sie gebeten, um Sie heute Abend mit einem Dichter bekannt zu machen.«

Er sah wohl an meinen Augen, daß ich, nach diesen seinen Einleitungsworten, einen zweiten Besucher erwartete.

»Nein«, lachte er, »nicht so. Der Dichter, mit dem ich Sie bekannt machen will, liegt hier schon auf dem Tisch. Und es ist niemand anders, als unser Schutzpatron Lenau. Sie kennen ihn nicht, das haben Sie mir letzten Sonnabend freimütig gestanden; aber die andern, die sich alle für Lenau-Enthusiasten halten, kennen ihn eigentlich auch nicht. Maron kennt die Schilflieder; damit schließt so ziemlich seine ganze Weisheit ab.«

3 *Blick auf Berlin, um 1860 (F. A. Borschel)*

4 *Berlin – Unter den Linden – Kranzlerecke*

»Die Schilflieder?«

»Ja. Und ich freue mich, daß Sie sie noch nicht kennen, denn ich komme dadurch zu dem Vergnügen, Ihnen diese wundervollen Sachen vorlesen zu können.«

Und nun begann er. Ich war hingerissen, was ihn sichtlich freute. »Ja, Freund«, nahm er wieder das Wort, »da kommt nun freilich unser Maron nicht gegen an, trotzdem er sich's beinah einbildet. Aber diese Schilflieder, das ist noch gar nichts; hören Sie weiter.«

Und nun las er mir aus der ersten Abteilung – nur etwa dreißig Seiten, die aber das Beste enthalten, was Lenau geschrieben hat – noch etliche Sachen vor: Nach Süden, Dein Bild, Das Mondlicht, Nächtliche Wandrung, Bitte, Das Posthorn.

Der Eindruck auf mich war ein großer, überwältigender. Drei Tage später hatte ich die Gedichte. Das damals erstandene Exemplar hat mich durch's Leben hin begleitet und ich lese noch darin. Ich würde das noch öfter tun, wenn ich die vorgenannten Stücke nicht auswendig wüßte. Sie sind meine Lieblinge geblieben. Der Mehrzahl haftet etwas Schmerzrenommistisches an, aber trotzdem finde ich sie schön bis diesen Tag.

Im Herbst 1840 verließ ich Berlin und kam, wie von dem ganzen Kreise, so auch von Faucher ab. Erst fünf Jahre später sah ich ihn wieder. Ich war damals in der Schachtschen Apotheke, Ecke der Friedrichs- und Mittelstraße. Eines Abends, auf dem Heimwege, sah ich mich, keine dreißig Schritt mehr von meiner Wohnung entfernt, von sechs, acht Strolchen, die sofort einen Kreis um mich schlossen, angebettelt. Alle hatten die Rockkragen in die Höhe geklappt und die Mützen und Hüte tief 'runter gezogen; ein paar humpelten, einer schien bucklig oder wenigstens mit sehr hoher Schulter. Dieser trat an mich heran, streckte mit gemachter Aengstlichkeit seine hohle Hand gegen mich aus und sagte: »Herr Jraf, bloß

Zweigroschen.« Es war Faucher. Ich hätte nun sagen können, »Faucher, seien Sie nicht verrückt.« Aber das wäre Spielverderberei gewesen und hätte vielleicht auch zu sonderbaren Auseinandersetzungen geführt. Ich suchte also nach dem geforderten Geldstück und weil ich ein solches leider nicht finden konnte, mußte ich mich mit einem Viergroschenstück loslösen, wofür ich unter devoten Bücklingen und heitrem Gejohle im Hintergrunde, belobt wurde. Bald darauf erfuhr ich, daß die Raubzüge dieser Bande mit einer Art Regelmäßigkeit unternommen würden, immer in nächster Nähe der Linden, und daß sie's dabei bis auf mehrere Taler brächten, die dann sofort im Kap-Keller – zweites Haus in der Friedrichstraße – verkneipt wurden.

Aus welchen Elementen sich die Bande zusammensetzte, hab ich nie sicher in Erfahrung gebracht. Wahrscheinlich fanden sie sich zufällig zusammen, vielleicht aber waren es auch einige der berühmten »Sieben Weisen aus dem Hippelschen Keller«, die den damaligen eigentlichen Umgang Fauchers bildeten. Alle Sieben haben eine Rolle gespielt. Es waren, wenn ich recht berichtet bin, die folgenden: Bruno Bauer, Edgar Bauer, Ludwig Buhl, Max Stirner, Leutnant St. Paul und Leutnant Techow. Der siebente war eben Faucher selbst.

Zu diesen hier Genannten, mit Ausnahme von Buhl und Stirner, bin ich zu verschiedenen Zeiten in wenigstens lose Beziehungen getreten. Bruno Bauer sah ich, zwanzig Jahre später, als er das Wagnersche Konversationslexikon schrieb, allwöchentlich einmal auf der Kreuzzeitungs-Druckerei, wenn er in seinen Schmierstiefeln, mit Knotenstock und Schirmmütze, von Rixdorf nach Berlin hereinkam. In einem späteren Kapitel erzähl' ich davon. Seine Bedeutung steht fest; mein Geschmack aber war er offen gestanden nicht. Mit seinem Bruder Edgar war ich in den fünfziger Jahren in England oft zusammen. Er stand wohl, in der Hauptsache, dem älteren Bruder um ein Erhebliches nach, war ihm aber an Witz und glücklichen Einfällen überlegen. Nur *ein* Beispiel stehe hier für viele. Gleich nach dem Regierungsantritt König Wilhelms war auch Edgar Bauer, wie so viele Flüchtlinge, von London nach Berlin zurückgekehrt, sah sich aber hier alsbald in Preßprozesse verwickelt und wurde durch den Landgerichtsrat Pielchen verurteilt. Er verkündete dies seinen Lesern in einem Leitartikel, der, wie folgt, anhob: »Wie den Individuen, so werden auch den Völkern alle Gnadengeschenke nach einer besonderen Skala zugemessen, – England hatte vordem seinen Peel, Preußen hat jetzt sein Pielchen.« Ueber meine Begegnung mit Saint Paul habe ich in meinem Scherenberg-Buche ziemlich ausführlich berichtet und Leutnant Techow lernte ich im Herbst 48 kennen, als er, als Festungsgefangener, oder vielleicht auch erst in Untersuchungshaft, in den Kasematten von Spandau saß. Der Tag ist mir unvergeßlich. Ein Verwandter von mir, ein in der Pepinière lebender Bataillonsarzt, forderte mich zu dieser Techow-Expedition auf, deren eigentlicher Unternehmer Dubois-Reymond war. Dieser hat sich auch späterhin, als er längst eine Weltberühmtheit geworden, in einer schönen und mich erschütternden Weise als Freund Techow's bekannt und seinen Fürsprecher gemacht. Leider ohne Erfolg. Ich sage »leider«, aber nur aus menschlicher Mitempfindung heraus, während ich im übrigen der kriegsministeriellen Entscheidung, die Techow für immer vom vaterländischen Boden ausschloß, zustimme. Es gibt eben Dinge, Gott sei Dank nicht oft, bei denen nicht gespaßt werden darf und wo der ausnahmsweise *wirkliche* Ernst der Sache – das Meiste ist bloß Larifari – das Gemütlichsein verbietet... Wir trafen also Nachmittag bei Techow ein. Die Kasematte, drin er saß, glich einem in einen Eisenbahndamm eingeschnittenen Kellerraum, hatte aber nichts sonderlich Bedrückliches. Techow war lebhaft, quick, elastisch. Was gesprochen wurde, weiß ich nicht mehr, trotzdem ich sonst immer bei unalltäglichen Gelegenheiten gut aufzupassen verstand. Ueber Techow's weitres Leben zu berichten, über seine Flucht, seinen Aufenthalt erst in London, und dann in Melbourne – wo er Droschkenkutscher war – und endlich über seine Rückkehr an die Heimatstür, um an dieser abgewiesen zu werden, – dazu ist hier nicht der Ort. Ich erzähle deshalb lieber ein paar Einzelheiten aus dem Leben, das die »Sieben Weisen des Hippelschen Kellers« damals führten, gleich hinzusetzend: relata refero.

Einige Mitglieder des Kreises verheirateten sich. Der Erste, der es wagte, war der seitdem so berühmt gewordene Stirner. Seine Frau hatte etwas Geld, das, der Weisheit der »sieben Weisen« entsprechend, sofort in einem großen Gesamt-Unternehmen angelegt werden sollte. Man beschloß, eine »Milchwirtschaft« einzurichten und zwar nach demselben Prinzip, das viele Jahre später, von dem praktisch klugen Bolle zu seinem und der ganzen Stadt Segen glorreich durchgeführt wurde. Die »Sieben« unternahmen Reisen auf die umliegenden Dörfer – ich hätte dabei sein mögen, wenn zum Beispiel St. Paul mit einer jungen Melkerin im Kuhstall verhandelte – und schlossen mit zahllosen Pächtern und Bauerngutsbesitzern Kontrakte über Milchzufuhr ab. Von einem bestimmten Tage an hatte jeder so und so viele Quart zu liefern. Das Bureau und die Keller-Räume, alles ganz großartig, befanden sich in der Bernburgerstraße. Die Milch kam denn auch, aber die Käufer blieben aus und nachdem schließlich mehrere Tage lang ein gewisser saurer Milchton die ganze Bernburgerstraßenluft durchzogen hatte, sah man sich genötigt, eines Nachts den ganzen Vorrat in die damals noch in Blüte stehenden Berliner Rinnen ablaufen zu lassen.

Das Vermögen der Frau Stirner war hin.

Aber die »Sieben« waren nicht die Leute, sich solche

Bagatellen zu Gemüte zu nehmen. Ihre gute Laune blieb dieselbe, vor allem ihr Uebermut, der nur in Form und Gegenstand beständig wechselte. Sie trieben dergleichen sportsmäßig und Schraubereien standen ihnen obenan. In Stehely's Konditorei hatten sich damals ein paar Korrespondenten eingenistet, die mehrere süddeutsche Blätter von Klang und Namen mit politischen Neuigkeiten aus der ministeriellen Obersphäre zu versorgen hatten. Ueber einen dieser Korrespondenten hatten sich die »Sieben« aus einem vielleicht stichhaltigen aber noch wahrscheinlicher *nicht* stichhaltigen Grunde geärgert und beschlossen deshalb, ihn »hineinzulegen«. Jeden Tag, so lange diese Verschwörung anhielt, erschienen Faucher, Saint Paul und Edgar Bauer an einem bestimmten Tische der Stehelyschen Konditorei, vorgeblich um zu lesen, in Wahrheit aber um eine gefälschte politische Debatte zu führen und grotesk erfundene Nachrichten in Kurs zu setzen. »Heinrich Arnim ist seit kurzem fest entschlossen ...« und nun kam etwas *so* Stupendes, daß der am Nachbartisch sitzende Korrespondent notwendig die Ohren spitzen mußte. Drei Tage später hatten die Verschworenen den Hochgenuß, den ganzen Galimathias in der einen oder andern Zeitung wiederzufinden.

Ein andres Opfer der »Sieben Hippelschen« war der Schriftsteller Saß, der sogenannte »lange Saß«. Er maß sechs Fuß und befleißigte sich einer dieser Größe fast gleichkommenden Feierlichkeit, worauf hin er sich natürlich als komische Figur behandelt sah. Immer neue Späße variierten das alte Thema vom Gulliver, das aber erst Anfang der fünfziger Jahre, wo die Hippelschen schon nicht mehr existierten oder doch nach allen Seiten hin zerstoben und verflogen waren, in einem illustrierten Witzblatte seinen glorreichen Abschluß fand. Der lange Saß war damals politischer Korrespondent in Paris und das Blatt, ich glaube der Kladderadatsch, das sich mit ihm beschäftigte, zeigte zunächst, hochaufragend, die beiden Türme von Notre Dame. Auf einem dieser Türme aber stand niemand Geringeres als Louis Napoleon selbst, unwirsch und halb verlegen, weil ihm die Cigarre ausgegangen war. Indessen Hülfe war nah. Der mit seinem Kopf gerade bis an die Balustrade reichende Saß kam rauchend vorüber und wurde denn auch von Louis Napoleon herangerufen und kameradschaftlich um Feuer angesprochen.

In diesem Bilde, das bei Saß' Popularität sein Publikum fand, lebte – so zu sagen von der »milderen Observanz« – ganz schon jene moderne Form des Witzes, wie sie im wesentlichen noch jetzt in Gültigkeit ist; der vormärzliche Witz aber war viel, viel boshafter, persönlich beleidigender, vor allem unendlich überheblicher. Er lief darauf hinaus, alle Welt außer der eigenen werten Person, als dumm hinzustellen und Freund und Feind zu dupieren. Die Lust daran beherrschte die damalige höher potenzierte Menschheit, oder doch die, die sich dafür hielten, mit einer geradezu diabolischen Gewalt. Es war eine Geisteskrankheit der höheren Stände, letzter Rest jener schrecklichen Ironie, die zur Tieck-Schlegel-Zeit den ganzen Ton bestimmt hatte. Mir persönlich fehlt jedes Organ dafür. Ich find es einfach albern. Es ist nichts, als Personen in den April schicken, Leute, die meist klüger sind als die, die sich über sie erheben möchten.

In diesem Dupierungsfanatismus waren die »Sieben« groß, wobei sie sich übrigens selber beständig beschummelten und ihre Niederlage, wenn sie sich ertappt sahen, mit Falstaff-Humor ertrugen. Einmal war Faucher sechs Wochen lang fortgewesen. Als er wiederkam, erzählte er von seinen Reiseabenteuern in Spanien und Südfrankreich und gab die glänzendsten Schilderungen. Das ging so eine ganze Weile. Dann aber unterbrach in Ludwig Buhl und sagte: »Du Vater der Lüge. Ich habe das Buch, draus Du das alles genommen hast, zufällig auch gelesen. Du warst in

Ahlbeck, aber nicht in Pau. Such Dir ein dummres Publikum.«*

*

Bald nach den Märztagen, oder vielleicht auch schon vorher, verlor ich Faucher auf lange Zeit aus dem Gesicht und sah in erst ungefähr zehn Jahre später in London wieder. Aber auch da nicht gleich. Ich war schon Jahr und Tag da, als ich ihn eines Tages bei dem eben erwähnten Heinrich Beta – vergleiche die Anmerkung – traf, der im Norden der Stadt, in Pratt-Street wohnte. Beta's Haus war ein Rendez-vous für alles, was damals von deutschen Politikern und Schriftstellern in London lebte. Seine Mittel waren nicht groß, aber seine Herzensgüte desto größer; er wurde nicht müde zu geben und was er mit seinen gichtischen Fingern sich schwer verdiente, das gab er leichter Hand wieder fort. Er war auch in *diesem* Punkt, wie in allem, kritiklos. Aber eine gute, treue Seele, was niemand besser wußte, als Faucher. Daraus wolle man aber nicht schließen, daß Faucher diese Güte mißbraucht hätte. Das konnte nicht gut sein. Faucher sah sich seine Leute sehr scharf an und modelte danach sein Benehmen; so gewiß er, auf's Ganze hin angesehn, ein Pumpgenie war, so war er doch voll Respekt vor dem Scherflein der Witwe. Dies Scherflein nahm er nicht. Vielleicht auch bloß deshalb

* Alle diese vorstehend erzählten Geschichten der »sieben Hippelschen« aus der Mitte der vierziger Jahre, verdanke ich meinem, seit nun fast zwanzig Jahren verstorbenen Freunde Heinrich Beta, auf den ich noch in Kürze zurückkomme. Wenn einzelnes nicht ganz stimmen sollte – ich persönlich glaube, daß im wesentlichen alles wahr ist – so findet sich vielleicht wer, der die Fehler richtig stellt. Allerdings existiert wohl nur *einer* noch, der dazu fähig ist: Ludwig Pietsch. Und diesen einen möcht' ich bei der Gelegenheit nicht bloß zu Richtigstellungen, sondern vor allem auch zu Mitteilungen über die »Sieben« überhaupt dringendst aufgefordert haben. Denn Berlin hat kaum jemals – natürlich den *einen* Großen abgerechnet, der um jene Zeit noch die Elbe-Deiche revidierte – interessantere Leute gesehn, als diese »Sieben«.

nicht, weil es ihm zu wenig war. Er hatte, wie mancher andre, das Prinzip, sich nicht mit Kleinigkeiten abzugeben. Was ihn trotz dieses Prinzips immer wieder zu Beta führte, war einfach Anhänglichkeit aus gemeinschaftlich verlebten Berliner Tagen her und mehr noch ein Respekt vor dem eigenartigen Betaschen Talent. »O, diese Gartenlaube!« pflegte er auszurufen. »Wenn dieser Ernst Keil, dieser Barbarossa von Leipzig, nur einen Schimmer von Dankbarkeit hätte, so hätte er den Beta längt in Gold gefaßt. Alles was er ist, ist er durch diesen. Das Einzige, was man lesen kann, stammt aus Beta's Feder. Und was tut er? Ich glaube, er zahlt ihm ein Jahresgehalt. Aber was heißt das? Was ist das? Es ist ein Hungerpfennig.« So ging es weiter. Beta saß dabei und freute sich natürlich, denn welcher Schriftsteller freute sich nicht, wenn in diesem Stil auf Redakteur und Verleger gewettert wird; – er hielt es aber doch jedesmal für angebracht, den »Barbarossa von Leipzig« zu verteidigen. Dies war auch nur in der Ordnung. Keil, was sonst immer ihm fehlen mochte, war alles in allem sehr splendid gegen Beta und was Faucher zu des Letztren Verherrlichung sagte, steckte stark in Uebertreibung. Betas Verdienste um die Gartenlaube waren nicht gering. Jegliches was er schrieb, las sich gut und entbehrte nicht eines gewissen, ja mitunter großen Interesses. Aber es war doch meistens entlehnt und seine Gabe bestand lediglich darin, alles was er in den englischen Blättern fand, in eine Betasche Form umzugießen. Durch diese Form gewann es mitunter, aber doch nur sehr ausnahmsweise und Fauchers Fehler war, daß er diese Ausnahmen zur Regel erhob.

Eines Tages, als wir das Betasche Haus in Pratt-Street verließen, sagte Faucher zu mir. »Kennen Sie London?«

»Ja, was heißt kennen! Ich könnte vielleicht sagen »ja«, denn ich flaniere viel umher. Aber es ist doch wohl richtiger, wenn ich sage ›nein‹.«

»Nun präzisieren wir die Frage. Kennen Sie die Matrosenkneipen in Old-Wapping?«

»Nein.«

»Oder die Werbe-Kneipen in Westminster?«

»Nein.«

»Oder Punch und Judy?«

»Nein.«

»Nun, dann weiß ich wie's steht und daß Sie sich noch im Stande der Unschuld befinden. Ich bin übrigens, wenn es Ihnen paßt, jeden Augenblick bereit, Ihren Führer zu machen. Können Sie morgen Abend? Man muß doch mal anfangen.«

Ich sagte ihm, daß mir nichts Lieberes passieren könne und nun begann ein völliger Kursus, der sich über einen ganzen Winter hin ausdehnte. Wir wechselten dabei mit »hoch oben« und »tief unten«. Wenn wir uns an einem Tag bis zum Ship-Hotel in Greenwich oder gar bis zu Star und Garter in Richmond verstiegen hatten, waren wir am andern Tag in den tollsten Spelunken, wohin uns dann ein Polizeibeamter von mittlerem Rang, ein Bekannter Fauchers, zu begleiten pflegte. Den Verkehr zu sehen zwischen diesem Faucherschen Beamten und den Verbrechern, die seine geliebte Herde bildeten, war immer ein Hochgenuß. Ein noch größerer bestand darin, die – verglichen mit unsren Berliner Radaubrüdern – oft feinen und dabei humoristischen Formen zu beobachten, die in dieser Verbrecherwelt anzutreffen waren. Eigentlicher Knotismus ist nur bei uns zu studieren.

Diese Fahrten durch die sehr unoffizielle Welt von London währten eine geraume Zeit. Als wir schließlich Schicht damit machten, kamen Landpartieen an die Reihe, richtiger vielleicht weite Spaziergänge in die Londoner Umgegend. Eines Tages, nachdem wir den Vormittag in einer Werbe-Kneipe dicht bei Downing-Street – Straße, darin die sehr unscheinbaren Baulichkeiten des Auswärtigen Amtes gelegen sind – zugebracht hatten, nahmen wir unsren Weg, über die Westminsterbrücke, nach Süden und schritten auf Kennington-Common und dann auf Norwood und jene reizenden Wald- und Wiesengründe zu, die den Crystal-Palace einfassen. Leise, durchsichtige Nebel lagen über der Landschaft, zugleich aber war es frühlingsfrisch, so daß uns die Luft beinah trug und das Marschieren keine Mühe machte. Faucher hatte seinen besten Tag und sprudelte nur so, wobei mir, nebenherlaufend, die Bemerkung gestattet sein mag, daß ich, mit Ausnahme von Bismarck – von diesem dann freilich in einem guten Abstand – keinen Menschen zu nennen wüßte, der die Gabe geistreichen und unerschöpflichen Plauderns über *jeden* Gegenstand, in einem so eminenten Grade gehabt hätte wie Faucher. Er schwatzte nie bloß darauf los, jeder Hieb saß. Ein paar Sätze sind mir noch von jenem Spaziergange her in Erinnerung geblieben. Wir sprachen von Berlin und ich erzählte grade von einem neuen »volkstümlichen Unternehmen«, von dem ich, den Tag vorher, in der Vossischen Zeitung gelesen hatte. »Das kann nichts werden« replizierte Faucher, »in Berlin glücken immer nur Sachen, die'n Groschen kosten.« Ein Satz von stupender Weisheit, der au fond auch heute noch richtig ist. – Im weitren Lauf unsres Gesprächs vom Hundertsten aufs Tausendste kommend, kamen wir auch auf das Thema: Kunstdichtung und Volkslied. Faucher, ganz seiner Natur entsprechend, schwärmte selbstverständlich für alles Volksliedhafte, besonders auf dem Gebiete des Kriegs- und Soldatenliedes, und plötzlich seinen Schritt anhaltend und sich in Positur setzend, hob er mit Applomb und ganz strahlend vor Vergnügen an:

Und wenn der große Friedrich kommt
Und klopft bloß auf die Hosen,
Reißt aus die ganze Reichsarmee,
Panduren und Franzosen, – –

»sehen Sie, Fontane, das ist was, das hätte selbst unser großer Maron nicht gekonnt! Und wenn ich dann gar erst an Vater Gleim denke! Gott, was würde der alte Halberstädter Kanonikus für'n Gesicht gemacht haben, wenn man ihm vor hundert Jahren gesagt hätte, dieser eben von mir zitierte Gassenhauer würde seine sämtlichen Grenadierlieder um etliche Menschenalter überdauern. Und doch ist es so. Gleim ist vergessen. Volk, Volk; alles andre ist Unsinn.«

Unsre Spaziergänge bis weit in Surrey hinein, dauerten durch das ganze Frühjahr siebenundfünfzig hin und als wir endlich auch damit abschlossen, wandten wir uns *dem* zu, was Fauchers recht eigentlichste Domäne war, den über die ganze City hin verbreiteten »Debating Clubs«. Die meisten befanden sich in Fleet-Street und ein paar engen Nachbarstraßen, also in dem verhältnismäßig kleinen Quartier zwischen Temple-Bar und Ludgate-Hill; – ein paar andre waren in Grays Inn-Lane. Wie's da herging, das war überall dasselbe. Tisch und Stühle sehr primitiv; man bestellte sich stout oder pale ale oder Whisky und dazu einen mutton chop oder welsh rabbit – walisisches Kaninchen –. Dieses »walisische Kaninchen« entsprach unserm »falschen Hasen«. Denn von Kaninchen stand nichts drin, vielmehr war es eine mit Chesterkäse belegte Weißbrotschnitte, die aber derart gebacken war, daß Käse und Weißbrot eine höhere Einheit bildeten. Es schmeckte sehr gut, war aber ungesund. Und während man sich's schmecken ließ, erschien in Front der Gesellschaft der Kneipenredner von Metier, um die Debatte des Abends einzuleiten. Ich bin diesen Rednern immer sehr aufmerksam und sehr teilnahmsvoll gefolgt, denn es waren immer gescheiterte Existenzen, die sich durch diese ihre, stets mit Würde, ja, manchmal sogar mit »sittlicher Empörung« vorgetragenen Reden, ihren Lebensunterhalt verdienen mußten. Manchem sah man an, daß er, der vielleicht drauf und dran gewesen war, ein berühmter Advokat oder ein Parlamentarier zu werden, nun sich dazu hergeben mußte, bloßen Durchschnittsphilistern ein Stücklein ihm selber lächerlich erscheinender politischer Weisheit vorzutragen. Wie sich denken läßt, modelte sich der Vortrag dieser Leute sehr nach dem Publikum, das sie vor sich sahen. War ich beispielsweise mit ein paar Spießbürgern aus der Nachbarschaft ganz allein da, so war ich Zeuge, wie leicht der Redner es nahm; von dem Moment an aber, wo Faucher erschien und sich neben mich setzte, belebte sich das Gesicht des »Debaters« und es war sichtlich, daß er sein Lied »auf einen höheren Ton« zu stimmen begann. Nur sehr ausnahmsweise war Faucher in der Laune, das zur Debatte stehende Thema seinerseits aufzunehmen und weiterzuspinnen, wenn es aber geschah, so war es jedesmal ein Triumph für ihn und der mehr oder weniger in die Enge getriebene Fachredner war klug genug, sich dem Enthusiasmus der Versammlung anzuschließen. Faucher sprach bei diesen Gelegenheiten immer sehr gut und witzig, aber *das* war es doch nicht, was ihm den Sieg in diesem Kreise sicherte; was man am meisten an ihm bewunderte, war sein großes Wissen. Er wußte das auch und fuhr deshalb gern das schwere Geschütz auf. Einen kleinen shop-keeper, der mir einmal bewundernd zuflüsterte: »he knows everything«, seh ich noch deutlich vor mir.

Ich hielt in diesen Debating-Clubs einen ganzen Winter lang aus, dann wurde es mir aber langweilig, was mir Faucher so wenig übel nahm, daß er mir umgekehrt, zur Belohnung für meine bis dahin bewiesene Ausdauer, etwas »Höheres« versprach. »Einige Fremde haben da neulich einen internationalen Verein gegründet, auch ein paar Engländer sind mit dabei; da werde ich Sie einführen. Ich denke mir, es muß Ihnen Spaß machen.«

»Wie heißt denn der Klub?«

»Es ist kein Klub; wir haben das Wort absichtlich vermieden. Es ist, wie ich schon sagte, eine internationale Gesellschaft, Menschen aus aller Herren Länder; Sprachwirrwarr. Und danach haben wir denn auch den Namen gewählt. Die Gesellschaft heißt ›Babel‹.«

Ich fand das sehr hübsch, ließ mich einführen und habe, was mir in *deutscher* Sprache nie passiert ist, auch einmal, englisch, einen Vortrag in eben dieser Gesellschaft gehalten. Worüber, weiß ich nicht mehr, ist auch gleichgültig. Aber das weiß ich, daß die Gesellschaft überhaupt sehr interessant war, vielleicht weil das Hamlet-Wort »thou comest in such a questionable shape« auf jeden Einzelnen in dieser Gesellschaft wundervoll paßte. Manche weiß ich noch mit Namen zu nennen und ihr Bild steht mir noch deutlich vor der Seele. Da war Mr. Heymann, der »Schlesien, sein Heimatland« ganz vergessend, zum Engländer geworden war, oder sich wenigstens darauf hin ausspielte; da war Mr. Dühring, Perpetuum mobile-Sucher und Tiftel-Genie; da war Mr. Bernard – Franzose – der, wie man sich erzählte, dem Orsini die Bomben angefertigt hatte; da war ein Mr. Blythe, der Leitartikel für M. Herald oder M. Advertiser schrieb; da war Mr. Mosabini, ein bildhübscher griechischer Jude; da war schließlich ein blasser, harmloser, zwischen Wener- und Wetter-See geborener Schwede, namens Dalgreen, seines Zeichens ein Gärtner, der sich, gleich mir, in diese zum Teil sehr kühne Gesellschaft nur verirrt hatte.

Ich will ein paar Details aus der Babel-Gesellschaft mit ihm (Dalgreen) beginnen. Es wurde von einem in Italien vorgekommenen, aber ergebnislos verlaufenen politischen Verbrechen gesprochen. Dalgreen sagte: »Schändlich; dieses ewige Bombenwerfen; ich ließe den Kerl mit Zangen kneifen.« Der Orsini-Mann, Mr. Bernard, der ihm gegenüber saß, sah ihn eine Weile an. Dann sagte er: »Merkwürdig. Immer wieder dieselbe Erscheinung. Alle harmlosen Menschen sind für köpfen und rädern, während wir, von Fach, uns die Sache doch jedesmal sehr überlegen.« Es machte auf uns Alle einen großen Eindruck, denn mit Mr. Bernard, so fromm und mild er aussah, war, seiner ganzen Vergangenheit nach, nicht zu spaßen.

Von Mr. Blythe (Engländer) lebt mir ein andres Wort in der Seele fort, ein noch viel wahreres. Einer von den vielen Deutschen, die zugegen waren, stritt sich mit Blythe in sehr rechthaberischer Weise über die Aussprache eines englischen Wortes und wurde dabei immer heftiger. Zuletzt sagte Blythe: »Wenn ich Sie so streiten sehe, bestätigt sich mir der oft gehörte Satz, daß die Deutschen das eingebildetste Volk sind.« »The Germans are the most conceited people of the world.« Ich halte diesen Satz für richtig und stelle die kleine Geschichte nur deshalb hierher, weil die Deutschen das nie glauben. Sie halten sich ganz aufrichtig für kolossal bescheiden. Dies ist aber grundfalsch. Die bescheidensten, ja lächerlicherweise die einzig bescheidenen, sind die Engländer. Sie haben freilich einen ungeheuren nationalen Dünkel, aber in dem, was sie *persönlich* leisten, ordnen sie sich gern unter. Bei den Deutschen ist es umgekehrt, war wenigstens so, eh man »Deutschland, Deutschland über alles« sang. Und *seit* man es singt, ist es in dieser Beziehung wohl nicht viel besser geworden.

Am meisten Vergnügen habe ich von Mr. Heymann und Mr. Dühring gehabt. Ich nenne sie immer noch »Mister«, weil ich sie mir unter einem einfachen »Herr« gar nicht vorstellen kann. Heymann war ein kleiner City-Kaufmann, immer in Geschäften und immer in Schulden. In diesen noch tiefer als in jenen. Er hatte eine Breslauer Majorstochter zur Frau, wodurch es einigermaßen gerechtfertigt wird, daß er seinen ältesten Sohn auf den Namen »Percy« hin hatte taufen lassen. Also Percy Heymann. Es war mir diese Namenszusammenstellung eine Quelle beständiger Erheiterung, was ich dem genialen Erfinder auch offen aussprach. Während meiner Londoner Tage ward übrigens, worauf ich später kurz zurückkomme, dem

»Percy« noch ein Brüderchen geboren. Ob er »Douglas« getauft wurde, weiß ich nicht mehr. Ich muß es übrigens Heymann lassen, daß er ein gescheites Kerlchen war und kann ihm nur vorwerfen, daß er von seiner Gescheitheit einen etwas weit gehenden Gebrauch machte, sowohl in den Künsten der Debatte, wie in seinen Spekulationen. Beide waren von einer seltenen Unverfrorenheit getragen. Am größten aber erwies er sich in der Zeit, wo Mr. Dühring, unser Tiftel-Genie, den ganzen Babelkreis durch eine von ihm gemachte »großartige« Erfindung in Aufregung und Staunen versetzt hatte. Diese Erfindung bestand in den, seitdem allerdings mehr oder weniger berühmt gewordenen Kohlenfiltern. Die Herstellung erfolgte, wenn ich nicht irre, so, daß er faustgroße, aus Sägemehl und Teer oder Pech gemischte Kugeln formte und diese Kugeln bis zur Verkohlung glühte. Für den Hausgebrauch haben sich diese Kugeln, so viel ich weiß, auch leidlich bewährt. Aber solch ein Erfolg im kleinen war nicht, wonach ein Mann wie Dühring, der die Welt aus den Angeln heben und dabei vor allem viel Geld verdienen wollte, dürstete, weshalb er auf den ungeheuerlichen Gedanken kam, die Desinfizierung der Themse mit Hülfe seiner porösen Kohlenkugeln durchzusetzen. Wie man hundertfünfzig Jahre früher vor Gibraltar flache schwimmende Batterien errichtet hatte, so sollte jetzt, am Themsequai hin, eine ganze Flotte von Filterflößen aufgefahren werden und zwar immer an den Mündungsstellen des großen Kanalisationsnetzes. Auf die Weise, so hieß es, komme nur ein wasserklarer Zustrom – einige Begeisterte sprachen sogar von der Möglichkeit des Trinkens – in den Fluß und alle Lästigkeiten und Fährlichkeiten bei Cholera und ähnlichen Epidemien wären ein für allemal beseitigt. Heymann, ganz aus dem Häuschen, sah auch für sich persönlich endlich die Zeit gekommen, durch einen großen Coup die City-Welt in Erstaunen zu setzen und übernahm die geschäftliche Seite des Unternehmens.

Das Nächste war, das »Government« von der epochemachenden Wichtigkeit der Sache zu überzeugen und Beta, wie immer, wurde heranbeordert, um den nötigen Begeisterungsartikel in die Presse zu lancieren. Er tat es auch mit der ihm eignen Begeisterungsfähigkeit. Ich sah kopfschüttelnd dem allen zu und als es mir zu arg wurde, raffte ich mich zu dem Satze zusammen, »daß ich dies alles für einen großen Unsinn hielte«. Aber da kam ich schön an, alles drang heftig auf mich ein, am meisten natürlich Heymann, der werdende Massen-Millionär, der denn auch auf dem Punkte stand, alle Beziehungen zu mir abzubrechen. Indessen er besann sich wieder, alles klang wieder ein und als der schon erwähnte zweite »junge Heymann« – seine Geburt war gerade in die »allergrößte Zeit« gefallen – getauft werden sollte, wurden meine Frau und ich, desgleichen Faucher und Frau und wenn ich nicht irre auch Mr. Blythe zur Taufe geladen. Diese fand in Savoy-Street – dicht am Strand –, wo sich die deutsche Kapelle befand, statt und nach dort vollzogenem feierlichen Akt fuhren wir nach einem reizenden Square in Camden-Town, wo Heymann seine Wohnung hatte. Das Mahl war glänzend und es erschienen Delikatessen, wie sie mir nie wieder vor Augen gekommen sind; ich ließ es mir gut schmecken und war in glänzendster Stimmung. Die ganze Gesellschaft nicht minder. Nach Tisch aber – es dämmerte schon – als wir uns eben in einen vorgebauten Erker, von dem aus man über den ganzen Square sah, zurückgezogen hatten, zeigte Faucher auf ein paar Gestalten, die mit ernsten Gesichtern vor dem Hause auf und ab schritten. »Das sind beadles« sagte er leise zu mir. Denn er hatte, wie fast auf jedem Gebiet, so auch auf diesem, eine feine Sachkenntnis. »Beadle?« fragte ich, stutzig geworden; »ein beadle ist doch so viel wie ein Exekutor.« »Allerdings«, antwortete Faucher und lachte. »Ja, gilt das uns?« . . . »Nein, *uns* nicht, wenigstens nicht Ihnen und mir. Aber unsrem Freund Heymann. Der arme

Kerl ist eingeschlossen; er hat heute nur den einen Trost ›my home is my castle‹, *heraus* aber darf er nicht.« Es dauerte denn auch nicht lange mehr, so war alles, was um uns her vorging, in der kleinen Taufgesellschaft ruchbar geworden und meine Frau kam in ein leises Zittern. Bleiben wollte sie nicht länger und gehen, – ja, dessen getraute sie sich erst recht nicht; sie konnte ja aus Versehen mit verhaftet werden. Schließlich indessen, was half es! Und so durchbrachen wir denn, halb in Schreck und halb in Heiterkeit, den um unsren Freund Heymann gezogenen Kordon.

Dieser Vorgang und fast nicht minder der trotz seiner Verrücktheit eifrig weitergesponnene Plan der »Desinfizierung der Themse«, machte es, daß ich mich von der Babel-Gesellschaft etwas zurückzog und eine Zeit lang keines ihrer Mitglieder mehr sah. Auch die befreundeteren nicht. Das wurde denn auch Grund, daß ich einer Festlichkeit nicht beiwohnte, die Freund Faucher gerade damals gab und die seinen ohnehin vorhandenen Ruf als »decidedly clever fellow« in der ganzen deutschen Kolonie noch erheblich steigerte. Diese damals viel besprochene Festlichkeit, die halb – und noch über halb hinaus – ein politischer Akt war, entsprang der mehr und mehr bei Faucher heranreifenden Vorstellung, daß seine Redakteurschaft – er war Redakteur am Morning Star – etwas zu Kleines für ihn sei und daß irgend etwas geschehn müsse, seine gesellschaftliche Position zu verbessern. Nach einigem Nachsinnen darüber, was sich da wohl tun lasse, kam er zu dem Resultat, daß nur der Bischof von Oxford, ein Sohn oder Enkel des berühmten Wilberforce, ihm diesen Dienst gesellschaftlicher Erhebung leisten könne, weshalb all sein Trachten danach ging, eben diesen Bischof – der in einer Weise, wie wir uns das hierlandes kaum vorstellen können, als ein gesellschaftliches non plus ultra galt – in sein Haus einzuladen, um ihn hier an einer zu gebenden Soiree teilnehmen zu sehn. Um diese Sache drehte sich nun mehrere Wochen lang Fauchers Hoffen und Bangen. Allem vorauf stand ihm fest, daß eine Soiree wie die von ihm geplante, in dem mehr als bescheidenen Hause, das er zu jener Zeit bewohnte, nicht gegeben werden könne, weshalb sich als erstes Erfordernis das Mieten einer neuen in einem möglichst fashionablen Stadtteil gelegenen Wohnung herausstellte. Das Gewünschte fand sich denn auch. Er mietete auf vier Wochen eine glänzend eingerichtete Flucht von Zimmern in Westbourne-Terrace und schritt nun zur Einladung des Bischofs. Und richtig, der Bischof sagte zu. Gallonierte Diener wurden engagiert, eine deutsche Sängerin fand sich wie immer und ein »Confectioner« – Konditor und Traiteur – in Regent-Street übernahm die Versorgung mit Speis' und Trank. Um neun brannten alle Kronen, Cabs fuhren vor, Frau Faucher stand im ersten Stock auf dem Vorflur zwischen Treppenmündung und Salon und empfing ihre Gäste, das Gesicht etwas ängstlich verzerrt, denn *der*, um den das alles inszeniert wurde, war noch immer nicht da. Da, wer beschreibt das Glück, erschien der Bischof von Oxford mit dem ihm eignen wohlwollenden Lächeln, begrüßte die Dame des Hauses, verneigte sich kurz, sowohl gegen Faucher wie gegen die zunächst Stehenden und schritt dann langsam durch die drei Festräume, die er, nach Ablehnung einer Erfrischung und unter erneuten Verneigungen gegen die Versammlung, in langsamem Tempo wieder verließ. Seine Anwesenheit hatte keine fünf Minuten gedauert, der Zweck aber war erreicht, denn am andern Morgen stand in allen Zeitungen: »Yesterday took place a splendid evening party at Mr. and Mrs. Faucher, Westbourne Terrace; the Bishop of Oxford was present.« Nach diesem Tage wurde Faucher, erdrückt von Verbindlichkeiten, nicht mehr im Bereich seiner von ihm auf vier Wochen gemieteten Prachtwohnung gesehn; er zog vielmehr weit weit fort, in eine ganz andere Himmelsgegend. Das war im Januar achtundfünfzig.

Um diese Zeit kamen wir uns wieder näher, denn es rückten jetzt die Tage der Vermählung zwischen Kronprinz Wilhelm und Prinzeß Victoria heran. Ich hatte darüber für eine Berliner Zeitung zu berichten und da Faucher vor hatte, sich ebenfalls als »own correspondent« – ich weiß nicht mehr für welch deutsches oder französisches Blatt oder vielleicht auch bloß für seinen Morning Star – zu installieren, so kam er täglich auf die Gesandtschaft, wo wir uns trafen und unsere Hoffnungen oder Befürchtungen austauschten. Alles drehte sich darum, ob es möglich sein würde, Plätze für uns zu beschaffen. Graf Bernstorff, wie immer die Güte selbst, drang schließlich bei dem Hofmarschallamte durch und so bekamen wir unsere »Tickets«. Aber hinsichtlich dieser Tickets selbst waltete doch ein großer Unterschied; Fauchers Ticket war glaub ich viel vornehmer, aber meines viel bequemer. So hatte der Zufall uns beiden geholfen, denn so gewiß ich jederzeit für Bequemlichkeit war, so gewiß war Faucher jederzeit für grande représentation und wenn er zu diesem Zweck auch in spanische Stiefel geschnallt worden wäre. Ein wenig davon war nun wirklich der Fall, denn die ihm gewordene Eintrittskarte legte ihm die Verpflichtung auf, in Hofkostüm zu erscheinen; schwarzseidene Strümpfe und Schnallenschuhe, Frack Louis quinze, Dreimaster und Galanteriedegen. Mich hätte das finanziell ruiniert, für Faucher aber, den Mann von Westbourne-Terrace, war das alles Bagatellkram und auf einer Schauprobe sah ich ihn denn auch in pontificalibus. Er machte sich sehr gut und wußt' es auch. Tags darauf war die Trauung in St. James; ich saß, Gott weiß durch welches Glück oder welchen Irrtum, dicht hinter der pompösen Herzogin von Sutherland und ihren zwei Töchtern, alle drei durch ihre Schönheit berühmt, und vergaß darüber meinen Faucher, den ich denn auch während der ganzen Festlichkeit nicht wieder zu sehen bekam. Den andern Nachmittag aber, ich hatte eben meinen Festbericht beendet, kam er von seiner Redaktion aus zu mir herausgefahren und meine Frau ließ sich verleiten, ihm das, was ich über die Vermählungsfeier geschrieben hatte, vorzulesen. Er wiegte den Kopf dabei hin und her und sagte: »Ja, ja, man kann es auch *so* machen; ganz gut.« Es war aber ersichtlich, daß es ihm wenig gefallen hatte, was ich ihm zwar nicht übel nahm, aber in seiner vollen Berechtigung doch nicht ganz erkannte, ja, nach meiner damaligen Stellungnahme zu solchen Dingen auch nicht einmal erkennen *konnte*. Denn mir steckte zu jener Zeit der unter Glasbrenner und Beckmann und unter beständiger Lektüre schrecklicher Wortwitze herangewachsene Spree-Athener noch viel zu stark im Geblüt, um solchen Bericht überhaupt schreiben zu können. Alles war vermutlich ohne rechte Manier. Ich ging davon aus, daß es darauf ankäme, die patriotischen und loyalen Wendungen mit so viel »Geist« wie möglich aufzuputzen, wozu mir die Hervorhebung kleiner scherzhafter Zwischenfälle ganz besonders geeignet erschien. Das ist nun aber, wie ich jetzt weiß, grundfalsch. Nicht feierlich sein, was aufs Ganze hin angesehn, vielleicht ein Vorzug ist, kann auch zum Verbrechen werden, jedenfalls zur Unpassendheit und der kluge und feine Faucher, der trotz all seiner Zynismen, Tollheiten und Eitelkeiten immer wußte, wo diese Dinge hingehörten und wo nicht, hatte bei Anhörung meines Festberichts diesen Kardinalfehler gleich herausgefunden.

Die Wochen, die der kronprinzlichen Vermählung voraufgingen und folgten, hatten Faucher und mich wieder näher geführt, so nahe, daß von jener Zeit ab, durch fast dreiviertel Jahr hin, eine Art Haus- und Familienverkehr entstand. Ich verdanke dem einige ganz besonders interessante Tage, trotzdem es an Schwierigkeiten und Sonderbarkeiten nicht fehlte.

Zunächst ein Wort über die Schwierigkeiten. Diese hatten ihren Grund schon in der räumlichen Entfernung, die so groß war, wie nur möglich. Unsere Wohnung, mit dem Blick auf Hampstead und Highgate, lag im äußersten Norden, während sich Faucher umgekehrt am äußersten Südrande der Stadt niedergelassen hatte, noch über Camberwell hinaus, in einem schon ganz ländlichen Vorort, der Denmark Hill hieß. Bis dorthin war ungefähr so weit wie von Berlin bis Spandau. Die Blackfriars-Brücke bildete genau die Hälfte und mit zwei Omnibussen konnten wir jedesmal den Heimweg zwingen, wenn wir nicht bei Fauchers die richtige Abfahrtszeit versäumten.

Denmark Hill, ein Art Faubourg des Blanchisseuses, wo beständig Wäsche flatterte, war in seiner Ländlichkeit sehr reizend und ebenso reizend präsentierte sich die kleine Villa, die Fauchers bewohnten. Frau Faucher, in vielen Stücken eine kluge Frau, war ein wenig zu sehr aufs Große hin angelegt, was, einem on dit zufolge, damit zusammenhing, daß ihr in der achtundvierziger Zeit eingeredet worden war, »sie würde als Frau Präsidentin des Reichs durchs Brandenburger Tor ihren Einzug halten«. Hätte sie gewußt, daß mir wenigstens drei, vier Damen bekannt geworden sind, die sich alle mit demselben »Einzug« schmeichlerisch beschäftigt haben, so hätte sie vielleicht manches von der grande dame fallen lassen. Sie spielte übrigens diese Rolle gut genug, trotzdem ihr Faucher und die häuslichen Verhältnisse dies nicht gerade erleichterten. Einmal erschienen wir, um gleich in den ersten fünf Minuten mit der Mitteilung überrascht zu werden, daß in der Nacht vorher bei ihnen eingebrochen und beinah sämtliches Silberzeug weggeräubert sei. Wir möchten also entschuldigen. Dann gingen wir zu Tisch und behalfen uns mit zwei Papplöffeln und ein paar neusilbernen Bestecken, die die »Diebe« wegen Minderwertigkeit zurückgelassen hatten. An allem ließ sich erkennen, daß ein schweres Gewölk, sehr ähnlich dem, das bei Gelegenheit der Heymannschen Taufe heraufgezogen war, unmittelbar vorher zu Häupten der Familie gestanden haben müsse, ja vielleicht noch stehe; beide Eheleute aber hatten ein seltenes Talent, solche Fatalitäten unter Lächeln und Freundlichkeiten verschwinden zu lassen.

Der Sonnenschein des Hauses, der einzige wohl ganz echte, war die schöne Lucie, ein reizendes Kind an der Backfischgrenze. Sie wußte, was um sie her vorging und wußt' es auch wieder nicht. Elfenartig, dem Wirklichen halb entrückt, bewegte sie sich unbefangen in einer Welt von Widersprüchen und Wunderlichkeiten, von Zank und Streit, von schönen Kleidern und silbernen Löffeln, gleichviel ob diese noch existierten oder über Nacht in etwas rätselvoller Weise verloren gegangen waren. Alles war ihr dasselbe, traumhaft zog der bunte Reigen an ihr vorüber. Vieles im Faucherschen Hause war nur plattiert, aber die Liebe zu dieser reizenden Tochter, in der sich alles Gute der beiden Eltern vereinigt fand, war echt und aufrichtig und der Zauber, der ihr eignete, war es denn auch, der sie früh schon ihr Lebensglück finden ließ. Sie wurde die Gattin eines ausgezeichneten Mannes und hat, wenn ich recht berichtet bin, im Südosten, in den großen See- und Handelsstädten des Mittelmeeres, ihre jungen Tage verbracht.

Der letzte Besuch, den wir, meine Frau und ich, in Denmark-Hill machten, schloß für uns mit einem kleinen Abenteuer ab. Es hatte den Tag über geregnet und erst zu später Stunde, weil wir das Wetter abwarten wollten, brachen wir, so gut es ging und die Wasserlachen es zuließen, in Geschwindschritt auf, um noch den letzten Camberwell-Omnibus zu fassen. Aber wir kamen trotzdem zu spät, er war schon fort, und so stapften wir denn aufs neue durch die Tümpel hin, eine ganze deutsche Meile weit, bis wir die Blackfriars-Brücke glücklich erreicht hatten. Da standen Cabs.

»Wir sind nun doch mal naß«, sagte ich. »Ich glaube, es ist das Beste, wir marschieren weiter.«

»Ich kann nicht mehr; – ich bin todmüde.«

So winkte ich denn einen Cab heran – Cabs, im Gegensatz zu Berlin, *kommen* wenn man winkt – und stiegen ein. Und ehe wir noch über die Brücke waren, schlief meine Frau schon.

Es ging nun in grader Linie nördlich auf Holborn Hill zu, wo wir links einbiegen und dann, in abermaliger Biegung, durch Grays Inn Lane hin, auf unsere Wohnung in Camden-Town zufahren mußten. Aber dies links Einbiegen bei Holborn Hill wurde versäumt und unser Cabkutscher zog es statt dessen vor, in gerader Linie zu bleiben. Nun wußt' ich sehr wohl – denn ich kannte London besser, als ich Berlin kenne –, daß man auf diesem Wege gerade so gut nach Norden kam wie durch Grays Inn Lane, aber eben so gut wußt' ich auch, daß die Cabkutscher nie so fuhren, denn dieser gradlinige Weg führte durch eins der schlechtberufensten und zugleich engsten und winklichsten Quartiere von London, durch Clerkenwell. Wie oft, wenn wir, auf unserm täglichen Wege zur Post, Holborn Hill passierten, hatten wir nach diesem übelberufenen Stadtteile scheu hinübergeblickt, denn man konnte nicht leicht etwas Trostloseres und Beängstigenderes sehn, als dies Clerkenwell. Daß es aus halbverfallenen elenden Häusern bestand, hatte nicht viel zu sagen, solche heruntergekommenen Quartiere gab und giebt es in London überall, aber *das* war das Schlimme, daß man vor etwa zwanzig oder dreißig Jahren den Versuch gemacht hatte, das Alte hier niederzureißen und Neues an seine Stelle zu setzen, in welchem Versuche man, weil die Baugelder ausgingen, stecken geblieben war. Als Folge davon ergab sich nun ein furchtbares Mixtum compositum von Spelunken und unfertigen Neubauten, von welch letztren man nichts sah als zehn oder fünfzehn Fuß hohe Mauern mit halbfertigen Fensteröffnungen. Denn auch diese schnitten wieder in der Mitte ab. Ich wußte, daß dieser Stadtteil meiner Frau jedesmal ein ganz besondres Grauen einflößte, was aber, weit darüber hinaus, die Lage ganz besonders heikel machte, war der Umstand, daß wir kaum acht Tage vorher von einem Cabkutscher gelesen hatten, der, in seiner Eigenschaft als Mitglied einer Diebs- und Mörderbande, sich durch prompte Fahrgastablieferung in Quartieren à la Clerkenwell nützlich gemacht hatte. Mir selbst war, dem allem gegenüber, auch ziemlich ängstlich zu Sinn, aber dies Angstgefühl verschwand doch neben der Schreckensfrage: »wenn Deine arme Frau jetzt gerade aufwacht!« Und natürlich keine halbe Minute mehr, so gab es einen Stoß und aus ihrem Schlaf in die Höh' fahrend, sah sie jetzt durch das herabgelassene Fenster auf die ihr nur zu wohl bekannten, aus hellgelben Ziegelsteinen aufgeführten Ruinen.

»Um Gotteswillen, er fährt ja...«

»Ja, ja, Kind. Aber beruhige Dich nur; es wird schon wieder besser; wir sind ja gleich heraus...«

»Nein, nein. Laß halten.«

»Ich bitte Dich. Um alles in der Welt, mach hier keine Szene. Wir blamieren uns unsterblich... Unter allen Umständen, wir können nichts ändern. Außerdem, sieh nur, er jagt ja wie toll, es ist, als ob er sich selber graule.«

Wirklich, eine halbe Minute später, so lag Clerkenwell hinter uns; das mußte Somers-Town sein und das der Eisenbahnbogen. Und eine kleine Weile noch, so hielten wir vor unsrem Haus und Betty, die sich schon geängstigt hatte, leuchtete uns, den Blaker in der Hand, die kleine Treppe hinauf.

*

Nach diesem Abend sah ich Faucher erst wieder, als wir, nach Berlin zurückgekehrt, uns daselbst längst wieder heimisch gemacht hatten. Es war eine Begegnung im Zoologischen Garten, Sommer zweiundsiebzig. Ein reiches, durch zwölf Jahre hin in der deutschen Heimat geführtes politisches Leben, lag hinter meinem alten Londoner Kneipkameraden und da saß er nun, sorglich abgetrennt von den Alltagsbesuchern, auf einer etwas erhöhten, beinah altanartigen Stelle, drauf sich ein primitiver Tisch und eine noch primitivere Bank befand. Augenscheinlich ein letztes Refugium für sonntägliche Gäste, wenn alle anderen Plätze besetzt waren. Einen Tintenstecher, der ihn, von seinen Studententagen her, durchs Leben begleitet haben mochte, schräg in den Tisch gebohrt und einen kleinen Briefbogen vor sich, sah er, abwechselnd, wie was suchend, in den Himmel hinauf und dann wieder auf den Bogen nieder, um ein paar Zeilen zu kritzeln. Ich beobachtete ihn schon von fern und trat dann an ihn heran.

»Guten Tag, Faucher. Daß ich Sie mal wiedersehe. Und immer fleißig.«

Er lachte. »Sie überschätzen mich. Muß ist eine harte Nuß. Geld, Freund, Geld...«

»Ja, ich weiß. Ich erinnere mich recht gut. ›Jetzt muß Geld und Weltgeschichte gemacht werden‹, – das war immer Ihr Lieblingswort, schon damals, als wir in London die Vermählungstage mitfeierten.«

Er nickte. »Kann mir denken, daß ich so 'was gesagt habe; hab's auch mit beiden versucht. Nur leider mit entschiedenem Mißerfolge. Der Mißerfolg mit der ›Weltgeschichte‹, na, das möchte gehn; aber das mit dem Geld, das ist mir schmerzlich. Und nun sitz' ich hier im Zoologischen und kritzle eine Korrespondenz zusammen und weiß nicht recht, was ich schreiben soll.«

»Und was macht denn Lucie? Noch immer so reizend?«

»Na ob!« und sein ganzes Gesicht strahlte.

Wir sprachen dann noch von Bismarck, von Eugenie – für die er natürlich eine Vorliebe hatte – und von den fünf Millarden. Auf die aber war er schlecht zu sprechen. »Ja«, sagte er, »wenn ich sie hätte, das ginge, das könnte mich damit versöhnen. Aber Deutschland hat nichts davon. Für Deutschland sind sie nichts Gutes; sie ruinieren uns.«

Und damit schieden wir.

Ich hörte noch dann und wann von ihm und von seinen Fahrten an den Küsten des Mittelmeers: Italien, griechische Inseln, Konstantinopel. Er war fast immer unterwegs. Zuletzt kam die Nachricht von seinem Tode.

Am 12. Juni 1878 war er in Rom gestorben.

DRITTES KAPITEL

Der Platen-Verein: Egbert Hanisch

Zur selben Zeit, wo ich der vorgeschilderten Lenau-Gesellschaft angehörte, war ich, wie schon hervorgehoben, auch Mitglied eines Platen-Klubs.

Es war gleich in den ersten Tagen des Januars 40, daß ich mich hier eingeführt sah. Und das kam so. Der Sylvesterabend hatte mich, einer gesellschaftlichen Abmachung zu Liebe, nach der »Henningschen Ressource« verschlagen und hier war ich einem jungen Maler, namens Flans, begegnet, der, weil er im »Figaro« Verschiedenes von mir gelesen, mich aufforderte, doch einem literarischen Verein, dem er angehöre, beizutreten. Dies war der Platen-Klub. Ich sagte mit tausend Freuden »ja« und wohnte schon der nächsten Sitzung bei. Viele frohe Stunden – mehr als in dem Lenau-Klub, mit dem der Zusammenhang, trotz intimer Beziehungen zu Einzelnen, ein loser blieb – habe ich in diesem Verein verbracht.

Maler Flans war ein ziemlich fragwürdige Gestalt und das vielzitierte Wort »was gemacht werden kann, wird gemacht« war wie für ihn erfunden. Als Maler kaum mittelmäßig, war er im Uebrigen, und zwar immer mit einem Anfluge von Komik, nur noch bemerkenswert als

Don Juan kleineren Stils, als Festarrangeur, Jeu-Bruder und Sonntagsreiter und brachte es zuwege, daß er am Ende seiner Tage nicht als Flans, sondern unter seinem *mütterlichen* Namen, irgendwo nobilitiert wurde. Zum Glück ist er kinderlos verstorben.

Es braucht nicht gesagt zu werden, daß ein Mann wie Flans, der außerdem um ein gut Teil älter war als der Rest unsrer »Plateniden«, den ganzen Klub in der Tasche hatte. Keiner traute ihm, aber jeder gehorchte, wobei der Verein übrigens nicht schlecht fuhr, denn seine Gewandtheit war groß. Dazu bon garçon, immer auf bestem Fuß mit den Kameraden, die den verschiedensten Berufen angehörten. Die Meisten waren Studenten, unter denen wieder die Theologen überwogen. Einer, der schon Doktor war, hielt es mit der Philosophie. Dies war Werner Hahn, der sich später in dem entzückenden Sakrow, wohin er sich zurückgezogen, mit Mühe und Fleiß zu einem vielgelesenen Schriftsteller heraufarbeitete. Man hat von ihm eine Bearbeitung der Edda, desgleichen eine in vielen Auflagen erschienene »Geschichte der poetischen Literatur der Deutschen«. Sein Bestes aber sind doch wohl seine volkstümlichen Darstellungen preußischer Geschichtsstoffe: Königin Luise, der alte Zieten, König Friedrich I., Kunersdorf etc. Er hatte, ganz wie Heinrich Beta, von dem ich im vorigen Kapitel gesprochen, ein bewährtes Rezept, nach dem er verfuhr. Uebersichtliche Stoffeinteilung war seine Spezialität und zugleich sein Hauptvorzug. Er vermied auch die Phrase, was bei patriotischen Stoffen immer schwer, aber deshalb auch wichtig ist.

Ich wurde seitens der Vereinsmitglieder sehr freundlich aufgenommen und behauptete mich ein gutes Vierteljahr lang unter ihnen, vielleicht weil ich wohlassortiert, will sagen mit einem Lager, dessen Bestände kein Ende nehmen wollten, in ihren Kreis eingetreten war. So kam es denn auch, daß ich eines Tages mit der Erklärung überrascht wurde: »Jetzt sei die Zeit da, wo mir die höchsten Ehren, über die der Verein Verfügung habe, erwiesen werden müßten. Die nächste Sitzung sei zu diesem feierlichen Akte bestimmt.« Ich erhielt denn auch wirklich die vorgeschriebenen Auszeichnungen: Diplom und Orden. Flans hatte sich mit Ruhm bedeckt und das mit Arabesken und Initialen reich ausgestattete Diplom auch noch selbst geschrieben. Eine Stelle daraus ist mir noch gegenwärtig. In fast jedem meiner damaligen Gedichte schien der Mond unentwegt und so hieß es denn gleich im Anfang: »Unser Lieber und Getreuer, geboren zu Neu-Ruppin bei *Mondschein* etc.« Hinsichtlich des Ordens aber wurde mir in feierlicher Ansprache geraten, ihn heimlich zu tragen, da sich der Verein, trotz seines weitreichenden Einflusses, außer Stand sehe, den damit öffentlich Auftretenden vor Unannehmlichkeiten zu schützen. Dieser Orden war natürlich ein Cotillonorden, in dessen Mitte sich ein auf seinem Wagen stehender Apoll befand. Man war an dem Ueberreichungsabend sehr liebenswürdig gegen mich, ließ mich aber doch fühlen, daß ich meine Siege mehr meinem Massenaufgebot, als dem Wert meiner Dichtungen zu verdanken hätte.

Dies alles war leider absolut richtig, und wurde mir einige Wochen später nicht mehr bloß andeutungsweise, sondern in aller Deutlichkeit gesagt, was bei der Gutgeartetheit der Meisten unter uns vielleicht unterblieben wäre, wenn nicht inzwischen das Hauptmitglied des Vereins, das den Winter über in der Schweiz und in Frankreich gewesen war, sich im Monat April in Berlin wieder eingefunden hätte.

Dies Hauptmitglied hieß Egbert Hanisch. Egbert Hanisch mochte damals zweiundzwanzig Jahr alt sein, eher mehr als weniger. Er war in einer kleinen märkischen Stadt, halben Wegs zwischen Trebbin und Jüterbog geboren. Auf den ersten Blick eine ziemlich prosaische Gegend. Und doch ist es dieselbe, der wir auch unsren Gottfried Schadow verdanken. Einen gleichen Ruhm einzuheimsen, ist nun freilich unsrem Egbert Hanisch versagt geblieben, aber an Klugheit, Gesundheit, Selbstbewußtsein und eiserner Willenskraft war er dem berühmten Schneiderssohn aus Salow durchaus ebenbürtig. Sein Vater war ein kleiner Buchbindermeister, handelte mit Fibeln und Schreibheften und hatte nebenher auch eine Leihbibliothek. Auf diese stürzte sich Egbert von frühester Jugend an. Er war aber auch, was sich selten mit solcher Lesewut vereinigt, ein glänzender Schüler, ebenso fleißig wie von raschester Auffassung und so kam es denn, daß er, nachdem er irgendwo das Gymnasium besucht hatte, mit kaum achtzehn auf die Berliner Universität rückte. Hier sah er sich durch Hengstenberg ausgezeichnet und hatte, nach aller Zeugnis, die Gewißheit einer glänzenden Laufbahn vor sich, als ihn plötzlich ein Wirbelwind ergriff und auf den steinigen Boden des Unglaubens niedersetzte. Jedenfalls war in seinem Gemüt alles ins Schwanken gekommen und diese Zweifel hatten ihn nicht bloß aus seinem theologischen Studium heraus, sondern auch in die weite Welt hineingeführt, niemand wußte recht von wem geleitet. In den Sitzungen war oft die Rede von ihm gewesen; jetzt mit einem Male, hieß es: »er hat geschrieben; er kommt.«

Und wirklich er kam. Die lebhafteste Freude zeigte sich, denn er war nicht bloß der Stolz, sondern auch der Liebling aller. Er begrüßte mich als neu aufgenommenes Mitglied durchaus freundlich, aber doch mit einem starken Beisatz von Herablassung und setzte sich dann auf seinen Ehrenplatz, um über seine Reise zu berichten. Von Ziel und Zweck derselben aber sprach er *nicht*, immer nur von kleinen Erlebnissen, unter denen er die komischen bevorzugte.

Wie jeder, so war auch ich ganz Ohr, noch mehr aber war ich Auge. Denn viel, viel mehr noch als das, was ich hörte, interessierte mich das, was ich sah. Seine Erscheinung hatte 'was ungemein Fesselndes. Er war mittelgroß, schlank, beinah mager, was einem dadurch besonders auffiel, daß auf seinen Schultern ein unverhältnismäßig großer Kopf saß. Gesundeste Farbe, leuchtende Augen, dazu wolliges, halb mohrenhaftes Haar, – all das wäre genug gewesen, um Aufmerksamkeit zu wecken. Aber mehr noch wirkte sein Kostüm! Er trug Nanking-Beinkleider, einen zeisiggrünen Frack mit altem Sammetkragen und eine Rose im Knopfloch. Wäsche sehr sauber.

Allmählich lebten wir uns ein und wurden gute Freunde. Was er sagte, war immer kurz und apart, mitunter mehr als nötig, denn von der Eitelkeit immer etwas Bedeutendes sagen zu wollen, war er nicht frei zu sprechen. Aber da das Ueberlegene seiner Natur und seines Wissens klar zu Tage lag, so ließ man sich dies allerseits gern gefallen und ich nun schon ganz gewiß. Er war zu dem Ton, den er anschlug, nach aller Meinung voll berechtigt. In der Ironie war er ein Meister, so sehr, daß ich auch *daran* nicht Anstoß nahm, wiewohl mir – wie schon an andrer Stelle hervorgehoben – diese hochmütige Gesprächsform von Jugend auf zuwider war. Er hörte meine Gedichte ruhig mit an, und ich meinerseits lauschte mit einer Art Andacht dem Vortrag der seinigen. Sie konnten für sehr gut oder doch wenigstens für sehr talentvoll gelten und was Maron im Lenau-Klub war, war Hanisch im Platen-Klub. Wir hielten beide viel von weiten Spaziergängen und in der Regel kam er zu mir, um seinerseits mich abzuholen. Dies schien er vorzuziehen. Einmal aber drang ich doch bis in seine Wohnung vor, weil ich nicht ahnte, daß ihn das genieren könne. Große Geister haben auch ihre Schwächen. Er hatte sich im Seitenflügel eines alten Hauses bei einer armen Waschfrau eingemietet und bewohnte von den zwei Zimmern, aus denen die Gesamtwohnung bestand, das vordere, hart an der Hintertreppe gelegen, dessen eines Fenster, mit einem kleinen

5 *Das Brandenburger Tor, von der Straße Unter den Linden aus gesehen*

6 *Das Königliche Schloß in Berlin*

Blumenkasten davor, auf den etwas schmuddligen Berliner Hof hinunter sah. Dicht am Fenster befand sich ein als Arbeitstisch dienendes Klappbrett; ein Binsenstuhl stand davor und auf einem alten Koffer von Seehundsfell lagen etliche Bücher, aber nicht mehr als ein halbes Dutzend. Was er von Büchern brauchte, fand er auf der Bibliothek, wo er meistens die Vormittage zubrachte. Zwei gegenübergelegene Türen, von denen die eine nach dem Flur hinaus, die andere zur Waschfrau hineinführte, teilten, wenn man durch die Mitte hin eine Querlinie zog, den kleinen Raum in eine Vorder- und Hinterhälfte. In dieser Hinterhälfte stand das Bett, dem ein am Fußende aufgerichteter ovaler Waschzuber als Bettschirm diente. »Etwas primitiv«, sagte er, mit erzwungener guter Laune darauf hinweisend und ich setzte hinzu: »Ja, aber doch eigentlich mein Ideal.«

Trotz dieser Versicherung hatte die ganz ungewöhnliche Wohnungsschlichtheit einen etwas betrüblichen Eindruck auf mich gemacht und als ich bald darauf Werner Hahn traf, fragte ich diesen, wie das alles zusammenhänge? Ich sei wohl auch für Einfachheit und fände leicht einen Reiz und einen Vorzug darin; aber das ginge mir doch beinahe zu weit.

»Ja, lieber Freund«, sagte Hahn, »er lebt eben, wie er leben kann. Und schon dies geht eigentlich über seine Mittel. Er hat garnichts.«

»Aber so klug wie er ist, müßt es ihm doch ein Leichtes sein ...«

»... Stunden zu geben«, unterbrach mich Hahn, »zu schulmeistern und so sich durchzuschlagen. Gewiß. Aber das mag er nicht und ich kann's ihm kaum übel nehmen. Ein elendes Dasein blieb es doch. Und da ist diese Lebensform vielleicht besser. Er bleibt bei Kraft, vertut sich nicht und vor allem gähnt sich nicht selber an, wie so viele leider tun müssen. Er hat eine hohe Meinung von sich, Andre, wie Sie wohl gesehen haben, bestärken ihn darin und so darf er sich's schließlich erlauben. Er lebt eigentlich von den Freunden und sie sind stolz und glücklich, daß er sich ihre Guttat gefallen läßt.«

»Ich wußte nichts von dem, was Sie da sagen. Wie wird denn das eingerichtet? Da müßte man doch auch eigentlich mit dabei sein.«

»Ist nicht nötig ... Und dann, Sie sind nicht Student und gehören überhaupt nicht mit dazu. Pardon. Aber es ist so. Hanisch braucht nicht für sich selbst zu sorgen, andre sorgen für ihn. Allmonatlich schicken wir ihm dreißig Speisemarken und wenn Sie Mittags zu Rosch gehn, so sind Sie sicher ihn da zu finden. Das Andre berechnen wir mit seiner Wirtin; immer bloß ein Minimum. Er lebt zu Hause von Wasser und Weißbrot, aber gut muß beides sein. Denn so wenig verwöhnt seine Zunge ist, so fein ist sie doch auch wieder, vielleicht weil sie so wenig verwöhnt ist.«

Ich hörte dem allen wie beschämt zu.

Bald nachdem ich dies Gespräch mit Werner Hahn geführt hatte, brach Freund Hanisch wieder auf. Wohin, erfuhr ich nicht. Ich war in der angenehmen Lage, dem Scheidenden ein kleines Abschiedsfest geben zu können, dasselbe, das ich, mit einigen Details, in einem früheren Kapitel beschrieben habe.

Das war Spätsommer 40. Ich war dann jahrelang von Berlin fern und hörte nur aus Briefen, daß Hanisch sein Wanderleben in Genf und Paris fortsetze. Was dies alles bedeutete, hab' ich nicht erfahren können. Ich glaube, daß er irgendeinem mit einer »Einheit« sich beschäftigenden Volksbund angehörte, wobei mir nur zweifelhaft bleibt, ob es nationale Einheit oder Zoll- und Handels-Einheit oder Religions-Einheit war. Oder vielleicht war es auch alles Drei. Sehr schlimm indessen kann es mit all diesen »Verschwörungen« nicht gewesen sein, sonst hätten ihm die fast sämtlich zu Hengstenberg haltenden Theologen des Kreises nicht ihre Liebe und Treue bewahrt. Ich glaube, sie sahen all diese befremdlichen Dinge wie Blasen an, die aus einem Geist, der beständig gährte, mit Notwendigkeit aufsteigen mußten, hielten sich aber überzeugt, daß alles Durchgangsphase sei, der über kurz oder lang Rückkehr zum Glauben und damit Klärung und Friede folgen werde.

So kam es denn auch. Er kehrte ganz zu den alten Göttern zurück. Mitteilungen in diesem Sinne vernahm ich durch viele Jahre hindurch nur gerüchtweise, bis der Sommer 90 mir die Bestätigung brachte. Dies war ein acht Seiten langer, in wundervoll klarer und fester Handschrift geschriebener Brief aus einem weit westlich der Elbe gelegenen Pfarrdorfe, worin mir Hanisch, in lapidarem Stil, die zweite Hälfte seines Lebens abschilderte, Schilderungen, denen er gleichzeitig eine kleine Zahl seiner aus neuerer Zeit stammenden Gedichte beigefügt hatte. Das Ganze freute mich und ich sah mal wieder in ganz wunderbare Fügungen. Meine mit Herzlichkeit geschriebene Antwort gab dem, so hoff ich, auch Ausdruck, aber so sehr mich alles gefreut und gerührt hatte, so hatte der Brief des alten Freundes doch auch wieder etwas Erkältendes gehabt. »Fanchon bleibt sich immer gleich« und wie der Mensch in die Wiege gelegt wird, so ins Grab. Er war nun wohl gegen Mitte siebzig und doch ganz unverändert der Alte: dieselbe Superiorität, derselbe Glaube an sich, dieselbe Unfehlbarkeit und schrecklich zu sagen auch dieselbe Ironie. Was aus mir geworden war, war ihm, trotz des Lebenszeichens, das er freundlicherweise gab, doch eigentlich gleichgültig; er nahm nur an – er hatte wohl irgendwo die Glocken läuten hören – daß ich auch ein »Moderner« oder wenigstens ein von Modernität Angekränkelter sei und sah nun von seinem auf Achim von Arnim und Clemens Brentano – die übrigens auch von mir bis auf diesen Tag aufs herzlichste verehrt werden – aufgebauten Hochstandpunkt aus, lächelnd auf mich und die andern, im Moorgrund zappelnden

Gründlinge hernieder, während *er*, die reine Luft um sich und den Himmel über sich, die guten alten Lerchen ins Blaue steigen sah. Einige davon hatte er eingefangen. Das waren die dem Briefe beigeschlossenen Lieder. Alle ganz gut, aber ohne jedes entzückende Tirili.

»MEIN LEIPZIG LOB' ICH MIR«

ERSTES KAPITEL

Winter 1840 auf 1841. Drei Monate in Burg.
Krank bei Fritz Esselbach. Ankunft in Leipzig

Im Herbste 1840 verließ ich Berlin und ging zunächst nach Burg, einer ansehnlichen Stadt, von der trotzdem »niemand nichts weiß«. Oder doch nicht viel. Die Nähe Magdeburgs hat es von Anfang an in den Schatten gestellt. In einem alten weitschichtigen Eckhause, weißgetünchter Fachwerkbau, fand ich meine neue Heimstätte, die zunächst was Grusliches hatte. Dieses Gruselgefühl steigerte sich noch eine zeitlang unter dem Eindruck, den das Renommee des Besitzers auf mich machen mußte. Von diesem hieß es nämlich, daß er sehr jähzornig sei, ja sogar infolge dieses seines Jähzornes ein Säbelduell mit einem der Burger Garnison angehörigen Artillerie-Hauptmann gehabt und diesen schwer verwundet habe, lauter Mitteilungen, die meine Sicherheit etwas gefährdet erscheinen ließen. Ich litt aber nicht lange darunter, was wohl damit zusammenhing, daß ich, von Natur ängstlich, sofort unängstlich werde, wenn Personen oder Verhältnisse mich ängstlich machen wollen. Also noch einmal, ich kam mit dem in der ganzen Stadt gefürchteten Manne sehr gut aus und hatte mich nur über eins zu beschweren, was mein Dr. Kannenberg – so hieß er – beim besten Willen nicht ändern konnte: grausame Langeweile. Daß Haus und Stadt ausschließlich daran schuld gewesen seien, darf ich nicht behaupten; es lag viel mehr an mir selbst, der ich nie die Kunst verstanden, mich an einer Skat- oder Kegelpartie zu beteiligen, trotzdem ich immer eine herzliche Vorliebe für natürliche Menschen gehabt, auch jederzeit auf dem denkbar besten Fuße mit ihnen gelebt habe, wenn nur erst das Eis gebrochen war. Dazu kam es aber nicht, und bereits am 30. Dezember früh – es war mein Geburtstag, den ich dadurch feierte – verließ ich Burg in einer bis Genthin gehenden Fahrpost. Diese Postwagenstunden sind mir unvergeßlich geblieben; ich verbrachte sie nämlich mit zwei Schauspielerinnen, von denen die ältere, die wohl schon Ende dreißig sein mochte, mich entzückte. Sie fühlte mit der solchen Damen eigenen Klugheit rasch eine gewisse Metierverwandtschaft heraus, nahm mich ganz als bon enfant und erheiterte sich über die Maßen, als ich ihr aus einem in den zurückliegenden Wochen geschriebenen Epos »Burg an der Ihle« den ersten Gesang mit einem gewissen humoristischen Pathos vortrug. Ich schwärmte damals, wie für Lenau, so auch für Anastasius Grün, und in starker Anlehnung an die »Spaziergänge eines Wiener Poeten« hatte ich meinen Aufenthalt in Burg in den denkbar stattlichsten und zugleich von kleinen Nichtsnutzigkeiten strotzenden achtfüßigen Trochäen besungen. Unter meinen Manuskripten existieren diese Trochäen noch, hellgrün gebunden und mit einer breiten Goldborde eingefaßt; ich habe aber doch nicht den Mut gehabt, sie noch wieder durchzulesen.

In Berlin empfing mich mein alter Freund Fritz Esselbach, derselbe, von dem ich in Kapitel zwei des ersten Abschnittes erzählt habe, und führte mich in seine Wohnung, eine Chambre garnie in der Alten Jakobsstraße. Da wollte ich eine Woche lang sein Gast sein. Am dritten Januar früh saßen wir denn auch behaglich beim Frühstück und delektierten uns eben an jenem eigentümlichen Berliner Gebräu, dessen erste Bekanntschaft einem Fremden, seiner Wirtin gegenüber, die Bemerkung aufgedrängt haben soll: »Ja, liebe Frau, wenn das Kaffee war, so bitte ich morgen um Tee, wenn es aber Tee war, so bitte ich morgen um Kaffee.« Gegen neun kam die Zeitung, und ein Zufall wollte, daß mein erster Blick auf die Fremdenliste fiel. Da las ich gleich obenan: »Hotel de Saxe: Neubert und Frau, Apothekenbesitzer aus Leipzig.« Sofort war ich entschlossen, mich ihm vorzustellen und anzufragen, »ob er mich haben wolle«. Die ganze Sache hatte durchaus was von einem Ueberfall, aber gerade *das* kam mir zu statten. Denn Neubert, der mehr forscher Jäger als philiströser Apotheker war, war von einer großen Vorliebe für frank und freies Wesen, für alles, was außerhalb der Schablone lag. Er war ein ungewöhnlich reizender Mann; jetzt, wo jeder in seinen Geschäften aufgeht, aufgehen muß, kann sich solche Figur kaum noch ausbilden. Ich fand das Paar in sehr verschiedenen Stadien der Toilette vor, die Dame bereits in Mantel und Muff, er noch weit zurück, in Hemdsärmeln, eine Zahnbürste in der Hand. Bei der freien Art beider aber verursachte dies nicht die geringste Störung, und ehe drei Minuten um waren, war ich auf Ostern hin engagiert, machte meinen Diener und empfahl mich strahlenden Gesichts; denn ich hatte wohl bemerkt, daß ihn mein Auftreten amüsiert und einen guten Eindruck auf ihn gemacht hatte. Diese wohlwollende Gesinnung hat er mir auch nachher immer bestätigt, trotzdem ich ihn in einem Jahr kein Dutzend Mal gesehn und vielleicht keine dreimal gesprochen habe.

Das alles war am dritten Januar früh. Aber bald sah es sehr anders aus. Am Abend desselben Tages noch, als ich von einem Spaziergang nach Hause kam und auf den Tisch zuschritt, um Licht zu machen, fiel ich ohnmächtig um und wurde so von der Wirtin vorgefunden. Als Freund Esselbach eintraf, fand er mich schon zu Bett, legte jedoch kein Gewicht darauf, sondern setzte sich ans Klavier und machte da seine Tippübungen. Das ging so bis Mitternacht, und diese Stunden hab' ich noch jetzt in schrecklicher Erinnerung. Jeder Tippton tat mir weh. Am anderen Tage kam der

Doktor und sagte: »Typhus«. Ja, ich war schwer krank, litt aber nicht sehr, war vielmehr durch einen eigentümlichen, nur dann und wann von Klarheit und selbst Heiterkeit unterbrochenen Dusselzustand, aller Schmerzen und Todesfurcht überhoben. Nebenan, Wand an Wand mit mir, lag der Mann unserer Wirtin am Delirium tremens danieder und starb auch während meiner Krankheit. In gesunden Tagen wäre mir diese Nachbarschaft unbequem gewesen, in dem benommenen Zustand aber, in dem ich mich befand, war es mir ziemlich gleichgültig, und als an einem Sonntag Nachmittage die »schwarzen Männer« kamen und aus Versehen in *mein* Zimmer statt in das angrenzende traten, rief ich ihnen in guter Laune zu: »Noch nicht«. Ich mußte wohl ein Fiducit zu mir haben.

So vergingen sieben Wochen; eine harte Nuß für meinen Freund Esselbach. Dann begab ich mich zu meinen Eltern aufs Land und war noch ein ziemlich schmalbäckig aussehender Rekonvaleszent, als ich am 31. März in Leipzig eintraf. Zwei Drittel der Reise hatte ich per Bahn zurückgelegt; das letzte Drittel per Post. Nun hielten wir vor dem eben erst fertig gewordenen großen Postgebäude, den Platz mit Universität und Paulinum in voller Ausdehnung vor uns. Es mochte sechs Uhr sein; die Luft war weich, die Sträucher in den Anlagen hatten schon grüne Knospen. Ueber allem lag ein feiner Dämmer. Ich reckte und streckte mich, atmete hoch auf und hatte das Gefühl eines gewissen Geborgenseins. Es war auch so. Das mit den ersten Eindrücken hat doch was auf sich.

Das Neubertsche Haus lag in der Hainstraße, so daß ich, um dorthin zu gelangen, den echtesten und schönsten Teil von Leipzig, die Grimmasche Gasse und den Rathausplatz zu passieren hatte. Mein Gepäckträger ging neben mir und machte in gutem Sächsisch den Führer. Ich war ganz benommen und möchte behaupten, daß, soweit Architektur und Stadtbild in Betracht kommen, nichts wieder in meinem Leben einen so großen, ja komisch zu sagen, einen so berauschenden Eindruck auf mich gemacht hat wie dieser in seiner Kunstbedeutung doch nur mäßig einzuschätzende Weg vom Post- und Universitätsplatz bis in die Hainstraße. Die Sache findet darin ihre Erklärung, daß ich, außer einer Anzahl märkischer und pommerscher Nester, in denen ich meine Kinderjahre verbracht hatte, bis zu jener Stunde nichts von der Welt kannte wie unser gutes Berlin, das mir von allen echten Berlinern immer als der Inbegriff städtischer Schönheit geschildert worden war. Und nun! Welcher Zusammenbruch. Es gereicht mir noch in diesem Augenblick zu einer gewissen Eitelkeitsbefriedigung, daß mein künstlerisches Gefühl angesichts des Neuen oder richtiger des Alten, was ich da sah, sofort gegen das Dogma vom »schönen Berlin« revoltierte und instinktmäßig weg hatte, daß Städteschönheit was andres ist als grade Straßen und breite Plätze mit aus der Schachtel genommenen Häusern und Bäumen. Ein paar Ausnahmehäuser, hinter denen ein ausländischer Meister und ein königlicher Wille steckt, können das Ganze nicht retten. Seitdem hat sich freilich sehr vieles gebessert; aber Eines fehlt auch jetzt noch: individuelles Leben. Wir ahmen nach. Nur die Schachtel, aus der genommen wird, ist etwas größer, reicher und bunter geworden. Originelles, wie selten!

Die Hainstraße lag schon im Halbdunkel, als ich in das Neubert'sche Haus eintrat und alsbald nach dem mir von Berlin her bekannten Ehepaar fragte, das ich begrüßen wollte. Dies erregte halb Verwunderung, halb Verlegenheit, denn von solchen Intimitäten gab es in dem Hause nichts. Familie war eins und Geschäft war eins. Beiläufig ein großer Vorteil. Diese falsche Familiarität, wo meist nur Gegensätze bestehen, ist immer vom Uebel. Der ältere Herr, an den ich mich mit meiner Frage gewendet hatte, verfuhr durchaus diplomatisch und sagte, statt mir direkt zu antworten, daß er mir jemand mitgeben werde, der mich auf mein Zimmer führen solle.

»Auf mein Zimmer führen« war nun freilich ein sehr euphemistischer Ausdruck, denn über einen schmalen und rumplig verbauten Hof weg – der mich übrigens durch seine Giebel und Dächer und vor allem durch unzählige Dachrinnen, die bis in die fast überlaufenden Wasserkübel niederreichten, aufs äußerste interessierte – stiegen wir, drei Treppen hoch, in ein Hinterhaus hinauf, in dessen oberster Etage das Personal in zwei Stuben untergebracht war. Eine der Stuben gehörte dem älteren Herrn, dem Geschäftsführer, den ich unten eben gesprochen hatte, für uns andre aber, und wir waren unsrer vier, existierte nur eine daneben gelegene kleine Stube mit einem noch kleineren Alkovenanhängsel, in welch letzterem vier Betten standen, von denen zwei nur mit Hilfe von Ueberkletterung erreicht werden konnten. Dieser Alkoven, fensterlos, empfing sein Licht durch das vorgelegene Zimmer, das aber eigentlich auch kein Licht hatte. Wo sollte es auch herkommen? Der Hof war fast ganz dunkel und das bißchen Helle, was er hatte, fiel durch ein elendes Mansardenfenster ein. Der durch die Dachschrägung gebildeten Vorderwand des Zimmers gegenüber standen an der Hinterwand entlang vier Bastarde von Schrank und Sekretär, in denen wir unsere Sachen unterzubringen hatten. Glücklicherweise hatte man nicht viel. Von sonstigen Möbeln war nichts vorhanden, als vier Stühle mit Roßhaarüberzug und ein sogenanntes »Real«, auf dem vier blecherne Kaffeemaschinen und ebenso viele Spiritusflaschen standen. Diese Spiritusflaschen waren um unsres zu kochenden Morgenkaffees willen sehr wichtig für uns, aber noch wichtiger für das alte Faktotum, das da jetzt neben mir stand und meinen Führer machte. Denn dies Faktotum, ein halb schon zum Kretin gewordener Süffel, lebte fast ausschließlich von dem Inhalt dieser vier Flaschen.

Als ich, nachdem mich mein Führer verlassen, den Inhalt meines Koffers in die verschiedenen Schubladen des mir zustehenden Schrankes eingepackt hatte, sah ich mich erst in dem Zimmer um und dann durch das offenstehende Mansardenfenster auf den Hof hinaus. Ich hätte guten Grund gehabt, alles sehr sonderbar und beinah schauderhaft zu finden, es lag aber in meiner Natur, mich von diesen Dingen mehr angeheimelt als abgestoßen zu fühlen. Alles modern Patente, was doch sehr was anderes als Schönheit ist, ist mir von jeher unausstehlich oder mindestens sehr langweilig gewesen, während alles Krumme und Schiefe, alles Schmustrige, alles grotesk Durcheinandergeworfene von Jugend auf einen großen Reiz auf mich ausgeübt hat. Nur keine linealen Korrektheiten, nur nichts Symmetrisches oder Blankpoliertes, oder gar Anti-Macassars. Ich habe eine grenzenlose Verachtung gegen das, was man so landläufig »hübsch« nennt und eine womöglich noch größere gegen sogenannten »Komfort«, der jedesmal der höchste Diskomfort ist, den es giebt. Nun, hier war nichts hübsch und Komfort kaum dem Namen nach bekannt: aber die grauen, steilen, regenverwaschenen Dächer, auf die mein Auge fiel, der gekräuselte Rauch, der aus den Schornsteinen aufstieg und das Plätschern des Wassers, das aus den Röhren in die Kübel fiel, – alles gewann mir ein Interesse ab und selbst der Blick in den Alkoven konnte mich nicht umstimmen.

Es stand mir aufs Neue fest, daß es mir hier gut gehen würde.

Und es ging mir auch gut.

ZWEITES KAPITEL

Der andere Morgen.
Die Kollegenschaft und die Familie Neubert. Frühmorgens bei Kinschy. Die Doktorbörse. Dr. Adler und meine Freundschaft mit ihm. Herbsttage auf dem Leipziger Schlachtfeld.

Am andern Morgen erschien ich unten in der Offizin, einer hohen, früher mutmaßlich gewölbt gewesenen Halle, die fast einem Refektorium glich. Der Raum erstreckte sich weit nach hinten zu, war in seiner zweiten Hälfte halb dunkel und machte, wie Haus und Hof überhaupt einen mittelalterlichen Eindruck.

Durch die ganze Tiefe zog sich der sogenannte Rezeptiertisch mit seinen vier Plätzen. Den ersten Platz nahm der etwas dicklige ältere Herr ein, der mich am Tage vorher empfangen hatte; Platz Nummer zwei (für mich bestimmt) war leer, auf Nummer drei und vier aber standen zwei junge Herren meines Alters, ein schwarzer und ein blonder, beide, wie auch der Herr auf Nummer eins, ausgesprochene Sachsen. Man begegnete mir sehr artig, freilich auch mit Zurückhaltung, fast Soupçon, denn der jetzt Gott sei Dank leidlich hingeschwundene Gegensatz zwischen den beiden Nachbarstämmen stand damals noch in voller Blüte. Meine neuen Kollegen merkten indessen sehr bald, daß ich nicht zu den Schlimmen zählte, namentlich nicht besserwisserig und eingebildet war und so kamen wir schließlich auf einen ganz guten Fuß. Das Jahr, während dessen ich in Leipzig verblieb, ist ohne jede Rancüne verlaufen und ich will hier gleich einschalten, daß ich, durch einen hübschen Zufall, grad' als ich diese Leipziger Erinnerungen niederzuschreiben anfing, einen Brief mit photographischem Bildnis aus Dresden erhielt und der Widmung: »Seinem lieben Jugendfreunde Th. Fontane«. Den der Sendung beigeschlossenen, von »Platz Nummer vier« herrührenden Zeilen konnt ich zu meiner besonderen Freude entnehmen, daß auch »Platz Nummer drei« noch am Leben und durchaus munter sei. Nicht leicht wird es vorkommen, daß drei junge Leute, die mit einundzwanzig an einem und demselben Tisch gestanden und gearbeitet haben, sich mit fünfundsiebzig noch freundlich und fidel begrüßen können.

Ich war noch kaum installiert, als ich von einem schon im Hofflügel gelegenen Hinterzimmer her meinen Gönner und nunmehrigen Prinzipal Neubert in unser »Refektorium« eintreten sah. Ich dachte, er käme mich zu begrüßen; aber er begnügte sich damit, mir freundlich zuzunicken und mir zweimal einen »guten Morgen« zu wünschen. Und dann war er auch schon durch die Fronttür wieder verschwunden. Der ganze Geschäftskram war ihm höchst langweilig, und nun gar erst Klagen oder Wünsche mit anhören! Er war der reine Mikado. Das Mühselige des Regierens überließ er seinem Taikun, dem dickligen Herrn auf »Platz Nummer eins«.

Ich sah wohl, daß hier alles anders war, war aber doch noch zu sehr in den herkömmlichen Anschauungen befangen, um in meinem Tun gleich das Richtige zu treffen oder auch nur alles klug abzuwarten. Und so geschah es denn, daß ich mich gegen Mittag, unbekümmert um das verlegene Lächeln meiner Kollegen, eine Treppe hoch begab, um dort, wie ich's eigentlich schon am Tage vorher gewollt hatte, der Frau vom Hause meine Visite zu machen. Sie kam mir auch in ihrer ganzen Stattlichkeit vom Erkerfenster her entgegen und beantwortete meine Begrüßung in freundlichen Worten; aber damit war es auch getan und so rasch wie ich gekommen, so rasch verschwand ich wieder. Ich habe sie dann, in einem ganzen langen Jahre, wohl dann und wann gesehn, aber nie wieder gesprochen. Auch nicht beim Abschied. Jetzt nachträglich finde ich das alles nicht bloß ganz vernünftig, sondern betrachte es, wie schon angedeutet, als das einzig richtige. Nur keine Gemütlichkeiten! Es gab aber doch auch davon und daß sich das ermöglichte, war ein Verdienst der Kinder. Es war ein kinderreiches Haus, sechs oder sieben Töchter, von denen zwei (Zwillingsschwestern) damals fünfzehn Jahre sein mochten, die eine ganz brünett, die andere ganz blond. Die Blonde war sehr hübsch; die Brünette weniger, aber dafür sehr apart, sehr racevoll und Liebling des Vaters, der sie seine »schwarze Jette« nannte. Mein eigentlicher Liebling indes war eine jüngere Tochter, erst zehn- oder elfjährig, von besonders liebenswürdigem Charakter. Eine gütige, ganz humoristisch gestimmte Seele sprach aus ihren klugen Kinderaugen. Sie übermittelte die jedesmaligen Wünsche der Schwestern und wandte sich dabei zumeist an mich, nicht weil sie mich für den Bestimmbarsten gehalten hätte, sondern weil ich sie am meisten amüsierte, was wohl mit meinem damals noch ganz unverfälschten Berlinertum zusammenhing. Sie verstand es oft nicht; aber meine ganze Art zu sprechen, vielleicht auch der Klang der Stimme, war eine stete Erheiterung für sie. Hoffentlich ist sie glücklich geworden.

*

Ich will nun beschreiben, wie die Tage vergingen und wähle dazu zunächst einen Sommertag.

Erst um acht oder auch wohl noch später brauchten wir – natürlich mit Ausnahme des einen, der die »Wache« hatte – an unsrem Geschäftstisch zu erscheinen und so waren wir denn in der angenehmen Lage, wenn wir nur recht früh aufstanden, die schöne Morgenfrische zwei oder dritthalb Stunden lang genießen zu können. Davon machten wir denn auch redlich Gebrauch. Um sechs rüsteten wir uns, um in der Elster oder Pleiße – ich glaube es war ziemlich genau die Stelle, wo Poniatowsti ertrunken war – ein Schwimmbad zu nehmen und eine Stunde später ging es in das »Rosenthal«, an dessen Eingang wir uns, weil jeder seine Lieblingsstelle hatte, zu trennen pflegten. Es gab damals zwei Hauptlokale, vielleicht existieren sie unter gleichem Namen noch: Bonorand und Kinschy. Ich hielt es mit Kinschy. Zu so früher Stunde waren noch kaum Gäste da, und der ganze reizende Platz gehörte mir. Ein auf Holzpfeilern ruhendes, weit vorspringendes Dach überdeckte eine Veranda mit einem vorgelegenen Kiesweg, den von der anderen Seite her die großen alten Bäume überschatteten. In allen Zweigen war ein Jubilieren, und kaum daß mein Frühstück erschien, so hüpften auch schon die Spatzen auf meinem Tisch umher. Es war so reizend, daß ich selbst das Journallesen vergaß, womit ich damals meine Zeit nur allzu gern vertrödelte. Doch nein, nicht vertrödelte. Die Journale paßten ganz genau zu mir, waren mir um einen Schritt voraus, und von einer derartigen Lektüre hat man viel viel mehr, als von solcher, die einem über den Kopf geht. Es ist ein Unsinn, jungen Leuten immer mit dem »Besten« zu kommen. Man hat sich in das Beste hineinzuwachsen, und das dauert oft recht lange. Schadet auch nichts. Vor allem ist es ganz unnatürlich, mit Goethe zu beginnen. Ich bin glücklich, mit Freiligrath begonnen zu haben.

Um acht oder halb neun war ich dann wieder zurück und an meinem Platz. In der ersten Stunde gab es noch wenig zu tun. Aber bald danach kamen die Doktoren und verschrieben ihre Rezepte. Freilich gab es auch solche, die wenig Praxis hatten und die sich nur einfanden, um sich an einem großen Lesepulte, das für sie hergerichtet war, in die verschiedenen Leipziger Zeitungen zu vertiefen. Für sie war die Apotheke bloß Lesehalle, Doktor-Börse, Klub-Lokal. Unter den Aerzten, die zu dieser Gruppe gehörten, interessierten mich besonders zwei, ein Dr. Reuter und ein Dr. Adler. Reuter, ein sehr hübscher, eleganter Herr, war ausgesprochener Sachse, liebte mich aber, weil ich ihm Tag für Tag Gelegenheit gab, seinen starken Preußen-Antagonismus in übrigens nie verletzender Weise gegen mich auszulassen. Er erkundigte sich regelmäßig bei mir nach den Schicksalen der »jroßen Nation« oder fragte mich »ob es wahr sei, daß Kaiser Nikolaus wieder auf einer Inspektionsreise sei, um nachzusehen, ob sein »Unterknäs Friedrich Wilhelm der Vierte mittlerweile keine Dummheiten gemacht habe«.

Viel interessanter war Dr. Adler, überhaupt das Prachtstück unter denen, die die Doktorbörse besuchten. Er galt auch bei den eigenen Kollegen, was immer was sagen will, als der Klügste, vielleicht sogar als Arzt, sicherlich aber als Mensch. Nebenher stand er leider in den Anfängen des Delirium tremens. Natürlich war er auch Dichter, – sogar ein sehr guter – was meine nähere Bekanntschaft mit ihm herbeiführte. Er hatte damals Thomas Moore's »Paradies und Peri« übersetzt und trug mir spät abends, wo wenig zu tun und ein Unterbrochenwerden von Seiten des Publikums fast ausgeschlossen war, die ganze Dichtung vor. Er ging dabei, seine von Trunk und Begeisterung seltsam verglasten Augen nach oben gerichtet, beständig auf und ab, hingerissen vom Wohlklang der Strophen und nur ich war womöglich noch hingerissener als er selbst. All dies führte bald dazu, daß ich ihn eines Tages bat, ihm einige meiner Arbeiten vorlegen zu dürfen. Er ging auch freundlich darauf ein, aber doch zugleich mit einer gewissen, nur zu berechtigten Verlegenheit. Was konnt es am Ende sein? Er hatte sich selbst zu lange und zu ernsthaft mit derlei Dingen beschäftigt, um nicht zu wissen, daß von einem zwanzigjährigen, bei Radix Valerianae oder Flores Chamomillae herangewachsenen Springinsfeld mutmaßlich nicht viel zu gewärtigen sei. So kam es denn auch. Es war eine tüchtige Niederlage, der ich zunächst entgegenging, aber sie verwandelte sich, was mich sehr glücklich machte, schließlich in einen kleinen Sieg. All dies, in seinen verschiedenen Stadien von Demütigung und Erhebung, verlief vorwiegend in einer in Versen geführten Korrespondenz, die, glaub ich, von seiner Seite begonnen wurde. Dem Konvolut, drin ich vorerst meine Gedichte zurückerhielt, waren folgende Strophen beigegeben:

Zweies muß der Dichter haben:
Erst sei er sich selber klar;
Und die zweite seiner Gaben
Ist: er sei auch immer wahr...

Mit der Sonne zu vergleichen
Ist die echte Poesie,
Alles Dunkel muß ihr weichen,
Keinen Nebel duldet sie.

Zwar aus dunklen Wolken weben
Läßt sie sich des Kleides Saum,
Aber frei darüber schweben
Muß sie hoch im lichten Raum.

Ich war etwas niedergedonnert, erholte mich indessen rasch wieder und suchte mich nun in einer natürlich auch in Versen gehaltenen Antwort, so gut es ging, zu verteidigen. Dann aber brach ich mit einem Male die Verteidigung ab, machte die bekannten drei Sternchen und schloß meine Replik mit folgender, anscheinend bescheidenen, in Wahrheit aber ziemlich kecken Anfrage:

Eine Frage noch, die lange
Schon auf meiner Lippe schwebt
Und vor einer Antwort bange
Aengstlich stets zurückgebebt.

Nun denn, schlechte Verse machen,
Die nicht einen Heller wert,

Die kaum wert, darob zu lachen,
Das ist nicht mein Steckenpferd.

Kann ich nicht ein Herz bewegen,
Sprechen nicht mit Geist zum Geist,
Will ich mir ein Handwerk legen,
Das mit Recht dann Handwerk heißt.

Fehlt von eines Dichters Wesen
Jede Spur mir und Idee,
Will ich, ohn' viel Federlesen
Schaffen ein Autodafé.

Daß ein Lied, das nie erwärmte,
Mir doch noch die Hände wärmt
Und wofür sonst niemand schwärmte,
Eine Motte noch umschwärmt.

Diese Strophen, die mir auch in diesem Augenblick noch ziemlich gelungen erscheinen, verfehlten nicht ihren Eindruck auf meinen guten Doktor und er antwortete mir umgehend in sehr schmeichelhafter Weise:

Wackrer Jünger, brav gesungen,
Sieh, das schmeckt schon nach Idee,
Jetzt, wo Du Dich selbst bezwungen,
Spare Dein Autodafé.

Noch zwei weitere Strophen folgten, und er war von jenem Tag an mein Gönner und Protektor. Wir blieben im besten Verhältnis bis zu meinem Fortgange von Leipzig. Dann brach der Verkehr ab, und erst viele Jahre später hörte ich von seinem Ausgang. In demselben Hospital, in dem er, glaub ich, lange Zeit als Arzt gewirkt hatte, war er als Hospitalit gestorben. Aber der Respekt, den man seinen ungewöhnlichen Gaben, seiner Klugheit und seinem lauteren Charakter schuldete, dieser Respekt war ihm bis zu seinem traurigen Ende verblieben.

*

Während des Sommers hatten die Morgenspaziergänge mit ihrem Baden im Fluß und den Träumereien bei Kinschy viel zu meinem Vergnügen beigetragen, als dann aber der Herbst kam, kamen andere Freuden, unter denen für mich das Ausflügemachen auf das Leipziger Schlachtfeld hinaus obenan stand. Historischen Grund und Boden zu betreten, hatte zu jeder Zeit einen besonderen Zauber für mich, und Schlachtfelder werd' ich denn auch wohl in Westeuropa nicht viel weniger als hundert gesehen haben.

Das Völkerschlachtfeld war natürlich nicht auf einmal zu bewältigen, weshalb ich, von meinem Leipziger Mittelpunkt aus, Radien zog und an einem Tage Gohlis und Möckern, an einem andern Connewitz und Stötteritz, an einem dritten Liebertwolkwitz, Markleeberg und Wachau besuchte. Ob ich auf diese Weise den ganzen Kreis abgemacht habe, weiß ich nicht mehr, nur das weiß ich noch, daß der Wachau-Markleeberger Tag den größten Eindruck auf mich machte, vielleicht weil es grade der Jahrestag der Schlacht, der 18. Oktober, war. Ich sehe noch den Luftton, den Abendhimmel und die Blätter, die der Westwind die lange Pappelallee hinauffegte, und weil mich damals außer meiner Schlachtfeldbegeisterung, auch das in etwas kindlichen Formen auftretende Verlangen nach deutscher Freiheit erfüllte, so machte sichs ganz natürlich, daß ein an jenem Marschtage geborner Lieder-Zyklus, – den ich übrigens in einem aus jener Zeit her aufbewahrten belletristischen Journal mit dem sehr unbelletristischen Titel »Die Eisenbahn« noch besitze, – den ganzen, in einem unausgesetzten Freiheitsruf erklingenden Nachmittag, über das bloß Beschreibende hinaus, auf eine »höhere Stufe« hob. In dem Lieder-Zyklus aber hieß es:

Auf Leipzigs Schlachtgefilden
Ich heute gewandert bin,
Das fallende Laub der Bäume
Tanzte vor mich hin.

Der Herbst muß von den Bäumen
Die Blätter mähn und wehn,
Wenn wir den neuen Frühling
In Blüten wollen sehn.

Ein Herbst hat hier genommen
Des deutschen Laubes viel, –
Wann wird der Frühling kommen
Für den es freudig fiel?

Aehnliche Fragen und Betrachtungen kehrten an jenem Nachmittage mit der wechselnden Szenerie beständig wieder. Ein großer Dorffriedhof wurde sichtbar, aber nur um mich sofort behaupten zu lassen, »daß Deutschland ein größerer sei«, und als ich bald danach beim Eintritt in das Dorf Markleeberg einem Hochzeitszuge begegnete, hieß es in meinem Liederzyklus ungesäumt:

Durchglüht von heilgem Feuer,
O schöne, hehre Zeit,
Hat Deutschland um die Freiheit
Hier ritterlich gefreit.

Doch hat sein Lieb gefunden,
Nur wen der Tod getraut, –
Den Wunden und Gesunden
Blieb fern wie je die Braut.

Die Schlachtfeldwanderungen im Oktober 41 waren wunderschöne Tage für mich. Daß die Freiheit noch nicht da war, machte mich weiter nicht tief unglücklich, ja vielleicht war es ein Glück für mich, ich hätte sonst nicht nach ihr rufen können.

Immer erst spät abends kam ich von solchen Ausflügen zurück und freute mich, je müder ich war. Mir war dann zu Sinn, als hätt' ich mitgesiegt.

*

So war mein Leben im Neubert'schen Hause. Man wolle jedoch aus dieser Aufzählung von Morgenspaziergängen im Rosenthal, von Sperlinge-Füttern bei Kinschy, von Doktoren-Börse, von Verskorrespondenz mit Doktor Adler und Schlachtfelderbesuch um die Stadt herum, nicht etwa den Schluß ziehen, daß mein Leben eine Reihenfolge kleiner allerliebster Allotrias gewesen wäre. Ganz das Gegenteil, und ich würde traurig sein, wenn es anders läge. Natürlich kann ich hier, wenn ich all das Weitzurückliegende wieder heraufbeschwöre, mit geflissentlicher Umgehung dessen, was das Metier verlangte, nur von den Extras sprechen, die den Tag einleiteten und abschlossen, aber der Tag selbst gehörte mit verschwindenden Ausnahmen dem an, für das ich da war und für das ich bezahlt wurde. Ja mehr, ich setzte meine Ehre darin, alles Dahingehörige nach bestem Vermögen zu tun und segnete die Tage, wo's so viel Arbeit gab, daß ich an andre Dinge gar nicht denken konnte. Je mehr, desto besser. Das war dann keine Qual, das war eine Lust und wenn die Arbeitsstunden hinter mir lagen, konnt' ich die Freistunden um so freier genießen, je mehr ich das Gefühl hatte, vorher meine Schuldigkeit getan zu haben. Das Bedrückliche liegt immer in der Halbheit, in dem nicht »hüh und nicht hott«.

Ich kann dies Verfahren, alles was man an Geschäftlichem zu betreiben hat, immer ganz zu betreiben, allen jungen Leuten, die sich in ähnlicher Lage befinden, nicht dringend genug empfehlen; es ist das einzige Mittel, sich vor Unliebsamkeiten und eignem Unmut zu bewahren, von dem ich denn auch in all jenen Tagen, wo mein Beruf und meine Neigung auseinander gingen, keine Spur empfunden habe.

DRITTES KAPITEL

Literarische Beziehungen. »Shakespeares Strumpf«. Im Rob. Binderschen Hause. Hermann Schauenburg und Hermann Kriege. Dr. Georg Günther

In dem Voraufgehenden hab' ich von einer in Versen geführten Korrespondenz und meiner sich daraus entwikkelnden Dichterfreundschaft zu Dr. Adler gesprochen, aber diese Dinge, so sehr sie mich beglückten, konnten mir doch *das,* was man »literarische Beziehungen« nennt, nicht ersetzen. *Die* fangen für einen jungen draußenstehenden Mann immer erst an, wenn sich etwas von Geheimbund oder mindestens Clique mit einmischt, erst wenn man Fühlung mit der Gegenwart hat, noch besser Friktionen, die dann zu Streit und Kampf führen; – das sind dann literarische Beziehungen. Sie sind ohne Gegnerschaft kaum denkbar. »Partei, Partei, wer sollte sie nicht nehmen«, so hieß es damals in einem berühmt gewordenen Herweghschen Gedicht. Später bin ich wieder davon abgekommen und kenne jetzt nichts Oederes als »Partei, Partei«. Aber damals war ich ganz in ihrem Zauber befangen.

Und diesen Zauber an Leib und Seele zu fühlen, dazu sollte mir, als der Sommer 1841 auf die Neige ging, Gelegenheit werden.

Ich hatte mir herausgerechnet, daß ich, um meinem auf »Partei« gerichteten Zwecke näher zu kommen, in einem Leipziger Blatte mein Heil versuchen müsse, was mir denn auch gelang und zwar als der »Leipziger Schillerverein« – etwas andres als der spätere Zweigverein der Schillerstiftung – eine Schiller-Weste erstanden und dem Schillermuseum einverleibt hatte. Man machte davon, worin ich aber unrecht haben mochte, mehr als mir billig schien und so schrieb ich denn unter dem Titel »Shakespeares Strumpf« ein kleines Spottgedicht nieder, das den Tag darauf in dem vielgelesenen »Leipziger Tageblatt« erschien. Es lautete:

Laut gesungen, hoch gesprungen,
Ob verschimmelt auch und dumpf,
Geht, wir haben ihn errungen,
William Shakespeares wollnen Strumpf.

Geht, wir haben jetzt die Strümpfe,
Haben jetzt das heil'ge Ding,
Drinnen er durch Moor und Sümpfe
Sicher vor Erkältung ging.

Und wir huldigen jetzt dem Strumpfe,
Der der Strümpfe Shakespeare ist,
Denn er reicht uns bis zum Rumpfe,
Weil er fast zwei Ellen mißt.

Seht, wir haben jetzt die Strümpfe,
Dran er putzte, wischte, rieb
Ungezählte Federstümpfe,
Als er seinen Hamlet schrieb.

Drum herbei, was Arm und Beine,
Eurer harret schon Triumph,

Und dem »Shakespeare-Strumpfvereine«
Helft vielleicht ihr auf den Strumpf.

Es war ziemlich gewagt, in einer Sache, die für ganz Leipzig etwas von einer Herzenssache hatte, diesen Ton anzuschlagen, aber es glückte trotzdem; wenn man es auch nicht guthieß, so ließ man es wenigstens gelten, und in den eigentlichen literarischen Kreisen wurde die Frage laut: »Wer ist das? Wer hat das geschrieben?« Das ist für einen armen Anfänger schon immer sehr viel. Aber es ging noch weiter, und ich erhielt tags darauf von dem Verlagsbuchhändler Robert Binder, der zwei Blätter erscheinen ließ, ein demokratisch-politisches und ein belletristisches, einen Brief, in dem ich zur Mitarbeiterschaft aufgefordert wurde. Großer Triumph. Der Himmel hing mir voller Geigen. Ich sandte denn auch Verschiedenes ein, darunter ein längeres phantastisch-politisches Gedicht, das, glaube ich, »Mönch und Ritter« hieß, und wurde darauf hin zu einer kleinen Abendgesellschaft im Hause des Herrn Verlegers eingeladen.

Dieser Abend entschied über mein weiteres Leben in Leipzig, gab ihm, nach der literarischen Seite hin, den Stempel, weshalb ich etwas ausführlicher dabei verweile.

Robert Binder empfing mich in einem Vorzimmer seines in einer Vorstadt gelegenen, ganz modernen Hauses, mit kleinen Außentreppen und Balkonen. Er war ein ausgesprochener Sachse, fein und verbindlich, aber zugleich von weltmännischem Gepräge, so daß man deutlich empfand, er müsse längere Zeit im Auslande gelebt haben. Die zum Salon führende Tür stand auf, hinter der ich die Gäste, nur wenige, bereits versammelt sah. Ich wurde der Frau vom Hause vorgestellt, einer beinahe schönen Dame, der man sofort abfühlte, daß sie das Heft in Händen hielt und die Geschicke des Hauses, also wahrscheinlich auch die der dort ins Leben tretenden Literatur lenkte. Grund genug, mich ihr von der denkbar besten Seite zu zeigen. Freilich nur mit mäßigem Erfolge. Sie war sehr liebenswürdig, aber doch noch mehr »mondaine«, was sie denn auch befähigte, mich vom ersten Augenblick an richtig zu taxieren und ihre wirkliche Aufmerksamkeit lieber zwei jungen Männern zuzuwenden, die links und rechts neben ihr saßen. Diese zwei jungen Männer waren typische Westfalen, was ihre Superiorität von vornherein besiegelte. Der eine, mit seiner annähernd sechs Fuß hohen Gestalt, vertrat die westfälische Stattlichkeit, während der andre, wie zum Ersatz für die fehlende Stattlichkeit, einen Idealkopf – sehr ähnlich dem Adolf Wilbrandts – zwischen den Schultern trug. Beide, als richtige Cheruskersöhne, führten den Vornamen Hermann, der stattlichere: Hermann Schauenburg, der schönere: Hermann Kriege. Sie gehörten der Leipziger Burschenschaft an. Außer diesen zwei Studenten war noch ein dritter Herr anwesend, ein Herr von Mitte dreißig, Dr. Georg Günther. Er musterte mich freundlich, etwa wie wenn er sagen wollte: »grade so hab ich ihn mir gedacht«, denn Dr. Günther war der Redakteur der schon erwähnten beiden Blätter und die Zeilen, die mich zur Mitarbeiterschaft aufgefordert hatten, rührten von ihm her.

Zu all den hier Genannten, mit Ausnahme der schönen Frau, die ich leider nie wieder sah, trat ich von jenem Tage an in nähere Beziehungen, und über jeden einzelnen seien hier einige Worte gestattet.

Robert Binder, ein so feiner Herr er war, war leider unbedeutend; er ging schärfer ins Zeug, als seine Mittel, die geistigen mit einbegriffen, ihm gestatteten, und so kam es, daß er nicht lange regierte. Wenigstens habe ich in kommenden Jahrzehnten nicht mehr von ihm gehört. 1843, zwei Jahre nach der hier geschilderten Zeit, als ich zum ersten Mal – es kehrte dann später öfter wieder – von Umsattelungsgedanken erfüllt war, war »Robert der Gute«, wie wir ihn nannten, willens, mich als Redakteur des belletristischen Blattes anzustellen. Ein wahres Glück, daß sich's zerschlug; aber schon, daß er's gewollt hatte, war Beweis, daß er kein großer Menschenkenner war.

Hermann Schauenburg war Mediziner. Er machte das Dichten, das er damals ziemlich ernsthaft und eifrig betrieb, wie eine Kinderkrankheit mit durch, erholte sich aber bald von ihr und hatte nur noch einmal einen etwas abenteuerlichen, also wenn man will auch poetischen Anfall. Anno vierundfünfzig, während des Krimkrieges, als die russische Regierung auch in Deutschland nach Aerzten für ihre Lazarette suchte, wollte Schauenburg dieser Aufforderung folgen und nach der Krim gehen. Er kam denn auch nach Berlin und erschien, wie der Zeitungsaufruf es vorschrieb, auf der russischen Gesandtschaft. Das hochfahrende Wesen aber, dem er da begegnete, ließ ihn dem mit ihm verhandelnden Gesandtschaftsattachee mit echt westfälischem Freimut sagen: »er – der Gesandtschaftsattachee – vergäße, daß er, Hermann Schauenburg, sich vorläufig, Gott sei Dank, noch auf deutschem Grund und Boden befände«. Die Sache kam also nicht zustande. Wohl ihm. Er ging nach Westfalen und Rheinland zurück und hat sich in Bonn, wo er auch Privatdozent an der Universität war, als Augenarzt hervorgetan. Leider geriet er, wohl nicht unverschuldet, in höchst unliebsame Streitigkeiten mit Professor C. O. Weber und mußte Bonn verlassen. In Düsseldorf trat er bald darauf an die Spitze einer lithographischen Anstalt, scheiterte aber und kehrte zu seiner ärztlichen Praxis zurück. Er wechselte beständig, war in Castellaun im Hunsrück, in Zell an der Mosel, in Godesberg, in Quedlinburg und zuletzt in Mörs, Regierungsbezirk Düsseldorf. Dort starb er. Oppositionslust und zu hohe Meinung von sich hemmten ihn in Geltendmachung seiner geistigen Anlagen.

Hermann Kriege war frei von Dichtung und blieb auch »immun«, trotzdem die Gefahr der Ansteckung sowohl seinem Umgange wie den Zeitläuften nach – Herwegh-

Zeit – sehr groß war. Er war dadurch gefeit, daß er ganz und gar in der politisch-freiheitlichen Bewegung stand, mit der er's ernsthaft nahm, und man wird ihm nachsagen müssen, daß er seine Sache mit seinem Leben bezahlt habe. Sein Wesen war immer von einer gewissen Feierlichkeit getragen. Einmal kamen die Hallenser und Leipziger Burschenschafter in Lütschena – halber Weg zwischen beiden Städten – zusammen, und ich durfte mit dabei sein. Kriege, ganz in pontificalibus, präsidierte. Sein schöner Kopf machte großen Eindruck auf mich, aber alles, was er sagte, desto weniger, trotzdem oder vielleicht auch *weil* es nichts anderes war, als was aus meinen eigenen Freiheitsliedern schmetterte.

Bis Sommer 1842 war ich mit Kriege zusammen. Dann kam die Trennung, und nicht lange danach erfuhr ich, daß er, um sein Jahr abzudienen, in ein, wenn ich nicht irre, westfälisches Regiment eingetreten und dort durch Auflehnung oder vielleicht auch bloß durch Hervorkehrung seiner freiheitlichen Anschauungen in eine sehr üble Lage gekommen sei. Natürlich empörte mich das. Ich sah so was wie Märtyrertum in seinem Auftreten, das ich heute einfach als Dummheit bezeichnen würde, und gab meiner Empörung in forschen Reimzeilen Ausdruck. Ueberschrift: »An Hermann Kriege«. Dann hieß es

> Du kanntest nicht dies Institut der Stummen,
> Die hohe Schule des Gendarmentroß,
> Auf der ein freies Denken sich vermummen
> Und unter Riegel halten muß und Schloß . . .

Und nun folgten vier Zeilen, in denen vom Apostel Paulus und sogar von Christus die Rede war, eine Stelle, die ich doch lieber weglasse. Zum Schluß aber hieß es dann weiter:

Sie haben Dich dem Büttel übergeben,
Ja, Deine Ehre schlug man an das Kreuz,
Feig, wie sie sind, blieb Dir das nackte Leben,
Du schleppst es hin, doch keine Freude beut's;
Gestempelt, Du, zum Schelm und zum Verbrecher,
Dess' Seele frei von jedem Makel ist,
Dein Bettgenoß ein Dieb vielleicht, ein Schächer,
Und alles nur, weil Du kein Sklave bist.

Wie lange noch soll dieses Treiben währen,
Wie lange spielen wir, »verkehrte Welt«?
Die Sklavenseele bettelt sich zu Ehren
Und jede freie Männerseele fällt.
Trostlose Wüste streckt sich ohne Grenzen
Durch unser Land, – und träumt an schatt'gem Ort
Je ein Oasenquell von künft'gen Lenzen,
So naht der Samum und der Quell verdorrt.

Als Phrasengedicht ganz gut; ich komme weiterhin auf diesen heiklen Punkt zurück. Hier zunächst noch ein Wort über Kriege. Seine soldatischen Erlebnisse wurden wohl Grund und Ursache, daß er nach Absolvierung seiner Militärzeit den Staub von den Füßen schüttelte und nach Amerika ging. Ich weiß nicht mehr, in welcher Eigenschaft. Aber er war auch drüben kein vom Glück Begünstigter und ist, vom Fieber befallen, bald aus dieser Zeitlichkeit geschieden.

Dr. Georg Günther war an Wissen und Charakter der Bedeutendste. Wie Robert Binder, der geschäftlich sein Chef war, war er ein ausgesprochener Sachse, aber von der sehr entgegengesetzten Art; und wenn Robert Binder den Kaffeesachsen, also den *sentimentalen* sächsischen Typus vertrat, so Georg Günther den *energischen*, leidenschaftlichen, zornig verbitterten. In seinem, wenn ihn nichts reizte, klugen und freundlichen Auge funktelte was Unheimliches, und so verbindlich und selbst heiter er sein konnte, so merkte man doch gleich, daß er in jedem Augenblick bereit war, sich übers Schnupftuch zu schießen. Wer die Sachsen kennt, weiß, daß man sich zwischen diesen beiden gegensätzlichen Typen beständig hin und her bewegt. Doch ist die Günther-Type viel häufiger, was ein Glück ist. Daß die Sachsen sind, was sie sind, verdanken sie nicht ihrer »Gemütlichkeit«, sondern ihrer Energie. Dies Energische hat einen Beisatz von krankhafter Nervosität, ist aber trotzdem als Lebens- und Kraftäußerung größer als bei irgendeinem andern deutschen Stamm, selbst die Bayern nicht ausgenommen; – die bayerische Energie ist nur derber. Die Sachsen sind überhaupt in ihrem ganzen Tun und Wesen noch lange nicht in der Art überholt, wie man sich's hier zu Lande so vielfach einbildet. Und das hat seinen guten Grund, daß von ihrem »Ueberholtsein« keine Rede sein kann. *Sie* sind die Ueberlegenen und ihre Kulturüberlegenheit wurzelt in ihrer Bildungsüberlegenheit, die nicht vom neusten Datum, sondern fast vierhundert Jahre alt ist. Das giebt dann, auch im erbittertsten Kampfe der Interessen und Ideen, immer einen Regulator. Der sächsische Großstadtsbürger ist sehr bourgeoishaft, der sächsische Adel sehr dünkelhaft – viel dünkelhafter als das Junkertum, das eigentlich einen flotten, fidelen Zug hat – und der sächsische Hof ist katholisch, was doch immerhin eine Scheidewand zieht, aber alle drei sind durch ihr hohes Bildungsmaß vor Fehlern geschützt, wie sie sich in andern deutschen Landen, ganz besonders aber im Altpreußischen, sehr hochgradig vorfinden. Alles, was zur Oberschicht der sächsischen Gesellschaft gehört, auch *die*, die Fortschritt und Sozialdemokratie mit Feuer und Schwert bekämpfen möchten – viel rücksichtsloser, als es in Preußen geschieht, – alle haben, mitten im Kampf, die neue Zeit begriffen, während die tonangebenden Kreise der ostelbischen Provinzen die neue Zeit *nicht* begriffen haben. Anachronismen innerhalb der gesamten Anschauungswelt, Rückschraubungen, sind in Sachsen unmöglich, womit nicht gesagt sein soll, daß in praxi nicht Schrecklichkeiten vorkommen. *Die* kommen aber immer und überall vor und werden überhaupt nicht aus der Welt geschafft werden.

Aber nach dieser Sachsenhymne zurück zu meinem Dr. Georg Günther. Er hatte für künstlerische Dinge, speziell auch für Poetisches, ein sehr gutes Verständnis, wahrscheinlich ein viel besseres als wir Verseschmiede selbst, trotzdem war ihm der ganze poetische Krimskrams etwas Nebensächliches, auf das er nur insoweit Rücksicht nahm, als es sich seinen redaktionellen Zwecken dienstbar machte. Diese Rücksicht trug mir denn auch seine Gunst ein. Aber vielleicht war es auch noch ein andres, was ihn mir geneigt machte. Durch mein ganzes Leben hin habe ich gesehn, wie sich die Gegensätze anziehn und daß Raufbolde, Kraftmeier und mit Orsinibomben operierende Verschwörer eine Vorliebe für Harmlosigkeitsmenschen haben. Sie möchten nicht mit ihnen tauschen, das würd' ihnen einfach lächerlich vorkommen, aber oft überkommt sie die Vorstellung, als ob der andre doch vielleicht das bessere Teil erwählt habe. So war auch Günther. Besonders gern ging er an meinen freien Tagen mit mir spazieren, meilenweite Wege bis nach Eilenburg hin, wo wir eine an einen sogenannten »Monteur« verheiratete Schwester von ihm besuchten. Auf diesen Spaziergängen hab' ich mancherlei gelernt, denn er war ein sehr gescheiter Mann und sprach dabei so harmlos wie ein Kind.

Eine andre Schwester von ihm war an Robert Blum verheiratet oder vielleicht auch, daß Günther eine Schwester von Robert Blum zur Frau hatte, jedenfalls waren Günther und Blum Schwäger. Sie zogen auch politisch denselben Strang. Trotzdem war ihre Freundschaft nicht allzu groß, was den, der beide kannte, nicht sehr überraschen konnte. Robert Blum war Volksredner comme il faut und hat einen politischen Einfluß geübt, der weit über den seines Schwagers hinausging; aber dieser war nicht nur der viel feinere Geist, sondern auch der viel gebildetere Mensch. Und als solcher mocht' er an Blums Auftreten gelegentlich Anstoß nehmen.*

Drei Jahre später – 1844 –, als ich Soldat war, besuchte mich Günther in Berlin. Wir gingen ins Theater und kneipten bis in die Nacht hinein. Auf dem Heimwege redeten wir Welten und kamen vom Hundertsten ins Tausendste. Mit einem Male blieb er stehen und sagte: »Schade, daß Sie so sehr *Nihilist* sind, nicht ein russischer, sondern ein recht eigentlicher, will also sagen einer, der gar nichts weiß.« Solche Sätze, wie die meisten, die einem nicht schmeicheln, bleiben einem im Gedächtnis.

Das war Anno 1844. Wenn ich nicht irre, war er 1848 und 1849 noch in Deutschland und Mitglied des Frankfurter Parlaments. Aber bald danach – die Erschießung seines

* In einem Büchelchen, das mir, während mir das im Text gesagte schon im Korrekturbogen vorlag, von New-York her zuging, bin ich, und zwar von einem Frankfurter achtundvierziger Parlamentsmitglied – Hugo Wesendonck – herrührend, einer andern, sehr interessanten und weitaus anerkennenderen Schilderung Robert Blums begegnet. Es heißt da: »Alles in allem halte ich auch jetzt noch Blum für den besten Mann des damaligen deutschen Parlaments. Ein Sokrates von Gesicht und Gestalt; aber breiter, stämmiger, mit hervortretenden Schultern und gewölbter Brust. Er hatte viel studiert und war von umfangreichen Wissen, namentlich in der Geschichte. Dazu besaß er eine klassische Ruhe und sprach nach einem festen und durchdachten Plan. Sein Organ war ein vollkommener Bariton, seine Haltung eine ernste, nie leichtfertig. Er war überall geachtet und ich möchte hinzufügen gefürchtet; die Frauen aber verehrten ihn trotz seiner Häßlichkeit. Als geborener Amerikaner hätte er es weit bringen können. Aus solchem Stoffe macht man Präsidenten. Lincoln war häßlicher und Cleveland ist nicht viel hübscher. Wäre das Unmögliche damals in Deutschland möglich gewesen, es hätte sich nur um Blum oder Gagern handeln können. Aber Blum hätte gesiegt, denn er war der beste Ausdruck des liberalen, meinetwegen klein-deutschen Bürgertums.« So Wesendonck. Möglich ist alles. Aber nach dem Eindruck, den ich meinerseits von Blum empfangen habe, hätte er zu einem »Präsidenten von Deutschland« *nicht* ausgereicht, auch achtundvierzig nicht. Es hätte dazu der Reaktion nicht bedurft, er wäre schon am Professorentum gescheitert.

Schwagers Robert Blum in Wien und die Maikämpfe in Dresden mochten ihm den Boden unter den Füßen etwas zu heiß gemacht haben – verließ er Deutschland und ging nach Amerika. Dort, wie so viele Flüchtlinge, wurde er Mediziner und verrichtete homöopathische Wunderkuren. Es ging ihm äußerlich gut, aber die Sehnsucht blieb.

Etwa zwanzig Jahre später erhielt ich aus »Charlottenburg-Westend« ein Postpaket, eigentlich bloß einen großen Brief, und als ich ihn öffnete, waren es drei, vier längere Gedichte, die ich Anno 1841 oder 42 an Günther zum Abdruck in einem seiner Blätter geschickt hatte. Zu diesem Abdruck war es nicht gekommen, und schließlich waren die Gedichte mit nach Amerika hinübergewandert. Da hatt' ich sie nun wieder. Daneben lag ein Kartenbillet, auf dem ich von meinem alten Freunde Günther begrüßt und nach Westend hinaus – wo er bei seinem Stiefsohn, einem wohlhabenden Kaufmann, wohnte – eingeladen wurde. Natürlich kam ich der Einladung nach und verbrachte draußen einen angenehmen und sehr interessanten Abend. Aber freilich, alles war wie verschleiert. Er suchte zu lächeln, ohne daß es ihm so recht gelang; er war ein gebrochener Mann. Und nicht allzu lange mehr, so wurde mir denn auch Mitteilung, daß er gestorben sei. Bei seiner Bestattung konnt' ich leider nicht zugegen sein.

Er, der innerlich und äußerlich viel Umhergeworfene, ruht nun auf dem Charlottenburger Kirchhof.

VIERTES KAPITEL

Der Herwegh-Klub
Wilhelm Wolfsohn. Max Müller

Hermann Schauenburg, Hermann Kriege, Dr. Georg Günther, das waren die drei, mit denen mich der erste literarische Tee-Abend bei Robert Binder und Frau bekannt gemacht hatte. Diese drei waren aber nur ein Bruchteil eines literarischen Vereins, dessen geistiger Mittelpunkt Georg Herwegh war, weshalb ich denn auch diesen Leipziger Dichterverein als einen »Herwegh-Klub« bezeichnen möchte. In diesen Klub sah ich mich natürlich alsbald eingeführt und machte da die Bekanntschaft von einem Dutzend anderer Studenten, meistens Burschenschafter, einige schon von älterem Datum. Es waren folgende: Köhler (Ludwig), Prowe, Semisch oder Semig, Pritzel, Friedensburg, Dr. Cruziger, Dr. Wilhelm Wolfsohn, Max Müller. Alle haben in der kleinen oder großen Welt von sich reden gemacht. In der ganz großen Welt allerdings nur einer, der letztgenannte. Ludwig Köhler war ein hübsches dichterisches Talent und beschloß seine Tage wohl in seiner thüringischen Heimat; Prowe wurde Gymnasialprofessor in Thorn und setzte sein Leben an die Beweisführung, daß Copernikus kein Pole, sondern ein Deutscher gewesen sei; Dr. Pritzel – der Geistreichste und Witzigste des Kreises – war durch viele Jahre hin Bibliothekar an der Berliner Königlichen Bibliothek; Dr. Friedensburg, ein Bruder des späteren Oberbürgermeisters von Breslau, trat in den Staatsdienst über; Dr. Cruziger – in einem der reußischen oder schwarzburger Fürstentümer zu Hause – brachte es in der stürmischen Zeit von 1848 bis zum Minister in seinem kleinen Heimatsstaate. Verbleiben noch Wilhelm Wolfsohn und Max Müller, mit denen ich mich ausführlicher zu beschäftigen habe.

*

Wilhelm Wolfsohn war in bestimmter Richtung unter uns der Tonangebende. Georg Günther, der um mehr als ein Dutzend Jahre älter, zugleich von allgemeinerer Bildung und größerer Welterfahrung war, wäre dazu der Berufenere gewesen, aber er war nicht direkt Klubmitglied und blieb, als guter Redakteur uns nur für sein Blatt und seine Zwecke benutzend, wohlweislich ein Draußenstehender. So fiel die Führerrolle dem Nächstbesten zu, was unzweifelhaft Wolfsohn war. Er hatte Literaturgeschichte zu seinem Studium gemacht. Das allein schon würde zur Besiegelung seines Uebergewichts ausgereicht haben; es stand ihm aber auch noch anderes zu Gebote. Wir andern waren samt und sonders junge Leute von Durchschnittsallüren, Wolfsohn dagegen ein »feiner Herr«. Hätte nicht sein kluger, interessanter Kopf die jüdische Deszendenz bekundet, so würde man ihn für einen jungen Abbé gehalten haben; er verfügte ganz über die verbindlichen Formen und das überlegene Lächeln eines solchen, vor allem aber über die Handbewegungen. Er hatte zudem, was uns natürlich ebenfalls imponierte, schon allerhand ediert, unter andern ein Taschenbuch, das, unglaublich aber wahr, eine Art christlich-jüdische Religionsunion anstrebte. Jedenfalls entsprach das seinem Wesen. Ausgleich, Umkleidung, nur keine Kanten und Ecken. In unseren Klubsitzungen, im Gegensatz zu Gesellschaftlichkeit und Außenverkehr, trat er nicht sonderlich hervor, auch nicht als Dichter. Natürlich war er wie wir alle für »Freiheit« – wie hätten wir sonst der Herwegh-Klub sein können –, aber er hielt Maß darin, wie in all und jedem. Seine Domäne war die Gesamtbelletristik der Deutschen, Franzosen und Russen. Rußland, wenn er uns Vortrag hielt, stand mir selbstverständlich jedesmal obenan, wobei ich mir sagte: »*Das* nimm mit; Du kannst hundert Jahre warten, ehe Dir russische Literatur wieder so auf dem Präsentierbrett entgegengebracht wird.« Ich ging in meinem Feuereifer so weit, daß ich sogar russisch bei ihm lernen wollte. Doch schon in der zweiten Unterrichtsstunde war seine Geduld erschöpft und er sagte mir: »Gieb's nur wieder auf; Du lernst es doch nicht.« So ist es mir mit einem halben Dutzend Sprachen ergangen: italienisch, dänisch, vlämisch, wendisch – immer wenn ich mir ein Lexikon und eine Grammatik gekauft hatte, war es wieder vorbei. Was ich beklage. Denn es ist unglaublich, wie viel Vorteile man von jedem kleinsten Wissen hat, ganz besonders auch auf diesem Gebiete.

Also mit der russischen Sprache war es nichts ; in Bezug auf russische Literatur jedoch ließ ich nicht wieder los und vom alten Derschawin an, über Karamsin und Schukowski fort, zogen Puschkin, Lermontow, Pawlow, Gogol an mir vorüber. Ein ganz Teil von dem, was mir Wolfsohn damals vortrug, ist sitzen geblieben, am meisten von den drei letztgenannten – Lermontow war mein besonderer Liebling – und so sehr alles nur ein Kosthäppchen war, so bin ich doch auf meinem Lebenswege nur sehr wenigen begegnet, die mehr davon gewußt hätten.

Wolfsohn war mir sehr zugetan, über mein Verdienst hinaus, und hat mir diese Zuneigung vielfach betätigt. Auch noch nachdem ich Leipzig verlassen hatte, blieb ich in persönlicher Verbindung mit ihm und später in einem zeitweilig ziemlich lebhaften Briefwechsel. Einige dieser Briefe, darin auch die Großfürstin Helene, ohne die damals in Rußland nichts Literarisches denkbar war, eine Rolle spielte, waren aus den beiden russischen Hauptstädten datiert, wohin Wolfsohn gern und oft ging, um den dortigen »deutschen Kolonien« samt einigen literaturbeflissenen Russen Vorlesungen über allerjüngste deutsche Dichter, zu denen Wolfsohn, etwas gewagt, auch mich rechnete, zu halten, woraus sich dann ergab, daß ich in Petersburg und Moskau bereits ein Gegenstand eines kleinen literarischen Interesses war, als mich in Deutschland noch niemand kannte, nicht einmal in Berlin.

1851, eben wieder von einer Petersburger Reise zurückgekehrt, trat Wolfsohn an die Spitze des »Deutschen Museums«, einer guten und vielgelesenen Zeitschrift, die er eine Zeit lang mit Robert Prutz gemeinschaftlich redigierte. Sein Aufenthalt war damals Dresden, in dessen literarischen Kreisen er Otto Ludwig kennen lernte. Mit Auerbach um die Wette ließ er sich das Zurgeltungbringen dieses eigenartigen, damals noch wenig gewürdigten Talents angelegen sein und unterließ nie, wenn er, wie während der fünfziger Jahre oft geschah, als Vorleser seine Tournee machte, dem großen Publikum den »Erbförster« und die »Makkabäer« vorzuführen. Immer mehr sich einlebend in diese bedeutenden Schöpfungen, kam ihm begreiflicherweise die Lust, es auch seinerseits mit dramatischen Arbeiten zu versuchen, und er schrieb ein Drama »Nur eine Seele«, das als politisches Stück eine gewisse Notorität erlangte. Dasselbe richtete sich, wie sein Titel andeutet, gegen die Leibeigenschaft und hielt sich eine Zeit lang. Als dann aber die Leibeigenschaft aufgehoben wurde, war es gegenstandslos geworden.

Um eben diese Zeit, oder schon etwas früher, war es, daß sich Wolfsohn mit einer Leipziger Dame verheiratete. Diese Verheiratung war mit Schwierigkeiten verknüpft, weil Eheschließungen zwischen Juden und Christen, die eine Zeit lang statthaft gewesen waren, mit Eintritt der »Reaktion« wieder auf kirchliche Hemmnisse stießen. Immer wenn unser Brautpaar aufs Neue Schritte tat, traf sich's so, daß der Kleinstaat, auf den man gerade seine Hoffnung gesetzt, just wieder den freiheitlichen Gesetzesparagraphen aufgehoben hatte. Nummer auf Nummer fiel. So kam es, daß zuletzt nur noch »eine Säule von verschwundener Pracht zeugte«. Diese Säule war Dessau. Aber auch hier sollte, mit Beginn des neuen Jahres, der entsprechende Freiheitsparagraph wieder abgeschafft werden und so mahnte denn alles zur Eile. Noch kurz vor Toresschluß erfolgte die Trauung des jungen Paares, und aus einer gewissen Dankbarkeit, so nehm' ich an, verblieb man in Dessau. Doch nicht auf lange. Dessau war kein Platz für Wolfsohn, und so ging er denn nach Dresden zurück. Hoftheater und höfische Sitte, schriftstellerisches und künstlerisches Leben, vor allem internationaler Verkehr, – das war das, was für ihn paßte, worin er Befriedigung fand. Und diese neuen Dresdner Jahre wurden denn auch seine glücklichsten; er lebte hier ganz seinen Arbeiten, vor allem den wieder aufgenommenen dramatischen, und gründete die »Nordische Revue«, die bis zu seinem frühen Hinscheiden 1865 in gutem Ansehen stand. Er war kaum fünfundvierzig Jahre alt geworden. Einer seiner Söhne – Pseudonym: Wilhelm Wolters – hat des Vaters Laufbahn eingeschlagen und ist ein guter Novellist.

*

Die eigentlich große Nummer unseres Klubs, natürlich erst durch das, was aus ihm wurde, war Max Müller. Er hätte sehr gut mit Wolfsohn auf dessen eigenstem Gebiet, dem gesellschaftlichen, konkurrieren, ihn vielleicht sogar aus dem Felde schlagen können, aber er war dazu zu jung, erst achtzehn Jahre alt. Dies einsehend hielt er sich zurück und beschränkte sich im übrigen darauf, mit dem klugen glauen Gesicht eines Eichhörnchens unseren Freiheitsrodomontaden, beziehungsweise den Plänen »pour culbuter toute l'Europe« zu folgen. Nur dann und wann schoß er selber einen kleinen Pfeil ab. Als die »Zeitung für die elegante Welt«, die wir kurzweg »Die Elegante« nannten, ihre Redaktion gewechselt und Heinrich Laube an die Stelle von Gustav Kühne gesetzt hatte, sagte Müller in guter Laune:

Was sich Kühne nicht erkühnt,
Wird sich Laube nicht erlauben.

Im ganzen genommen ging er im kleinen und großen mehr seine eigenen Wege, was sich, neben anderem, auch darin zeigte, daß er nicht so recht zu Robert Binders »Eisenbahn« hielt, sondern ein kleines, ziemlich verwegenes Blatt bevorzugte, das der später so famose, damals aber nur durch seinen roten Vollbart ausgezeichnete Gartenlauben-Keil herausgab. Müller war in unserem Kreise sehr beliebt und angesehen, aber doch nur, weil er, wie wir wußten, auf Schulen ein Musterschüler gewesen und vor allem weil er der Sohn seines berühmten Vaters war. Daß er diesen Vater an Weltansehen einst überholen würde, davon ahnten unsre Seelen natürlich nichts.

Ich war ihm von Anfang an herzlich zugetan, aber in ein näheres Verhältnis kamen wir erst drei Jahre später, als wir beide schon einige Zeit in Berlin waren, er bei seinen Sanskritstudien, ich als Kaiser Franz-Grenadier. Er wohnte damals drei Treppen hoch in einem Eckhause der Oberwall- und Rosenstraße – dicht an der Werderschen Kirche – wo er sich bei einem Schuhmacher, sehr zu seiner Zufriedenheit, eingemietet hatte. Wenn nur nicht die Werkstatt nebenan gewesen wäre! Da ging den ganzen Tag das Lederklopfen, und Müller hätte wohl die Geduld verloren, wenn nicht, neben manch andrem, die wundervolle Aussicht gewesen wäre. Der ganze Stadtteil lag wie ein Panorama um ihn her, besonders die königlichen Gebäude mit ihren mit den prächtigsten Bäumen besetzten Parkgärten, die sich im Rücken und zur Seite des Prinzessinnen-Palais hinzogen. Da hinüber zu blicken, das gab ihm wieder Trost und er hielt aus. Er war damals schon stark ein »Werdender« und erfreute sich besonderer Auszeichnungen von Seiten Friedrich Rückerts, der in jenen Jahren – wie bekannt nur dem Wunsche des Königs nachgebend – an der Universität seine Vorlesungen hielt. In seinen – Rückerts – an die Spree gerichteten und hier nur aus dem Gedächtnis – also ungenau – wiedergegebenen Reimzeilen:

Als Schwan trittst in Berlin Du ein,
Um auszutreten dann als Schw . . .

ergab sich sein eigentlichstes Empfinden. Er sehnte sich nach Neuseß zurück, denn er war kein Mann für Residenz und Hof und vielleicht noch weniger für gefügige, dem Hofe zugeneigte Professoren.

Müller übersetzte damals neben andrem Kalidasas »Wolkenboten« und wenn ich Wolfsohn alles verdanke, was ich von vorturgeniewscher russischer Literatur weiß, so Müller alles, was ich von Sanskritdichtung weiß. Es ist ein Glück, daß man kluge Freunde hat und daß der Verkehr mit ihnen dafür sorgt, daß einem ein bißchen was anfliegt.

Sein nicht ironisches, aber liebenswürdig schelmisches Wesen, das er schon in Leipzig hatte, war ihm treu geblieben. Einmal kam ich in großer Aufregung zu ihm und sagte: »Müller, ich muß Dir etwas vorlesen.« Er lachte ganz unheimlich und als ich etwas verblüfft drein sah, setzte er begütigend hinzu: »Du wunderst Dich. Aber da ist nichts zu verwundern. Lenau, so hab ich neulich gelesen, ist verrückt geworden. Und Du hast natürlich gleich ein Gedicht darauf gemacht.« Es war wirklich so und ich glaube, daß ich nicht mehr den Mut fand, ihm meine Dichtung vorzutragen. Bald danach verließ er Berlin und ging nach Paris und von da nach England. Dort war er viel im Bunsenschen Hause, wurde Vertrauensperson und kam, wohl durch Bunsens Einfluß, als Sanskrit-Professor nach Oxford. Da war er nun fast eingelebt, als ich ihn im Herbst 1855 in London wiedersah. Er nahm sich meiner gleich freundlich an, machte mich mit diesem und jenem bekannt, und führte mich bei »Simpson« ein. Das war ein Dining-Room am Strand. Solch Eingeführtwerden in ein Speisehaus wird nun manchem Kontinentalen als etwas sehr Gleichgiltiges erscheinen, für mich aber war es damals eine Sache von Bedeutung, eine Lebensfrage. Gehört man nicht einem Klub an, was sehr teuer und für einen nichtdistinguierten Fremden auch sehr schwierig ist, so weiß man in London, wo's dann gleich sehr tief sinkt, wirklich nicht recht, wo man essen soll. Wenigstens war es damals so. Da dirigierte mich denn Müller und ich war gerettet.

Er tat mir noch einen andren Liebesdienst. Davon ausgehend, daß englisches Leben viel Geld kostet und daß Deutsche nie viel Geld haben, bat er mich – diese Bitte war aber nur eine Verkleidung, eine Zartheit, – ihn bei einer Unterrichtskommission als Examinator im Deutschen vertreten zu wollen. Ich nahm es auch dankbar an, freilich zugleich zögernd, weil ich fühlte, daß ich als Examinator noch schwächer sein würde wie zeitlebens als Examinandus. Und so verlief es denn auch. Es war aber doch ein sehr interessanter Vormittag. In welchem Lokal sich alles abspielte, weiß ich nicht mehr, ich weiß nur noch, daß ich mit einem Male, nach Durchsicht zweier kleiner schriftlichen Arbeiten, einen jungen Herrn auf mich zukommen sah, der sich mir als Mr. Pennefather vorstellte. Sein Vater war General Pennefather, den ich aus den Zeitungen her sehr gut kannte, weil er vor Sebastopol eine Gardebrigade ruhmreich befehligt hatte. Der auf mich Zukommende hatte das reizendste Gesicht, aber eine etwas schiefe Schulter und einen allzu zarten Teint, der auf schwache Gesundheit schließen ließ. Er machte mir eine graziöse Handbewegung und sagte dann in deutscher Sprache: »Mein Herr; ich bitte ... ich war *schon einmal hier.*« Das konnte nun alles Mögliche heißen, aber seine freundlich verlegene Haltung gab den Kommentar und ich stellte ihm, als wir ein paar Minuten deutsch gesprochen hatten, das denkbar glänzendste Zeugnis aus. Das vielleicht Unrichtige darin will ich gern verantworten. Ich verließ das Lokal mit dem Gefühl, ein gutes Werk getan zu haben und empfing zwei Guineen, wenn es nicht mehr war; trotzdem war ich fest entschlossen, auf dieses heiße Eisen nicht wieder zu treten und meine

Begegnung mit Mr. Pennefather samt ausgestelltem Zeugnis ist das Einzige gewesen, was ich zu Nutz und Frommen angehender englischer Kolonialbeamten getan habe.

Das Jahr darauf, Herbst 56, war ich auf Besuch bei Müller. Ich hatte vor, das »Herz von England«, jene Grafschaften, die die Midland-Counties heißen und in denen, neben so viel andrem Herrlichen, Kenilworth, Warwick, Stratford am Avon, Derby, Worcester, Fotheringhay, Newstead-Abbey, Chester etc. gelegen sind, kennen zu lernen. Oxford sollte mir erste Station dazu sein. Ich war zwei Tage dort und zähle diese Tage zu meinen angenehmsten Erinnerungen. Um Müllers und dann auch um Oxfords willen. Von den Städten West-Europas hab' ich ein hübsches Häuflein gesehn, aber keine hat so mächtig, so bezaubernd auf mich eingewirkt. Selbstverständlich bin ich mir bewußt, daß dies nach den Naturen verschieden ist. Alle die, die den Sinn für den Süden haben, werden anders urteilen, ich für meine Person aber bin ausgesprochen *nicht*-südlich und kann das Wort, das A. W. Schlegel auf seinen Freund Fouqué anwandte, füglich auch auf mich anwenden. »Die Magnetnadel seiner Natur«, so sagte Schlegen von Fouqué, »zeigt nach Norden.« Worin das Uebergewicht Oxfords liegt, ist schwer zu sagen. Es ist keineswegs bloß seine Architektur. Diese wird von der Gothik anderer mittelalterlicher Städte, sei's an erfinderischem Genius, sei's an innerlichem Reichtum mannigfach übertroffen und vielleicht ist überhaupt nichts da, was man, mit Ausnahme von All-Souls- und Maudlin-College, baulich als ersten Ranges bezeichnen könnte. Auch die Landschaft, so schön sie ist, hat mindestens ihresgleichen und was endlich drittens das Imponderable des Historisch-Romantischen angeht, so giebt es viele Punkte, die davon mehr haben. Aber in einer eigenartigen Mischung, richtiger noch Durchdringung von schöner Architektur, schöner Landschaft und reicher Geschichte steht es einzig da, vielleicht auch darin, daß nichts stört, nichts aus dem Rahmen fällt, daß alle »fooschen« Stellen fehlen. Eine Vornehmheit, wie ich sie für mein Gefühl sonst nirgends gefunden habe, drückt dem Ganzen den Stempel auf. Von Oxford aus ging ich nach Woodstock, um mir die Liebes- und Leidensstätte der von mir in einem jugendlichen Romanzen-Zyklus besungenen »schönen Rosamunde« anzusehen und habe dann von dem Tag an, wo ich Oxford verließ, Müller in England nicht wiedergesehen.

Ein solches Wiedersehen fand erst viele Jahre später statt und zwar Mitte der siebziger Jahre, bei Georg Bunsen. Ich erhielt eine Einladung von diesem, in der glaub ich nur angegeben war, daß ich einen alten Freund bei ihm finden würde. Dieser Freund war Müller. Es war um die Zeit, wo er, von Straßburg aus, – wohin er sich, einem patriotischen Gefühle folgend, auf eine Reihe von Jahren als Universitätslehrer begeben hatte – wieder nach seinem geliebten Oxford zurückkehrte. Mit ihm war seine Frau und ein reizender Junge, der nun schon seit Jahren – er war eine Zeit lang Gesandtschaftssekretär in Konstantinopel – im auswärtigen Dienst seiner Heimat steht. Die Mutter war Engländerin und Müller selbst, trotz seines deutsch gebliebenen Herzens, politisch längst ein Engländer geworden. Uebrigens sei bei dieser Gelegenheit nicht versäumt hervorzuheben, daß er, trotz dieser Zugehörigkeit zu seiner neuen Heimat, mehr als einmal, wenn schwierige Zeiten kamen, an dem guten Einvernehmen zwischen Deutschland und England gearbeitet hat. Und zwar immer mit Erfolg. Mit Erfolg, weil sein persönliches Ansehen drüben ein sehr großes war und zum zweiten, weil ihm für das, was er schrieb – und er schrieb ein wundervolles Englisch – jederzeit die beste Stelle zur Verfügung stand: die »Times«.

Im Dezember 93 feierte er seinen siebzigsten Geburtstag und aus aller Welt Enden drängten sich die Glückwünschenden heran. Es versteht sich, daß ich mit in der Queue war. Er antwortete mir durch Uebersendung einer Festschrift, in der ich auch sein Bild fand. Seinem Konterfei bin ich seitdem noch zweimal begegnet, erst in einem Bilde von G. F. Watts, dann – auf einer der Schulteschen Ausstellungen – in einem anderen von Sauter; letzteres Bild ganz ausgezeichnet und dem Müller von 41 noch immer ähnlich.

*

Das waren meine »literarischen Beziehungen«, so war unser Herwegh-Klub. Dichterisch kam dabei nicht viel zu Tage, trotzdem von unserm Klub, wie von so vielen andern Stellen in Deutschland, drei stattliche Manuskriptpakete die Wanderung nach Zürich hin antraten, zu Froebel u. Co., wo Herweghs Gedichte erschienen waren. Eins dieser Manuskripte rührte, wie kaum noch gesagt zu werden braucht, von mir her und war von einigen Einleitungsstrophen begleitet, die, nicht minder selbstverständlich, die Ueberschrift: »An Georg Herwegh« trugen*. Es hieß darin, nach voraufgehender Schilderung eines grenzenlosen politischen und beinah auch menschlichen Elends:

* Ich möchte zur Vermeidung von Mißverständnissen an dieser Stelle noch anfügen dürfen, daß alles Spöttische, was ich hier gegen die Freiheitsphrasendichtung jener Zeit ausgesprochen habe, sich wohl gegen uns Herweghianer von damals, aber *nicht* gegen Herwegh selbst richtet. Ich will nicht bestreiten, daß auch das, was Herwegh in Person geschrieben hat, vielfach an Phrase leidet, aber es ist durch eine ganz ungewöhnliche Fülle von Geist und Talent auf eine solche Hochstufe gehoben, daß, für mich wenigstens, die Frage »Phrase oder nicht« daneben verschwindet. »Noch einen Fluch schlepp' ich herbei«, – diese das berühmte Gedicht »Gegen Rom« einleitende Zeile mahnt mich immer an *den*, der übereifrig Scheite zum Huß-Scheiterhaufen herbeitrug, aber es sind doch Strophen drin, die ich bis diesen Tag mit dem größten Vergnügen, jedenfalls mit einer gewissen Metierbewunderung lese. Daselbe gilt von den Terzinen an Friedrich Wilhelm IV.:

»Zu scheu der neuen Zeit ins Aug' zu sehen,
Zu beifallslüstern, um sie zu verachten,
Zu hochgeboren, um sie zu verstehn.«

Wie tief gefaßt ist hier alles, wie vollendet im Ausdruck.

. . . Schon fühlt ich meinen Blick umnachtet,
Da plötzlich zwang es mich empor,
Es schlug, wonach ich längst geschmachtet,
Wie Wellenrauschen an mein Ohr,
Und siehe, daß gestillet werde
Der Durst, woran ich fast verschied,
Durchzog ein Strom die Wüstenerde
Und dieser Strom – es war *Dein* Lied.
Ich habe nicht genippt, getrunken
Und seinen Wellenschlag belauscht,
Ich bin in seine Flut gesunken
Und habe drinnen mich berauscht etc.

Wir kriegten unsre Manuskripte zurück, ohne daß die Verlagsbuchhandlung auch nur einen Blick hinein getan hätte. Wie konnte sie auch! Es brach eben damals eine Hochflut über sie herein. Und alles waren Worte, Worte, Worte.

Trotzdem, – und mit dieser vielleicht allweisen Betrachtung möcht' ich hier schließen, – dürfen Regierungen über solche Zeiterscheinung nicht vornehm hinweggehn und all dergleichen mit der Bemerkung »elendes Phrasenwerk« abtun wollen. Es liegt den Regierungen vielmehr ob, sich die Frage vorzulegen, »ob dieser oft in ungewollte Komik verfallenden Phrasenfülle nicht *doch* vielleicht etwas sehr Beherzigenswertes zu Grunde liege?« Wie war damals die Situation? An das Hinscheiden Friedrich Wilhelms des Dritten hatten sich Hoffnungen für die Zukunft geknüpft und diese Hoffnungen erkannte man sehr bald als eitel. Die Sehnsucht nach anderen Zuständen und die tiefe, ganz aufrichtige Mißstimmung darüber, daß diese Zustände noch immer nicht kommen wollten, *das* war das durchaus Echte von der Sache, das war *das*, was Männer und Knaben gleichmäßig ergriff und durch die Phrasenhaftigkeit derer, die kindlich tapfer auf ihrer Weihnachtstrompete bliesen, nicht aus der Welt geschafft wurde.

FÜNFTES KAPITEL

Krank. Aus der Hainstraße in die Poststraße. Mein Onkel August

Ich hatte, fast durch ein Jahr hin, in meiner Leipziger Hainstraße sehr glückliche Tage verlebt. Da mit einem Male war es vorbei damit. Ich wurde krank: Gelenkrheumatismus, der in seiner bekannten nahen Verwandtschaft zum Nervenfieber nichts andres war, als ein Wiederaufflakkern des Typhus, den ich, gerade ein Jahr vorher, bei meinem Freunde Fritz Esselbach durchgemacht hatte. Dies periodische Wiederaufleben einer nicht ganz überwundenen Krankheit ist etwas sehr Uebles und ich bin davon beinahe dreißig Jahre lang immer aufs Neue heimgesucht worden. Immer wieder, gegen den Ausgang des Winters, verfiel ich in nervenfieberartige Zustände, was mir viel Leid und jedenfalls viel Störung verursacht hat.

Also ich wurde krank, etwa Mitte Februar, und lag da, von Schmerzen gequält, sechs, sieben Wochen lang auf meinem elenden Lager, mir und andern zur Pein, und hätte das Elend davon noch tiefer empfunden, wenn nicht eine seit etlichen Jahren ebenfalls in Leipzig lebende nahe Verwandte sich meiner angenommen und für allerhand Aufmerksamkeiten und kleine Zerstreuungen gesorgt hätte. Diese nahe Verwandte hieß: »Tante Pinchen«. Als sich erst herausgestellt hatte, daß die Sache nicht leicht zu nehmen sei, kam die mir so wohlgesinnte Dame beinahe täglich in meine mehr als kümmerliche Krankenstube, brachte mir Apfelsinen und Gläser mit Gelee und was noch wichtiger war, befreite mich durch stundenlange Plauderei von der entsetzlichen Langenweile, von der ich fast noch mehr als von den Schmerzen litt. Aus dem Namen »Tante Pinchen«, könnte man nun vielleicht schließen, daß die sich meiner so freundlich annehmende Dame eine alte Jungfer gewesen sei, mit grauen Löckchen, einem verschlissenen Kleid und einer Hornbrille. Tante Pinchen war aber ganz im Gegenteil eine junge Frau von wenig über dreißig, die während ihrer frühsten Jahre – und ihre Jahre hatten sehr früh begonnen – ungewöhnlich hübsch gewesen sein sollte. Was auch wohl zutraf. Ich kannte sie schon an die zehn Jahre und diese Leipziger Beziehungen waren weiter nichts als ein Wiederanknüpfen an lang zurückliegende Berliner Tage, von denen ich weiterhin erzählen werde. Tante Pinchen hatte mancherlei Tugenden, half gern und tat es auch wohl aus gutem Herzen; aber das eigentlich treibende Motiv ihres Tuns war doch ein schauspielerischer Zug, ein unbezwingbarer Hang sich als rettender Engel in Szene zu setzen. Sie gab sich auch dementsprechend, war immer einfach, aber äußerst sauber gekleidet und trug ein italienisches Spitzentuch, das ziemlich kokett über das aschblonde Haar gelegt und unter dem Kinn in einen zierlichen Knoten geschlungen war. Sie machte mir die Apfelsinen – immer Pontac-Apfelsinen, für die ich eine Vorliebe hatte – mit vieler Geschicklichkeit zurecht und unterhielt mich mit noch größerer Virtuosität, wiewohl sie nicht eigentlich interessant war und das, was sie davon hatte, durch eine gewisse Gespreiztheit jeden Augenblick wieder in Frage stellte. Lieblingsthema war ein auf ihrer Seite wenigstens diplomatisches Parallelezziehn zwischen den Berliner und Leipziger Freunden und weil ich die einen wie die andern gut kannte, so half ich ihr immer mit ziemlich deutlichen Worten nach, während sie selber absichtlich undeutlich sprach, um sich auf diese Weise jederzeit eine Rückzugslinie zu sichern. An meiner Deutlichkeit richtete sie sich aber ordentlich auf und nickte und schmunzelte dazu. Was ich zu jener Zeit gesagt, wird wohl auch heute noch einigermaßen Geltung haben und so mag der Versuch gestattet sein, es hier aus dem Gedächtnis noch einmal auszusprechen. Alles was ich damals aus mittleren Bürgerkreisen in Leipzig kennen gelernt hatte, schien mir nicht nur an Umgangsformen und Politesse, sondern auch in jener gefälligen und herzgewinnenden Lebhaftigkeit, die die Person der Sache zu Liebe zu vergessen weiß, unsrer entsprechenden Berliner Gesellschaftsschicht erheblich überlegen, wogegen die Berliner Bürgerkreise, so philiströs beengt sie zu jener Zeit waren, doch in dieser ihrer Philistrosität immer noch hinter dem, was die Leipziger auf *diesem* Gebiete leisteten, zurückblieben. Dem allen stimmte Tante Pinchen mehr oder weniger befriedigt zu und wenn wir uns erst im Prinzip geeinigt hatten, gingen wir – das heißt ich – sofort tapfer weiter vor, um die befreundeten Einzelexemplare nach Herzenslust durchzuhecheln.

All das ging so durch Wochen. Als sich aber Ende März herausstellte, daß es mit meinem Zustande nicht besser werden wollte, machte mir meine gütige Pflegerin eines Tages den Vorschlag, mein wie eine Typhusbrutstätte wirkendes Zimmer in der Hainstraße zu verlassen und in ihre Wohnung in der Poststraße zu übersiedeln, wo trockne, helle Räume waren. Das leuchtete mir denn auch ein und da man im Neubertschen Hause froh war, einen Kranken, der sich doch nicht erholen konnte, mit guter Manier los zu werden, so zog ich in den ersten Apriltagen in die Poststraßen-Wohnung.

Aber eh ich berichte, wie mir's da erging, muß ich, um eine ganze Reihe von Jahren zurückgreifend, zuvor noch ein Genaueres von meinem rettenden Engel »Tante Pinchen« erzählen und vor allem von ihrem Manne, meinem »Onkel August«.

Mein »Onkel August«.

Onkel August und Tante Pinchen waren ein sehr merkwürdiges Paar, dem ich mich, trotzdem ich nicht viel Rühmliches von ihnen zu vermelden habe, persönlich doch zu großem Danke verpflichtet fühle. Solche Gegensätze beziehungsweise Gefühls-Konflikte sind nichts Seltenes. Als ich im Oktober 1870 als Kriegsgefangener nach der Insel Oleron gebracht wurde, begleitete mich dienstlich ein Gensdarmerie-Brigadier, mit dem ich mich in jener freien Weise, drauf sich die Franzosen und nun gar erst die französischen Soldaten so gut verstehen, über Louis Napoleon unterhielt. Ich hob alles hervor, was diesem im eigenen Lande vorgeworfen wurde, worauf mein vis-à-vis mir antwortete: »Ja, das sagt man und es wird wohl auch richtig sein; aber *gegen uns* war er gut.« Diese Worte drängen sich mir in dem Augenblick, in dem ich über Onkel August – der die Hauptperson in dem Drama ist – berichten will, wieder auf und auch ich sage mit dem Gensdarmerie-Brigadier: »gegen *mich* war er gut«.

Aber freilich daneben . . .!

*

Onkel August war 1804 aus einer zweiten Ehe meines Großvaters – der immer sehr verständig heiratete und es schließlich bis auf drei Frauen brachte – geboren. Eben dieser Großvater, Pierre Barthélemy, von dem ich an andrer Stelle – in dem Buche »Meine Kinderjahre« – manches erzählt habe, war bei der Geburt dieses jüngsten Sohnes schon beinah fünfzig, Grund genug diesen Jüngsten zu verziehen. Aber dieser Grund war doch nur der kleinere, der größere und verzeihlichere war, daß dieser Spätling ein überaus reizender Junge war, hübsch, heiter, gutmütig, talentvoll. Er hatte was, um dessentwegen ihm alle Welt

7 *»Tante Pinchen«. Philippine Fontane (1810–1882)*
Ölporträt von August Fontane

8 *»Onkel August«. August Fontane (1801–1870)*
Selbstporträt

gern zu Willen war, am meisten der eigene Vater, und nur in Einem gab Pierre Barthélemy *nicht* nach, wenigstens nicht gleich. Das war, als es sich um den einzuschlagenden Beruf handelte. Der Sohn wollte Künstler werden, aber damit drang er bei dem Vater nicht durch, der aus eigner Erfahrung wußte, wie wenig dabei herauskomme. Statt dessen also kam mein Onkel August bei Quittel in die Lehre, bei Quittel, was damals ein großer Name war, der Inbegriff alles Feinen, etwa wie heute Gerson oder Treu und Nuglisch oder Lohse. Quittel besaß ein Putzgeschäft unter der Stechbahn, wo Hof, Adel und vornehme Fremde ihre Einkäufe machten. Es war keine Frage, daß Onkel August wundervoll dahin paßte, schon weil er hübsch, flink und verbindlich und noch mehr weil er im Französischen fest und sicher war. Aber er seinerseits war nicht zufrieden, weil er den Wunsch ein freier Künstler zu werden, nie aufgegeben hatte. So kam schließlich, was trotz aller vorausgehender Weigerung des Vaters kommen mußte: Quittel wurde quittiert und mit Professor Wach vertauscht; an die Stelle von Putzgeschäft-Kartons traten Atelier-Kartons. Das war nun zunächst ein großes Glück, denn um Professor Wach's Haupt wob sich ein kleiner Heiligenschein; Wach war ein schöner Mann, bester Porträtmaler, Liebling des Hofes und der Damen und noch besonders geschätzt, weil er die Befreiungskriege mitgemacht hatte. Alles ließ sich gut an und Onkel August malte Verschiedenes, zuletzt auch ein Porträt seines Vaters. Es war, ich hab es oft vor Augen gehabt, ein ganz vorzügliches Bildnis, aber Wach selbst hatte wohl die Hauptsache daran getan und niemand wußte dies besser als *der*, unter dessen Namen es ging: Onkel August selbst, der übrigens inzwischen ein neues Talent in sich entdeckt hatte. Natürlich das des Bühnenkünstlers und zwar des Schauspielers und Sängers zugleich. Er setzte seinen Professor von dieser Neu-Entdeckung in Kenntnis und Wach, der wohl nur darauf gewartet hatte, gab sofort seinen Segen, der Vater, wohl oder übel auch und Onkel August verließ Berlin, um in Magdeburg als Bonvivant und bei sich darbietender Gelegenheit auch in der Komischen Oper aufzutreten. Er sang flottweg den Figaro in Figaro's Hochzeit. Unzählige Male habe ich ihn später allerhand Ueberbleibsel aus jener Sängerzeit her am Klavier vortragen hören. Er sah dann immer ganz verklärt aus, Beweis, daß jene Sängertage seine schönsten gewesen waren.

Es war 1826, daß er in Magdeburg eintraf, wo er sich bald danach für eine junge, kaum siebzehnjährige Bühnendame zu interessieren begann. Diese junge Dame, Philippine Sohm, das schon mehrgenannte »Tante Pinchen«, war die Tochter des ehemaligen Theaterdirektors Sohm, der ein ziemlich merkwürdiges Leben hinter sich hatte. Sohm, etwa 1770 geboren, war Göttinger oder Hallenser Student gewesen und hatte, nach allerhand Scheiterungen, schließlich seinen Unterschlupf beim Theater gefunden. Er war ein guter Schauspieler. Dies und vielleicht mehr noch das Imponierende seiner Persönlichkeit, eroberten ihm auf ein halbes Jahrzehnt hin eine glänzende Lebensstellung: er wurde, gleich nach Ernennung Jérômes zum König von Westfalen, als Hoftheaterintendant oder vielleicht auch bloß als Direktor nach Kassel berufen. »Morgen wieder lustick sein«, – an dieser Maxime hielt er gerade so wie sein königlicher Herr fest und nahm die guten Tage mit, so lange der Mummenschanz dauerte. Während dieser Zeit, mutmaßlich 1809, verheiratete er sich auch. Er verfuhr dabei ganz in dem Stil, der am Jérômeschen Hofe herrschte. Nach einer Festaufführung, in der auch ein dreizehnjähriger Backfisch mitgewirkt und ihn durch Uebermut entzückt hatte, nahm er dies junge Ding beim Schopf und sagte: »Du sollst meine Frau werden.« Es war ihm auch Ernst damit und das kleine Fräulein wie ein Taufkind auf seine beiden Arme legend, trug er es vom Theater in seine Wohnung hinüber. Tags darauf war Trauung und bald nachdem das junge Ding vierzehn Jahre geworden war, wurde eine Tochter geboren. Diese Tochter erhielt den Namen Philippine, Seraphine wäre vielleicht richtiger gewesen, denn man merkte, daß es eines Kindes Kind war. Philippine war so klein und zart, daß man die Lebensfähigkeit des Kindes bezweifelte und zu ganz ungewöhnlichen Prozeduren schritt. Man wickelte das kleine Wesen in Watte, tat dies Paket in ein großes Glas und stellte es in eine Ofenröhre. Die Wärme mußte für Nachreife sorgen. Das Kind gedieh auch. Aber es blieb doch sehr zart. Das alles war 1810. Drei Jahre später war es mit dem Königreich Westfalen vorbei, Jérôme wurde flüchtig und auch sein Hoftheaterdirektor ging in die Welt, von Stadt zu Stadt ziehend. Es kamen nun die sieben magern Jahre und als sie um waren, kamen neue. Die Sohmsche Familie war inzwischen angewachsen und bestand, außer dem Ehepaare, noch aus drei Kindern: älteste Tochter, ein Sohn und wieder eine Tochter. Da kam dem alten Sohm der geniale Gedanke, diese fünf Personen als eine »Truppe« anzusehen, mit der es sich vielleicht verlohne, sein Glück selbständig zu versuchen. Er brauchte dann wenigstens keine Gagen zu zahlen. Alles kam darauf an, ein gutes Repertoire zusammenzustellen: einaktige Schwänke, Szenen aus größeren Schau- und Trauerspielen und kleinere Deklamationsstücke, deren Aufführung sich mit Hülfe dessen, was ihm an Requisiten zu Gebote stand, leicht ermöglichte. Sein Vertrautsein mit diesen Dingen ließ auch alles glücklich zustande kommen und so zog er denn mit seiner Familie, die zugleich seine »Truppe« war, aufs neue durch die deutschen Lande. Ganz kleine Städte, bis zu zweitausend Einwohnern, erwiesen sich als bestes Aktionsfeld und seine Tochter Philippine, die mittlerweile zehn oder zwölf Jahr alt geworden war, war zugleich Wunderkind und Gegenstand der Teilnahme. Dichtungen, in denen das Rührsame vorherrschte, bildeten ihre Spezialität. Auf diese Tochter stellte sich schließlich alle Hoffnung und als sie sechzehn Jahr alt war, rechnete sich der Alte heraus, daß ein Engagement dieses seines ältesten Kindes an irgendeinem Hof- oder Stadttheater doch wohl einträglicher sein würde, als das Ziehen und Wandern von Ort zu Ort. Er faßte dies immer ernster ins Auge und 1826 sah er seine Bemühungen in Erfüllung gehn: Philippine wurde seitens des Magedburgers Theaters engagiert, dessen gutmütiger Direktor den Rest der Familie – Vater Sohm war als »alter Moor« und Aehnliches immer noch ganz gut zu verwenden – mit in den Kauf nahm.

Es war dies so ziemlich um dieselbe Zeit, wo sich auch mein Onkel August in Magdeburg eingefunden hatte. Die Sohmschen Damen, Mutter und Tochter – die Mutter selbst erst dreißig Jahre alt – begriffen sofort die Situation und kamen den bald sich einstellenden Huldigungen des jungen Berliners freundlichst entgegen. Nur der Alte zeigte sich kühl; so herunter er auch war, so war er doch an Charakter und Klugheit der Ueberlegene und erkannte mit dem scharfen Blick eines Mannes, der gerade in seinen tollen Jahren viel gesehen und erlebt hatte, woran es dem Umwerber seiner Tochter gebrach. Er sah ganz deutlich, daß es ein Haselant war, ein Redensartenmensch, der alles haben mochte, nur nicht Charakter und Gesinnung. Andrerseits war Papa Sohm aber auch gescheit genug einzusehen, welche Vorteile solche äußerlich gute Partie nicht bloß seiner Tochter, sondern der ganzen Familie bringen mußte. So gab er denn schließlich, trotz aller Bedenken, nach und forderte nur das Eine, daß es mit der Schauspielerei vorbei sein müsse. »Glaub Er mir, Er ist gar kein Schauspieler und dank Er Gott, daß Er keiner zu sein braucht; – Er war ja wohl mal Kaufmann; fang Er doch wieder so was an, dann will ich ihm meine Tochter geben.« Etwas von der Richtigkeit dieser Worte dämmerte wohl auch in dem glücklich Unglücklichen, an den sie sich richteten und die Liebe zu der seraphinischen Philippine, die klug genug war, sich sehr reserviert zu halten, tat das Uebrige. Der Liebhaber ging auf alles ein, was der Alte gefordert hatte, der Schauspielerei wurde Valet gesagt, an die Verlobung schloß sich bald die Hochzeit und 1828 zog das neuvermählte Paar in seine mittlerweile gemietete Berliner Wohnung ein. Diese Wohnung befand sich Burgstraße 18 in einem reizenden, neben der Kriegsakademie gelegenen kleinen Hause; zwei Treppen hoch waren die Wohnräume, Parterre das *Geschäfts-Lokal*. Onkel August war nämlich wirklich wieder Kaufmann geworden und zwar in Ausführung eines an und für sich sehr glücklichen Gedankens. Sich seiner Malerzeit erinnernd und dabei klug in Rechnung stellend, daß die beim alten Wach verlebten Jahre ihn in Berührung mit der ganzen Berliner Künstlerwelt gebracht hatten, hatte er ein großes Maler-Utensiliengeschäft etabliert, wie Berlin damals nur ein einziges besaß – das Heylsche – und seiner gewinnenden Persönlichkeit gelang es denn auch, dies unter glücklichen Auspicien ins Leben gerufene Geschäft auf drei vier Jahre hin auf eine wirkliche Höhe zu heben. Vielleicht schien es aber auch bloß so, vielleicht ging alles von Anfang an schief, und er wußt' es nur geschickt und mit einer ihm eigenen Bonhomme-Miene zu verschleiern. Denn ein so schlechter Komödiant er gewesen war, im Leben war er ein sehr guter Schauspieler.

*

Alles bis hierher von meinem Onkel Erzählte spann sich in Jahren ab, in denen ich ihn noch gar nicht persönlich kannte; was ich aber des weiteren aus seinem damaligen Leben zu berichten habe, das hab' ich miterlebt, ja, direkt unter Augen gehabt.

Ich erzähle davon in dem folgenden Kapitel.

SECHSTES KAPITEL

Mein Onkel August (Fortsetzung). Uebersiedelung nach Dresden. Rückkehr von Dresden nach Leipzig

Etliche Jahre nach meines Onkels Geschäfts-Etablierung in der Burgstraße, womit ich das vorige Kapitel abschloß, kam ich nach Berlin, da mein Vater beschlossen hatte, mir statt einer Gymnasialbildung, in deren ersten Anfängen ich stand, eine Realschulbildung und zwar auf der seit kurzem erst gegründeten Klödenschen Gewerbeschule zu geben. Das Resultat dieses unterbrochenen Schulganges war, daß ich, anstatt *eine* Sache wirklich zu lernen, um alles richtige Lernen überhaupt kam und von links her die Gymnasialglocken, von rechts her die der Realschule habe läuten hören, also mit minimen Bruchteilen einerseits von Latein und Griechisch, andrerseits von Optik, Statik, Hydraulik, von Anthropologie – wir mußten die Knochen und Knöchelchen auswendig lernen – von Metrik, Poetik und Krystallographie meinen Lebensweg antreten mußte.

Daß das mit dem Lernen so bis zum Lachen traurig verlaufen würde, davon hatte ich, als ich Herbst 33 in Berlin eintraf, natürlich keine Vorstellung. Ich freute mich nur, von meiner Ruppiner Pension aus, wo der alte hektische Superintendent immer– auch bei Tisch – ein großes Hustenglas neben sich stehen hatte, nach Berlin gekommen zu sein und noch dazu zu meinem »Onkel August«, der – so viel wußt' ich von gelegentlichen Ferienbesuchen her – immer so fidel war und immer so wundervolle Berliner Geschichten erzählte. Mitunter sogar unanständige. Das mußte nun ein reizendes Leben werden!

Und in gewisser Beziehung ging mir das auch in Erfüllung. Nur zeitweilig ergriff mich, in beinahe schwermütiger Stimmung, ein Hang nach Arbeit und solider Pflichterfüllung, mein bestes Erbstück von der Mutter her. Von dem allem aber existierte nichts in meines Onkel Augusts Hause. Da war alles auf Schein, Putz und Bummelei gestellt; medisieren und witzeln, einen Windbeutel oder einen Baiser essen, heute bei Josty und morgen bei Stehely, nichts tun und nachmittags nach Charlottenburg ins türkische Zelt fahren, – das war so Programm. Wo das Geld dazu herkam, erworben oder nicht erworben, war gleichgültig, wenn es nur da war.

Aber ich greife vor. All das hier Angedeutete kam mir erst viel viel später zu bestimmtem Bewußtsein. Um die genannte Zeit, wo ich damals meinen Einzug hielt, lag noch Sonnenschein, echt oder unecht, über dem Hause. Mir tat dieser Sonnenschein wohl und wie dies, bei all seinen Mängeln, mit viel Hübschem und Apartem ausgestattete Haus in seinen Einzelheiten war, davon will ich hier zunächst erzählen.

Das Haus, das nur drei Fenster Front hatte, gehörte dem Dr. Bietz, einem lebensklugen, nicht allzu beschäftigten Arzte, der sich mit der ersten Etage begnügte. Der zweite Stock aber, wie schon hervorgehoben, war unser, ebenso das Erdgeschoß, in dem sich die Geschäftsräume befanden: ein großer schöner Laden, dem sich allerhand Rumpelkammern anschlossen. Alles in dem Hause war winklig und verbaut, was ihm aber, verglichen mit den nichtssagenden Patentwohnungen unserer Tage, die wie aus der Schachtel genommenes Fabrikspielzeug wirken, einen großen Reiz verlieh. Alles prägte sich ein und je sonderbarer es war, desto mehr.

An solchen Sonderbarkeiten war nun in unsrer Wohnung ein wahrer Ueberfluß. Nach vorn heraus lagen zwei reizende Räume, so wie man diese Frontzimmer aber verließ, begannen die Curiosa. Zwischen Front und Küche war ein Alkoven eingeklemmt, dem zwei portalartige Glastüren einen Lichtschimmer zuführten. Alles in einem verflachten Rokoko gehalten. Dies nahm sich sonderbar genug aus. Was aber dem Alkoven seinen eigentlichen Reiz lieh, hatte mit Architektur nichts zu schaffen. Die Hauptsache war an dieser Stelle die Bewohnerin Charlotte, Köchin und »Mädchen für alles«. Charlotte war eine zwerghafte Person mit Doppelbuckel und klugem, strengem Gesicht, welchem strengen Ausdruck es wohl auch zuzuschreiben war, daß sie, trotz des vollkommensten Anspruchs auf eine Diminutivbezeichnung, immer bei ihrem vollen Namen Charlotte genannt wurde. Nie Lottchen oder Lotte. Sie war wie so oft Verwachsene, durch und durch Charakter, was Onkel August in einem schweren Momente seines Lebens, den ich weiterhin zu beschreiben habe, bitter erfahren sollte.

Aus Charlottens Alkoven trat man in die Küche, von der aus eine etwa zehn Stufen zählende Treppe zu einem mir als Wohn- und Schlafzimmer angewiesenen Raume hinunterführte. Meine Lebensgänge, wie hier gleich vorweg bemerkt werden mag, sind nicht derart gewesen, um mich nach dieser Seite hin irgendwie zu verwöhnen und wenn das Unglück – nach Shakespeare – sonderbare Schlafgesellen giebt, so kann ich vielleicht mit gleichem Rechte sagen, daß bescheidene Lebensverhältnisse sonderbare Schlafzimmer geben. Aber nicht leicht ein sonderbareres, als das hier in Rede stehende. Wenn ich nicht irre, heißt es von Mohammeds Sarge, daß er durch vier Magnete, die von allen Seiten her auf ihn einwirken, in der Schwebe gehalten werde. Fast eben so rätselhaft schwebte mein Schlafzimmer in unserm Treppenhause. Welche Konstruktionen es überhaupt hielten, weiß ich nicht recht. Halb war es wohl in festes Mauerwerk eingebaut, halb aber, so nehm ich an, wurd' es lediglich durch Pfeiler und Eisenarme gehalten. Zwei Seiten, wodurch eine Art Laterne hergestellt wurde, waren Glaswände. Hier, in diesem sonderbaren Zimmer, hab' ich anderthalb Jahre lang meine Nächte zugebracht, mitunter, wenn auf lang oder kurz ein Logierbesuch kam, auch in Gesellschaft.

Dieser Logierbesuch bestand in der Regel aus Verwandten.

Einer war der Bruder meiner Tante, der, von Jugend auf zum Schauspieler gedrillt, auch Schauspieler geblieben war. Leider nicht zu seinem Heil. Ganz kurze Zeit, nachdem er das in Lüften schwebende Zimmer mit mir bewohnt hatte, hörte ich von seinem tragischen Ausgang. Er hatte sich irgendwo zum Gastspiel gemeldet und war in dem Lokalblatt der kleinen Stadt ridikülisiert worden. Er mochte sein Leben ohnehin satt haben. Diese Kritik gab den Ausschlag und er erschoß sich.

Ein Andrer, der mein Zimmer vorübergehend mit mir teilte, kam im Gegensatz zu diesem Unglücklichen zu hohen Jahren. Es war auch ein Verwandter, aber nicht von der Tante, sondern von des Onkels Seite her. Sein eigentümlicher Lebensgang hat ihn vielen Tausenden bekannt gemacht. Es war dies der Maler Heinrich Gaetke. Mit etwa 18 Jahren war er aus seiner Priegnitzer Heimat nach Berlin gekommen und in das Geschäft meines Onkels eingetreten. Er sollte Kaufmann werden. Aber im Verkehr mit den Malern kam ihm, der talentiert für alles war, alsbald die Lust auch Maler zu werden. Er wurde Schüler von Blechen – wenigsten lebte was von diesem in seinen Landschaften – und um diese Zeit sah ich ihn häufiger auf Besuch in meines Onkels Hause. Bald danach ging er nach Helgoland, um, wie vorher Landschaften, so jetzt Seestücke zu malen. Kein Zweifel, daß auch das ihm glückte. Zugleich aber wandte sich sein Sinn einer jungen Helgoländerin zu, was er persönlich nicht sonderlich ernsthaft, die Helgoländer dagegen desto ernsthafter nahmen. Er sah sich denn auch, als er die Insel verlassen wollte, zurückgehalten und kurze Zeit darauf wurde die junge Helgoländerin seine Frau. Darüber sind jetzt nahezu 60 Jahre vergangen. Anfangs blieb er noch in seiner Kunst; bald aber erwies sich die ihn umgebende große Natur mächtiger als alle Kunst und er wurde ganz Helgoländer, zu seiner und der Insel Segen. In allen möglichen Ehrenämtern war er alsbald tätig und erfreute sich jeder denkbaren Auszeichnung, nicht zum wenigsten auch auf wissenschaftlichem Gebiet. Denn unter den vielen Wandlungen, die er durchzumachen hatte, war auch die, daß er sich zuletzt der Vogelkunde zuwandte. Sein scharfes Auge hatte bald erkannt, daß es dafür keinen besseren Platz gäbe als Helgoland, dieser Rastplatz der von Nord nach Süd und wieder umgekehrt ziehenden Vogelschwärme. So wurde der Maler von ehedem ein Ornitholog und der Schöpfer einer innerhalb eines bestimmten Zweiges vielleicht einzig dastehenden Sammlung. Er genoß bis zu seinem vor kurzem erfolgten Hinscheiden, als Ornitholog eines großen Rufes und hat ein vorzügliches Buch herausgegeben, das den Titel führt: »Auf der Vogelwarte«. Sein Leben, das etwas von dem eines Inselkönigs hatte, ist ein Roman und ausgezeichnete Schriftsteller haben Einzelheiten daraus auch verherrlicht.

Das waren so die gelegentlichen Besucher und Insassen der sonderbaren Laterne, darin ich wohnte. Was im Uebrigen nach vorne hinaus lag, war, wie schon angedeutet, von sehr entgegengesetzter Art. Es entbehrte der aparten Züge, war aber dafür sehr reizend. Das unter Umständen als Repräsentationsraum dienende größere Zimmer wurde wenig benutzt und kam eigentlich nur als eine Art Belvedere für uns in Betracht. An Sommerabenden lagen wir hier im Fenster und sahen die Spree hinauf und hinunter. Es war mitunter ganz feenhaft und wer dann von der »Prosa Berlins«, von seiner Trivialität und Häßlichkeit hätte sprechen wollen, der hätt' einem leid tun können. In dem leisen Abendnebel stieg nach links hin das Bild des Großen Kurfürsten auf und dahinter das Schleusenwerk des Mühlendamms, gegenüber aber lag das Schloß mit seinem

»Grünen Hut« und seinen hier noch vorhandenen gotischen Giebeln, während in der Spree selbst sich zahllose Lichter spiegelten.

So war es in dem großen Gesellschaftszimmer. Aber viel reizender, weil anheimelnder, war das kleine Wohnzimmer daneben, drin sich unser Leben eigentlich abspielte. Die Fensterwand war so tief, daß sie fast eine Nische bildete, drin kleine Landschaften von Bönisch hingen, überhaupt Bilder und Skizzen, die befreundete Maler der jungen Frau zum Geschenk gemacht hatten. In eben dieser Nische saß sie auch selber an ihrem Nähtisch, den Kopf, wie eine Neapolitanerin, immer in ein mit goldnen Nadeln umstecktes Spitzentuch gehüllt. Am entgegengesetzten Ende des Zimmers aber stand das Klavier und hier, in den vielen Freistunden, die mein Onkel sich gönnte, saß er tagaus tagein und sang seine Figaro-Arien zum hundertsten Male, dann und wann eine Kußhand werfend oder sich unterbrechend, um einen reizenden Pudel – der natürlich auch Figaro hieß – durch den gekrümmten Arm springen zu lassen.

Ich hockte auf einem kleinen Stuhl zwischen Ofen und Sofa, sah nach dem Spitzentuch mit den goldnen Nadeln und nach »Figaro«, der eben wieder durchsprang und glaubte an die beste der Welten.

*

Anderthalb Jahre ging es mir in meiner Onkel August-Pension durchaus gut, zu gut, denn ich lebte da ganz nach meinem Belieben. Als aber Ostern fünfunddreißig heran war, verließen wir – und nun wurde manches anders – die reizende kleine Wohnung und übersiedelten, während das Geschäft noch eine Zeitlang in der Burgstraße verblieb, nach einem in der großen Hamburgerstraße gelegenen Neubau. Dieser Neubau war ein Doppelhaus, dessen gemeinschaftlicher Hof durch eine traurig aussehende niedrige Mauer in zwei Längshälften geteilt wurde. Trotzdem alles ganz neu war, war alles auch schon wieder wie halb verfallen, häßlich und gemein, und wie der Bau, so war auch – ein paar Ausnahmen abgerechnet – die gesamte Bewohnerschaft dieser elenden Mietskaserne. Lauter gescheiterte Leute hatten hier, als Trockenwohner, ein billiges Unterkommen gefunden: arme Künstler, noch ärmere Schriftsteller und bankrotte Kaufleute, namentlich aber Bürgermeister und Justizkommissarien aus kleinen Städten, die sich zur Kassenfrage freier als statthaft gestellt hatten. Eine Gesamt-Gesellschaft, in die was mir damals glücklicherweise noch ein Geheimnis war mein entzückender Onkel August – er war wirklich entzückend – durchaus hinein gehörte. Wir wohnten Parterre. Das von mir bezogene Zimmer, das so feucht war, daß das Wasser in langen Rinnen die Wände hinunterlief, lag schon in einem uns von dem alten Judenkirchhof abtrennenden Seitenflügel, welch letzterer sich, nachdem man einen kleinen, sich einschiebenden Zwischenflur passiert hatte, weit nach hinten zu fortsetzte. Was in diesem letzten Ausläufer des Seitenflügels alles zu Hause war, war mehr interessant als schön. Da hauste zunächst Alma. Alma war eine kleine, sehr wohlgenährte Person mit roten Backen und großen schwarzen Augen, die mit seltner Stupidität in die Welt blickten. Ihre Hauptschönheit und zugleich auch das Zeichen ihres Berufes, war eine mit minutiöser Sorgfalt gepflegte Sechse, die sie, glatt angeklebt, zwischen Ohr und Schläfe trug. Als mein Vater mich einmal in dieser meiner Wohnung besuchte, war er auch dieser Alma begegnet. »Ihr habt ja da merkwürdige Besatzung auf eurem Flur«, sagte er in seiner herkömmlichen Bonhommie. »Das ist ja eine puella publica.« Ich hatte diesen Ausdruck noch nicht gehört, fand mich aber schnell zurecht und bestätigte alles.

Alma hatte Zimmer und Küche. Dahinter kam eine

zweite Wohnung, ebenso primitiv, in der, wenn ich den Namen richtig behalten habe, ein Graf Brodczinski mit seinem Sohne wohnte. Der alte Graf – der übrigens vielleicht bloß Edelmann und nur durch das Sensationsbedürfnis Almas und ähnlicher Hausinsassen auf eine höhere Rangstufe gehoben war, – war wahrscheinlich Militär gewesen, wenigstens sprach seine Haltung dafür. Es war ein auffallend schöner, alter Herr, der in seinem Bettlermantel mich immer an Almagro, der damals, ich war nicht wählerisch, mit unter meinen Lieblingshelden war, erinnerte. Besagter Almagro war eine Zeitlang so arm, daß er mit seinem Offizierkorps zusammen nur *einen* Mantel hatte, weshalb immer nur einer von ihnen sich vor der Welt sehen lassen konnte. Trotzdem hing ich an ihm, dem richtigen alten Almagro, ja, seine Bettlerschaft steigerte für mich seinen Conquestadorenreiz. Aehnlich erging es mir mit dem alten Brodczinski, betreffs dessen mir feststand, daß er, eh er arm wurde, bei Grochow und Ostrolenka Wunder der Tapferkeit verrichtet haben müsse. Brodezinski, den ich mit allem möglichen Romantischen umkleidete, war übrigens auch Samariter, wobei der Umstand, daß seine Samariterdienste nur seinem Sohne galten, mich nicht störte. Dieser Sohn, ein schöner Mann wie der Vater, war ein Sterbender, in den letzten Stadien der Schwindsucht. Und doch mußte sein Leben, wenn möglich mit allen Mitteln, erhalten werden, denn an seiner Existenz hing auch die des Vaters. Er, der junge Graf, hatte, so lange er noch körperlich und geistig bei Kräften war, eine doppelte Einnahmequelle gehabt, als Dichter und als Liebhaber, ein Fall, der öfter vorkommt, wenn Dichter und Liebhaber demselben Gegenstande dienen. Bei dem jungen Grafen aber war alles in einer scharfen Zweiteilung aufgetreten. Seine Liebe hatte sich einer reichen Witwe, seine Dichtung dagegen einer Anzahl älterer Prinzessinnen zugewandt, die, so lange es irgendwie ging, mit Loyalitätssonetten überschwemmt worden waren. Es muß dabei übrigens gesagt werden, daß sich alle bei der Sache Beteiligten, also zunächst die Witwe, dann aber auch die Prinzessinnen, in einer gewissen schönen Menschlichkeit bewährten und ihren armen Grafen nicht fallen ließen, als längst weder von Liebe noch von loyalen Huldigungen die Rede sein konnte. Verhältnismäßig häufig – und alle Hausbewohner liefen dann zusammen – erschienen königliche Lakaien, um einen Brief samt Geldgeschenk abzugeben, noch viel häufiger aber fuhr die reiche Witwe vor und ließ durch ihren Diener allerlei Speisen und Weine bei dem armen Kranken abgeben. Alles war dann gerührt, am meisten Alma.

Wirklich, an Guttat und Pflege gebrach es nicht. Es war aber umsonst und eines Tages hieß es, der junge Graf sei gestorben. Dem war auch so und alles was sich auf Hof und Flur traf, erörterte die Frage, ob wohl eine königliche Kutsche folgen würde. Die Mehrzahl war dafür. Aber es kam alles ganz anders und nach meinem Gefühl viel interessanter. Der alte Graf, der, seiner Heldenschaft unbeschadet, viel von einem Komödianten hatte, konnte sich im Feierlichen nicht genug tun und beschloß seinen Toten öffentlich auszustellen, was die Polizei sonderbarer Weise zuließ oder vielleicht auch erst zu spät erfuhr. Jedenfalls fand ich, als ich am zweiten Tage mittags aus der Schule kam, den jungen Grafen auf unsrem Hausflur parademäßig aufgebahrt. Auf zwei wackligen alten Kisten stand der offene Sarg und jeder, der das Haus betrat, mußte hart an dem Toten vorüber. Ich erschrak nicht wenig und verzichtete den ganzen Tag über auf jede Mahlzeit. Es war mir aber eine noch größere Gemütsbewegung vorbehalten und die Veranlassung dazu war das Folgende. Gegen Mitternacht kam ein oben in der Mansarde wohnender Einlieger, ein sogenannter Schlafstelleninhaber, in einem sehr angeheiterten Zustande nach Haus und an den Toten nicht denkend, vielmehr lediglich mit der Frage beschäftigt, »wie komm ich die vier Treppen hinauf«, war er im Halbdunkel ahnungslos gegen den wackligen Aufbau gerannt und hatte den Sarg zu Falle gebracht. Am andern Morgen war alles fort, die Polizei hatte dem Unfug, der es war, schließlich ein Ende gemacht; aber ich konnte das Grauen nicht los werden, ohne doch geradezu Augenzeuge von dem Bilde gewesen zu sein.

*

Ich war Ostern in eine höhere Klasse versetzt worden und hatte den aufrichtigen Willen fleißig und ordentlich zu sein. Aber es kam nicht dazu. Nach dieser Seite ging mir immer alles verquer, oft ohne jede Schuld von meiner Seite. So wenigstens war es diesmal. Onkel August kam um Pfingsten auf die Idee, ganz in Nähe von Berlin eine Sommerwohnung zu mieten und wählte dazu das eine gute Viertelstunde vor dem Oranienburger-Tor gelegene Liesensche Lokal, oder wie man damals sagte: »bei Liesens«. Der Weg von da bis in meine Schule dauerte gerad' eine Stunde. Das war nun wirklich keine Kleinigkeit. Aber was wollte diese Stunde besagen, im Vergleich zu der Zumutung, die jeder Mittwoch und Sonnabend noch extra an mich stellte. Mittwoch und Sonnabend waren die Tage, wo wir mit unserm naturwissenschaftlichen Lehrer, dem Oberlehrer Ruthe, botanische Exkursionen zu machen hatten, die, weil Ruthe am Ausgange der Köpnickerstraße wohnte, regelmäßig nach Treptow und am liebsten nach Britz und der Rudower Wiese hin unternommen wurden. Ich war immer gern dabei, was ein klein wenig mit Ruthes Persönlichkeit zusammenhing. Wenn wir auf den Latten einer Dorfkegelbahn saßen und unsre Milch verzehrten, ließ Ruthe, der eine Art Naturmensch war, regelmäßig den Lehrer fallen und spielte sich auf den Rousseauschen Philanthropen und Jugenderzieher aus. Er berührte dann gern Sittlichkeitsfragen. »Ja, meine lieben jungen Freunde, Botanik ist gut und Naturwissenschaften sind gut. Aber das wichtigste bleibt doch der sittliche Mensch. Ich würde Ihnen gerne davon erzählen, hier jetzt gleich und auch in der Klasse. Sie würden davon mehr haben, als von vielem andrem. Aber ich darf es nicht.« Dies richtete sich gegen den Direktor, den alten Klöden, der, glaub' ich, hinter Ruthes Sittlichkeitsanschauungen ein großes Fragezeichen machte. Nun also, Ruthe war ein prächtiger Mann, trotzdem er uns das »Rätsel des Lebens« immer schuldig blieb, aber wenn ich ihn auch noch mehr geliebt hätte, daß er von der Rudower Wiese nicht los konnte, das war doch etwas Schreckliches für mich. Denn wenn *er* in seiner Köpnickerstraße war und der Rest meiner Kameraden es wenigstens nicht mehr allzuweit bis nach Hause hatte, dann fing für mich das Vergnügen erst an, dann mußt' ich mit nur *zu* oft wundgelaufenen Füßen – Stiefel, in die meine Hacken hineingepaßt hätten, hatte ich fast nie – von der Köpnickerstraße noch bis »zu Liesens« laufen, was wenigstens anderthalb Stunden dauerte. Zuletzt angekommen, hatte ich noch die Pflanzen in Löschblätter zu legen und fiel dann todmüde ins Bett. Man male sich aus, mit welcher Freudigkeit ich dann am Donnerstag Morgen in die Schule ging. Es ging einfach über meine Kräfte.

Die Folge dieser »Liesenschen Sommerfrische« war denn auch, daß ich mehr und mehr in Bummelei verfiel und mich daran gewöhnte, die erste Stunde von acht bis neun zu schwänzen, was sehr gut ging, weil der französische Professor, der an wenigstens drei Schulen Unterricht gab, sich den Teufel darum kümmerte, wer da war und wer nicht. Und wie der Löwe, wenn er erst Blut geleckt, nicht säuberlich inne hält, so war auch mir bald die Stunde von acht bis neun viel zu wenig und binnen Kurzem hatt' ich es dahin gebracht, mich halbe Wochen lang in und außerhalb der Stadt herumzutreiben. Es empfahl sich das auch dadurch, daß sich bei solchen Tagesschwänzungen leichter von »Krankheit« sprechen ließ. Und das Vierteljahr von Oktober bis Weihnachten war die schönste Zeit dazu.

Das Verwerfliche darin war mir ganz klar, aber man findet immer etwas, sein Gewissen zu beschwichtigen. Und in der Jugend natürlich erst recht. Ich redete mir also ein, es sei mein Beruf binnen kurzem »Botaniker« zu werden und für einen solchen sei ein regelmäßiges Abpatrouillieren von Grunewald und Jungfernheide viel viel wichtiger, als eine Stunde bei dem Deutschgrammatiker Philipp Wackernagel, der uns – ich glaube sogar zum Auswendiglernen – unzählige Beiwörter auf »ig« und »ich« in unser Heft diktierte. Noch jetzt blick ich mit Schrecken darauf zurück. Was er, Wackernagel, ein ausgezeichneter Mann und Gelehrter von Ruf sich eigentlich dabei gedacht hat, weiß ich bis diese Stunde nicht. Also Grunewald und Jungfernheide nahmen mich auf, und wenn ich es an dem einen Tage mit den Rehbergen oder mit Schlachtensee versucht hatte, so war ich Tags darauf in Tegel und lugte nach dem Humboldtschen »Schlößchen« hinüber, von dem ich wußte, daß es allerhand Schönes und Vornehmes beherberge. Nebenher war ich aber auch wirklich auf der Suche nach Moosen und Flechten und bildete mich auf die Weise zu einem kleinen Kryptogamisten aus. Nicht allzu sehr zu verwundern; Moose sind nämlich, wenn sie blühen, etwas tatsächlich ganz Wunderhübsches. Gegen ein Uhr war ich dann meist wieder zu Haus, aß mit beneidenswertem, durch Gewissensbisse nicht wesentlich gestörten Appetit und sah mich, wenn ich von Tisch aufstand, nur noch der Frage gegenüber, wie die zwei verbleibenden Nachmittagsstunden geschickt unterzubringen seien. Aber auch das ging. An der Ecke der Schönhauser- und Weinmeisterstraße, will also sagen an einer Stelle, wohin Direktor Klöden und die gesamte Lehrerschaft nie kommen konnten, lag die Konditorei meines Freundes Anthieny, der der Stehely jener von der Kultur noch unberührten Ost-Nord-Ostgegenden war. Da trank ich dann, nachdem ich vorher einen Wall klassisch-zeitgenössischer Literatur: den »Beobachter an der Spree«, den »Freimütigen«, den »Gesellschafter« und vor allem mein Leib- und Magenblatt, den »Berliner Figaro«, um mich her aufgetürmt hatte, meinen Kaffee. Selige Stunden. Ich vertiefte mich in die Theaterkritiken von Ludwig Rellstab, las Novellen und Aufsätze von Gubitz und vor allem die Gedichte jener sechs oder sieben jungen Herren, die damals – vielleicht ohne viel persönliche Fühlung untereinander – eine Berliner Dichterschule bildeten. Unter ihnen waren Eduard Ferrand, Franz von Gaudy, Julius Minding und August Kopisch die weitaus besten, Talente, die sich denn auch, trotz allem Wandel der Zeiten, bis diese Stunde behauptet haben. Der am ehesten Zurückgetretene – Ferrand; er starb sehr früh – war vielleicht am hervorragendsten. Eins seiner schönsten Gedichte wurde Vorbild zu Georg Herweghs berühmt gewordenen: »Ich möchte hingehn wie das Abendrot«. Die Anlehnung ist in jedem Punkte unverkennbar. Bei Ferrand heißt es: »Ich möchte sterben jener Wolke gleich«, eine Wendung, die sich dann eingangs jeder neuen Strophe mit einer kleinen Aenderung immer wiederholt.

Ueberblick ich noch einmal jene vormittags im Grunewald und nachmittags bei Anthieny verbrachten Tage, Tage, die nicht bloß Bummeltage, sondern auch Tage voll Lug und Trug waren, so schreck' ich bei diesem Rückblick einigermaßen zusammen, ähnlich jenem »Reiter über den Bodensee«, dem sein fährlicher Ritt erst klar wurde, nachdem alle Gefahr hinter ihm lag. Ich erschrecke davor, sag ich, und bitte meine jungen Leser, es mir nicht nachmachen zu wollen. Eine Gefahr war es und sie läuft nicht immer so gnädig ab. Aber, nachdem ich der Gefahr nun mal entronnen, sprech ich, aller Unrechtserkenntnis zum Trotz, doch auch wieder meine Freude darüber aus, der Schule dies

9 *Königswache und Zeughaus*

10 *Unter den Linden, Café Bauer*

Schnippchen geschlagen und meine »Wanderungen durch die Mark Brandenburg« lange vor ihrem legitimen Beginn schon damals begonnen zu haben. Ich habe mich gesundheitlich sehr wohl dabei gefühlt und mich in den Nachmittagsstunden bei Freund Anthieny zu einem halben Literaturkundigen ausgebildet, derart, daß ich in der norddeutschen Lyrik jener dreißiger Jahre vielleicht besser beschlagen bin, als irgend wer. Hätte ich statt dessen pflichtmäßig meine Schulstunden abgesessen, so wäre mein Gewissen zwar reiner geblieben, aber mein Wissen auch und auf dem ohnehin wenig beschriebenen Blatte meiner Gesamtgelehrsamkeit würd' auch das wenige noch fehlen, was ich dem »Freimütigen«, dem »Gesellschafter« und dem »Figaro« von damals verdanke. Mein Vater, wenn ihm meine Mutter vorwarf, »er habe alles bloß aus dem Konversationslexikon«, antwortete regelmäßig »es ist ganz gleich, wo man's her hat.« Und dieser Ansicht möcht' ich mich anschließen.

Bei manchem meiner Leser wird sich nun wohl mittlerweile die Frage gemeldet haben: »Ja, wo war denn, als alles dies sich ereignete, der zur sittlichen Pflege für Sie bestellte Pensionsvater, *wo* war Onkel August?« Ach, der arme Onkel August! Der hatte seinen Kopf voll ganz andrer Dinge, denn das Gewitter, das wohl schon lange zu seinen Häupten gestanden haben mochte, ging, gerad' als mein Bummeln auf der Höhe stand, mit Donner und Blitz auf ihn nieder. Ein Glück, daß das Hereinbrechen der Katastrophe fast mit meinem Abgang aus seinem Hause zusammenfiel. Der Tag steht mir noch deutlich vor der Seele.

Ich kam aus der Schule, diesmal wirklich aus der Schule, und freute mich, in Coopers »Spion«, der mir gerade kurz vorher in die Hände gefallen war, weiter lesen zu können. Aber die Situation, die meiner gleich beim Eintreten in die Vorderstube harrte, ließ mich schnell erkennen, daß hier an Romanlesen nicht zu denken sei, vielmehr ein lebendiges Romankapitel sich vor mir abzuspielen beginne. Mein

Onkel August, wie mir hier nachträglich einzuschalten bleibt, hatte sich etwa fünf, sechs Monate zurück, in ziemlich rätselhafter Weise zum Vormund und Vermögensverwalter einiger Anverwandten Kinder ernannt gesehen und an dem hier von mir zu schildernden Tage war ein mit höheren Vollmachten ausgerüsteter und wohl auch schon gut unterrichteter Freund des Anverwandtenhauses, ein Artilleriemajor, in pontificalibus erschienen, um zu recherchieren, eventuell das Vermögen der Onkel Augustschen Mündel wieder in Empfang zu nehmen. Aber wo nichts ist, hat auch der Kaiser sein Recht verloren. Nur die Tante war, als ich eintrat, zugegen. Ein Tisch war aufgeklappt und auf der blanken Mahagonyplatte standen Schachteln und Sparbüchsen umher, auch einige Schmucketuis, während der Raum dazwischen mit minderwertigen, ganz gleichgültigen Geldstücken ausgefüllt war. Der Major überzählte rasch, was da lag und seine sich wie im Unmut mit hin und her bewegenden Cantillen drückten nur zu deutlich aus, daß auch dies »letzte Aufgebot« kleiner Münze ganz außer Stande war die Rechnung zu begleichen. Die Tante ihrerseits suchte durch eine merkwürdige Mischung von Liebenswürdigkeit und Würde, worauf sie sich überhaupt gut verstand, für das Defizit aufzukommen, aber der unerbittliche Stabsoffizier wollte von diesen doch nur eine Hinausschiebung bezweckenden Mittelchen nichts wissen und so wurde mir denn der Auftrag, den mutmaßlich nach allerhand letzten Hülfen ausschauenden Onkel herbeizurufen. Ich fand ihn auch in der nach hinten hinaus liegenden Küche, kam aber nicht dazu meinen Auftrag an ihn auszurichten. Denn vor ihm stand Charlotte, die zwerghafte Person mit dem Vogelgesicht und dem Doppelbuckel. Und *wie* stand sie vor ihm! Als der Zwergin bei der sich in den Vorzimmern abspielenden Szene die Gesamtlage klar geworden war, war ihr auch sofort zum Bewußtsein gekommen, daß ihr eigenes, aus mehreren hundert Talern bestehendes Vermögen, das sie meinem Onkel, natürlich auf dessen Beschwatzungen, anvertraut hatte, mit verloren sei und dies ihr Erspartes, um das sie gelebt und gearbeitet, jetzt mit vor Wut zitternder Stimme von ihm zurückfordernd, überschüttete sie ihn mit Verwünschungen und Flüchen.

Mir lief es kalt über den Rücken.

Alles nahm einen elenden Ausgang und ich war froh, daß ich drei Tage später das Haus verlassen und in anständige, wohlgeordnete Lebensverhältnisse – meine Lehrjahre begannen – eintreten konnte.

SIEBENTES KAPITEL

Wie das so geht. Rekonvaleszenz und vergnügte Tage. Dreiviertel Jahr in Dresden (bei Struve). Rückkehr nach Leipzig. Allerlei Pläne. Militärjahr in Sicht

All das in dem vorstehenden Kapitel Erzählte, hatte sich um Ostern sechsunddreißig zugetragen; ich war damals sechzehn Jahr.

Jetzt – in Leipzig – schrieben wir Ostern zweiundvierzig, und wenn ich damals in Berlin deprimiert und wehleidig das Haus Onkel Augusts verlassen hatte, so zog ich jetzt in gehobener Stimmung und voll Hoffnung, meinen als Gelenkrheumatismus auftretenden Nervenfieberrest endlich rasch los zu werden, aufs neue bei meinem ehemaligen Pensionsvater ein, bei meinem Onkel August also, der bald nach seiner Berliner Scheiterung, wie hier nachträglich zur Situationsklärung bemerkt werden mag, einen Unterschlupf in der bekannten Leipziger Kunsthandlung von Pietro del Vecchio gefunden hatte. »Voll Hoffnung und in gehobener Stimmung« sag' ich, was nach allem, was ich vor gerade sechs Jahren in der Großen Hamburgerstraße miterlebt hatte, vielleicht Wunder nehmen könnte. Davon war aber gar keine Rede. Daß damals in meiner Berliner Pension nicht alles gestimmt hatte, das hatte freilich an jenem denkwürdigen Tage, wo der Major mit den unmutig sich hin und her bewegenden Cantillen aufgetreten war, nur allzu deutlich zu mir gesprochen. Aber das war nun schon wieder so lange her.

Und dann, des Weiteren, was stimmte damals?!

Ich war unter Verhältnissen groß gezogen, in denen überhaupt nie was stimmte. Sonderbare Geschäftsführungen und dem entsprechende Geldverhältnisse waren an der Tagesordnung. In der Stadt, in der ich meine Knabenjahre verbracht hatte – Swinemünde –, trank man fleißig Rotwein und fiel aus einem Bankrott in den anderen und in unsrem eignen Hause, wiewohl uns Katastrophen erspart blieben, wurde die Sache gemütlich mitgemacht und mein Vater, um seinen eigenen Lieblingsausdruck zu gebrauchen, kam aus der »Bredouille« nicht heraus. Trotz alles jetzt herrschenden Schwindels, möcht' ich doch sagen dürfen: die Lebensweise des mittelguten Durchschnittsmenschen ist seitdem um ein gut Teil solider geworden. Reell und unreell hat sich strenger geschieden. Alles in allem hatte ich, wenn ich von meiner Mutter – die aber ganz als Ausnahme dastand – absehe, so wenig geordnete Zustände gesehn, daß mir die Vorgänge mit Onkel August, so sehr sie mich momentan erschüttert hatten, unmöglich einen besonderen moralischen Degout, am wenigsten aber einen nachhaltigen, hätten einflößen können. Meine jetzt grenzenlose Verachtung solcher elenden Wirtschaft trägt leider ein ziemlich verspätetes Datum.

So zog ich denn um Ostern zweiundvierzig aufs neue bei meinem Onkel August ein und war kreuzvergnügt – man vergißt gern, was einem nicht paßt – wieder so gute Tage leben und an so viel Heiterkeit teilnehmen zu können. Ganz so wie damals, wo Figaro durch die Armbeuge sprang. Onkel August, völlig unverändert, sammelte nach wie vor Witze, konnte gut sächsisch sprechen und saß bei Bonorand und Kintschy, wie er früher »bei Liesens« gesessen und sein Spielchen gemacht hatte. Wir gingen in den Großen und Kleinen Kuchengarten, aßen in einem reizenden, nach Lindenau hin gelegenen Vergnügungslokal allerliebste kleine Koteletts und ein Gemüsegericht dazu, das, glaub ich, »Neunerlei« hieß und als eine Leipziger Spezialität galt oder saßen auch wohl in Gohlis mit dem Schauspieler Baudius zusammen, – wenn ich nicht irre: Adoptivvater der Frau Wilbrandt-Baudius – einem trefflichen Künstler und geistvollen alten Herrn. Es waren sehr angenehme Wochen. Ich erholte mich bei diesem flotten Leben sehr rasch, konnte bald wieder laufen und springen und so kam es denn, daß wir alle drei, der Onkel, die Tante und ich, eine Fahrt in die sächsische Schweiz verabredeten und auch machten. Es war entzückend, kannt' ich doch nichts als Kreuzberg und Windmühlenberg, und hatte deshalb von der Bastei mehr, als später von Grindelwald und Rigi. Natürlich waren wir auch einen Tag in Dresden, aber ich sah mir von den dortigen Herrlichkeiten nichts an, weil es nach einer kurz vor Antritt dieser kleinen Reise geführten Korrespondenz für mich feststand, daß ich am ersten Juli nach Dresden gehn und in die dortige Struvesche Apotheke eintreten würde.

Dieser Eintritt erfolgte denn auch und wurde von mir wie Gewinn des großen Loses angesehen. Nicht ganz mit Unrecht. Struve galt für absolute Nummer eins in Deutschland, ich möchte fast sagen in der Welt, und verdiente diesen Ruf auch. Ich verbrachte da ein glückliches Jahr, wenn auch nicht ganz so vergnüglich wie das in Leipzig. Es war alles vornehmer, aber zugleich auch steifer. In Einzelnes mich hier einzulassen – ich habe diesen Dingen vielleicht schon zu viel Raum eingeräumt – verbietet sich und nur von zwei Nebensächlichkeiten möcht' ich hier noch kurz erzählen dürfen.

Der Eingangstür gegenüber, im Hintergrunde der Apotheke, befand sich ein sogenannter Rezeptiertisch, auf den sich – zumal in Sommerzeiten, wenn alles weit aufstand – der Blick aller vorübergehenden ganz unwillkürlich richtete. Das mußte so sein. Hier standen nämlich, wie Tempelwächter, zwei schöne junge Männer, ein Lüneburger und ein Stuttgarter, also Welfe und Schwabe, weshalb wir den Tisch denn auch den »Guelphen- und Ghibellinentisch« nannten. Beide junge Leute vertrugen sich so gut miteinander, wie das zwischen Rivalen an Schönheit und Eleganz nur irgendwie möglich war. In Schönheit siegte der Welfe, ein typischer Niedersachse mit einem mächtigen rotblonden Sappeurbart, an Eleganz aber stand er hinter dem Ghibellinen erheblich zurück. Dieser war nämlich, ehe er nach Dresden kam, ein Jahr lang in Paris gewesen, eigentlich nur zu dem Zwecke, sich in allem, was Kleidung anging, auf eine wirkliche Situations-Höhe zu heben. Das war ihm denn auch gelungen. Ich hörte nicht auf, ihn darüber zu necken, was er sich gutmütig gefallen ließ, aber doch auch mit einem nur zu berechtigten Schmunzeln der Superiorität, denn was umgekehrt *meine* Garderobe betraf, so stammte sie zu Dreivierteln aus dem damals von meinen Eltern bewohnten großen Oderbruchdorfe, darin es, statt Dusantoyscher Leistungen, nur lange, dunkelblaue Bauernröcke gab. Ich konnte mit meinem Aufzuge, selbst wenn ich bloß schneiderliche Durchschnittskollegen gehabt hätte, nur ganz notdürftig passieren, und mußte nun, meine Minderwertigkeit zu steigern, auch just noch diesen mich tot machenden falschen Pariser in nächster Nähe haben. Uebrigens hatten beide Kollegen, gute Kerle wie sie sonst waren, außer Sappeurbart und Rockschnitt herzlich wenig zu bedeuten und wenn man an ihnen die damals noch ganz aufrichtig von mir geglaubte Stammesüberlegenheit der Niedersachsen und Schwaben hätte demonstrieren wollen, so wäre wohl auch der parteiischste Guelphen- und Ghibellinenbewunderer in einige Verlegenheit gekommen.

Und nun noch ein zweites Geschichtchen aus jenen Tagen.

Der Sommer 42 war sehr heiß und weil Struve eben Struve war, so hatten wir natürlich so was wie freie Verfügung über die Struveschen Mineralwässer oder bildeten uns wenigstens ein, diese freie Verfügung zu haben. Selterser, Biliner etc. – alles mußte herhalten und wurde tagtäglich vertilgt, – unter reichlicher Zutat von Himbeer- und Erdbeer- oder gar von Berberitzensaft, den wir als eine besondere Delikatesse herausgeprobt hatten. Eines Tages beschlossen wir, so wenigstens in Pausch und Bogen herauszurechnen, wie hoch sich wohl all das belaufen möchte, was von uns sechs Gehülfen und drei Lehrlingen im Laufe des Jahres an Fruchtsaft und Mineralwasser ausgetrunken würde. Die Summe war ein kleines Vermögen. Wir empfanden aber durchaus keine Reue darüber, lachten vielmehr bloß und sagten: »ja, nach Apothekertaxe.«

*

Die vorgesetzte Zeit verging, die Dresdner Tage waren um und wir schrieben Sommer 43. Ich kehrte nach Leipzig zurück und machte daselbst, nicht bloß durch Dichterfreunde, sondern, was mehr sagen will, auch durch einen zahlungskräftigen Verleger dazu bestimmt, einen ersten ganz ernsthaften Versuch, mich als Schriftsteller zu etablieren. Ich hatte nämlich verschiedene Scripta von Dresden her mitgebracht – war ich doch in meinen Mußestunden daselbst sehr fleißig gewesen – und hoffte nun mit einer Auswahl der in Spencerstrophe geschriebenen Dichtungen eines in den vierziger Jahren in England sehr gefeierten

Anti-Cornlaw-Rhymers – Mr. Nichols – mich achtunggebietend in die Literatur einführen zu können. Der Verleger aber schien gerade diesen Spencerstrophen, die mir so sauer geworden waren, ein besonderes Mißtrauen entgegenzubringen und sprang plötzlich wieder ab, so daß mir, nach Aufzehrung meiner kleinen Ersparnisse, nichts anderes übrig blieb, als in das Haus meiner Eltern zurückzukehren. Hier kam ich auf die tolle Idee, meine Schulstudien wieder aufzunehmen, um nach absolviertem Examen irgend was zu studieren. Am liebsten Geschichte. Voll Eifers ging ich dann auch auf Latein und Griechisch aufs Neue los und wer weiß wie viel Müh' und Arbeit – denn es wäre schließlich doch nichts geworden – ich damit vergeudet hätte, wenn ich nicht durch mein Militärjahr, das abzumachen höchste Zeit war, davor bewahrt geblieben wäre. Schon im Oktober, als ich von Leipzig nach Haus zurückreiste, hatte ich mich in Berlin beim Franz-Regiment gemeldet und Ostern 44 war zu meinem Eintritt bestimmt worden. Dieser Termin war jetzt vor der Tür. Ich warf also Horaz und Livius, womit ich mich – nur dann und wann an Macbeth und Hamlet mich aufrichtend – ein halbes Jahr lang gequält hatte, froh an die Wand und machte mich nach Berlin hin auf den Weg, um bei dem vorgenannten Regiment mein Dienstjahr zu absolvieren.

BEI »KAISER FRANZ«

ERSTES KAPITEL

Eintritt ins Regiment. Auf Königswache.
Urlaub nach England

Die drei Bataillone des Kaiser Franz-Regiments lagen damals in drei verschiedenen Kasernen: das erste Bataillon unter Vogel von Falckenstein, in der Kommandantenstraße, das Füsilier-Bataillon unter Major von Arnim in der Alexanderstraße, das zweite Bataillon unter Major von Wnuck in der Neuen Friedrichsstraße. Regimentskommandeur war Oberst von Hirschfeld, Sohn des noch aus der friederizianischen Zeit stammenden Generals Karl Friedrich von Hirschfeld, der am 27. August 1813 das als »Landwehrschlacht« berühmt gewordene Treffen bei Hagelsberg siegreich führte und Bruder des Generals Moritz von Hirschfeld, der von 1809 bis 15 in Spanien gegen Napoleon focht – später kommandierender General des achten Armeekorps – und über seine spanischen Erlebnisse sehr interessante Aufzeichnungen hinterlassen hat.

Ich war dem zweiten Bataillon, Neue Friedrichsstraße, zugeteilt worden und meldete mich bei Major von Wnuck, einem alten Kampagnesoldaten von Anno 13 her. Er nahm meine Meldung freundlich entgegen und kam dabei gleich auf die Unteroffiziere zu sprechen. »Und wenn einer sich einen Uebergriff erlauben sollte«, so donnerte er, voll Wohlwollen, gegen mich los, »so will ich gleich Anzeige davon haben.« Er wiederholte das verschiedentlich und ich erfuhr später, daß er das jedesmal zum Besten gäbe, weil er, seit Jahren, einen Unteroffizierhaß ausgebildet habe, niemand wisse warum. – Das war Wnuck. Mein Hauptmann, sechste Kompagnie, war eine Seele von Mann. Er hatte, wiewohl immer noch Hauptmann, schon Ligny und Waterloo mitgemacht, damals kaum fünfzehnjährig. Bei Ligny schoß er auf einen französischen Lanzier und fehlte, worauf der Franzose lachend an ihn heranritt und ihm mit der Lanze den Czako vom Kopfe schlug. Solche Geschichten wurden viel erzählt. Außer dem Hauptmann hatten wir noch drei Offiziere bei der Kompagnie, alle drei von beinah sechs Fuß Größe, die stattlichsten im ganzen Regiment: von Roeder, von Koschembahr, von Lepel. Roeder kommandierte zwanzig Jahre später die brandenburgische Brigade – vierundzwanziger und vierundsechziger – die den Uebergang nach Alsen so glänzend ausführte; Koschembahr, so viel ich weiß, nahm noch in den vierziger Jahren seinen Abschied; Lepel war Bernhard von Lepel, zu dem ich schon seit fast vier Jahren in freundschaftlichen Beziehungen stand. Es tut das aber nicht gut, einen Freund und Dichtergenossen als Vorgesetzten zu haben. An ihm freilich lag es nicht; ich meinerseits dagegen machte Dummheiten über Dummheiten, worauf ich weiterhin zurückkomme.

Die Freiwilligen in meinem Bataillon, wie beim Regiment überhaupt, waren lauter reizende junge Leute; die militärische Geltung jedoch, deren sich die gesamte Freiwilligenschaft damals erfreute, war noch eine sehr geringe. Das änderte sich erst, als viele Jahre später, ein mit Ausbildung der Freiwilligen betrauter Hauptmann vom Gardefüsilier-Regiment sich dahin äußerte, »das Material ist vorzüglich; wir müssen nur richtig damit wirtschaften: gute Behandlung und zugleich scharf anfassen.« Das war das erlösende Wort. Ich glaube, man weiß jetzt allerorten, was man an den Freiwilligen hat* und sieht in ihnen keine

* Nach meiner Erfahrung und meinem Geschmack kann man nicht leicht etwas Reizenderes sehen, als die Freiwilligen unserer Garderegimenter, fast ohne Ausnahme. Sie beweisen mehr als irgend was die Ueberlegenheit unserer Armee. Ausgezeichnete Offiziere giebt es überall und selbst in mittelwertigen

Beschwerde mehr. Als ich diente, hatte sich diese Anschauung noch nicht durchgerungen. Einer unter uns war ein Rheinländer, Sohn eines reichen Industriellen, erst achtzehn Jahre alt, Bild der Unschuld. Von diesem will ich sprechen. Er wurde, wie wir alle, nach einer bestimmten Zeit Vize-Unteroffizier und erhielt als solcher ein Wachkommando. Man gab ihm das am Potsdamer Tor, wo sich damals noch, wie an vielen anderen seitdem eingegangenen Stellen, eine Wache befand. Hier kam nun ein arges Versehen vor, an und für sich nichts Schlimmes, aber dadurch schlimm, daß es sich um etwas, das mit dem Hofe zusammenhing, um Honneurs vor Prinzlichkeiten gehandelt hatte, hinsichtlich deren irgend 'was versäumt worden war. Es war der Art, daß er arme junge Mann verurteilt und in das Militärgefängnis abgeführt wurde. Daß wir andern Freiwilligen außer uns waren, versteht sich von selbst, am meisten aber die Hauptleute. »Solchen jungen Menschen auf solchen Posten zu stellen! Dummheit, Unsinn; ... der Feldwebel war ein Esel, ... dieser reizende junge Mensch!« So hieß es seitens der Vorgesetzten in einem fort und es dauerte denn auch nur wenige Tage, so hatten wir unsren Liebling wieder. Aber er freute sich unsrer Freude doch nur halb; er hatte ein sehr feines Ehrgefühl, *zu* fein, und konnte die Sache nie ganz überwinden.

Die ersten Monate vergingen wie herkömmlich und als wir einexerziert waren, begann der kleine Dienst. Eine bestimmte Zahl von Wachen war für jeden Freiwilligen vorgeschrieben und eine davon ist mir in Erinnerung geblieben und wird es auch bleiben und wenn ich hundert Jahre alt werden sollte.

Staaten ist es in den Willen und die Macht eines soldatenliebenden Fürsten gelegt, ein ausgezeichnetes Offizierkorps heranzubilden. Aber dreihundert – oder mehr – solcher jungen Leute, wie sie jahraus jahrein als Freiwillige in der preußischen Garde dienen, kann der Betreffende nicht aufbringen und wenn er sein ganzes Land umstülpt. Woran das liegt, ist leicht zu beweisen, aber hier ist nicht der Platz dazu.

Das war eine Wache im Juni, vielleicht auch Juli, denn die Garden waren schon ausgerückt und mit Ausnahme der auf der »Kommission« arbeitenden Schuster und Schneider, waren für den hauptstädtischen Wachdienst nur Freiwillige da, die man damals noch nicht mit in das Manöver hinausnahm.

An einem sehr heißen Tage zogen wir denn auch, wohl dreißig oder vierzig Mann stark, auf die Neue Wache, lauter Freiwillige von allen drei Bataillonen. Ein schneidiger älterer Offizier war auserwählt, uns in Ordnung zu halten.

Alles ging gut und neue Bekanntschaften wurden angeknüpft, denn es kannten sich bis dahin nur *die*, die demselben Bataillon angehörten. Unter den Freiwilligen des ersten Bataillons war ein junger Studiosus juris, namens Dortu, Potsdamer Kind, derselbe, der, fünf Jahre später, wegen Beteiligung am badischen Aufstand, in den Festungsgräben von Rastatt erschossen wurde. Der Prinzregent – unser spätrer Kaiser Wilhelm – als er das Urteil unterzeichnen sollte, war voll rührender Teilnahme, trotzdem er wußte, oder vielleicht auch *weil* er wußte, daß der junge Dortu das Wort »Kartätschenprinz« aufgebracht und ihn, den Prinzen, in Volksreden mannigfach so genannt hatte. Das Urteil umstoßen, ging auch nicht, aber das tiefe Mißbehagen, in dem der Prinz sich befand, kleidete er in die Worte: »Dann mußte Kinkel auch erschossen werden.« Das war neunundvierzig. Damals aber – Juli vierundvierzig – ... »wie fern lag *dieser* Tag!«

Es war sehr heiß. Als indessen die Sonne eben unter war, kam eine erquickliche Kühle. Nicht lange mehr, so mußte ich wieder auf Posten und zwar in der Oberwallstraße vor dem Gouvernementsgebäude, drin damals der alte Feldmarschall von Müffling wohnte. Bis dahin war noch eine halbe Stunde. Plaudernd stand ich mit ein paar Kameraden auf der Vordertreppe, dicht hinter den Gewehren, als ich vom Zeughaus her einen jungen Mann herankommen sah, der schon mit der Hand zu mir herübergrüßte. Kein Zweifel, es war mein Freund Herrmann Scherz, alten Ruppiner Angedenkens, mit dem ich meine frühsten Kinderjahre und dann später auch meine Gymnasialzeit verlebt hatte. »Wo kommt denn *der* her? Was will denn *der*?«

Ich hatte nicht lange auf Antwort zu warten. Er trat an mich heran, begrüßte mich ganz kurz, beinah nüchtern und sagte dann mit jener Ruhe, drauf er sich als Märker wundervoll verstand: »Is mir lieb, daß ich Dich noch treffe. Willst Du mit nach England? Uebermorgen früh.« Daß ich dabei sein Gast sein sollte, verschwieg er, doch verstand es sich von selbst, da niemand existierte, der in meine Geldverhältnisse besser eingeweiht gewesen wäre, als er.

Ich war wie gelähmt. Denn je herrlicher mir das alles erschien, je schmerzlicher empfand ich auch: »ja wie soll das alles zustande kommen? es ist eben unmöglich. Morgen Mittag Ablösung und übermorgen früh nach England. Mir bleiben höchstens vier Stunden, um den nötigen Urlaub zu erbitten. Und wird man ihn mir gewähren?«

Ich war in diesen Betrachtungen fast noch unglücklicher, als ich einen Augenblick vorher glücklich gewesen war und sprach dies meinem Freunde auch aus. »Ja, wie Du's machen willst, das ist Deine Sache. Uebermorgen früh.«

Und damit trennten wir uns.

Der Mensch verzweifelt leicht, aber im Hoffen ist er doch noch größer und als ich zehn Minuten später antreten mußte, um mit dem Ablösungstrupp nach der Oberwallstraße hin abzumarschieren, stand es für mich fest, daß ich übermorgen früh doch nach England aufbrechen würde.

Was mir zunächst bevorstand, entsprach freilich wenig diesem Hochflug meiner Seele. Denn ich war noch keine halbe Stunde auf Posten, als ich, von den in Front der Haustür gelegenen Sandsteinstufen her einen alten spitznäsigen Diener auf mich zukommen sah, der mir augenscheinlich etwas sagen wollte. In unmittelbarer Nähe von mir aber kam er wieder in ein Schwanken, weil er mittlerweile die Achselschnur, das Abzeichen der Freiwilligen, erkannt hatte. Sehr wahrscheinlich war er ein Sachse, wie der alte Müffling selbst, und sah sich als solcher durch Artigkeitsrücksichten bedrängt, die der Märker – und nun gar erst der Berliner – nie kennt oder wenigstens damals nicht kannte. Schließlich aber bezwang er sich und sagte, während er mir einen rostigen, zu einer kleinen Seitenpforte gehörigen Schlüssel einhändigte: »Bitte, Freiwilliger, dies ist der Schlüssel, . . . der Schlüssel dazu . . . die Frauen kommen nämlich heute.« Nur Leute, die noch das Berlin der dreißiger und vierziger Jahre gekannt haben, werden sich in diesem für moderne Menschen etwas pythisch klingenden Ausspruch leicht zurecht finden; Nachgeborne nicht; ich indessen, als Kind jener Zeit, wußte sofort Bescheid, schob den Schlüssel in meinen Rock und überließ mich, während der spitznäsige Mann wieder verschwand, meinen auf Augenblicke sehr herabgestimmten Betrachtungen. Aber doch auch wirklich nur auf Augenblicke. Nicht lange, so richtete ich mich an dem Gegensätzlichen, das in der Sache lag, ordentlich wie auf und rechnete mir abergläubisch heraus, daß dieser Zwischenfall eine gute Vorbedeutung für mich sei. Große Dinge, so sagte ich mir, gewönnen nur durch solchen Witz des Zufalls und ob ein derartiges Satyrspiel der eigentlichen Aufführung folge oder voraufgehe, sei am Ende gleichgiltig. Ich wurde immer mobiler und übersprang alle Zweifel in immer kühneren Sätzen.

Die lange Nacht ging vorüber, auch der Vormittag, und zwischen ein und zwei war ich wieder in der Kaserne, wo ich nun zunächst vor dem Feldwebel mein Herz ausschüttete. »Ja«, sagte dieser, »dann nur schnell nach Haus und von da zum Hauptmann.« Und zwischen drei und vier trat ich dann auch bei diesem an.

»Nun, Freiwilliger, was bringen Sie . . .?«

»Herr Hauptmann, ich möchte gern nach England.«

»Um Gottes willen...«

»Ja, Herr Hauptmann, ein Freund will mich mitnehmen; also ganz ohne Kosten, alles umsonst. Und so was ist doch so selten...«

»Hm, Hm«, sagte der liebenswürdige alte Herr, während ich deutlich die Wirkung meiner zuletzt gesprochenen Worte beobachten konnte. »Na, wie lange denn?«

»Vierzehn Tage.«

»Vierzehn Tage. Ja, wissen Sie, solchen langen Urlaub kann ich Ihnen gar nicht geben. Den muß der Oberst geben. Es ist jetzt dreiviertel und bis vier ist er da. Machen Sie, daß Sie hinkommen.«

»Zu Befehl, Herr Hauptmann.«

Und ich machte Kehrt, um gleich danach in der Tür zu verschwinden. Aber er rief mich nochmal zurück und sagte dann mit einer mir unvergeßlichen Miene, darin väterliche Güte mit einem merkwürdigen preußischen Geldernst sich mischte: »Hören Sie, Freiwilliger, der Oberst wird erst ›nein‹ sagen. Aber dann sagen Sie ihm nur *das*, was Sie *mir* eben gesagt haben, ›daß Sie's umsonst hätten und daß das doch selten sei...‹ Und dann wird er wahrscheinlich ›ja‹ sagen.«

Herrlicher Mann. Und auch der Oberst sei gesegnet! Denn als ich das schwere Geschütz auffuhr, zu dem mir der Hauptmann als ultima ratio geraten hatte, war auch das »Ja« da und am andern Morgen um 7 Uhr war ich auf dem Potsdamer Bahnhof, um meine erste Reise nach England – ein Weg, den ich nachher so oft gemacht habe – anzutreten.

ZWEITES KAPITEL

Reise nach England. Unterwegs. Der rote Doppel-Louisd'or. Ankunft. Verlegenheiten, Windsor. Hampton-Court. In der Kapelle von Eduard dem Bekenner. In den Dockskellern

Auf dem Bahnhofe traf ich meinen Freund Scherz. Er hatte seinen kleinen Reisekoffer mit ins Koupee genommen, ich mein Paket. Er lachte, als er es sah; ich meinerseits aber ließ mich nicht stören und sagte: »Ich denke, Du wirst es ohne Mühe bei Dir unterbringen können.« Dazu war er denn auch bereit und schloß, ein kleines Schlüsselbund hervorholend, seinen Koffer auf, während ich die zweimal zusammengeknotete Strippe von meinem in ein paar Zeitungsblätter eingeschlagenen Wäschevorrat entfernte. Die Umpackung ging schnell vor sich und als der Koffer wieder an seinen Platz geschoben war, war das Nächste, daß ich mich über unsre Reise doch einigermaßen orientiert zu sehen wünschte. Was er mir da vorgestern auf der Neuen Wache gesagt hatte, war ja so gut wie nichts gewesen.

Ich begann also: »Nun sage mir, Scherz, wie kommst Du zur Reise? Du sprichst ja kein Wort englisch.«

»Dafür hab ich Dich eben. Gerade deshalb hab ich Dich aufgefordert.«

»Das wird Dir aber auch nicht viel helfen. Mein Englisch reicht nicht weit. Und so gleich die Verdoppelung der Reisekosten ...«

»Ist nicht so schlimm damit.«

Und nun erfuhr ich, daß unsere Reise eine Art Genossenschaftsreise sei, genau nach dem Prinzipe, das, zwanzig Jahre später, durch die Gebrüder Stangen zu so großem Ansehen kam. Die von jedem Teilnehmer einzuzahlende Summe war verhältnismäßig klein und sicherte demselben – aber erst von Magdeburg aus, das als Rendezvous oder starting point ausersehen war – zunächst freie Fahrt hin und zurück und daneben Wohnung und Verpflegung während eines zehntägigen Aufenthaltes in London. Ich freute mich dies zu hören, weil es mir eine gewisse freie Bewegung sicherte. War erst das Billet in meinen Händen, so war damit die Hauptsache getan und von einer weiteren Inanspruchnahme meines Freundes konnte nur noch sehr ausnahmsweise die Rede sein. Das erleichterte mir natürlich meine Lage.

Gegen Mittag – es ging damals noch sehr langsam – waren wir in Magdeburg, guckten in den Dom hinein und begaben uns gleich danach an den Quai, wo der für uns gemietete, nach Hamburg bestimmte Flußdampfer lag. Hier, auf der Landungsbrücke, trafen wir unsere Reisegesellschaft bereits versammelt. Es mochten einige zwanzig Herren sein, vorwiegend Breslauer und Leipziger Kaufleute, dazu etliche Tuchfabrikanten aus der Lausitz und dem sächsischen Voigtlande, zwei Studenten und ein Advokat. Diese drei Letztgenannten sind mir besonders im Gedächtnis geblieben, die Studenten, weil sie sich, drei Tage später, von den Dienstmädchen unseres Londoner Hotels mit echt englischer Unbefangenheit ausgiebig umcourt sahen, der Advokat, weil er uns, gleich auf der Fahrt von Magdeburg bis Hamburg, eine schreckliche Szene machte. Das kam so. Neben ihm, in der Kajüte, saß ein feiner alter jüdischer Herr, ein Mann von nah an siebzig und beinah ehrwürdiger Haltung. Aber dies mußte seinem Nachbar, dem Advokaten, wohl als etwas sehr Gleichgiltiges erscheinen und nachdem er mit allerlei Schraubereien begonnen hatte, ging er, durch die berechtigten Zeichen von Ungeduld, die der alte Herr gab, nur immer zudringlicher und gereizter werdend, zu Verhöhnungen und Invektiven über. Freund Scherz und ich waren empört, zugleich aber auch verwundert, weil die größte Hälfte der Gesellschaft aus Juden bestand, die sich doch seiner in corpore hätten annehmen müssen. Im ganzen existierte damals von dem, was man jetzt Antisemitismus nennt, kaum eine Spur; aber freilich, Einzelfällen, wie beispielsweise dem hier geschilderten, bin ich doch auch in meiner Jugend schon begegnet.

Die Elbfahrt von Magdeburg nach Hamburg ist langweilig; nur bei Tangermünde, wo Reste einer aus den Tagen Karls IV. herstammenden Burg aufragen, belebt sich das Bild ein wenig. Gegen Mitternacht trafen wir in Hamburg ein, begaben uns an Bord eines alten Dampfers, des »Monarch«, wo wir uns auf den in den Kabinen umherliegenden Pferdehaarkissen ausstreckten und ermüdet einschliefen. Aber freilich nicht lange. Schon als es eben erst dämmerte, wurde es über uns lebendig und kaum daß die Sonne da war, so setzte sich unser Dampfer auch schon in Bewegung und glitt den schönen Strom – denn von hier an wird er schön – hinunter. Wir Passagiere schritten derweilen auf Deck auf und ab. Der »Monarch«, ursprünglich ein schönes feines Schiff, war schon seit einer ganzen Reihe von Jahren nur noch Transportdampfer für Hammel und hatte nur für dies eine Mal, – ich weiß nicht, um sich oder uns zu ehren, – seine Fracht wieder gewechselt. Als wir Cuxhaven zur Seite hatten, wurde das zweite Frühstück genommen; ich war rasch damit fertig und begab mich wieder auf Deck, um von der Szenerie nichts zu verlieren. Und hier auf Deck, auf einem Berg zusammengerollter Taue sitzend, sog ich jetzt die heranwehende Seeluft ein. Ein Gefühl hohen Glückes überkam mich, und ich erschien mir minutenlang unendlich bevorzugt und beneidenswert; aber freilich, inmitten meines Glückes, wurde ich mir doch auch plötzlich wieder der erdrückenden Kleinheit meiner Lage bewußt. Ich war in jedem Augenblicke nicht bloß abhängig von der Guttat eines Anderen, ich war auch, außerdem noch, sehr sonderbar ausgerüstet für ein Auftreten in der ersten und reichsten Stadt der Welt. Gepäck existierte für mich nicht, nicht Plaid, nicht Reisedecke; mein Beinkleid war eine Militär-Kommißhose mit der roten Bise daran und ein kleines braunes Röckchen, das ich trug, hatte mich nicht bloß gegen alle Witterungsunbilden zu schützen, sondern auch noch für meine Repräsentation in »Albion« zu sorgen. Und dazu nichts als das »Billet«! So froh ich war, es zu haben, so konnt' es doch am Ende nicht für alles aufkommen. Ich litt ernstlich unter meiner sehr prekären Geldlage. Was ich von Geld hatte, hatte ich in meinen zwei Hosentaschen untergebracht, rechts einen Taler und einige kleinere Silberstücke, links einen in ein Stückchen Papier gewickelten Doppel-Louisd'or. Woher dieser eigentlich stammte, weiß ich nicht mehr. Es war einer von jenen Halbkupferfarbnen, wie sie damals, etwas minderwertig, in einigen Kleinstaaten geprägt wurden und ich sehe noch ganz deutlich das großgenaste Profil von Serenissimus vor mir, wie wohl ich nicht mehr angeben kann, welchem deutschen Landesteile, vielleicht seitdem schon verschwunden, er angehörte. Dieser feuerrötliche Doppel-Louisd'or brannte mich ordentlich und ich schämte mich seiner, weil ich ihn nicht für voll, ja beinah für falsch ansah. Aber, wie gleich hier bemerkt sein mag, alles sehr mit Unrecht; er war vielmehr umgekehrt dazu bestimmt, mir in einem schweren Momente, wenn nicht geradezu Rettung – die Benötigung dazu trat Gott sei Dank nicht ein –, so doch in meinem Gefühl eine große moralische Stütze zu gewähren.

Ohne Zwischenfälle machten wir die Fahrt; schon am anderen Morgen wurde die englische Küste sichtbar, ich glaube Yarmouth, und um vier Uhr Nachmittags, nachdem wir ein paar Stunden vorher Sheerneß passiert hatten, warfen wir Anker in Nähe der Londonbrücke. Boote kamen heran und alles drängte der Falltreppe zu, um sich, gleich unter den Ersten, einen Platz zu sichern. Unter diesen sich Vordrängenden war auch mein Freund Scherz. Ich, von Jugend an, ein abgeschworener Feind aller Ellbogenmanöver, hielt mich, wie stets, so auch hier wieder zurück und war unter denen, die das letzte Boot bestiegen. Am Ufer sahen wir uns von einigen, sehr wahrscheinlich an dem ganzen Reiseversuchsunternehmen geschäftlich beteiligten Herren freundlich empfangen und in ein benachbartes großes Hotel geleitet. Dies Hotel hieß das Adelaïde-Hotel und ragte an einer freien Stelle, dicht neben der Londonbrücke, auf. Drei oder vier Treppen hoch sahen wir uns in einer Anzahl kleiner Zimmer untergebracht. Alles gefiel mir und nur das Eine gefiel mir nicht, daß mein Freund Scherz, samt der ganzen Besatzung des ersten Bootes, nicht aufzufinden war. »Sie werden wohl in einem anderen Hotel Wohnung genommen haben«, so hieß es und niemand machte was davon. Es war auch durchaus gleichgiltig für alle, nur für mich nicht. Wenn ich ihn nicht fand, so war ich zehn, zwölf Tage lang auf meinen roten Doppellouisd'or gestellt. Ich hatte jedoch nicht Zeit, mich meinen Besorgnissen darüber hinzugeben, denn kaum daß wir uns an den englischen Waschtischen, mit ihrem Wedgewoodgeschirr in Riesenformat, ajustiert hatten, so hieß es auch schon: »Nun aber nach Greenwich, meine Herren; heute nämlich ist ›Greenwich-Fair‹ und Sie können englisches Volksleben nicht besser kennen lernen, als bei solchem Meß- und Jahrmarktstreiben.« Und ehe zehn Minuten um waren, waren wir auch schon auf dem Wege. Der Herr, der uns von »Greenwich-Fair« etwas englisch Eigenartiges versprochen hatte, hatte nicht zu viel gesagt. Kaum daß wir in die Jahrmarktsgasse mit ihren Spiel- und Schaubuden eingetreten waren, so waren wir auch schon inmitten eines Treibens, das, wenn man vergleichen will, halb an Schützenplatz und halb an rheinischen Karneval erinnerte. Man hatte sofort die Fremden in uns erkannt und Männer und Frauen, die letzteren vorauf, machten uns zum Gegenstand ihrer Neckereien. Die Mädchen hatten sogenannte brushes in Händen, also wörtlich übersetzt »Bürsten«, die aber, ihrer Konstruktion nach, unseren Knarren gleichkamen und den entsprechenden schrillen Ton gaben, wenn man mit ihnen über Arm oder Rücken eines Vorübergehenden hinfuhr. Einige von uns ärgerten sich darüber, was mich wiederum ärgerte, weil es mir unendlich kümmerlich und kleinstädtisch vorkam, solchem reizend ausgelassenen Treiben gegenüber den sächsisch-preußischen Philister spielen zu wollen.

Erst zu später Stunde waren wir wieder in London zurück und trafen uns am andern Morgen beim Frühstück. Alle waren guter Dinge. Nur meine Stimmung war ein wenig belegt, denn von Freund Scherz und den übrigen Insassen des ersten Bootes war noch immer keine Nachricht da. Das »mit den übrigen Insassen« hatte für mich wenig Bedeutung, aber der fehlende Freund desto mehr, er, meine Rücklehne, die Säule, mit der ich stand und fiel! Die ganze Sorge vom Tage vorher war wieder da, nur noch gesteigert, und ich beschloß zunächst auf die Suche nach ihm zu gehen. Um es kurz zu machen, ich fand ihn auch und zwar gleich auf den ersten Griff; er hatte sich in dem benachbarten »London Coffee-House«, einem berühmten uralten City-Hotel, Ludgate-Hill, dicht bei St. Pauls, untergebracht und in diesem Hotel blieb er auch. Die Folge davon war, daß ich ihn während des ganzen Londoner Aufenthaltes wenig zu Gesicht bekam, weil wir uns, durch die Wohnungsverhältnisse bedingt, verschiedenen Parteien anschlossen. Eigentlich kamen wir erst wieder zusammen, als wir zehn Tage später auf dem »Monarch« unseren Rückweg antraten. Und was das Allerschönste war, ich war, all die Zeit über, ohne jeden Anspruch an ihn ganz gut durchgekommen, ja, merkwürdig zu sagen, auch ohne meinen Doppellouisd'or als letztes Aufgebot in die Front zu ziehen. Alles machte sich wie von selbst; »sie säen nicht, sie ernten nicht und ihr himmlischer Vater ernähret sie doch.«

So war es damals und so ist es mir noch öfters gegangen.

Ich schloß mich, wie gleich am ersten Tage, *der* Gruppe

meiner Reisegefährten an, die, gleich mir, das Adelaïde-Hotel bewohnte. Vormittags suchten wir die Stadt ab, nachmittags machten wir Partien in die Londoner Umgegend.

Es sei zunächst hier von unseren Nachmittagsausflügen erzählt.

Einer dieser Ausflüge ging über Kew, Richmond, Eton – wo wir einen Einblick in die »Schule« nehmen durften – nach Windsor. Der Zauber dieses imponierenden Schlosses, mit seinem noch aus der Zeit Wilhelms des Eroberers herrührenden mächtigen Rundturm, verfehlte nicht eines großen Eindruckes auf mich. Ich kam aber nicht in die Lage, mich auf lange hin davon beherrschen zu lassen, weil ein zufälliges Ereignis, das der Tag gerade mit sich führte, meine Aufmerksamkeit von den baulichen Herrlichkeiten rasch wieder abzog. In verhältnismäßiger Nähe des Schlosses läuft eine großartige Avenue von alten Rüstern, neben der sich, flach wie eine Tenne, ein wohl mehrere Kilometer langes Blachfeld hinzieht. Unser Weg, ich weiß nicht mehr zu welchem Zweck und Ziel, führte uns durch die obenerwähnte Avenue, die zur Zeit ganz still und einsam war. Aber mit einem Male hörten wir in der Ferne Stimmen und Hurraruf und neugierig auf das dicht neben uns laufende weite Blachfeld hinaustretend, sahen wir von fern her eine Kavalkade herankommen, allen vorauf drei Reiter, von denen zwei die helleuchtenden roten Röcke der englischen Militärs trugen, während zwischen ihnen, in fremdländischer Uniform, eine mächtige, die beiden andern weit überragende Gestalt einhersprengte. Sie kamen von einer Revue, die weiter hinauf stattgefunden haben mochte. Jetzt aber waren sie heran und auf ganz kurze Distanz sahen wir sie an uns vorüberstürmen. Die beiden links und rechts waren Prinz Albert und der Herzog von Cambridge, zwischen ihnen aber ragte Zar Nikolaus auf, in allem das Bild der Macht, der ungeheuren Ueberlegenheit, die großen Augen ernst und doch auch wieder nicht ohne Wohlwollen auf uns arme, ihm salutierende Kerle gerichtet. An der oberen Seite des Feldes aber, da, von wo die Reiter herkamen, wurden jetzt, in breiter Front, die Coldstream- und schottischen Füsilier-Garden sichtbar, dieselben Bataillone, die zehn Jahre später den »Redan« vor Sebastopol erstürmten und das Ihre dazu beitrugen, das stolze Leben des damaligen europäischen Machthabers vor der Zeit zu brechen.

Das war in Windsor. An einem anderen Nachmittage war ich in Hampton-Court. Ich hatte auch da eine Begegnung, freilich nur mit einem Porträt, weiß aber nicht, ob nicht die von diesem Bildnis empfangene Wirkung vielleicht noch größer war, als die, die Nikolaus auf mich ausgeübt hatte. Hampton-Court, Lieblingsaufenthalt Heinrichs VIII., ist – was Bilder angeht – das große historische Tudor-Museum des Landes und alles, was man da sieht, stammt aus der Zeit des englischen Königs Blaubart und seiner Tochter Elisabeth. Holbein ist kaum irgendwo so reich vertreten, wie gerade hier. Auch in Landschaften, Seestücken und Seeschlachten. Aber alles das war vergleichsweise nichts. Da, dicht neben einem alten Elisabethbilde – die »Virgin-Queen« in einem orientalischen Phantasiekostüm – hing ein kleines, nur etwa drei handbreites Bildnis der Maria Stuart. Name des Malers unbekannt. Ein eigentümlich schwermütiger und ohne schön zu sein ungemein anziehender Nonnenkopf, – ebenso Tracht und Kopfbekleidung ganz nach Art einer Konventualin. Wenn es ein Bildnis der Maria Stuart ist, kann es nur aus der Zeit stammen, wo sie, die Königin, vor ihrer Verheiratung mit Franz Valois, in einem französischen Kloster erzogen wurde. Dies allerlei Bedenken umschließende »wenn« stammt aber, so weit meine Person mitspricht, aus viel späterer Zeit. Damals drückten mich noch keine derartigen Zweifel; ich nahm vielmehr umgekehrt in meiner Schwärmerei für die schöne Königin, – eine Schwärmerei, von der ich übrigens, wie von mancher anderen, etwas zurückgekommen bin – alles begierig auf Treu und Glauben hin und war ganz wie benommen davon, diese »Holdselige« wenigstens im Bilde gesehen zu haben.

Ich will hier auch noch von einem dritten Nachmittagsausflug sprechen, der sich freilich in bescheidenerer Sphäre hielt und nichts von historischem Hintergrund hatte. Die Sache nahm folgenden Verlauf. Ich hatte mich, wie das mehr als einmal vorkam, von meinen Reisegefährten getrennt und aß, statt mich einer Partie nach Woolwich anzuschließen, in meinem »Adelaïde-Hotel« mit an der Table d'hôte. Table d'hôte ist aber nicht ganz das richtige Wort; es war vielmehr ein Stammtisch, höchstens zehn Personen, die beinah freundschaftlich miteinander verkehrten. Sie zogen mich mit ins Gespräch und amüsierten sich, ich muß das hier sagen, über die Geschicklichkeit, mit der ich mich, ohne recht englisch sprechen zu können, doch durchradebrechte. Besonders einer, ein stattlicher Herr von etwa fünfzig, nahm sichtlich ein Interesse daran, und ehe wir aufstanden, lud er mich ein, ihn auf seine Landvilla zu begleiten. »Sie sind morgen zu guter Zeit wieder hier.« Ich hatte denn auch keine Bedenken. Es war halber Weg nach Brighton – ich glaube, der Platz hieß Annerley-Station – und in einer guten halben Stunde, es mochte mittlerweile sieben geworden sein, waren wir da. Von der Station bis zur Villa waren keine dreihundert Schritt. In dem drawing-room fand ich die Familie versammelt und wurde vorgestellt. Keine Spur von Verlegenheit war wahrzunehmen, nichts von Wirtschaftsschreck. In unserem guten Berlin, wenn solcher Ueberfall stattfindet, ist es, innerhalb der gesellschaftlichen Mittelsphäre, nur ganz Wenigen gegeben, Contenance zu bewahren. Man wolle dies nicht auf die beständig als Entschuldigung geltend gemachten »Verhältnisse« schieben, – *so* schlimm liegen diese »Verhältnisse«

nicht mehr; wir sind nur einfach, in Bezug auf alles, was Repräsentation angeht, schlechter erzogen und haben nicht Lust, uns um irgendeines beliebigen Fremden willen, zu genieren. Das geschieht erst allenfalls, wenn es einen *Vorteil* mit sich bringt. Wir lassen nach der Seite hin viel zu wünschen übrig. Was immer die Fehler der Engländer sein mögen, in diesem Punkte, wozu sich noch manch' andere gesellen, sind sie viel liebenswürdiger. Es ging in meines Gastfreundes Hause ganz einfach her; wir nahmen unseren Tee und musizierten, ich mußte sogar singen – der Gott sei Dank einzige Fall in meinem Leben – und der älteste Sohn, der bald herausfühlte, daß ich mich für Literatur und Theater interessierte, fing dementsprechend an, berühmte Macbeth- und Hamletstellen im Stile von Macready, des damals berühmtesten Shakespearedarstellers, zu zitieren. Er schnitt unglaubliche Gesichter dabei, machte es aber im Uebrigen ganz gut. Ich war sehr glücklich, so vieler Liebenswürdigkeit zu begegnen und schlief, als wir uns im Familienzimmer getrennt hatten, oben im Fremdenzimmer ungewiegt. Als ich zum Frühstück kam, war der Vater schon fort; der Sohn brachte mich bis zur Station und wie verheißen, zu guter Stunde war ich wieder in meinem Hotel an der London-Brücke.

So war das Leben an den Nachmittagen. Aber auch von den Vormittagen, wo wir London selbst absuchten, habe ich noch in Kürze zu berichten. Wir begannen mit dem Osten, weil uns dieser wie vor der Türe lag. Das erste war der *Tunnel*. Er bereitete mir eine große Enttäuschung. Ein so kühn gedachtes und auch ausgeführtes Unternehmen dieser unter das Flußbett getriebene Stollen war, so machte derselbe doch unmittelbar bloß den Eindruck, als schritte man durch einen etwas verlängerten Festungs-Torweg. Großen Eindruck macht immer nur *das*, was einem im Moment auf die Sinne fällt, man muß die Größe direkt *fühlen*; ist man aber gezwungen, sich diese Größe erst herauszurechnen, kommt man erst auf Umwegen und mit Hülfe von allerlei Vorstellungen zu der Erkenntnis: »ja wohl, das ist eigentlich was Großes«, so ist es um die Wirkung geschehen.

Der Tunnel versagte, desto mächtiger wirkte der Tower. Im allgemeinen geht es freilich auch bei historischen Punkten ohne Zuhülfenahme von Vorstellungen, ohne Heraufbeschwörung bestimmter Bilder nicht gut ab; es giebt aber doch Oertlichkeiten, denen man ihre historische Bedeutung auch ohne Kommentar sofort *abfühlt*. Und dazu gehört ganz eminent der Tower, mehr als irgendein anderer Punkt, den ich kennen gelernt habe, selbst das Kapitol, das Forum und den Palatin nicht ausgenommen. Auch den, der nichts von englischer Geschichte weiß, überkommt angesichts dieser, ich weiß nicht ob mehr pittoresken oder grotesken Steinmassen, ein gewisses Gruseln. Wovon ich damals den größten Eindruck empfing, ob von Traitors Gate oder von der mit weißen Steinen ausgelegten Stelle, darauf das Schaffot der Jane Gray stand oder von dem Block, auf dem das Haupt Anna Bulens fiel, weiß ich nicht mehr sicher, glaube aber fast, daß ich einem sonderbaren Internierungsort in Gestalt eines etwas flachgedrückten Backofens, den Preis zuerkennen mußte. Dieser unter einer Treppenbiegung angebrachte Backofen war, zwanzig oder dreißig Jahre lang, das Gefängnis eines unter Heinrich VIII. lebenden Höflings, des Lords Cholmondoley, der zu zweifacher Berühmtheit gelangt ist, erstens *historisch* durch seinen qualvollen Backofen-Aufenthalt, zweitens *linguistisch* durch die etwas verflixte Aussprache seines Namens. Cholmondoley wird nämlich »Dschumli« ausgesprochen und spielt dadurch in allen englischen Grammatiken eine Rolle.

Das war im Osten von London. Tags darauf waren wir im Westen und zwar in Westminster. Von dem »Palast von Westminster« – den Parlamentshäusern – war bis auf einen nach dem großen Feuer im Anfang der vierziger Jahre stehengebliebenen Rest, nichts mehr zu sehen, aber Westminster-Hall und Westminster-Abbey wurden andächtig besucht. Westminster-Hall mit seinen merkwürdigen Holzkonstruktionen ist weniger imposant für Laien, als für Fachleute, während Westminster-Abbey auch den einfachen Menschen sofort gefangen nimmt und zwar mehr als irgend eine sonstige gotische Kirchenarchitektur, auch die berühmtesten französisch-belgischen Kathedralen – unter denen viel formvollendetere sein mögen – nicht ausgeschlossen. Es gilt von Westminster-Abbey dasselbe, was ich oben vom Tower gesagt habe: ganz unmittelbar wirkt der historische Zauber, der in diesen Steinen geheimnisvoll verkörpert ist. Die wundervollsten Farbentöne kommen hinzu; nirgends in der Welt ein tiefer wirkendes Blau. Die Kirche, daran fast ein Jahrtausend gebaut hat, ist in ihren Einzelteilen sehr verschiedenwertig; das von Christopher Wren herrührende Langschiff ist vergleichsweise langweilig und die der Elisabethzeit entstammende »Kapelle Heinrichs VII.« erscheint, trotz aller Kunst und Meisterschaft, in ihrer Tromben-Ueberfülle doch immerhin von einer mehr oder weniger anfechtbaren Schönheit. Aber wunderschön ist das Querschiff und wunderschön vor allem sind die Kapellen, die den alten Chor umstehen. Unter diesen Kapellen ist die älteste die von »Edward dem Bekenner«. In eben dieser steht auch, etwa wie ein mittelalterlicher Gelehrtenstuhl aussehend, schlicht von Eichenholz und mit fester grauer Leinewand überzogen, der alte Königsstuhl von England, zwischen dessen vier Füßen, auf einem, dem eigentlichen Sitz entsprechenden Unterbrett, ein großer Stein liegt: der aus Scone herbeigeschaffte Krönungsstein der Könige von Schottland. Ich war von dem allem wie benommen und tat Fragen über Fragen, die mir der Kirchendiener gern beantwortete, vielleicht weil er ein Interesse merkte, das nicht ganz alltäglich war. Und während wir so sprachen, hatten sich meine Blicke von dem Krönungsstuhle, dem unausgesetzt all meine Fragen galten, eine kleine Weile fortgewandt. Als ich aber wieder hinsah, hatte sich, wer beschreibt mein Entsetzen, einer meiner Reisegefährten, ein Leipziger Eisenkrämer, auf dem Throne von England niedergelassen und baumelte da ganz vergnüglich mit seinen zwei Beinen. Alles der Ausdruck eines ursächsischen: »sehr scheene«. Mir wurde nicht wohl dabei zu Mute, am wenigsten, als ich die Miene sah, mit der unser englisch steifleinener Führer diese Klownerie begleitete.

Der Tag vor unserer Abreise brachte uns noch etwas besonders Hübsches. Einem der mit zu dem Reise-Komitee gehörenden englischen Herrn war es geglückt, uns eine Art »Permesso«, ein Ticket zum Eintritt in die Keller der East India-Docks zu verschaffen. Diese Keller sind Weinkeller von ungeheurer Ausdehnung, unterirdische Stadtteile mit langen, langen Straßen, an denen sich, statt der Häuser, mächtige, meist übereinander getürmte Fässer hinziehen. In diese Keller stiegen wir hinab und sahen uns sofort mit jener Kulanz begrüßt, die dem englischen Geschäftsbetrieb eigentümlich ist und jede Berührung mit ihm so wohltuend macht. Gewiß, die Engländer sind Egoisten, ja, sind es unter Umständen und zwar namentlich da, wo sie unter der Frömmigkeitsflagge segeln, bis zum Entsetzlichen; aber sie haben doch auch jenen *forschen* Egoismus, der zu geben und zu opfern versteht. Und nun gar erst pfennigfuchsende Kleinlichkeiten, – die sind als unwürdig ausgeschlossen. In unserem Falle war es eine uns zu Liebe mit Courtoisie durchgeführte »gefällige Fiktion«, daß wir vorhätten, Einkäufe zu machen, während doch jeder wußte, daß dies *nicht* der Fall sei und daß wir nur gekommen seien, um eine Londoner Merkwürdigkeit zu sehen und zugleich einen Frühstückstrunk zu tun. Das taten wir denn auch redlich. Die ganze Szene hatte was von Auerbachs-Keller; wie dort der Tisch, so wurden hier die Fässer angebohrt. »Euch soll sogleich Tokaier fließen.« Uns aber floß Port und Sherry. Die Bohrer wurden ersichtlich derart eingesetzt, daß es ein schräges Bohrloch gab, durch das nun der rubin- oder topasfarbene Strahl in einem Bogen in die Weingläser fiel. Immer wieder stiegen wir in das Labyrinth der aufgetürmten Fässer hinein; die Küfer mit ihren Bergmannslampen unausgesetzt vor und um uns, und immer neue Strahlen sprangen und blitzten. Dabei war das Merkwürdige, daß wir – noch dazu ohne vorher eine solide Frühstücksgrundlage gelegt zu haben – anscheinend in guter Verfassung blieben und keine Spur von Rausch an uns wahrnahmen. Und so stiegen wir denn auch, immer noch fest auf den Füßen, die stiegenartige Treppe wieder hinauf. Aber nun kam es. Kaum draußen in frischer Luft, so waren wir unserem Schicksal verfallen und mußten froh sein, einen Kab zu finden, der uns in unserem Adelaïde-Hotel leidlich heil ablieferte.

Damit schlossen unsere Londoner Abenteuer ab. Schon am anderen Morgen stiegen wir zu Schiff und waren zwei Tage darauf in Berlin zurück.

DRITTES KAPITEL

Wieder in Berlin. Letztes halbes Jahr bei »Franz«. Auf Pulvermühlwache

Wir kamen mit einem Frühzug an. Wenige Stunden später meldete ich mich bereits bei meinem guten Hauptmann. Er ließ alle Dienstlichkeit fallen und sprach ganz menschlich zu mir, beinah väterlich.

»Nun, lieber F., wie war es?«

»Himmlisch, Herr Hauptmann.«

»Glaub ich ... Ja, London ... Ich habe auch mal hingewollt.«

Er plauderte noch eine kleine Weile so weiter und sah mich dabei gütig und halb wehmütig an, mit einem Ausdruck, wie wenn er bei sich gedacht hätte: »Ja, der junge Mensch da, . . . wenn dies Jahr nun hinter ihm liegt, so liegt das Leben wieder vor ihm. Und schon jetzt war er drüben und hat ein Stück Welt gesehen und sich die Brust ausgeweitet. Und ich! Ich bin nun fünfundvierzig und komme nicht vom Fleck. Immer Rekruten und Vorstellung und Manöver. Und dann wieder Rekruten.«

Er war loyal und preußisch und königstreu bis in die Fußspitzen. Aber solche Gedanken mochten ihm doch wohl öfter kommen und er hatte auch Grund dazu. Denn seine Stellung war eingeengt und gedrückt. Dessen war ich selber einmal Zeuge. Wir machten, das ganze Bataillon, eine große Felddienstübung, ich glaube nach Tegel zu. Seit kurzem war ich Unteroffizier geworden und hatte mit einer Patrouille von drei oder fünf Mann irgend was zu rekognoszieren. Um uns her lag Wald und wir verliefen uns gründlich. Als wir uns dann schließlich, vielleicht auf Signalrufe hin, die wir aus der Ferne hören mochten, wieder herangefunden hatten, war schon alles vorbei und das ganze Bataillon zum Abmarsch fertig. Vor der Front hielt der Kommandeur, Major von Ledebur, der an des alten Wnuck Stelle gekommen war, ein schöner Mann, Gardeoffizier comme il faut. Ich marschierte mit angefaßtem Gewehr auf ihn zu, um meine Meldung abzustatten. Er hatte wohl von der verloren gegangenen Patrouille schon gehört und machte nicht viel davon, um so weniger, als er auf dem Punkte stand, über die stattgehabte Felddienst-Uebung seine Schlußmeinung abzugeben. Im Ganzen genommen hielt er sich in seiner Kritik innerhalb bestimmter Grenzen, als er aber der Führung der sechsten Kompagnie gedachte, goß er, immer heftiger werdend, die Schalen seines Zornes über meinen unglücklichen Hauptmann aus. Nichts war gut und es gereicht mir noch in diesem Augenblick zum Troste, daß wenigstens meiner in die Irre gegangenen Patrouille gar nicht dabei gedacht wurde; die Hauptfehler – *wenn* es Fehler waren, denn auch Bataillons-Kommandeure können irren – schienen nach ganz anderer Seite hin zu liegen. Armer Hauptmann! Da stand er nun am rechten Flügel, die Augen zur Erde gerichtet, mit einem Ausdruck von Bitterkeit und Sorge, ja auch von Sorge, weil er, neben dem Tadel, auch noch allerhand anderes Unliebsame mit herausgehört haben mochte. Das furchtbar Schwere dieses so beneideten und auch so beneidenswerten Berufes kam mir in jener Minute zu vollem Bewußtsein. Immer schweigen und sich höchstens an dem Satze »heute mir, morgen Dir« aufrichten zu müssen, – das ist hart und nicht jedermanns Sache. Man muß es hinnehmen wie sein Schicksal, oder jene berühmte »Wurschtigkeit« haben, die Lob und Tadel gleichmäßig als Ulk auffaßt, – sonst geht es nicht.

Im Sommerhalbjahr, oder was dasselbe sagen will, so lang ich noch kein »Avancierter« war, beschränkte sich mein Ehrgeiz, was den Wachdienst angeht, darauf, auf die »Schloßwache« zu kommen und zwar um hier vielleicht, auf einem wegen seiner Spukerei verrufenen Korridor, der »weißen Frau« zu begegnen. Ich kam denn auch wirklich auf »Schloßwache«, leider aber, statt auf den ersehnten Korridor, in das architektonisch berühmte Eosandersche Portal, wo es, da es gerade ziemlich windig war, furchtbar zog. Die Folge davon war, prosaischerweise, daß ich statt mit der »weißen Frau«, mit einer drei Tage später sich einstellenden dicken Backe abschloß. So verlief der sommerliche Wachdienst. Im Winterhalbjahr aber, ich war inzwischen mit den Tressen ausgerüstet, fielen mir verschiedene Wachkommandos zu, zuletzt das »bei den Pulvermühlen«, die schon damals für unsicher galten. Von diesem Wachkommando, meiner militärischen Großtat, muß ich hier noch erzählen. Ende gut, alles gut.

Ich erfuhr also eines Tages, daß ich für die Pulvermühlenwache designiert sei, – fatal genug. Was mir aber viel fataler war, war die Zubemerkung, »daß ich das Kommando nicht über Leute meiner eignen sechsten Kompagnie, sondern über Mannschaften der fünften anzutreten hätte«. Das mag nun für einen altgedienten Unteroffizier nicht viel bedeuten, aber für einen jungen Freiwilligen, der, weil er ewig unsicher ist, auch nicht recht zu befehlen versteht, ist dies eine sehr wesentliche Beschwerung der Situation. Indessen, was half es. Vorwärts also! Bei gräßlichem Wetter tappten wir hinaus. Anfangs ging alles ganz leidlich; die Leute waren traitabel und so kam der Abend heran. Ein rotblonder Westfale, Bulldoggenkopf, mit nicht allzu vielen, aber dafür desto größeren Sommersprossen im Gesicht, hatte draußen den Posten vorm Gewehr und ich ließ mir, bei einer Blaklampe, von den Leuten allerhand aus ihrer Heimat erzählen, als plötzlich ein paar Zivilisten in größter Aufregung in die Wachstube kamen und um Hülfe baten: »in einer Schifferkneipe, hart am Kanal, gehe es drunter und drüber; ein Betrunkener sei da, mit ein paar Freunden, und drangsaliere den Wirt und seine Frau.« Das Lokal, um das sich's handelte, war ziemlich weit entfernt. Aber ich hatte keine Wahl und schickte also drei Mann ab, die denn auch nach einer halben Stunde wiederkamen und einen großen Kerl ablieferten, der übrigens kaum ein Kerl, sondern vielmehr ein brutaler Elegant war, gut gekleidet und sogar von einer Art Bildung. In seiner Trunkenheit entschlug er sich freilich aller Vorsicht, zu der, wie sich bald ergab, nur zu guter Grund für ihn vorlag. Im Wachtlokal war er nicht anders, wie vorher in der Kneipe, randalierte, schlug um sich und stellte sich schließlich vor mich hin, dabei mich anschreiend: »Himmelwetter, ich bin auch Soldat gewesen, ... so geht das nicht, Herr Fähnrich, ... Sie verstehen den Dienst nicht.« Alle solche Szenen sind mir immer gräßlich gewesen. Aber wenn sie da sind,

ter Tunnel. ter Jahrgang.

Ungeheure Ironie.

Unendliche Wehmuth.

Der Sonntags-Verein zu Berlin

seinem Mitgliede

Collin dem Punischen Sterngucker.

Haupt.

Berlin, den

Secretair.

№ 17

11 *Umschlagbild der Statuten des Sonntagvereins im »Tunnel über der Spree«*

12 *Christian Friedrich Scherenberg (1798–1881)*

amüsieren sie mich eigentlich. So war es auch diesmal und ich kam in ein Lachen, bis ein Zwischenfall mich mit einem Mal in eine sehr schwierige Lage brachte. Der Posten draußen vorm Gewehr, wahrscheinlich ein Gefreiter, also halbe Respektsperson, glaubte, als das Toben da drinnen kein Ende nehmen wollte, daß er mir zur Hülfe kommen müsse, stürzte ohne weiteres in das Wachtlokal herein und stieß dem Randaleur den Kolben derart vor die Brust, daß er in die Ecke taumelte. Das war nun alles sehr gut gemeint, aber doch eigentlich ganz unverschämt; er hatte draußen Posten zu stehen, statt ungerufen herein zu stürzen und mir seine gar nicht gewollte Hülfe aufzudrängen. Es hieß doch nicht viel was anderes, als wie: »der Freiwillige weiß nicht mehr aus noch ein, da muß ich einspringen«, – und so war ich denn in der unangenehmen Lage, daß ich meinen Hülfebringer andonnern und wieder an seinen Posten 'raus verweisen mußte. Glücklicherweise war er Soldat genug, um gleich zu gehorchen. Der Randaleur aber wurde bei Tagesanbruch nach der Stadtvogtei hin abgeliefert und wurde daselbst von den Beamten als »alter Bekannter« begrüßt, als Radaubruder, Händelsucher und ganz besonders als Falschspieler. Mir selbst gratulierte man zu dem Fange.

Wochen vergingen und ich hatte die ganze sonderbare Szene schon wieder vergessen, als sie mir noch einmal in Erinnerung gebracht wurde. Draußen tanzten Schneeflokken, während es in meiner Mansardenwohnung in der Jüdenstraße schon dunkelte. Vor mir lag »Childe Harold«, in dem ich gerade gelesen und ich schickte mich eben an, mich mehr ans Fenster zu setzen, um da für meine Lektüre noch einen letzten Rest von Licht aufzufangen, als draußen die Klingel ging. Ich stand auf, um nachzusehen, wer in dieser Dunkelstunde mich noch besuchen wolle und sah auf dem kleinen Flur draußen drei kolossale Kerle stehen, die durch die Schafpelze, die sie trugen, womöglich noch größer wirkten.

»Sie sind der Herr Unteroffizier?«

Immer noch ahnungslos, um was es sich handle, sagte ich: »Ja, der bin ich. Aber kommen Sie 'rein; es ist kalt hier draußen.«

Und nun folgten sie mir in mein Zimmer zu weiterer Ansprache.

»Ja«, fuhr drinnen der Sprecher fort, »wenn Sie der Herr Unteroffizier sind ... wir sind nämlich so gut wie seine Bekannten, alte Bekannte von ihm und wenn er nu vorkommt und Sie von ihm aussagen sollen ...«

Jetzt dämmerte mir's und wie ich sagen muß, nicht gerade zu meiner Freude. Wenn die Kerle da kamen, um Rache an mir zu nehmen! .... Aber Kourage! Ich berappelte mich also und sagte mit so viel Unbefangenheit, wie sich in der Eile auftreiben ließ: »Nun gut, ich verstehe; Sie sind also seine Freunde ...«

»Ja, wir sind so seine Freunde und das können wir sagen: er ist nich so schlimm. Und wenn er nu vorkommt un Sie gegen ihn aussagen sollen ...«

»Ja, hören Sie, ich muß aber doch sagen, wie es ist.«

»Nu ja, nu ja, ... man bloß nich zu viel ... Und wir würden Ihnen auch gerne ...«

Diese Worte, so dunkel sie waren, waren von einer Bewegung begleitet, die mir keinen Zweifel darüber ließ, daß man mir einen Taler oder dergleichen in die Hand stecken wollte ...

Das gab mir meine ganze Haltung wieder und ich versprach in rasch wiederkehrender guter Laune, daß ich ihm nichts besondres Schlimmes einbrocken wolle.

Diese Zusicherung schien die Leute auch zu beruhigen, und unter Verbeugung gegen mich, schickten sie sich an, in guter Ordnung ihren Rückzug anzutreten. Aber als sie schon beinah draußen waren, kehrte der Eine noch einmal um, schudderte sich und rieb sich mit Ostentation die Hände, wie wenn ihn bitterlich fröre, was aber bei seinem dicken Pelz ganz unmöglich und in der Tat nichts als eine diplomatische Gesprächs-Ueberleitung war und sagte: »Herr Unteroffizier, en bisken kalt is et hier, en paar Kiepen Torf, ... wat meenen Sie? ...«

»Nu, schon gut«, sagte ich. »Lassen wir's. Und wie ich Ihnen gesagt habe, ich werde nichts Schlimmes gegen ihn vorbringen.«

So verlief es denn auch.

Das Angebot von ein »paar Kiepen Torf« aber war der Schlußakt meines Dienstjahres bei »Kaiser Franz«.

*

Ostern 45 schloß dies Dienstjahr ab, während dessen ich außer meiner vorgeschilderten Reise nach England, noch manch anderes, das nicht gerad' im Bereiche des dienstlich Soldatischen lag, erlebt hatte. Darunter war vor allem mein Eintritt in die gerade damals in Blüte stehende Dichtergesellschaft: *der Tunnel über der Spree*.

Ueber diesen im nächsten Abschnitt.

DER TUNNEL ÜBER DER SPREE

Aus dem Berliner literarischen Leben der vierziger und fünfziger Jahre

ERSTES KAPITEL

Der Tunnel, seine Mitglieder und seine Einrichtungen

Der Tunnel, oder mit seinem prosaischeren Namen der »Berliner Sonntagsverein«, war 1827 durch den damals in Berlin lebenden M. G. Saphir gegründet worden. Diesem erschien, in seinen ewigen literarischen Fehden eine persönliche Leibwache dringend wünschenswert, ja nötig, welchen Dienst ihm, moralisch und beinahe auch physisch, der Tunnel leisten sollte. Zugleich war ihm in seiner Eigenschaft als Redakteur der »Schnellpost« an einem Stamm junger, unberühmter Mitarbeiter gelegen, die, weil unberühmt, an Honoraransprüche nicht dachten und froh waren, unter einer gefürchteten Flagge sich mitgefürchtet zu sehen. Also lauter »Werdende« waren es, die der Tunnel allsonntäglich in einem von Tabaksqualm durchzogenen Kaffeelokale versammelte: Studenten, Auskultatoren, junge Kaufleute, zu denen sich, unter Assistenz einerseits des Hofschauspielers Lemm (eines ganz ausgezeichneten Künstlers), andererseits des von Anfang an die Werbetrommel rührenden Louis Schneider, alsbald auch noch Schauspieler, Aerzte und Offiziere gesellten, junge Leutnants, die damals mit Vorliebe dilettierende Dichter waren, wie jetzt Musiker und Maler. Um die Zeit, als ich eintrat, siebzehn Jahre nach Gründung des Tunnels, hatte die Gesellschaft ihren ursprünglichen Charakter bereits stark verändert und sich aus einem Vereine dichtender Dilettanten in einen wirklichen

Dichterverein umgewandelt. Auch jetzt noch, trotz dieser Umwandlung, herrschten »Amateurs«, vor, gehörten aber doch meistens jener höheren Ordnung an, wo das Spielen mit der Kunst entweder in die wirkliche Kunst übergeht oder aber durch entgegenkommendes Verständnis ihr oft besser dient als der fachmäßige Betrieb.

Und so bestand denn ums Jahr 1844 und noch etwa fünfzehn Jahre darüber hinaus der Tunnel, seiner Hauptsache nach aus folgenden, hier nach Kategorien geordneten und zugleich mit ihrem Tunnel-Beinamen ausgerüsteten Personen:

Assessoren, Professoren, Doktoren

Assessor Heinrich von Mühler (Cocceji), der spätere Kultusminister.

Assessor Dr. Heinrich Friedberg (Canning); der spätere Justizminister.

Assessor Dr. E. Streber (Feuerbach); später – nachdem er durch Heranziehen des »E« seines Vornamens an seinen eigentlichen Namen, den nun spanisch klingenden Namen Estrebér (Accent auf der letzten Silbe) hergestellt hatte – Minister in Costa Rica.

Assessor Wilhelm von Merckel (Immermann), Schwager von H. von Mühler; starb als Kammergerichtsrat.

Assessor Ribbeck (Matthisson), Bruder des Philologen Professor Ribbeck in Leipzig; starb als vortragender Rat und Direktor im Ministerium des Innern.

Assessor Graf Henckel von Donnersmarck (Ulrich von Hutten); starb früh.

Assessor von Bülow (Tasso); später Generalkonsul in Smyrna.

Assessor Dr. Erich (Cujacius); später Regierungsrat und literarisch-politischer Berichterstatter Kaiser Wilhelms, namentlich über die Parlamentssitzungen.

Assessor Müller (Ernst Schulze), Rendant an der Charité.

Assessor Hermann Kette (Tiedge); später Präsident der Generalkommission, erst in Frankfut a. d. O., dann in Kassel.

Assessor Karl Kette; später Justizrat und Rechtsanwalt am Kammergericht.

Kollegien-Assessor Baron Budberg (Puschkin), Kurländer und – wenn ich nicht irre – der russischen Gesandtschaft attachiert.

Dr. Franz Kugler (Lessing), Professor, Geheimrat im Kultusministerium.

Dr. Franz Kugler, Neffe des Vorigen, Redakteur an der »Nationalzeitung«.

Dr. Karl Bormann (Metastasio), Provinzial-Schulrat.

Dr. Otto Gildemeister (Camoëns), später Senator und Bürgermeister von Bremen.

Dr. Adolf Wiedmann (Macchiavell); später Professor in Jena. Von 1866 ab bis an seinen Tod Meister der St. Johannis-Loge zur Beständigkeit.

Dr. Heinrich von Orelli aus Zürich (Zschocke); Freund Wiedmanns und Scherenbergs, Philosoph und Kritiker; starb zu Berlin.

Dr. Rudolf Löwenstein (Spinoza); neben Kalisch und Ernst Dohm Redakteur des »Kladderadatsch«.

Dr. Adolf Löwenstein (Hufeland), Vetter Rudolf Löwensteins; als Geh. Sanitätsrat gestorben.

Dr. Friedrich Eggers (Anakreon), Redakteur des »Deutschen Kunstblattes«; später Professor am Polytechnikum.

Dr. Karl Eggers (Barkhusen), Senator in Rostock.

Major Blesson (Carnot), Herausgeber einer militärischen Zeitschrift. Während der Befreiungskriege oder in den unmittelbar folgenden Jahren Adjutant Blüchers. 1848 stand er, bis zum Zeughaussturm, an der Spitze der Berliner Bürgerwehr.

Hauptmann von Glümer (Archenholtz). Bei Ausbruch des siebziger Krieges Kommandierender der 13. (westfälischen), später, bei Nuits und an der Lisaine, Kommandierender der badischen Division.

Hauptmann von Woyna. Bei Ausbruch des siebziger Krieges Generalmajor und Kommandierender der 38. (hannoverschen) Brigade.

Woldemar von Loos (Platen), Hauptmann im zweiten Garderegiment. Später, gleich nach Etablierung des zweiten Kaiserreiches in Frankreich, Militärattachee in Paris. Starb früh.

von Clausewitz (Cäsar), Hauptmann im zweiten Garderegiment.

Fritz von Gaudy (Ziethen), Leutnant im Franz-Regiment, Halbbruder von Franz von Gaudy. Fiel 1866 als Oberstleutnant im Franz-Regiment bei Alt-Rognitz.

Hermann von Etzel (Xenophon), Leutnant im Garde-Schützenbataillon, Sohn des älteren (1813) und Bruder des jüngeren Generals von Etzel, Direktors der Kriegsakademie, welcher letztere 1866 bei Nechanitz (Königgrätz) die 16. Division kommandierte.

Fedor von Köppen (Willamowitz), Leutnant, später Hauptmann im vierten Garderegiment.

Bernhard von Lepel (Schenkendorf), Leutnant im Kaiser Franz-Regiment, später Major in der Garde-Landwehr.

Max Jähns, Leutnant in einem rheinischen Infanterieregiment, später Oberstleutnant. Militärschriftsteller.

Moritz Graf Strachwitz (Götz von Berlichingen), gest. 1847 in Wien, auf der Rückreise von Italien. In einer Wiener Zeitung hieß es: »Er war erst 25 Jahre alt. Seiner Leiche folgte Niemand als sein treuer Diener. Dichterloos«.

Emanuel Geibel (Bertran de Born).

Theodor Strom (Tannhäuser).

Christian Friedrich Scherenberg (Cook).

Paul Heyse (Hölty).

George Hesekiel (Claudius).

Baron Hugo von Blomberg (Maler Müller).

Heinrich Seidel (Frauenlob).

Felix Dahn.

Friedrich Drake.

Adolf Menzel (Rubens).

Richard Lucae (Schlüter).

Dr. Alfred Woltmann (Fernow).

Dr. Bernhardi (Leisewitz). Ein Neffe Ludwig Tiecks und guter Literarhistoriker.

Dr. Wollheim da Fonseca (Byron). Später nach Hamburg übersiedelt.

Dr. Werner Hahn (Cartesius), Literarhistoriker. Später im Gegensatz zum »Bismarck-Hahn« (Geheimrat Ludwig Hahn) der Edda-Hahn geheißen. Starb auf seinem kleinen Besitztum in Sacrow.

Heinrich Smidt (G. A. Bürger), Seenovellist, damals als »deutscher Marryat« gefeiert. Starb als Bibliothekar im Kriegsministerium.

Louis Schneider (Campe, mit dem Zunamen der »Caraïbe«), Hofschauspieler; später Geh. Hofrat und Vorleser König Friedrich Wilhelms IV.

Leo Goldammer (Hans Sachs), Bäckermeister und Dramatiker; später Magistratssekretär.

Wilhelm Taubert (Dittersdorf), Oberkapellmeister.

Herrmann Weiß (Salvator Rosa), Geschichtsmaler, Professor der Kostümkunde. Später Geh. Regierungsrat und zweiter Vorstand in der Verwaltung des Zeughauses.

Arnold Ewald, Professor, Historienmaler.

Hermann Stilke, Professor, Historienmaler.

Theodor Hosemann (Hogarth), Genremaler.

Wilhelm Wolff (Peter Vischer), Bildhauer; der sogenannte »Tierwolf«.

*

Das waren während der vierziger und fünfziger Jahre die bemerkenswertesten Mitglieder des Vereins. Vielleicht fehlen einige, in welchem Fehlen sich keine Kritik aussprechen soll. Bei solchem Rückblick werden oft Allerbeste vergessen. Aber auch, wie die Namen hier stehen, erweist der flüchtigste Blick, daß es eine sehr reputable Gesellschaft war, und nur wenige Dichtervereinigungen wird es in Deutschland gegeben haben, die Besseres zu bieten in der Lage waren. Ueber einzelne der vorstehend Aufgezählten werde ich eingehender zu sprechen haben. Ehe ich aber damit beginne, stehe hier noch Einiges über den Tunnel als Ganzes, über seine Verfassung und seine »Statuten«, über seine Lokale, seine Sitzungen und seine Feste.

Zunächst die Verfassung. Diese war natürlich der ähnlicher Gesellschaften nachgebildet. Vorsitzender, Schriftführer, Kassierer, Bibliothekar und Archivar, alles war da, wie das herkömmlich ist, aber im Einzelnen zeigten sich Abweichungen; alles – wofür namentlich Saphir und Louis Schneider von Anfang an gesorgt hatten – war humoristisch zugeschnitten, vielleicht mit etwas zu gewolltem Humor. Denn diese genannten Beiden waren zwar witzig, Saphir sogar *sehr,* aber der Eine wie der Andere war so wenig humoristisch wie möglich. Till Eulenspiegel bildete den Schutzpatron des Tunnels, eigentlich wohl mit Unrecht. Später sah man das auch ein, ließ es aber laufen, weil die Tradition es geheiligt hatte. Der Vorsitzende, der immer auf ein Jahr gewählt wurde, hieß nicht Vorsitzender oder Präsident, sondern das »Haupt«, noch genauer das »angebetete Haupt«. Sein Szepter war das Eulenszepter, ein etwas übermannshoher Stab, auf dessen oberem Ende eine vergoldete Eule thronte. Dieses Szepter war eine Art Heiligtum, aber ihm an Ansehen gleich oder fast noch überlegen war ein anderes Stück aus dem Tunnel-Krontresor: der »Stiefelknecht«, der, ich weiß nicht wie motiviert, die »unendliche Wehmut« oder den Weltschmerz symbolisieren sollte. Wie gesagt, so war es Anfangs. Als man schließlich wahrnahm, daß die Tragkraft dieses Witzes nicht sehr bedeutend sei, kam der Stiefelknecht kaum noch zum Vorschein, ausgenommen bei ganz feierlichen Gelegenheiten, wo man der Ansicht sein mochte, daß er, wie ein alter Urgötze, gerade wegen seiner Unsinnigkeit anzurufen sei.

Natürlich waren auch »Statuten« da, deren Paragraphen mir übrigens nicht mehr gegenwärtig sind, zwei abgerechnet, beide gleich klug und weise. Der eine schrieb vor, daß jedes Tunnelmitglied einen Necknamen, einen nom de guerre, haben müsse, der andere verbot jede politische Debatte. Beide Paragraphen haben sich durch volle fünfzig Jahre hin, von 1827 bis 1877 – von wo ab die Lebenskraft des Tunnels so gut wie verzehrt war, – glänzend bewährt. Zunächst die besondere Namensgebung. *Ohne* diese wäre es überhaupt nicht gegangen, was sich aus der verschiedenen Lebensstellung der Mitglieder, von denen – wenigstens in den späteren Tunnelperioden – der eine General, der andere Fähnrich, der eine Minister, der andere Handlungsgehülfe war, leicht ergiebt. Major Blesson, damals ein Sechziger, hieß Carnot, Leutnant v. Etzel, damals zwanzig, hieß Xenophon. Als zwanzigjähriger Leutnant von Etzel war er dem sechzigjährigen Major Blesson gegenüber in einer höchst schwierigen Lage, als Xenophon aber konnte er Carnot, »dem Organisator des Krieges«, sagen, was er wollte. – Mit dem Verbot der Politik lag es ebenso. Wie hätte sonst Minister von Mühler mit dem Kladderadatsch-Löwenstein auskommen wollen.

Der Tunnel, was nicht gleichgültig war und deshalb hier mit erwähnt werden mag, besaß auch ein nicht unbeträchtliches Vermögen, das sich aus den von jedem Mitgliede zu zahlenden Beiträgen angesammelt hatte. Louis Schneider, in allem ein Praktikus, legte der Existenz eines solchen Vermögens ein großes Gewicht bei und bezeichnete dasselbe als den »Reifen, der die Dauben des Fasses, wenn diese jemals Lust hätten, auseinander zu fallen, immer wieder zusammen halten würde«. Das hat sich denn auch durch ein halbes Jahrhundert hin bewährt. Erst etwa vom Jahre 1880 an begann, trotz aller von Schneider getroffenen Vorkehrungen, ein Auseinanderfallen und der Tunnel wurde Sage; dann verklang auch die. Was inzwischen aus dem ganzen Besitzstande, darunter auch Bibliothek und Archiv, geworden ist, weiß ich nicht. Dann und wann verlautet »es gäbe noch einen ›Tunnel‹, der denn auch nach wie vor der Hüter all dieser Schätze sei«. Doch tritt er, wenn sein Dasein sich bestätigt, in vielleicht zu weitgehender Bescheidenheit, nie hervor.

Jede Sitzung wurde durch ein dreimaliges Aufstampfen mit dem Eulenscepter eröffnet, dann stellte das »Haupt« das Zeichen seiner Macht bei Seite, und rechts den Schriftführer, links den Kassierer, bat er Ersteren um Vorlesung des Protokolls der vorigen Sitzung. Diese Protokolle waren im richtigen Tunneljargon abgefaßt und oft sehr witzig. Die weitaus besten waren die von Wilhelm von Merckel, weshalb dieser, mit kurzen Unterbrechungen, wohl durch länger als zwei Jahrzehnte hin immer wieder zum Schriftführer gewählt wurde. Merckel lebte ganz in diesen Dingen und blieb dadurch bis an seinen Tod eine Hauptstütze des Vereins. Dann und wann wurde das Protokoll auch beanstandet. Aber dies mußte durch einen Mann von Geist geschehen, nahm sich's ein anderer heraus, so ließ man ihn abfallen.

War das Protokoll erledigt, so stellte das Haupt die Frage: »Späne da?« Darunter verstand man die zum Vortrag bestimmten Beiträge – meist Gedichte –, von denen jeder Beitrag schon vor Beginn der Sitzung entweder auf den Tisch des Hauses niedergelegt oder beim Schriftführer wenigstens angemeldet sein mußte. Wurde die Anfrage: »Sind Späne da?« bejaht, so stellte das Haupt die Reihenfolge für deren Vorlesung fest, und der Verfasser placierte sich nun an ein mit zwei Lichtern besetztes Tischchen, von dem aus der Vortrag stattzufinden hatte. Selten wurde gleich Beifall oder überhaupt ein Urteil laut. Das Gewöhnliche war, daß man in Schweigen verharrte. »Da sich niemand zum Wort meldet, so bitte ich Platen, seine Meinung sagen zu wollen.« Und nun sprach Platen (Hauptmann W. von Loos). Der auf diese Weise zur Meinungsäußerung Aufgeforderte war fast immer jemand, der als guter Kritiker galt, und nun folgte, wie dies überall der Fall, der bekannte Hammelsprung; alle sprangen nach, wenn nicht zufällig und meist sehr ausnahmsweise dieser oder jener den Mut hatte, der bestimmt abgegebenen Meinung ein bestimmtes anderes Urteil entgegenzusetzen. All' das fand aber nur statt, wenn es sich um etwas »Reelles«, will also sagen um ein Gedicht von Scherenberg oder Lepel oder Eggers handelte; waren es »kleine Leute«, so wurden nicht viel Umstände gemacht und gleich ohne jede Motivierung zur Abstimmung geschritten. Die Tunnelschablone kannte nur vier Urteile: sehr gut, gut, schlecht und »verfehlt«. Letzteres war besonders beliebt. Von fünf Sachen waren immer vier verfehlt.

Der Tunneljargon, wie hier gleich noch eingeschaltet werden mag, war von erheblicher Ausdehnung und jedenfalls weit davon entfernt, sich auf »Späne« – als Bezeichnung für Beiträge – zu beschränken. *Die* Mitglieder beispielsweise, die ganz unproduktiv waren, hießen »Klassiker«, die Produktiven dagegen »Makulaturen«. Die Gäste hießen »Runen«, womit wohl ausgedrückt sein sollte, daß sie was Geheimnisvolles hätten, daß man noch nicht recht Bescheid mit ihnen wisse. Die Sammelbüchse, die beim Schluß der Sitzung klingelbeutelartig umging, hieß »eiserner Fonds«.

Das Lokal für die Sitzungen wechselte ziemlich häufig, namentlich in den ersten Jahren. Später wurde man seßhafter, und drei dieser Lokale sind mir in Erinnerung geblieben: erst ein Hof- und Gartensalon in der Leipzigerstraße, dann ein Vorderzimmer im »Englischen Hause«, zuletzt – und durch viele Jahre hin – ein großer Saal im »Café Belvedere«, einem jetzt eingegangenen Etablissement neben Opernhaus und katholischer Kirche. Hier erhielten wir auch einen Bilderschmuck, ich weiß nicht mehr in welcher Veranlassung. Hugo von Blomberg und Professor Stilke malten ein ziemlich großes Wandbild, das dem Lokal, auch als der Tunnel sich nicht mehr darin versammelte, zur Erinnerung an alte Zeiten erhalten blieb. Ich habe es da noch öfter gesehen. Was inzwischen daraus geworden, vermag ich ebenfalls nicht mehr anzugeben, würde es aber beklagen, wenn es verloren gegangen sein sollte. Denn es veranschaulichte sehr gut ein Stück Alt-Berlin. Einiges steht mir noch deutlich vor der Seele. Blomberg selbst, bloß in Trikot und mit einer Schärpe darüber, stand als Jongleur auf zwei Pferden, wohl um seine Doppeltätigkeit als Maler und Dichter zu veranschaulichen. Rechts neben ihm saß ich, in einem Douglas- oder Percy-Kostüm auf einem Wiegenpferde, und hatte meine Lanze gegen einen anderen Ritter, wahrscheinlich einen Balladenkonkurrenten, eingelegt. Wer dieser andere war, weiß ich nicht mehr. Mir zur Seite stand Merckel. Der war damals »Haupt«, weshalb ihn Blomberg in pontificalibus dargestellt hatte:

Frack, Eskarpins und ein breites Tunnel-Ordensband – en crachat – über die Brust. Es wirkte sehr gut, aber doch zugleich auch komisch und anzüglich, weil Merckel, von Natur schon klein, durch eine Laune des Malers noch spindeldürre Beinchen erhalten hatte. Glücklicherweise war Kugler seitens des Festkomitees zu nochmaliger Inspizierung des Bildes abbeordert worden und bestand auf Beseitigung der dünnen Beinchen. »Ja, wie das machen?« fragte Blomberg. – »Das ist *Ihre* Sache, so geht es nicht.« Und schließlich fand sich auch ein Ausweg. Blomberg malte ein Riesentintenfaß über die beanstandeten Beine weg, so daß nur die halbe Figur mit dem roten Crachat aus dem Tintenfaß heraus wuchs.

*

Natürlich hatte der Tunnel auch seine Feste, die, gerade während der Zeit seiner Blüte, mit Regelmäßigkeit wiederkehrten: Faschingsfest, Stiftungsfest und ein Fest des Wettbewerbs oder der Preisdichtung. Letzteres eine Art Sängerkrieg.

Das Faschingsfest bot meist nicht viel. An eines denke ich mit einer kleinen Verlegenheit zurück. Wir hatten in Gesellschaftsanzug zu erscheinen, aber uns zugleich mit einem Extrahemd auszurüsten, das, ich weiß nicht mehr auf welches Zeichen hin, plötzlich blousenartig angelegt und zum eigentlichen Kostüm des Abends werden sollte. Dieser Moment kam denn auch. Ich meinerseits mußte jedoch die ganze Sache nicht recht verstanden oder aber, durchaus irrtümlich, den Hauptzweck dieser Verkleidung in Anlegung eines büßerhaft »härenen Gewandes« erkannt haben; kurzum, ich hatte mich mit einem langen Nachthemd bewaffnet, das, weil kurz vorher erst aus der Truhe meiner Mutter hervorgegangen, noch ganz den Charakter frisch gewebter Alltagsleinewand und vor allem auch die damit verbundene Steifheit hatte. Dieser Zustand war mir nicht recht gegenwärtig, und als ich nun auf das gegebene Zeichen rasch und urkräftig mein Kommiß-Riesenhemd entfalten wollte, gab es einen dumpfen Knall, etwa wie wenn Dienstmädchen ein Tischtuch oder eine Bettdecke auseinander schlagen, ein Knall, dem ein für mich etwas peinliches Lachen meiner Tunnelbrüder auf dem Fuße folgte. Selbst die Artigsten stimmten mit ein. In Erwägung, daß sich's um eine Faschingssache handelte, konnte ich mich, wenn ich durchaus wollte, freilich als eine Art Sieger des Abends ansehen. Aber ich hätte diesen Sieg doch lieber nicht errungen.

Die Fastnachtsfeste verliefen meist mäßig, desto hübscher waren die Stiftungsfeste. Diese fielen, wenn ich nicht irre, auf den 3. Dezember. Dann waren nicht nur Gäste geladen, sondern auch die dem Tunnel längst untreu gewordenen »alten Herren« erschienen noch einmal wieder und waren jung mit den Jüngsten. Selbst Mühler, wie bereits erzählt, als er schon Jahr und Tag Minister war und die Zeiten von »Grad' aus dem Wirtshaus« längst hinter sich hatte, fehlte dann selten und bezeugte die ihm durch allen Wandel der Zeiten treu gebliebene liebenswürdige Natur. In der das jedesmalige Stiftungsfest einleitenden Sitzung suchten Alle durch »Späne« ihr Bestes zu tun, und bei Tische lösten sich neue und alte Lieder ab. Unter den alten stand das von Rudolf Löwenstein gedichtete Tunnellied oben an, dessen erste Strophe lautet:

Zu London unter der Themse
Der mächtige Tunnel liegt,
Der Strom, scheu wie die Gemse,
Hin über die Tiefe fliegt...

Wir waren, wenn wir das sangen, immer in sehr gehobener Stimmung, beinahe gerührt, und noch in diesem Augenblick bezaubert mich ein gewisses Etwas in diesen vier Zeilen, trotzdem ich sie, nüchtern erwogen, sehr anfechtbar finde. Wer die Londoner Themse gesehen hat, wird ihr alles Mögliche nachrühmen können, nur nicht den Gemsencharakter und die Scheuheit. Aber sonderbar, es giebt in der Poesie so viele Wendungen, die trotz ihrer Mängel, ja, vielleicht um derselben willen, einen immer wieder lebhaft erfreuen und so zu sagen «Jenseits von gut und böse« liegen.

Selbstverständlich, da der Tunnel auch Komponisten und Virtuosen zu seinen Mitgliedern zählte, kam es bei den Stiftungsfesten mehr als einmal zu musikalischen Aufführungen und Impromptus. Hierbei feierte vor Allem Kapellmeister Taubert – Dittersdorf – seine Triumphe. Heinrich Seidel in seinem reizenden Buche: »Von Perlin bis Berlin« hat über solche Klavierimprovisationen Emil Tauberts berichtet. Es heißt da: »Rothschild und Rossini waren beinahe gleichzeitig gestorben, und ein Tunnelmitglied hatte ihnen bei der Festtafel einen witzigen Nachruf gehalten, indem er allerlei Parallelen zwischen diesen beiden großen ›R's‹ zog. Kaum war er damit fertig, so eilte Taubert an das Klavier, präludierte und begann eine entzückende Improvisation über die beiden Themen: ›Gold, ach Gold ist nur Chimäre‹, von Meyerbeer, und Rossinis: ›Wünsche ihnen wohl zu ruhen‹ aus dem Barbier von Sevilla. Es war entzückend, wie er die beiden Melodien durcheinander flocht.«

Die Stiftungsfeste, wie gesagt, waren gut, aber unser Bestes waren doch die Preisausschreibungen, die Wartburg-Sängerfeste, trotzdem die Damen fehlten und die Kränze. Wir waren prosaischer und zahlten bar, nachdem eine kurze Zeit lang »Ehrenbecher« und dergleichen verliehen worden waren, was sich aber nicht als praktisch erwies. Ich meinerseits siegte mehrere Male, bin dieser Siege jedoch, so sehr mich die Wettbewerbe selbst interessierten, nie recht froh geworden. Einmal – die Forderung ging dahin, daß das zur Konkurrenz zuzulassende Gedicht einen »Gast« als Hauptfigur auftreten lassen müsse – gewann ich den Preis mit einer Ballade, die sich in meinen gesammelten Gedichten unter dem Titel »Lord Athol« vorfindet. Ich war aber über meine Siegesberechtigung selber so zweifelsvoll, daß ich, als am selben Tage noch für die gerade damals in der Gründung begriffene Schiller-Stiftung gesammelt wurde, meinen ganzen Gewinn als erste Beisteuer einzahlte. Wie viel Renommisterei dabei mit im Spiele war, kann ich nachträglich nicht mehr feststellen.

Das war Anno 59, als schon die Geldpreise Sitte geworden waren. Aber auch schon vorher, als ich einen Ehrenbecher, ein wahres Monstrum von Häßlichkeit – ich besitze ihn noch –, einheimste, mischten sich in meine Siegesfreude sehr widerstrebende Gefühle. Wer damals im Tunnel konkurrieren wollte, mußte seinen Beitrag anonym abliefern und hatte nur das Recht, auf einem beigelegten Zettel *den* zu verzeichnen, der sein Gedicht in öffentlicher Sitzung vorlesen sollte. Die besten Kräfte – wie sich später, nachdem die Namen bekannt gegeben wurden, herausstellte – hatten an dieser Konkurrenz teilgenommen: Eggers, Broemel (später in London) Kugler, Lepel, Heyse. Das Zünglein der Wage schwankte zwischen »dem Tag von Hemmingstedt« und »dem Thal des Espigno«, und »Hemmingstedt«, von mir herrührend, siegte schließlich. Das »Thal des Espigno« war von Heyse. Die Partei Heyse, zu der vor allem Kugler gehörte, verriet über diesen Ausgang keine Spur von Verstimmung, was ich schon damals bewunderte. Contenance bewahren, wenn einen, wie dies bei jeder Lotterie der Fall ist, der blinde Zufall im Stich läßt, ist nicht allzu schwer; aber auch *da* nicht Empfindlichkeit zeigen, wo man seinen Anspruch auf Sieg beinahe beweisen kann, das vermag nicht jeder. Es steht mir jetzt fest, daß das »Thal des Espigno« das durchaus bessere Gedicht war, und auch damals schon regte sich etwas von dieser Erkenntnis in mir.

ZWEITES KAPITEL

Mein Eintritt in den Tunnel.
Graf Moritz Strachwitz

In diese vorgeschilderte Gesellschaft – Tunnel – trat ich, wie schon am Schluß des vorigen Abschnitts hervorgehoben, im Mai 1844 ein, wenige Wochen nach Beginn meiner Dienstzeit im Franz-Regiment. Bernhard von Lepel, schon längere Zeit Mitglied des Vereins, hatte mich in Vorschlag gebracht und die zur Aufnahme nötigen »Referenzen« gegeben. Ich wurde sehr freundlich begrüßt, erhielt meinen Tunnelnamen – Lafontaine – und hätte durchaus zufrieden sein können, wenn ich nur mit dem, was ich dichterisch zum Besten gab, mehr oder doch wenigstens einen Erfolg gehabt hätte. Das wollte mir aber nicht gelingen. Meine ganze Lyrik, nicht viel anders wie während meiner voraufgegangenen Leipziger Tage, war, auch zu jener Zeit noch, auf Freiheit gestimmt oder streifte wenigstens das Freiheitliche, woran der Tunnel, der in solchen Dingen mit sich reden ließ, an und für sich nicht ernsten Anstoß nahm, aber doch mit Recht bemerkte, daß ich den Ton nicht recht träfe. »Sehen Sie«, hieß es eines Tages, »da ist der Rudolf Löwenstein! der schreibt auch dergleichen, aber doch wie ganz anders!« Das »wie ganz anders« bezog sich besonders auf Löwensteins berühmt gewordenes Lied: »Freifrau von Droste-Vischering«, das, als er es im Tunnel vorlas, einen ungeheuren Jubel hervorgerufen hatte, trotzdem, wie schon hervorgehoben, »Politisches« eigentlich verboten war.

Es ging mir also anfangs nicht allzu gut. Ganz allmählich aber fand ich mich zu Stoffen heran, die zum Tunnel sowohl wie zu mir selber besser paßten als das »Herwegh'sche«, für das ich bis dahin auf Kosten andrer Tendenzen und Ziele geschwärmt hatte. Dies für mich Bessere war der Geschichte, besonders der brandenburgischen, entlehnt, und eines Tages erschien ich mit einem Gedicht »Der alte Derfflinger«, das nicht bloß einschlug, sondern mich für die Zukunft etablierte. Heinrich von Mühler, damals noch ein ziemlich regelmäßiger Besucher des Tunnels, sagte mir das denkbar Schmeichelhafteste, wiederholte sogar Stellen, die sich ihm gleich eingeprägt hatten und blieb mir, von Stund' an, durch alle Wandlungen hin zugetan. Ich ließ alsbald diesem »alten Derfflinger« eine ganze Reihe verwandter patriotischer Dichtungen im Volksliedton folgen und erzielte mit einem derselben, dem »alten Zieten«, eine Zustimmung – auch im Publikum – die weit über die bis dahin gehabten Erfolge hinaus ging. Ich glaube aber doch, daß der »alte Derfflinger«, der den Reigen eröffnete, gelungener ist als der »alte Zieten« und all die übrigen. Der erste Wurf ist immer der beste.

Diese patriotischen Gedichte fielen in das Jahr 1846. Zwei Jahre später sorgten die Zeitereignisse, bei mir wenigstens, für einen kleinen Rückfall in das schon überwunden geglaubte »Freiheitliche«, doch war der dabei von mir angestimmte Ton ein sehr andrer geworden. Alles Bombastische war abgestreift und an die Stelle davon ein übermütiger Bummelton getreten. Eins dieser Gedichte, darin ich meine Braut zur Auswandrung nach Südamerika – natürlich nicht allzu ernsthaft gemeint – aufforderte, lass' ich als eine Stilprobe hier folgen:

Liebchen, komm', vor dieser Zeit, der schweren,
Schutz zu suchen in den Cordilleren,
Aus der Anden ew'gem Felsenthor
Tritt vielleicht noch kein Konstabler vor.

Statt der Savigny's und statt der Uhden
Ueben dort Justiz die Botokuden,
Und durchs Nasenbein der gold'ne Ring
Trägt sich leichter als von Bodelschwingh.

Ohne Wühler dort und Agitator
Frißt uns höchstens 'mal ein Alligator,
Schlöffel Vater und selbst Schlöffel Sohn
Respektieren noch den Maranon.

Dort kein Pieper, dort kein Kiolbassa,
Statt der Dahrlehnsscheine Gold in Kassa,
Und in Quito oder Santa Fé
Nichts von volksbeglückender Idee.

Laß die Klänge Don Juans und Zampas,
Hufgestampfe lockt uns in die Pampas,
Und die Rosse dort, des Reiters wert,
Sichern Dich vor Rellstabs Musenpferd.

Komm', o komm'; den heimatlichen Bettel
Werfen wir vom Popokatepettel,
Und dem Kreischen nur des Kakadu
Hören wir am Titicaca zu.

Ein einziger Tunnelianer, Baron Wimpffen (Fouqué), wollte von diesem Uebermut nichts wissen und wies sogar auf die Statuten hin, »die derlei Dinge verböten«; er fiel aber damit total ab und zwar am meisten bei den Konservativen und Altministeriellen, bei Merckel, Lepel, Friedberg, die sich das Gedicht mitnahmen und es am selben Abend noch beim alten Minister von Mühler – dem Justizminister, Vater des Kultusministers – vorlasen.

Das war im Sommer 1848. In demselben Jahre noch, ich weiß nicht mehr in welcher Veranlassung, kamen mir Bischof Percys »Reliques of ancient English poetry« und bald danach auch Walter Scotts »Minstrelsy of the Scottish border« in die Hände, zwei Bücher, die auf Jahre hin meine Richtung und meinen Geschmack bestimmten. Aber mehr als der mir aus ihnen gewordene literarische und fast möchte ich sagen Lebensgewinn, gilt mir der unmittelbare *Genuß,* den ich von ihnen gehabt habe. Sachen sind darunter, wie zum Beispiel »Der Aufstand in Northumberland« – zwei längere Balladen aus der Zeit der Königin Elisabeth –, die mich noch heute mit Entzücken erfüllen, worin sich freilich immer eine leise Mißstimmung darüber mischt, daß ich über diese, meiner Gedichtsammlung angefügten herrlichen Sachen niemals auch nur ein sie bloß kurz erwähnendes Wort gehört habe, was sie doch am Ende verdienen. Ueber das, was man bloß übersetzt hat, kann man allenfalls so sprechen.

Ich gehörte dem Tunnel unausgesetzt ein Jahrzehnt lang an und war während dieser Zeit, neben Scherenberg, Hesekiel und Heinrich Smidt, das wohl am Meisten beisteuernde Mitglied des Vereins. Die große Mehrzahl meiner aus der preußischen, aber mehr noch aus der englisch-schottischen Geschichte genommenen Balladen entstammt jener Zeit, und manche glückliche Stunde knüpft sich daran. Die glücklichste war, als ich – ich glaube bei Gelegenheit des Stiftungsfestes von 1853 oder 54 – meinen »Archibald Douglas« vortragen durfte. Der Jubel war groß. Nur Einer ärgerte sich und sagte: »Ja, wer so vorlesen kann, der muß siegen.« Der betreffende Neidhammel versah es aber damit total, und statt mich zu deprimieren, hob er mich umgekehrt in meinem Glücke nur noch auf eine höhere Stufe. Für gewöhnlich nämlich hieß es, ich läse meine Sachen so furchtbar schlecht, so pathetisch und so monoton vor, daß ich mir alles immer selbst verdürbe. Und nun war ich mit einem Mal auch als Vorleser proklamiert! Das tat mir ganz besonders wohl. Ueber das »Andre« war ich immer weniger in Sorge.

Im Sommer 1855 verließ ich Berlin und war Jahre lang fort. Als ich dann später wieder eintrat, war ich dem Tunnel entfremdet und nahm nur sehr selten noch an seinen Sitzungen teil. Zuletzt schlief es ganz ein. Ob *ich* mich oder ob sich der Tunnel verändert hatte – ich weiß es nicht; aber das letztere will mir das Wahrscheinlichere bedünken.

*

Ich wende mich nun in diesem und einer ganzen Reihe folgender Kapitel den einzelnen Mitgliedern des Tunnels zu, die nach Namen und Beruf, schon Eingangs von mir aufgezählt wurden. Ueber einige: Scherenberg, Friedberg, Wiedmann, Orelli, Schramm, habe ich schon vor Jahren in meinem Buche: »Christian Friedrich Scherenberg« gesprochen, weshalb alle diese hier übergangen werden sollen. In Betreff anderer, was ich hier auch vorauszuschicken habe, könnte es freilich auffallen, daß ich Berühmtheiten – fast mit alleiniger Ausnahme von Storm – verhältnismäßig kurz, Unberühmtere dagegen oder selbst völlig ungekannt Gebliebene mit einer gewissen Ausführlichkeit behandelt habe*. Manchem wird dies als eine Willkürlichkeit erscheinen. Ich bin aber durchaus wohlüberlegt dabei verfahren, davon ausgehend, daß die Berühmtheiten, sei's in eignen

* Der den verschiedenen Personen zugeteilte Raum ist also sehr verschieden bemessen; aber ob kurz oder lang, überall bin ich darauf ausgewesen, *mehr das Menschliche als das Literarische zu betonen*. Daher die vielen kleinen Anekdoten und Geschichten, die sich aller Orten eingestreut finden. Ich mag darin an mehr als einer Stelle zu weit gegangen sein; aber auch wenn dies der Fall sein sollte, scheint mir ein solches Zuviel immer noch ein Vorzug gegen die bloße Kunstbetrachtung. Wer diese haben will, leistet sich das am besten selbst, wenn er an die ja jedem zugänglichen Werke mit eigenem Auge und Urteil herantritt. Also, so sagte ich, ich habe das *Menschliche* betont, was andeuten soll, ich bin an *Schwächen,* Sonderbarkeiten und selbst Ridiculismen nicht vorbei gegangen. All' dergleichen gehört nun einmal mit dazu. »Das protestantische Volk« – so schrieb ich an anderer Stelle –, »verlangt eben keine Heiligen und Idealgestalten, eher das Gegenteil; es verlangt Menschen und alle seine Lieblingsfiguren: Friedrich Wilhelm I., der große König, Seydlitz, Blücher, York, Wrangel, Prinz Friedrich Karl, Bismarck sind nach *einer* bestimmten Seite hin, und oft nach mehr als einer Seite hin, sehr angreifbar gewesen. Der Hinweis auf ihre schwachen Punkte hat aber noch keinem von ihnen geschadet. Gestalten wie Moltke bilden ganz und gar die Ausnahme, weshalb auch die Moltke-Begeisterung vorwiegend eine Moltke-Bewunderung ist und mehr aus dem Kopf als aus dem Herzen stammt.«

Memoiren, sei's in Kunst- und Literaturgeschichten, unter allen Umständen auf ihre Rechnung kommen, während die mit geringeren Chancen Ausgerüsteten, um eben deshalb hier einen Voranspruch erheben dürfen.

Ich beginne mit einer Berühmtheit, mit

Graf Strachwitz

Graf Moritz Strachwitz. Strachwitz – Götz von Berlichingen – war, als ich in den Sonntagsverein eintrat, schon in seine Heimatprovinz Schlesien zurückgekehrt, aber er lebte noch unter den Tunnelleuten, und wo Drei zusammen waren, da war er Gegenstand der Unterhaltung. Wie sich in den letzten dreißig Jahren innerhalb des Tunnels alles um Scherenberg drehte, so während der kurzen Epoche von etwa 1840-1843 alles um Strachwitz. Er war zu genannter Zeit nicht bloß Mittelpunkt des Vereins, sondern zugleich auch Aller Stolz und Liebling. Nach allem, was ich über ihn, namentlich aus Bernhard von Lepels Munde gehört habe, lag zu dieser ihm eingeräumten Stellung auch die vollste Berechtigung vor, denn er zählte zu den immer nur dünn Gesäeten, die nicht bloß Dichter *sind*, sondern auch so *wirken*. Er war wie seine Lieder: jung, frisch, gesund, ein wenig übermütig, aber der Uebermut wieder gesänftigt durch Humor und Herzensgüte. So kam es, daß nicht bloß ein engerer, sich aus Mühler, Friedberg, Merckel, Lepel, von Loos, Baron Budberg und Graf Henckel zusammensetzender Kreis dem in der Ferne Weilenden eine große Liebe bewahrte, sondern daß auch das Tunnel-Gros d'armée: Studenten und junge Kaufleute, von gleicher Anhänglichkeit erfüllt waren. Und von solcher Anhänglichkeit erfüllt, erwies sich auch Strachwitz selbst, der seine Beziehungen nicht ohne weiteres abbrach, sondern brieflich im Verkehr mit dem Tunnel blieb. Er schickte Neues mit einer gewissen Regelmäßigkeit ein, und die Vorlesung davon nahm mehr als eine Sitzung in Anspruch. Dies setzte sich durch geraume Zeit hin fort, und wenn ich nicht irre, kamen auch die schönen Terzinen – sie bilden einen Zyklus –, die den Gesamttitel: »Venedig« führen und das Letzte sind, was er geschrieben hat, im Tunnel zum Vortrag.

Die fortdauernde Begeisterung für ihn äußerte sich auch darin, daß viel aus ihm zitiert wurde, was mir alsbald die Verpflichtung auferlegte, mich ebenfalls mit seinen mir bis dahin fremd gebliebenen Sachen bekannt zu machen. Ich lernte denn auch »Nun grüße Dich Gott, Frau Minne«, den »Gefangenen Admiral«, die »Jagd des Moguls« etc. auswendig und war bald einer der Eifrigsten in der Strachwitz-Gemeinde. Daß ich – wie mir's sonst wohl mit meinen literarischen Jugendlieben geht – bei diesem Eifer ausgedauert hätte, kann ich freilich nicht sagen. Ich hielt etwa zwanzig Jahre lang enthusiastisch daran fest, aber seit etwa einem Menschenalter ist mir der Sinn für das Strachwitzische doch mehr oder weniger verloren gegangen. Es ist alles sehr talentvoll und besonders sehr klangvoll, aber zugleich tritt es doch zu pausbackig auf und hat viel weniger von Originalität, als es mir vordem erschien. Es ist alles virtuos Freiligrathisch gehalten, noch mehr aber darf man ihn einen auf die Kehrseite gefallenen Herwegh nennen. Was Herwegh demokratisch vorsang, sang Strachwitz aristokratisch nach. Der Grundton, natürlich nur auf das rein Dichterische hin angesehen, ist sehr verwandt.

Ich würde mit diesem Bekenntnis hier wahrscheinlich zurückgehalten haben, wenn ich nicht *einem* der Strachwitz'schen Gedichte meine Treue bewahrt hätte, und zwar so ganz und so stark, daß dadurch alle meine Untreue gegen ihn wieder aufgewogen wird. Um *eines* Stückes willen geliebt werden, aber nun auch gründlich, ist das Schönste, was einem Dichter zuteil werden kann. Ich brauche bloß

Bürger und seine »Leonore« zu nennen. Da kann nichts gegen an. Aehnlich liegt es mit Strachwitz und seinem »Herz von Douglas«. Es zählt zu dem Schönsten, was wir überhaupt haben, und wenn ich mir dann vergegenwärtige, daß der Tunnel *zwei* solcher Prachtgedichte hervorgebracht hat, erst den »Verlornen Sohn« von Scherenberg – ein Gedicht, das den ganzen übrigen Scherenberg aufwiegt – und dann das »Herz von Douglas«, so darf man sagen: »Dieser Tunnel hat nicht umsonst gelebt.«

Ich kann der Versuchung nicht widerstehen, hier bei dieser leider viel zu wenig bekannt gewordenen Strachwitz'schen Ballade, noch einen Augenblick zu verweilen. König Robert Bruce liegt im Sterben, und weil er ein am Tage von Bannockburn von ihm geleistetes Gelübde, »gen Jerusalem zu ziehen«, nicht erfüllen konnte – »Es hat, wer Schottland bändigen will, Zum Pilgern wenig Zeit« –, so will er sich mit Gott dadurch versöhnen, daß sein *Herz* nach Jerusalem gebracht und dort bestattet werden solle, »damit es ruhig sei«. Zu diesem Zwecke läßt er denn auch durch einen seiner Boten den auf einem alten Douglas-Schlosse sitzenden Lord Douglas herbeirufen ... Und nun reiten beide, der Lord und der Bote, durch die Nacht hin zu dem sterbenden König.

Sie ritten vierzig Meilen fast
Und sprachen Worte nicht vier,
Und als sie kamen vor Königs Palast,
Da bluteten Sporn und Tier ...

Und nun tut der sterbende König dem Douglas seinen letzten Willen, »daß sein Herz nach Jerusalem gebracht werde«, kund, und der Lord, als der König in selber Nacht noch hingeschieden, nimmt alsbald das Herz des Königs und tut es »in roten Sammt und gelbes Gold« und bricht auf. Aber ehe er Jerusalem und das heilige Grab erreichen kann, sieht er sich in der Wüste von speerwerfendem und »Allah!« rufendem Reitervolk angegriffen, und als ihm klar wird, daß sein Häuflein unterliegen und das Herz nicht die heilige Stätte finden werde, greift er zu dem letzten Mittel und wirft das Herz des Königs mitten in die Feinde hinein. Und nun beginnt ein Anstürmen, um das unter die Heiden geworfene Herz ihres Königs wieder zu gewinnen.

Von den Heiden allen, durch Gottes Huld,
Entrann nicht Mann noch Pferd,
Kurz ist die schottische Geduld,
Und lang ein schottisches Schwert.

Doch wo am dicksten rings umher
Die Feinde lagen im Sand,
Da hatte ein falscher Heidenspeer
Dem Douglas das Herz durchrannt.

Und er schlief mit klaffendem Kettenhemd,
Und aus war Stolz und Schmerz,
Doch unter dem Schilde fest geklemmt
Lag König Roberts Herz.

Ich habe das immer wunderschön gefunden und find' es noch so bis diesen Tag, und daß es trotzdem so wenig volkstümlich geworden, das hängt mit unserer Anthologie-Fabrikationsmethode zusammen. Ein paar Ausnahmen gern zugegeben, schnappt es in diesen Sammelwerken immer mit Uhland und Umgegend ab. Und das nicht etwa, weil nichts anderes da wäre, sondern bloß weil mit einer bequemen Tradition nicht gebrochen werden soll.

Ich darf dies aussprechen, weil ich – ein besonderes Glück – persönlich unter diesem Verfahren nicht zu leiden gehabt habe.

DRITTES KAPITEL

Franz Kugler. Paul Heyse. Friedrich Eggers. Richard Lucae. Wollheim da Fonseca

Franz Kugler, Paul Heyse, Friedrich Eggers, diese Drei ruhten, auf den »Verein« hin angesehen, zur Zeit meines Eintrittes in den Tunnel noch in der »Zukunft Schoß«. Kugler wurde erst nach den Märztagen Mitglied, Eggers etwas früher. Heyse noch später als Kugler. Sie bildeten eine bestimmte Gruppe, die »Kugler-Gruppe«, die bis zu Heyses Abgang nach München – Herbst 1854 – eines großen Ansehens genoß, aber es trotzdem zu keinem rechten Wurzelschlagen im Tunnelherzen brachte, was übrigens auch kaum Wunder nehmen durfte. Sie hatten, vom Talent ganz abgesehen, viele Tugenden, aber gerade diese Tugenden erschwerten ein herzliches Einvernehmen; sie waren zu fein, zu professorlich, zu *sehr auf sich selbst gestellt*. Letzteres war wohl ausschlaggebend. Jede Gesellschaft verlangt vom einzelnen ein gewisses Aufgehen in den Ton, der eben herrscht, und wo dies Aufgehen ausbleibt, wo der berühmte – hier freilich nur drei Mitglieder zählende – »Staat im Staate« sich bildet, da kann von Einleben oder gar Intimität keine Rede sein. Ich komme darauf zurück.

Franz Kugler

Franz Kugler, geboren 1808, war in seinen Tunneltagen erst ein angehender Vierziger. Warum wir ihn trotzdem den »alten Kugler« nannten, weiß ich nicht recht, denn stattlich, grad aufrecht, von blühender Gesichtsfarbe, war der Eindruck, den er machte, eher jugendlich. Vielleicht war sein Sokrateskopf Schuld, daß wir ihn an Jahren ohne weiteres erhöhten. Er hatte sehr früh Karriere gemacht und war zu der Zeit, von der ich hier spreche, schon vortragender Rat im Kultusministerium, wenn ich nicht irre als Nachfolger von Eichendorff. Immer artig, immer maßvoll, immer die Tragweite seiner Worte wägend, kam in seinem Wesen etwas spezifisch Geheimrätliches, etwa altfränkisches Goethisches zum Ausdruck, das dem Tunnelton widersprach und um so mehr Bedenken wachrief, als, der Altadligen ganz zu geschweigen, auch die verschiedentlich vorhandenen Minister- und Oberpräsidentensöhne – die dann später berufen waren, selber in hohe Stellungen einzurücken – keine Spur davon an sich hatten. So kam es, daß Kugler immer Gegenstand eines ihm halb verdrießlich entgegengebrachten Respektes war, immer ein halber Fremdling. Er empfand dies auch und hätte, bei dem Freundschafts- und Liebesbedürfnis, das er hatte, gewiß viel darum gegeben, dies ändern zu können; aber das war ihm nicht möglich. So liebevoll und edlen Herzens er war, so steif und scheu war er, wenigstens da, wo's zu repräsentieren galt. Daß er andern Orts auch anders sein konnte, davon erzähl' ich weiterhin.

Er war, durch Jahre hin, teils um seiner selbst, aber wohl mehr noch um Heyses willen, dessen Aufblühen er mit fast väterlicher Liebe verfolgte, ein ziemlich regelmäßiger Besucher des Tunnels, der ihm manche Beisteuer verdankte, Beisteuern, über die verschiedenen Jahrgänge der »Argo«, eines Jahrbuches, das von 1854-1857 erschien, wohl am besten Auskunft geben dürften. Ob all' das in dem Jahrbuch Erschienene – das, von mehreren kunst- und literaturgeschichtlichen Untersuchungen abgesehen, die für die Kugler'sche Produktion ganz charakteristischen Ueberschriften: Cleopatra, Cyrus (ein Fragment), Friede, das Opfer, Götterjugend etc. trug, – ob all diese Sachen im damaligen Tunnel zur Vorlesung gekommen sind, vermag ich nicht mehr mit Sicherheit festzustellen. Aber wenn es geschehen, wie höchst wahrscheinlich, so läßt sich aus den bloßen Titeln schon schließen, daß an eine große Wirkung nicht zu denken war. Strachwitz mit der »Jagd des Moguls«, oder Scherenberg mit seinem »Zechlied der Fremdenlegion«, oder Lepel mit der dänisch-schleswig'schen Gruselballade von »König Erich und Herzog Abel« konnten den Tunnel packen; aber mit »Götterjugend« oder »Cyrus, ein Fragment«, war kein Erfolg einzuheimsen. Aus so feinen Leuten der Tunnel bestand, so waren sie doch nicht fein genug, vom Stoff absehen und eine Sache lediglich um ihrer Kunstform willen würdigen zu können. Vornehme Lyrik versagte deshalb überhaupt, und war sie nun gar »klassisch«, so schon mit Sicherheit.

Unter den mannigfachen Sachen, die Kugler während seiner zehnjährigen Mitgliedschaft zu Nutz und Frommen des Tunnels beisteuerte, waren aber, außer den vorgenannten kleineren Arbeiten, auch größere: Dramen und Novellen.

Von den Dramen, um zunächst von diesen zu sprechen, kamen: »Jacobäa«, »Die tatarische Gesandtschaft«, »Doge und Dogaressa«, szenenweise wohl auch »Pertinax« zur Vorlesung und begegneten dabei demselben nüchternen Respekt, der ihnen – ziemlich um dieselbe Zeit – auch auf der Bühne zuteil wurde. Große Wirkungen hervorzurufen, war ihm überhaupt nicht vergönnt; über einen succès d'estime kam er nie recht hinaus und was ihn mehr noch als diese halben Erfolge, die doch zugleich auch halbe Mißerfolge waren, schmerzen mußte, das waren die beständigen Nadelstiche, die, so lang er mit dem Theater zu tun hatte, nicht ausbleiben wollten. Einmal waren es die Schauspieler, einmal die Verwaltungen. Er mochte sich durch sein Ministerialamt, das ihm, in Kunst- und speziell auch Theaterangelegenheiten, eine Art offizieller Autorität gab, gegen Unliebsamkeiten geschützt glauben; aber da kannte er die Theaterleute schlecht, für die, ganz im Gegenteil, die

Vorstellung, »das ist ein Kunst-Geheimrat«, nur etwas Herausforderndes hatte. Seine stets würdige Haltung verdarb es vollends. Eines Tages, als sein Trauerspiel »Doge und Dogaressa« einstudiert werden sollte, war er zugegen und ging gleich bei der ersten Probe von Wünschen zu Ratschlägen über, was die schon vorhandene flaue Stimmung nicht besserte. Zum Unglück traf es sich auch noch, daß mitten in einer wichtigen Szene, dem berühmten schönen Hendrichs, der natürlich eine Hauptrolle hatte, sein Spazierstöckchen, mit dem er während des Spiels beständig umherfuchtelte, aus der Hand glitt und nicht bloß zu Boden, sondern durch einen ziemlich breiten Spalt im Podium auch noch in die Versenkung hinabfiel. Sofort geriet alles in Stocken. Hendrichs erklärte rund heraus, daß er ohne das Stöckchen nicht weiter spielen könne, sah sich dabei – vielleicht aus Schändlichkeit gegen den Geheimrat und Dichter – von seinen Kollegen unterstützt, und so stieg man denn unter Hendrichs' persönlicher Führung in den Keller-Orkus hinunter, um da die Badine zu suchen. Erst als diese wieder da war, konnte das Spiel fortgesetzt werden.

Aber es kam noch schlimmer. An die Stelle des 1851 aus seinem Amt scheidenden Herrn von Küstner war Herr von Hülsen Theaterintendant geworden, der – vollkommener Kavalier, der er im übrigen sein mochte – doch vor allem in der Absicht, »wieder Ordnung zu schaffen«, ins Amt getreten war, unter welcher Vorgabe sich denn auch Kugler eines Tages benachrichtigt sah, »daß ihm, statt der bisher bewilligten zwei Parkettbillets, fernerhin nur eins zur *Verfügung* gestellt werden könne«. Vielleicht war der neue, mancherlei Mißbräuche vorfindende Generalintendant zu solcher Strenge berechtigt; aber daß er dies Einschränkungsprinzip auch auf einen Mann ausdehnte, der in seiner amtlichen Eigenschaft nicht nur über Theaterdinge Beschlüsse zu fassen, sondern auch Vieles bereits in andere

Wege geleitet hatte – *das* war einfach ein Affront, und zwar ein ganz überlegter. Die neue Generalintendanz hatte sich in ihrer Unabhängigkeit legitimieren und der bloß *ministeriellen Halb-Autorität* gegenüber ihren *hofamtlichen* Charakter betonen, vielleicht auch der Zumutung, es mit etwaigen neuen Kugler'schen Dramen zu versuchen, ein für allemal einen Riegel vorschieben wollen.

Ich sagte schon, daß außer den Dramen auch Kugler'sche Novellen im Tunnel zum Vortrag kamen. Mit diesen war er etwas glücklicher. Das galt besonders von einer kulturhistorischen Novelle, die den Titel »Chlodosinda« führte. Schauplatz das westgothische Spanien ums Jahr 660. Kugler hat hier das Bild einer weit zurückliegenden Zeit in Briefen vor uns entrollt. Ob er daran recht tat, stehe dahin. Es hat Vorzüge, noch mehr Nachteile. »Dem allzeit hochgeliebten und seines apostolischen Sitzes höchst würdigen Herrn Nicasius entbietet Veranus, Archipresbyter der ruhmreichen Kathedralkirche zu Toletum, in demutvoller Freundschaft seinen Gruß.« So beginnt es. Veranus erzählt nun seinem in Narbona (Narbonne) residierenden Bischofe Nicasius die politischen und Liebesintriguen am Hofe von Toledo. Chintila ist König, aber todkrank; wenn er heimgeht, wird der junge Tulga König werden, was nur erwünscht sein kann, weil seine Mutter Ingundis, die dann regieren wird, der Kirche treu ergeben ist. Es kommt aber anders. Der junge Tulga, König geworden, emanzipiert sich von dem Einfluß seiner Mutter sowohl, wie von dem der gesammten Klerisei, weil er inzwischen eine große Leidenschaft zu Clodosinda gefaßt hat, einer heidnischen Heroine, die der Kirche feindlich gegenüber steht. Wie selbstverständlich siegt die Kirche; die Schönheitsmacht Chlodosindas wird zu Hexerei gestempelt, und sie selbst, nachdem sie durch eine Feuer- und Wasserprobe gegangen, als Zauberweib verbrannt. Aber sie reißt nicht bloß Tulga, sondern die ganze Dynastie mit in ihr Verderben, ja, zuletzt auch noch den die Briefe nach Narbona schreibenden Archipresbyter Veranus, der, am Tode Chlodosindas schuld, zugleich von leidenschaftlicher Liebe zu ihr erfaßt, in einem ihm eine letzte Zuflucht gewährenden Bergkloster seinem Schicksal erliegt. Der Prior dieses Klosters, den Tod des Archipresbyters nach Narbona hin meldend, schreibt uns den letzten Bericht. All dies, trotz des mönchischen Kurialstils – an einzelnen Stellen sogar um desselben willen – ist nicht ohne Wirkung und darf jedenfalls als ausgezeichnete künstlerische Arbeit gelten, trotzdem auch hier wieder, wie das immer Kuglers Schicksal war, von Seiten des Publikums mehr die Schwächen als die Schönheiten empfunden wurden.

In unseren Tagen, wo Scheffel, Dahn, Ebers den Weg für ein Vorgehen auf diesem oder ähnlichem Gebiete geebnet haben, würde er einer lebhafteren Anerkennung begegnet sein. Damals lag es ungünstiger. Es blieb auch hier wieder im wesentlichen bei einem Halberfolge, was den Verfasser, der sich seines Wertes wohl bewußt war, mit einem schmerzlichen Gefühl erfüllte. Er hätte, glaub' ich, seinen Kunsthistorikerruhm gern hingegeben, wenn er einen großen Dichtererfolg dafür hätte eintauschen können.

*

Kuglers literarische Stellung im Tunnel, um eine schon eingangs gemachte Bemerkung zu wiederholen, war bei allem Respekt nicht hervorragend, und eine seinem ganzen Wesen anhaftende Steifheit ließ es auch im persönlichen Verkehr mit ihm zu keiner rechten Annäherung kommen. Aber das alles traf nur dem ganz oder halboffiziellen Kugler gegenüber zu, in seiner Familie war er die Liebenswürdigkeit selbst und zu meinen besten, damals in Berlin verlebten Stunden zählen die im Kugler'schen Hause.

Dies Haus, das, wenn ich nicht irre, dem alten Kammergerichtsrat Hitzig, dem Freunde von E. T. A. Hoffmann gehört hatte, lag am Südende der Friedrichstraße, nahe dem Belle-Allianceplatz und umschloß, klein wie es war, nur drei Familien. Im Erdgeschosse wohnten zwei Fräulein Piaste, wahrscheinlich Muhmen aus alten Tagen her, im ersten Stock General Baeyer, im zweiten – Mansarde – Franz Kugler, der sich 1833 oder 1834 mit der jüngsten Hitzig'schen Tochter, einer vielumworbenen und besungenen Schönheit, verheiratet hatte. Mehr als eins der Geibel'schen Lieder ist an sie gerichtet. Ihrer Schönheit entsprach ihre Liebenswürdigkeit und ihrer Liebenswürdigkeit der feine Sinn und Geschmack, mit dem sie Räume von äußerster Einfachheit in etwas durchaus Eigenartiges umzugestalten gewußt hatte. Da, wo die weit vorspringenden Mansardenfenster ohnehin schon kleine lauschige Winkel schufen, waren Epheuwände aufgestellt, die, sich rechtwinklig bis mitten in die Stube schiebend, das große Zimmer in drei, vier Teile gliederten, was einen ungemein anheimelnden Eindruck machte. Man konnte sich, während man im Zusammenhang mit dem Ganzen blieb, immer zurückziehen und jedem was ins Ohr flüstern. An gesellschaftlichen Hochverrat dachte dabei keiner.

So sah es in dem »Kugler'schen Salon« aus, an den ich, wenn ich wegen meiner eigenen mehr als einfachen Wohnräume gelegentlich bespöttelt werde, zurückzudenken häufig Gelegenheit habe. »Was wollt Ihr?« frage ich dann wohl. »Ihr müßt mir diesen Zuschnitt schon lassen. Seht, da war mein väterlicher Freund Franz Kugler, der war ein Geheimrat und eine Kunstgröße und wohnte womöglich noch primitiver als ich. Und doch, ich habe da die schönsten Stunden verbracht, schöner als in manchem Schloß. Und nun gar erst als in mancher modernen Stuck-Bude. Laßt mich also ruhig. Es kommt wirklich auf was anderes an.«

Ja, auf was anderes kommt es an. Was einem Hause Wert

leiht, das ist das Leben darin, der Geist, der alles adelt, schön macht, heiter verklärt. Und dieser Geist war in dem Kugler'schen Hause lebendig. Was steigt da nicht alles vor mir herauf, welche Fülle der Gesichte! Da war der alte Generalsuperintendent Ritschel, evangelischer Bischof von Pommern, Geheimrat von Quast, der »Konservator«, Geheimrat Hitzig – Bruder der Frau Kugler –, Professor Strack, der Architekt, Professor Drake, dazu junge Künstler, Dichter und Gelehrte: Storm, Otto Gildemeister, Jakob Burckhardt (Basel), Lucae, Roquette, Felix Dahn, Zöllner, Wilhelm Lübke.

Von den Abenden, wo Storm Gast war, erzähl' ich an anderer Stelle; Lübke, damals noch ganz jung, erschien, von Eggers und Zöllner eingeführt, in Papiervatermördern, die damals noch nicht elegant-fabrikmäßig hergestellt, sondern in jedem Einzelfall aus steifem Papier ausgeschnitten wurden. Der Unglückliche litt furchtbar, physisch und moralisch, weil ihn nicht nur die Papierspitzen stachen, sondern auch weil das minderwertige Aushülfe-Material von dem scharfen Auge der Damen erkannt worden war. Einmal gab es auch eine kleine Gesellschaft, Eichendorff zu Ehren, und Paul Heyse, damals kaum zweiundzwanzig, hielt ihm eine improvisierte Toastansprache in Versen. Er war so erregt dabei, daß ich durch den zwischen uns befindlichen Tischfuß sein Zittern fühlte. – Jener Eichendorff-Abend verlief im engsten Zirkel. Aber auch wenn große Gesellschaft war, mußte der bescheidene Raum ausreichen, so beispielsweise, wenn an dem einen oder anderen Geburtstag Kugler'sche Stücke gespielt, oder, bei noch feierlicheren Gelegenheiten, Polterabend-Aufführungen inszeniert wurden. So vor allem bei Heyses Hochzeit im Herbst 1854.

Das waren die Feste, mal große, mal kleine, für die der »Salon« der Frau Clara den Schauplatz bot. Aber schöner als diese Feste waren die Stunden, die nichts vor einem erschlossen als ein alltägliches Leben, das doch wiederum kein alltägliches Leben war. Von der damals noch wenig belebten Straße drang kaum ein Laut herauf. Eine hohe Schirmlampe gab ein gedämpftes Licht, und um den Tisch herum saßen die Damen: Frau Clara, die noch schöne Mutter, neben ihr die heranblühende Tochter – Heyse nannte sie seinen »Borsdorfer Apfel« – und abseits auf einer Fußbank der Liebling des Hauses, die zwölfjährige Jeanette Baeyer, Tochter des Generals, mit klugen großen Augen und vollem schwarzem Haar, der entzückendste Backfisch, den ich je gesehen, und dalberte mit dem mal wieder in einer neuen Weste, türkisches Muster, erschienenen Eggers, der entweder, weil fröstelnd, auf einem Holzkorb in der Nähe des Ofens hockte, oder sich mit einer halb an einen Clown und halb an einen Akrobaten erinnernden Geschicklichkeit über den Zimmerteppich hintrudelte. Denn er gehörte zu denen, die, graziös in ihrem Tun, auch das Gewagteste wagen können. Und dann schließlich, wenn die Teestunde da war, erschien Kugler selbst und setzte sich an das Klavier, über dem eine gute Kopie des Murillo'schen Heiligen Franciscus hing, und nun, auf Zuruf der Seinen, von denen ein jeder sein Lieblingsstück hatte, die Vorträge rasch wechselnd, klangen in bunter Reihenfolge deutsche und dänische, venezianische und neapolitanische Lieder durch das Zimmer. Weder sein Spiel noch sein Gesang erhob Anspruch, etwas Vollkommenes zu sein; aber gerade das Unvirtuose gab allem einen besonderen Reiz. Er selbst spielte sich dabei den Aktenstaub von der Seele.

Noch einmal, mit Dank und Freude, denk' ich an jene Tage zurück, die bis in den Sommer 1855 hinein dauerten. Als ich vier Jahre später, nach langer Abwesenheit, wieder heimkehrte, war das Haus verwaist, Kugler tot, die schöne Frau Clara nach München hin übersiedelt, in das Haus ihres Schwiegersohnes Heyse. Dort sah ich sie wieder, gebrochen in Glück und Leben. Sie überdauerte jene Tage nur noch eine kurze Weile.

Paul Heyse

Paul Heyse, wie schon hervorgehoben, trat etwas später in den Tunnel als Kugler, etwa 1850. Kurze Zeit vorher hatte ich ihn in seinem elterlichen Hause, vertieft in ein Storm'-sches Manuskript – die »Sommergeschichten« –, das ihm Alexander Duncker zur Begutachtung übergeben hatte, kennen gelernt. Vertieft und – entzückt.

Er war damals zwanzig Jahre alt und sah sich, bei seinem Eintritt in den Verein, von alt und jung freudig begrüßt, was er zunächst seiner glänzenden Persönlichkeit, in der sich die vollkommenste gesellschaftliche Sicherheit mit einer immer gleichen Heiterkeit paarte, zuzuschreiben hatte. Margherita Spoletina – nur erst der »Jungbrunnen« war bis dahin von ihm erschienen –, Urica, Francesca von Rimini, Marion, die Brüder, kamen alsbald zum Vortrag und fanden, am meisten die letztgenannte Dichtung, allseitige Zustimmung; aber Heyses Auftreten im Tunnel war nur kurz bemessen und blieb Episode. Schon Frühling oder Herbst 1851 ging er nach Bonn, von Bonn, mit Ribbeck zusammen, nach Italien, und als er von dort, wo die reizende L'Arrabiata entstanden war, nach Berlin zurückkehrte, rückte rasch die Zeit heran, die den mittlerweile mit Margarethe Kugler glücklich Verlobten, bald auch Vermählten, nach München hinüberführte. Das war Herbst 1854. Man sah ihn im Tunnel ungern scheiden, trotzdem aber gebrach es an jener tieferen Teilnahme, die beispielsweise, zehn Jahre vorher, bei Strachwitz' Ausscheiden geherrscht hatte. Die Wärme, die Heyse bei seinem Eintritt begegnet war, hatte sich einigermaßen verloren und einer kühleren Temperatur Platz gemacht. Woran lag das? An allerlei. Sein großes Talent, nun, das war außer Frage, das ließ jeder gelten. Aber so gewiß man es gelten ließ, so gewiß empfand man auch: »Ja, dies Talent, so groß es sein mag, ist doch nicht unser Talent.« Im ganzen war der Tunnel, trotz seines gelegentlich stark hervortretenden Freisinns, doch von jener altpreußischen Art, darin der Konservatismus in erster Reihe mitspricht, und so hörte man denn bald wieder lieber von Hohenfriedberg und dem Zietenritt, von Ligny und Waterloo. Heyse hatte die Form, war glänzend, aber das eigentliche Tunneltalent, weil dem Wesen des Tunnels entsprechend, war und blieb doch Scherenberg. Und so kehrte man denn, nach kurzer Untreue, zu den alten Göttern zurück.

Diese rein literarische Stellungnahme hätte zur Herbeiführung einer kühleren Temperatur genügt, aber ein anderes, das ich schon andeutete, kam hinzu: die ganze Haltung der Kugler-Gruppe, zu deren Geschmack und ästhetisch verfeinerter Anschauungsweise weder der im Tunnel zahlreich vertretene Adel noch die Kaufmannschaft aller Arten und Grade so recht paßte. Kugler und Eggers waren weltmännisch genug, das, was sie von der Majorität schied, einigermaßen zu cachieren; der ganz jugendliche Heyse aber, der, in übrigens entzückendster Weise, das Gefühl hatte: »Mir gehört die Welt, und ich habe nicht Lust, allen möglichen Mittelmäßigkeiten zu Liebe mit meiner gescheiteren Ansicht hinterm Berge zu halten«, – Heyse kümmerte sich wenig um die wunderlichen Heiligen, die gelegentlich, ohne jeden Beruf dazu, das große Wort führten und ihre Meinung durchsetzen wollten. Eine Sitzung hab' ich noch gegenwärtig, in der es zwischen unserm Jüngsten – Heyse – und einem öden alten Professor zum Zusammenstoß kam. Dieser, der den Schulmonarchenton nicht ablegen mochte, hatte, zu vielen kleinen Schwächen, auch *die*, von seinem Blättchen, das er, weil *er* es las, für was Besonderes hielt – durchaus abhängig und außerdem ein ausgesprochener

Erfolganbeter zu sein. Er schwamm, Tag um Tag, im Strom seiner Zeitung und machte, nach der Anweisung derselben, jede Mode mit. Nun war damals gerade Bogumil Goltz in der Mode, dessen »Kleinstädter in Aegypten« ziemlich allgemein bewundert wurde, und weil allgemein, so natürlich auch von dem alten Professor. Im ganzen Tunnel dachte niemand an Widerspruch. Warum auch? Goltz war am Ende wirklich espritvoll und witzig. Aber zum Unglück war in der von mir erwähnten Sitzung auch Heyse zugegen, der über alle diese Dinge – ob er recht hatte, stehe dahin – sehr sehr anders dachte und in dem hypergeistreichen Goltz'schen Originalstil nur mehr oder weniger Geschmacklosigkeit sah. Er antwortete denn auch dem entsprechend, und als der andere mit einem »erlauben Sie« dazwischen fahren wollte, schlug der jugendliche Gegner einen Ueberlegenheitston an, zu dem er in jedem Anbetracht berechtigt war, nur nicht in Anbetracht seiner Jahre. Dieser Umstand, infolgedessen, wie das immer geschieht, all die Alten für den Alten Partei nahmen, entschied schließlich zu Ungunsten Heyses, und so war denn die vorgeschilderte Szene, die nicht alleinstehend blieb, nicht eben angetan, ihm die Tunnelherzen dauernd zu sichern. Personen, die bei derartigen Streitfragen ihre Parteinahme lediglich in den Dienst der *Sache* stellen, giebt es immer nur wenig.

Ich breche hier ab und erzähle nicht weiter von einem Leben, das, wie kein zweites, über das ich hier zu berichten habe, der Literaturgeschichte angehört. Es war ganz besonders im Hinblick auf Heyse, wenn ich schon im vorigen Kapitel hervorhob, daß ich über Unberühmtheiten verhältnismäßig viel und über Berühmtheiten – mit einer einzigen Ausnahme – nur wenig sagen würde.

*

Friedrich Eggers

Friedrich Eggers* wurde bald nach mir Mitglied: ich hatte das Verdienst, ihn einzuführen. Er blieb im Tunnel fast dreißig Jahre lang, und nur wenige haben dem Verein länger angehört.

Man hat in Eggers Tunnelleben zwei Hälften von einander zu scheiden. In der ersten Hälfte kam er nur zu halber Geltung; er nahm, weil zur Kugler-Gruppe gehörig, teil an den Ehren, die dieser Gruppe zuteil wurden, aber er sah sich durch eben diese Zugehörigkeit doch auch gehemmt und benachteiligt. Das änderte sich erst, als er nach Heyses Uebersiedlung nach München und nach Kuglers 1858 erfolgtem Tode von dem ehemaligen Triumvirat allein übrig blieb. Erst von diesem Augenblick an war er ganz und gar Tunnelianer und konnte dem Vereine seine ganz eigenartigen Talente widmen. Er war nämlich, weit über seine Kunst- und Literaturveranlagung hinaus, allem anderen vorauf ein Gesellschafts-Genie, das, in einem mir nicht zum zweiten Male begegneten Grade, die Gabe besaß, nicht bloß Vereine zu gründen, sondern auch durch Anwerbung neuer Mitglieder und Aufstellung neuer Programme den etwa matter werdenden Pulsschlag sofort wieder zu beleben. Er war ein großer Organisator im Kleinen, eine Art Friedens-Carnot, unerschöpflich in Hülfsmitteln, und gab davon, noch kurz vor seinem Tode, die glänzendsten Beweise. Viele seiner jungen Freunde, zur Hälfte mecklenburgische Landsleute, zur andren Hälfte Schüler des Polytechnikums, an dem er Unterricht erteilte, waren mit in

---

* Außer *Friedrich* Eggers hatten wir noch seinen jüngeren Bruder *Karl* Eggers, Senator der Stadt Rostock, im Tunnel, welcher jüngerer Bruder ad latus des älteren war. Verschiedenes, darunter die »Tremsen« – plattdeutsche Gedichte –, haben sie gemeinschaftlich herausgegeben. Der ältere Bruder hatte mehr Elan und hat dadurch, namentlich als Lehrer, eindringlicher gewirkt, an poetischem Talent aber, und zwar besonders auf humoristischem Gebiete, war, glaub' ich, der jüngere Bruder dem älteren überlegen.

den Krieg gezogen, und diese jungen Leute durch Nachrichten in Verbindung mit der Heimat und durch Liebesgaben bei frischem Mut und fröhlichem Herzen zu erhalten, machte er sich durch den ganzen langen Winter 1870 auf 71 hin zur schönsten Lebensaufgabe. Damals hab' ich ihn lieben und bewundern gelernt. Er war um jene Zeit, halb wissenschaftlich, beständig mit der Frage beschäftigt, wie sich Zeitungen und Zigarren wohl am besten nachsenden ließen, und hatte die Kunst, Pulswärmer, Socken, Leibbinden, Jacken ohne Aermel – und dann in einem andern Paket wieder die Aermel dazu – postzulässig in die Welt zu schicken, bis zur Virtuosität ausgebildet. Er hat zahllose glückliche Stunden geschaffen. Am Polytechnikum schwärmt man noch für ihn und gedenkt seiner bei jeder Festlichkeit mit einer besonderen und wohlverdienten Liebe. Nichts wüßt' ich von ihm zu sagen, was ihn so sehr und so schön charakterisierte, wie diese humane Haltung, und genau so, natürlich mutatis mutandis, war er auch während seiner zweiten Epoche im Tunnel, so wie sich's um ein Fest oder eine Aufführung handelte, die Seele der Sache und wußte jederzeit Rat.

Sein bester Freund im Tunnel war Heinrich Seidel, der in seinem schon an anderer Stelle zitierten reizenden Buche »Von Perlin bis Berlin« in liebevoller und zugleich fein und humoristisch charakterisierender Weise über Eggers geschrieben hat. Ich gebe hier Einiges davon: »Friedrich Eggers wohnte damals in einem Hinterhause der Hirschel-, jetzt Königgrätzerstraße, drei Treppen hoch. Ich habe nie einen Mann gekannt, der in aller Welt so viele Freunde gehabt hätte wie er, darunter viele von Klang und Namen: Storm, Wilbrandt, Geibel, Heyse, Scheffel. Mit dem Letztgenannten, der ihm von der Studienzeit her befreundet war, stand er noch immer in Briefwechsel, der sich freilich auf die Schaltjahre beschränkte. Jeden 29. Februar setzten sich beide hin und schrieben einander über die Ereignisse der

13 *Paul Heyse (1830–1914)*

14 *Franz Theodor Kugler (1808–1858) nach einer Zeichnung von Adolph Menzel*

letzten *vier* Jahre. Das bringt mich auf die vielen drolligen und komischen Züge, die ihm anhafteten. Er haßte die Sperlinge, war überhaupt kein Tierfreund. Höchst merkwürdig war das ökonomische System, nach dem er seine Einnahmen und Ausgaben regelte. Er hatte einen Kasten mit vielen Fächern, die alle mit Ueberschriften versehen waren, wie zum Beispiel Miete, Kleider, Stiefel, Zigarren, – kurz alle möglichen Lebensbedürfnisse hatten jedes sein besonderes Fach. Im Laufe der Jahre hatte er sich nun vortreffliche Verhältniszahlen ausgebildet, in denen alle diese Bedürfnisse zu einander stehen mußten, und nach diesen Zahlen wurde jede Einnahme in die Fächer verteilt. Betrug also eine Einnahme dreihundert Taler und irgendeine der Sonderkassen war auf fünf Prozent angewiesen, so bekam sie in diesem Falle fünfzehn Taler. Ich habe ihn öfter über diesen Kasten sitzen sehen, grübelnd und mit Geld klimpernd. Zuweilen kam es nun vor, daß beim Bezahlen einer größeren Rechnung der Bestand dieser Kassen nicht ausreichte. Dann pumpte er bei einer besser situierten und gab ihr einen Schuldschein, wie zum Beispiel: »die Kleiderkasse schuldet der Stiefelkasse so und so viel.« Die Schuldscheine mußten bei neu fließenden Einnahmen wieder eingelöst werden.

»Er beklagte es oft, daß die Sitten der heutigen Zeit es dem Manne verbieten, farbige Stoffe zu tragen. Er selbst ließ es sich denn auch nicht nehmen, sein farbenfreudiges Auge wenigstens an bunten Westen aus Seide, Sammet oder anderen Stoffen zu ergötzen und besaß davon eine große Sammlung. Hatte einer seiner jüngeren Freunde sich irgend wie ausgezeichnet oder sonst sein Wohlgefallen erregt, so ging er wohl würdevoll an die Kommode, wo diese Sammlung aufbewahrt wurde, kramte ein wenig darin und schenkte ihm feierlichst eine Weste. Das war eine Art von Ordensauszeichnung.«

So weit H. Seidel. Auch W. Lübke hat in seinen »Erinnerungen« über ihn geschrieben; Wilbrandt hat ihn in seiner reizenden Geschichte: »Fridolin's heimliche Ehe« frei nach dem Leben gezeichnet.

Das bis hierher Erzählte beschäftigt sich ausschließlich mit dem Menschen Eggers; er war klug, gütig, liebenswürdig, schöner Mann – wie oft bin ich daraufhin interpelliert worden – und humoristisch angeflogener Sonderling, alles in allem eine durchaus interessante Figur. Was er im übrigen literarisch leistete, verschwand daneben. Und das mußte so sein. Wer sich ein bißchen auf Menschenkunde versteht, weiß, daß so geartete Charaktere wie zum Dilettantismus prädestiniert sind; sie haben so vielerlei zu tun, sind so ganz auf Zerstreuung ihrer Gaben gestellt, daß für das einzelne nicht jenes Maß von Kraft und Muße verbleibt, ohne das etwas Fix und Fertiges nicht entstehen kann. Nichts, was er schuf, war ausgereift, alles hatte den improvisatorischen Charakter. Eine Zeitlang waren wir Konkurrenten; ich erging mich in nordischen und schottisch-englischen Balladen, und weil diese gefielen, erschien er auch mit »Harald«, mit »König Radgar« und ähnlichem. Ich mußte mich darüber ausschweigen, ärgerte mich aber, daß er mit solchen Reimereien überhaupt in die Schranken ritt und mit turnieren wollte. So leicht geht das nicht und wer, wie Eggers das meistens tat, in zwölfter Stunde sich hinsetzt, um »für morgen« noch einen aus dem Vorratskästchen genommenen Balladenstoff in herkömmlicher Nibelungenstrophe zusammen zu leimen, der wird als Regel nicht weit damit kommen. Aber freilich – und das ist der Grund, warum ich mich hier überhaupt so frei weg ausgesprochen habe – wenn es ausnahmsweise glückt, was unter tausend Fällen freilich nur einmal vorkommt, so wird der Betreffende mit seiner Improvisation den Vogel abschießen. Denn in solchen Ausnahmefällen erhebt sich das Bummlige zum Natürlichen und stattet nun das bloß Hingeworfene mit einem naiven oder auch mit jenem Inspirationszauber aus, den das bloß Kunstvolle nie hat. Und zu solchem Ausnahmefalle brachte es Eggers, als er, auf eine kleine Zeitungsnotiz gestützt, in einer Winternacht 1871 sein Gedicht schrieb »Die Fahne vom 61. Regiment«.

Es lautet:

Wo ist die Fahne geblieben
Vom einundsechzigsten Regiment?
Im Kampf umher getrieben
Wo er am allerschwülsten brennt.
Kaum war der Streit entglommen,
Sie wehte straff, sie wehte hoch,
Die Wogen geh'n und kommen,
Und immer steht sie noch.

Ihr habt sie sehen sinken,
Doch sich erheben bald darauf
Und immer wieder winken –
Zuletzt da stand sie nicht mehr auf.
»Wo ist sie hin gekommen,
Barg sie der Feind in seinem Zelt?«
Er hat sie nicht *genommen,*
Er *fand* sie auf dem Feld.

Sie war zerfetzt, zerschossen,
Die Stange gebrochen und angebrannt,
So gaben sie die Genossen
Von sterbender Hand zu sterbender Hand.

Es deckt sie im Todesmute
Mit seinem Leibe Held auf Held –
So lag in *deutschem* Blute
Sie auf dem *Franken*feld.

Das ist ein schönes Gedicht, immer wieder ergreifend; je älter ich werde, je schöner finde ich es.

Wahrscheinlich war es, in gebundener Rede, mit unter dem Letzten, was Eggers schrieb. Das Jahr darauf, im Herbst 1872, starb er.

Richard Lucae

Richard Lucae – Tunnelname: Schlüter – gehörte mit zu der Kugler-Fraktion, aber doch nur halb und erst durch Eggers vermittelt, der ihn auf den Künstler- und Architektenfesten kennen gelernt und dort von Anfang an ein besonderes Wohlgefallen an seiner Erscheinung und seinen glücklichen Einfällen gehabt hatte. Lucae war eminent geistreich im Gespräch, in Tischreden und Tischkarten, vor allem auch in seinem berufsmäßigen Tun als Architekt. Eine Fülle höchst bemerkenswerter Bauten rührt von ihm her: das Theater in Frankfurt a. M., das Polytechnikum in Charlottenburg, das Borsig'sche Haus in der Wilhelmstraße – Ecke der Voßstraße –, das Soltmann'sche Haus in der Hollmannstraße und das früher Professor Joachim'sche Haus in der Zeltenstraße – Schöpfungen, die selbst von denen, die, nach der Seite strenger Kunst hin, vielleicht manches daran auszusetzen haben, um ihres Esprit willen anerkannt werden. Er gehörte zur Schinkel'schen Schule, war aber späterhin beflissen, jene rigorose Schlichtheit und ängstliche Detailausbildung zu vermeiden, die gelegentlich zur Langenweile führt. »Ich habe mich früher zu sehr bei den ›Klinken‹ aufgehalten«, pflegte er zu sagen, »jetzt weiß ich, daß es aufs *Ganze* ankommt.« Diese freiere Behandlung der Dinge, zu der er sich allmählich durchgerungen, ward ihm, je nach dem Standpunkte des Beurteilers, hoch angerechnet oder auch verübelt. In einem Punkt aber stimmten alle Parteien überein: in der Anerkennung seiner großen Liebenswürdigkeit. Im Verkehr war er hinreißend, freilich immer vorausgesetzt, daß er sich von den ihn umgebenden Personen angeheimelt fühlte; war aber, und dies darf nicht verschwiegen werden, auch nur ein einziger da, der ihn durch Wichtigtuerei, Besserwissen oder irgendeine Sonderbarkeit anödete, so verfiel er sofort in demonstrative Gähnkrämpfe, gab Zeichen äußerster Ungeduld und verschwand. Ich habe sehr viele gute Gesellschafter kennen gelernt: Faucher, W. Lübke, Roquette, Lepel, Zöllner – Sekretär der Akademie der Künste –, aber unter ihnen keinen, der an Lucae herangereicht hätte; Faucher war die weitaus genialere Natur, Lübke ließ seine Raketen höher steigen und prasselnder zerstieben, Lepel erreichte durch einen grotesken Humor unter Umständen größere Wirkungen, alles in allem jedoch blieb Lucae der Sanspareil und mußte es bleiben, weil Witz, erzählerische Begabung und Schauspielerkunst bei ihm zusammenwirkten und sich unter einander unterstützten. Was er erzählte, war immer eine dramatische Szene, darin er die redenden Personen in ihrer Sprache einführte: Bildungsphilister, Berliner Madames, zimperliche alte Jungfern, übermütige Backfische, gelehrt und wichtig tuende Professoren und aus dem nächsten Familienanhang allerhand Onkels und Tanten. Unter den Tanten war eine ganz alte, von der er viel Rühmens machte, weil er ihr, neben allerhand komischen Zügen, auch den wirklichen Weisheitsspruch verdankte: »Man lebt sich selbst, man stirbt sich selbst.« Im Kreise der Onkels dagegen stand Hauptmann Unger obenan, gewöhnlich kurzweg »Onkel Unger« genannt, ein Bildersammler und guter Kunsthistoriker, den seine Kunstwissenschaft jedoch nicht hinderte, seine für minimale Preise gekauften »Niederländer« unter sehr maximalen Namen auszustellen. Dieser Onkel Unger hatte seinem Neffen – der übrigens nur sein Adoptivneffe war – von Jugend an die größte Zuneigung bewiesen, ja, ihn halb erzogen, war aber doch nebenher von so heftiger und exzentrischer Eigenart, daß er, als Lucae mal einen Zweifel hinsichtlich der vielen »Teniers« geäußert hatte, seinen geliebten Richard ohne weiteres auf krumme Säbel fordern ließ. Es kostete viel Mühe, den alten Berserker, der schon zwischen fünfzig und sechzig war, davon abzubringen.

Alle diese, der mittleren bürgerlichen Sphäre zugehörigen Personen waren in ihrer künstlerischen Vorführung wahre Kabinettsstücke, Lucaes glänzendste Leistungen aber lagen doch mehr nach beiden *Flügeln* rechts und links hin und waren einerseits ungarische Mikosch-Magnaten, russische Generäle, die Deutschland auf Musik bereisten, imbecile Prinzen mit Kunstallüren – besonders wenn sie nebenher noch stotterten – und andererseits alte Polizeiwachtmeister, Frölens mit Mopsbegleitung und namentlich Pennbrüder. In solchen Gestalten aus dem Volksleben war er in der bunten Reihenfolge seiner Geschichten unerschöpflich. Eine dieser Geschichten habe ich viele Male von ihm gehört und womöglich mit immer sich steigerndem Genuß. Es war die Darstellung eines armen, angesäuselten Bummlers, der in einen Omnibus steigt, und als er zahlen will, seinen Groschen verliert und nun unter rührender Teilnahme des ganzen Publikums nach diesem Groschen zu suchen beginnt, bis er zuletzt, weil die Abfahrtszeit schon weit überschritten ist, doch wieder heraus und an die Luft muß. Ich war jedesmal, während ich Tränen lachte, doch auch wieder von einem tiefen Mitgefühl mit dem armen Kerl erfüllt, der bis zuletzt die Hoffnung nicht aufgeben wollte.

Solche, abwechselnd mit Karikaturen aus dem high life und dann wieder mit Bummlern und Rowdies sich beschäftigenden Geschichten waren seine Spezialität, aber ebenbürtig daneben standen seine Kinder- und Schauspielergeschichten. Wenn ich sage Schauspielergeschichten, so ist das nicht ganz richtig, denn er erzählte nicht etwa die herkömmlichen Theateranekdoten; alles, was er gab, waren vielmehr nur ganz alltägliche Begegnungen mit zur Bühne gehörigen Personen. Mit Berndal war er Jahre lang auf der Schule zusammen gewesen; immer auf derselben Bank, und so nahmen sie sich gegenseitig nichts übel. Jedesmal wenn sie sich trafen und eine Strecke mit einander gingen, sagte Lucae: »Berndal, ich weiß nicht, Du sprichst immer noch so theatermäßig mit mir; sprich doch 'mal wie ein Mensch«, worauf dann Berndal mit derselben Regelmäßigkeit antwortete: »Lucae, Du bist immer noch so komisch wie damals.« Neben Berndal stand Dessoir, und die lugubren, immer gerade die schlimmsten Trivialitäten begleitenden Dessoirschen Töne durch Lucae nachgeahmt zu hören, war jedesmal ein Hochgenuß. Einmal traf es sich, daß Dessoir und Lucae gemeinschaftlich von Hamburg nach London fuhren. Sie schritten auf Deck auf und ab. »Kennen Sie London?« fragte Dessoir. – »Nein.« – »Nun, da gehen Sie dem Wunderbarsten entgegen. London, um nur eines zu nennen, hat dreitausend Omnibusse, *wir* haben derer fünfzig.« Außer Berndal und Dessoir zählte zu Lucaes Lieblingsfiguren ein Herr v. Lavallade, den er nicht müde wurde, sich in einer im schnarrendsten Leutnantsjargon an eine Heldenschar gerichteten Ansprache, dem Tode weihen zu lassen. Er wußte bei Vorführung solcher Szenen immer ganz wundervoll den *Ton* zu treffen, aber das, worauf es ihm eigentlich ankam, war doch noch mehr das Treffen der gesamten Schauspielerpersönlichkeit, und darin ruhte vor allem die frappante Wirkung.

Lucae war, auf seine Liebenswürdigkeit und mehr noch auf seine Talente gestützt, ein allgemeiner Gesellschaftsliebling und hatte Anspruch darauf wie wenige. Und doch bildete die »Gesellschaft«, dieser Schauplatz seiner Triumphe, zugleich den Schauplatz seiner Niederlagen. Er war der artigste Mensch von der Welt und verfiel trotzdem, ganz ohne Wissen und Schuld, beständig in Taktlosigkeiten; er war der friedliebendste Mensch und hatte jeden Tag kleine und mitunter auch große Streitigkeiten; er war der politisch vorsichtigste Mensch und stieß politisch immer an. Wohlerzogenheit, natürliche Klugheit, gute Sitte – nichts half. Wer das Leben beobachtet hat, wird wissen, daß das öfter vorkommt und daß über einzelnen, und zwar immer ganz harmlosen Menschen, ein eigener, derartiger Unstern steht; gehöre selber mit dazu, kann also darüber mitsprechen und bin in zurückliegenden Jahren oft sehr unglücklich darüber gewesen, bis mir einmal ein alter Geheimrat unter resigniertem Achselzucken sagte: »Ja, lieber Freund, dagegen ist nichts zu machen. Wem das anhaftet, der muß sich drin finden. Ich bin um gute zwanzig Jahre älter als Sie, aber ich komme auch nicht draus heraus; es ist ein tragikomisches Verhängnis.« Von dem Tage an wurde ich ergebener; aber was mich vielleicht noch mehr beruhigte, war doch die sich mir grad' um eben diese Zeit aufdrängende Wahrnehmung, daß ich neben meinem Freunde Lucae nur ein Stümper war.

Ich greife zur Illustrierung hier ein paar Beispiele heraus.

Einmal war er in eine große Ministerial-Gesellschaft geladen, und unter den Geladenen befand sich auch ein hannoverscher Graf, reich, klug, hoch angesehen, der, im Gegensatz zu so vielen anderen seiner Landes- und Standesgenossen, allen Welfismus abgetan und sich zu Preußen und König Wilhelm bekehrt, ja sogar bald nach der Einverleibung Hannovers ein hohes Staatsamt übernommen hatte. Der Graf saß Lucae gegenüber, die Komtesse-Tochter neben ihm. Er plauderte lebhaft und unterhaltlich mit seiner liebenswürdigen Nachbarin, und als der Zufall es fügte, daß man auf Napoleon I. und den General Moreau zu sprechen kam, sagte Lucae: »Ja, dieser Moreau; die Kanonenkugel riß ihm beide Beine weg, und so schrecklich dies ist, so muß ich doch sagen, ich habe darin immer 'was von göttlicher Gerechtigkeit gefunden; – ich hasse jeden Rigorismus, aber sein Land aufgeben und in den Dienst einer anderen Sache treten, dagegen lehnt sich mein Gefühl auf.« Die Komtesse schwieg, der alte Graf, der Alles gehört hatte, lächelte; Lucae selbst aber, Politik war nie seine Sache, kam erst um vieles später zum Bewußtsein dessen, was er da 'mal wieder angerichtet hatte.

Alle die bekannten, oft bis zum Schrecknis sich steigernden Verlegenheitssituationen, die durch unvorsichtiges Fragen in fremder Gesellschaft so leicht geboren werden – alle diese Situationen waren Lucaes eigentliche Domäne. Wenn man ihn acht Tage nicht gesehen hatte, war immer wieder etwas passiert. Auch mit seinen Berolinismen, in denen er sich nur allzu gern bewegte, stieß er beständig an, weil er entweder ihre Tragweite nicht richtig erwog oder aber in seiner Erregtheit vergaß, vor *wem* er überhaupt sprach. Einmal war er ins Palais des alten Kaisers Wilhelm befohlen, um diesem einen Vortrag über irgendeine die Schloßfreiheit betreffende Bausache, vielleicht schon im Hinblick auf das siebziger Denkmal, zu halten, und unterzog sich dieser Aufgabe mit der ihm eigenen Lebendigkeit des Ausdrucks. »Ja, Majestät«, sagte er, »wenn nur nicht das ›rote Schloß‹ wäre.« Der Kaiser, der diese Bezeichnung nie gehört haben mochte, war einen Augenblick wie dekontenanciert und wiederholte fragend das ihm häßlich klingende Wort. »Ja, Majestät«, antwortete Lucae, »das ›rote Schloß‹ – das ist nämlich die volkstümliche Bezeichnung für den Bau da drüben. Uebrigens baulich unbedeutend und außerdem Sitz einer ›Schneiderakademie‹.« Der alte Wilhelm kam aber, trotz dieses Anlaufes, die Sache ins Heitere zu spielen, nicht wieder in gute Stimmung.

Nicht viel besser erging es dem armen Lucae mit der Kronprinzessin Friedrich. Auch im Gespräche mit dieser handelte sich's um eine Bausache. »Sehen Sie, lieber Geheimrat, da haben wir als bestes das Bibliotheksgebäude, – das einzige Stück Berliner Architektur, das *mir* gefällt.«

Lucae seinerseits mochte dem nicht zustimmen und antwortete: »Die Berliner nennen es die ›Kommode‹.« – »So, so«, sagte die Kronprinzessin und nahm nicht wieder Veranlassung, seinen baulichen Beirat einzuziehen.

So ging es ihm, wenn er zu Hofe befohlen war; aber weit darüber hinaus erwies er sich auf Reisen als ein Pechvogel ersten Ranges. Friedfertig von Natur, wie schon angedeutet, und viel zu fein, um ein Krakehler zu sein, sah er sich doch, sowie er aus Berlin heraus war, beständig in Streitigkeiten und Aergernisse hinein gezogen, oft recht unangenehmer Art. Einmal war er in einem Schweizer Hotel unter vielen Engländern und hatte sich in die Lesehalle begeben, um ein paar Berliner Zeitungen durchzusehen. Auf den Flur hinaus führte eine Glastür mit einer riesigen Spiegelscheibe; die Tür stand auf, die Fenster natürlich auch, und es zog kannibalisch. Lucae schloß die Tür. Ein alter Engländer mit Kotelettbart und rot unterlaufenen Augen erhob sich sofort und riß die Tür mit Ostentation wieder auf. Lucae schloß sie wieder. Als sich dies zum dritten Male wiederholte, nahm der Engländer einen am Kamin liegenden Poker und stieß die Spiegelscheibe ein. Nun konnte Lucae schließen so viel er wollte, der Zug blieb doch, und der liebe Vetter von jenseits des Kanals hatte gesiegt.

Aber so schlimm dies Erlebnis war, Schlimmeres war ihm für den Verlauf seiner Reise vorbehalten. Er kam nach München und besuchte hier natürlich auch die Schack'sche Galerie. Niemand, es war noch sehr früh, war da, und nur der Diener des Grafen, eine stattliche Erscheinung und fast wie ein Gentleman wirkend, schritt auf und ab. Lucae wandte sich mit allerhand Fragen an ihn und kam alsbald in ein intimes Gespräch, das erst die Bilder des Grafen, dann den Grafen selbst betraf. Schließlich war der Moment da, wo Lucae sich über die Zulässigkeit von »buona mano« schlüssig zu machen hatte. Sein Schwanken indessen konnte nicht von Dauer sein. Er hatte durchaus den Eindruck, daß ein »Trinkgeld« *diesem* Herrn gegenüber eine Unmöglichkeit sei, und so beschränkte er sich nach Eintragung seines Namens und Titels in das Fremdenbuch einfach darauf, seinen Dank auszusprechen. Aber das war durchaus nicht in der Ordnung, und als er gleich danach die Straße hinunter schritt, hörte er hinter sich her die von Lachsalven begleiteten Worte: »Geheimrat, haha... Geheimrat aus *Berlin,* hahaha.« Lucae hatte wieder einmal fehlgeschossen.

Im allgemeinen liegt es ja – bei Gelegenheiten wie die hier geschilderten – Gott sei Dank so, daß das »Ja« gerade so richtig ist wie das »Nein«; aber Lucae gehörte nun einmal zu den Unglücklichen, deren Entscheidung immer in die falsche Schale fällt.

Er war ein ausgezeichneter Lehrer, besonders förderlich durch die allgemeinen Anregungen, die er gab; seine Schüler an der Bauakademie sind seine Freunde geblieben und sprechen mit ähnlicher Liebe von ihm, wie die Polytechnikumschüler von Friedrich Eggers.

Wollheim da Fonseca

Chevalier Wollheim da Fonseca. – Wollheim, ich schicke einige trockene biographische Notizen vorauf, war 1810 in Hamburg als Sohn eines aus Breslau eingewanderten Lotteriekollekteurs geboren. Er studierte in Berlin Philosophie und Staatswissenschaften, ging 1831 nach Paris und kehrte – nach Abenteuern und Weltfahrten, die ihn zunächst nach Portugal und Brasilien geführt, und im weiteren Verlauf unter Uebertritt zum Katholizismus, zum »Chevalier da Fonseca« gemacht hatten – Ende der dreißiger Jahre nach Hamburg zurück, um sich daselbst ausschließlich literarischen Arbeiten zu widmen. Er gründete die Zeitschrift »Kronos«, übertrug dänische Gedichte – das von ihm übersetzte »Moens Klint« gehörte zu den Lieblingsstücken meiner jungen Jahre –, war Kritiker und Dramatiker und schrieb verschiedene Schauspiele, darunter »Dom Sebastian«, in dessen Titelrolle sich der damals in erster Jugend stehende Hermann Hendrichs auszeichnete. In den vierziger Jahren übersiedelte Wollheim nach Berlin und lebte hier bis 1852 als Docent der orientalischen und der neueren Sprachen.

Während dieser seiner Berliner Tage ward er auch Tunnelmitglied und war zeitweilig ein ziemlich regelmäßiger Besucher. Man ließ ihn gelten, verhielt sich jedoch mehr oder weniger ablehnend gegen ihn, was alles in allem auch nur in der Ordnung war. Er gehörte trotzdem aber, wie sich das schon aus den vorstehenden Notizen ergiebt – nur Assessor Streber kam ihm im »Exotischen« gleich –, zu den interessanteren Figuren des Vereins. Bereits sein Doppelname »Wollheim da Fonseca« sorgte dafür. *Sah* man ihn, so war er ganz Wollheim, *hörte* man ihn, so war er ganz da Fonseca. Er spielte sich nämlich in allem, was er sagte, ganz besonders aber wenn sogenannte »große Fragen« berührt wurden, auf den scharfen *Katholiken* hinaus, was ausgangs der vierziger Jahre fast zu einem Tunnelduell geführt hätte.

Dies kam so. Wollheim bewohnte, während seines Berliner Aufenthaltes, ein bescheidenes kleines Zimmer in der Luisenstraße und hatte über dem Waschtisch, der dicht neben der Eingangstür in einer durch Wand und Kleiderschrank gebildeten Ecke stand, eine »ewige Lampe« angebracht. Diese »ewige Lampe« choqierte mehrere Vereinsmitglieder, besonders den Charitee-Rendanten Müller, der im Tunnel natürlich »Ernst Schulze« hieß und sich – vielleicht um sich als solcher zu legitimieren – dann und wann in ursentimentalen Gedichten erging. Diese Sentimentalität hielt ihn aber nicht ab, mit vieler Malice darüber nachzusinnen, wie er dem da Fonseca'schen Erzkatholizismus, an den er natürlich nicht glaubte, einen Schabernack spielen könne. Die Gelegenheit dazu fand sich bald. Müller erschien eines Sonntags bei Wollheim, um diesen zum Tunnel abzuholen, und im selben Augenblicke, wo man das Zimmer gemeinschaftlich verlassen wollte, trat Müller an das kleine Binsennachtlicht heran, steckte sich die Zigarre an und pustete dann die »ewige Lampe« aus. Daraus entstand eine sehr heftige Szene, und am nächsten Sonntag sollte die Sache im Grunewald, ganz in der Nähe von Pichelsberg, mit Pistolen ausgefochten werden. Zum Glück hatte Louis Schneider die Sache in die Hand genommen und hielt, als man sich in zwei großen Kremsern dem Pichelsberger Gasthause näherte, eine seiner berühmten Ansprachen, worin er ausführte, daß, laut Tunnelstatut, konfessionelle Gegnerschaft als für beide Teile straffällig angesehen werde, daß das Duell außerdem ein Unsinn und unter allen Umständen ein mehrfacher Flaschenwechsel einem einfachen Kugelwechsel vorzuziehen sei. Damit waren schließlich beide Parteien einverstanden und alle kamen bekneipt nach Hause.

Daß Wollheim ein schöner Mann gewesen wäre, wird sich nicht behaupten lassen, aber er besaß einen so echten und ausgesprochenen semitischen Rassenkopf, daß er jedem, der ein Auge für derlei Dinge hatte, notwendig auffallen mußte, was denn auch dahin führte, daß ihm, während einer Tunnelsitzung, sein Gesicht auf den Daumennagel eines unserer Maler wegstibitzt wurde, natürlich nur, um bald darauf auf einem berühmt gewordenen Kunstblatte weiter verwandt zu werden.

Wollheim war sehr klug und besaß vor allem ein hervorragendes Sprachtalent. Er hatte sich aber das »Fabulieren« so hochgradig angewöhnt, daß es von ihm hieß, »er spräche dreiunddreißig Sprachen, und löge in vierunddreißig«. Dies sein beständiges Fabulieren und vielleicht mehr noch seine Haltung, in der ein gewisses schlaffes Sichgehenlassen hervortrat, ließ es geschehen, daß frisch eingetretene Mitglieder sich Schraubereien mit ihm erlauben zu dürfen glaubten, was dann aber jedesmal eine große Niederlage für die Betreffenden zur Folge hatte. Denn sein Wissen und sein Witz waren immer sehr überlegen. Er war jedem Scherz zugänglich; wer aber seinen *Spaß* mit ihm treiben wollte, dem gegenüber verstand er keinen Spaß. So schlaff er aussah, so energisch war er.

1852, wie schon hervorgehoben, verließ er Berlin, um nach Hamburg zurückzukehren. Er blieb nun, durch viele Jahre hin, in seiner Geburtsstadt und wandte sich zunächst ganz dem Theater zu. 1858 bis 1861 war er Direktor des Stadttheaters, 1868 des Flora-Theaters in Sankt Georg. Der deutsch-französische Krieg rief ihn noch einmal in die Welt hinaus, und er wurde Redakteur des »Moniteur officiel du Gouvernement général à Reims«. In dieser Stellung war er mit so gutem Erfolg tätig, daß ihm das Eiserne Kreuz verliehen wurde.

Dies war aber auch der letzte Glücksschimmer, der ihn traf. Es ging rasch bergab, und was ihn schließlich vor dem Aeußersten bewahrte, waren nicht seine Talente, sondern hochherzige Unterstützungen, die sein Vetter Cäsar Wollheim in Berlin ihm zuwandte. Diese Zuwendungen blieben ihm auch bis an sein Ende, trotzdem sein letztes Tun – eine von der Familie Cäsar Wollheim beanstandete Heirat – seine Situation ziemlich ernstlich gefährdete.

Seine letzten Lebensjahre scheint er in Einsamkeit, Krankheit und Sorge verbracht zu haben, und zwar außerhalb Hamburgs; wenigstens starb er im Sankt Hedwigs-Krankenhause zu Berlin im Oktober 1884.

VIERTES KAPITEL

Theodor Storm

Storm kam Weihnachten 1852 von Husum nach Berlin, um sich hier, behufs Eintritts in den preußischen Dienst, dem Justizminister vorzustellen. Er sah sich im Ministerium wohlwollend und entgegenkommend, in literarischen Kreisen aber mit einer Auszeichnung empfangen, die zunächst dem Dichter, aber beinahe mehr noch dem Patrioten galt. Denn alle anständigen Menschen in Preußen hatten damals jedem Schleswig-Holsteiner gegenüber ein gewisses Schuld- und Schamgefühl. In unserem Rütlikreise – »Rütli« war eine Abzweigung des Tunnels – wurden die Storm zu teil werdenden Huldigungen allerdings noch durch etwas Egoistisches unterstützt. Wir gingen nämlich gerade damals mit dem Gedanken um, ein belletristisches Jahrbuch, die »Argo«, herauszugeben und wünschten uns zu diesem Zwecke hervorragender Mitarbeiter zu versichern. Dazu paßte denn niemand besser als Storm, der auch wirklich ins Netz ging, und uns eine Novelle zusagte. Wir sahen uns dadurch in der angenehmen Lage, zum Weihnachtsfeste 1853 Storms Erzählung »Ein grünes Blatt« – die neben der gleichzeitig in unserem Jahrbuche erscheinenden Heyse'schen »L'Arrabbiata« kaum zurück stand – bringen zu können. Die Zusage zu diesem Beitrage hatten wir schon bei des Dichters Anwesenheit in Berlin empfangen, aber das Nähere war einer Korrespondenz vorbehalten worden, die sich dann auch bald nach seiner Rückkehr in sein heimatliches Husum entspann. Aus dieser Korrespondenz gebe ich hier einiges.

Husum, 23. März 1853.

Herzlichen Dank für Ihren lieben Brief, für Ihre Mitteilungen und vor allem für den guten Glauben an mich. Ob ich ihn diesmal rechtfertigen werde, weiß ich nicht. Glauben Sie, daß das beifolgende »Grüne Blatt« eine Stelle in Ihrem Jahrbuch verdient, so stelle ich es zur Disposition. Ich war damit beschäftigt, es in Hexameter umzuschreiben und habe bei diesem schließlich wieder aufgegebenen Umarbeitungsversuch alles Urteil über meine Arbeit verloren; gefällt sie Ihnen daher nicht, so lassen Sie mich nur den darüber gezogenen Strich getrost in seiner ganzen Dicke sehen. Ueberhaupt darf ich nach bündigster Erfahrung bemerken, daß ein Verwerfen einzelner Arbeiten mich auch nicht einmal unangenehm berührt; ich muß vielleicht dabei sagen, daß es mir mit Sachen, die mir wirklich am Herzen lagen, noch nicht passiert ist. Also lassen Sie der weißen und der schwarzen Kugel ihren ungenierten Lauf.

Klaus Groth kenne ich nicht; allein, da er mir sein Buch unbekannter Weise geschickt und ich es in hiesigen Blättern empfohlen habe, so kann ich in Ihrer Angelegenheit sehr wohl an ihn schreiben, was denn allernächstens geschehen soll.

Ob ich bei Ihnen in Berlin meine Probezeit bestehen werde, ist sehr fraglich, denn da meine demnächstige Anstellung doch wohl in einem kleinen Städtchen Neuvorpommerns – wegen der dortigen Geltung des gemeinen Rechts – sein wird, so wäre es am Ende nicht wohl getan, meine Vorschule im Gebiete des preußischen Landrechts zu machen. Eine kurze Reise werde ich indessen jedenfalls nach Berlin zu machen haben.

Das Berliner Wesen in seinen unbequemen Eigenschaften habe ich bei meinem letzten Aufenthalte nicht empfinden können; man hat sich fast überall, und namentlich im Kreise Ihrer Bekannten, des Fremden mehr als gastfreundlich angenommen. Gleichwohl ist in der Berliner Luft etwas, was meinem Wesen widersteht, und was ich auch bis zu einem gewissen Grade zu erkennen glaube. Es ist, meine ich, das, daß man auch in den gebildeten Kreisen Berlins

15 *Theodor Storm (1817–1888)*
Holzschnitt von E. Hartmann

16 *Louis Schneider (1805–1878)*
(Franz Krüger)

den Schwerpunkt nicht in die Persönlichkeit, sondern in Rang, Titel, Orden und dergleichen Nipps legt, für deren auch nur verhältnismäßige Würdigung mir, wie wohl den meisten meiner Landsleute, jedes Organ abgeht. Es scheint mir im *ganzen* »die goldene Rücksichtslosigkeit« zu fehlen, die allein den Menschen innerlich frei macht und die nach meiner Ansicht das letzte und höchste Resultat jeder Bildung sein muß. Man scheint sich, nach den Eindrücken, die ich empfangen, in Berlin mit der *Geschmacks*bildung zu begnügen, mit der die Rücksichtnahme auf alle Faktoren eines bequemen Lebens ungestört bestehen kann, während die Vollendung der sittlichen, der Gemütsbildung in einer Zeit wie die unsere, jeden Augenblick das Opfer aller Lebensverhältnisse und Güter verlangen kann.

Diesem ersten Briefe folgte sehr bald ein zweiter.

Husum, Ostermontag 1853.

Ich will's dem erwarteten Frühling zuschreiben, daß das erste »Grüne Blatt« Ihnen so viel abgewonnen. Aber beim zweiten Lesen, beim Vorlesen, haben Sie schon gefühlt, es sei nicht so ganz richtig damit – es liegt nämlich über dem Ganzen eine gar zu einförmige Stille, die einen beim Vorlesen fast ungeduldig machen kann; doch ich will Ihnen das Stück jetzt nicht durch meine eigenen Aussetzungen verleiden. Sie haben es auch, so wie es ist, für gut befunden, und so möge es denn auch so gedruckt werden ... Ihre Freunde haben recht, wenn sie davon ausgehen, daß die Verantwortlichkeit des Redakteurs nicht so weit reiche, daß er en detail korrigieren müßte; dafür ist der Dichter, unter dessen Namen es erscheint, verantwortlich.

Augenblicklich bin ich bei Paul Heyses »Franzeska von Rimini«, und zwar im dritten Akt. Ich glaube indes auch hier wie bei allen derartigen jetzigen Leistungen, trotz aller Feinheit des Geistes und aller Kraftanstrengung, einen

Mangel an Frische, an notwendigem Zusammenhang des Dichters mit seinem Werke zu empfinden. Es scheint mir mehr ein Produkt der Bildung und der Wahl zu sein. Doch ich habe noch nicht ausgelesen. Viel Schönes, Poetisches, Interessantes ist darin.

Auf Roquettes Lustspiel bin ich recht begierig und werde ja auch wohl, wenn ich im Sommer nach Berlin komme, Gelegenheit finden, es zu hören, oder noch lieber zu sehen. Ein so heiterer, jugendlicher Geist, wenn er den rechten Inhalt gewinnt, könnte vielleicht einmal ein wirklich erfreuliches Lustspiel liefern. Bis jetzt kenne ich noch keins. Denn Kleists »Zerbrochener Krug«, das einzige deutsche Lustspiel, was mir ganz gefällt, ist dessen ungeachtet doch nicht *heiter.*

Diese Korrespondenz setzte sich noch durch Juni und Juli hin fort. Ich gebe daraus das Folgende.

Husum, 5. Juni 1853.

Wollen Sie vor allen Dingen einige Nachsicht mit mir haben, wo es sich um Dinge der Politik handelt – über welche ich nur dem Gefühle nach mitsprechen kann – und das Pflanzenartige in meiner Natur nicht verkennen, für das ich im Uebrigen eben keine besondere Berechtigung in Anspruch nehmen darf.

Jene Aeußerung meines Briefes über die Berliner Luft war, wofür ich sie auch nur ausgab, eine lediglich durch den augenblicklichen oberflächlichen Eindruck hervorgerufene – und durch den »Kladderadatsch«. Die eigentliche Karikatur, sofern sie nicht wieder ins Phantastische hinauf steigt – zum Beispiel in der Poesie des »Kaliban« – ist mir so zuwider, daß sie mir beinahe körperliches Unwohlsein erregt. Aber ad vocem »Nivellement«! Fragen Sie Ihren Grafen Arnim doch einmal, ob er dem Professor Dove oder dem Maschinenbauer Borsig auch seine Tochter zur Ehe geben wolle! Ich verlange das keineswegs unbedingt von dem Grafen Arnim, aber es ist jedenfalls ein Probierstein für das »Nivellement«. Ich habe es mir oft selber vorgesprochen und lassen Sie mich's hier – ich weiß gerade nicht in welchem näheren Zusammenhange mit unserer Korrespondenz – einmal niederschreiben: ein junger Mann sollte zu stolz sein, in einem Hause zu verkehren, wovon er bestimmt weiß, daß man ihm die Tochter nicht zur Frau geben würde. (Ich weiche hier ganz und gar von Storm ab; ich finde solche Wichtigkeitsgefühle philiströs.) Am achten oder neunten Juli denke ich in Berlin zu sein, um womöglich von dort ohne Weiteres an meinen demnächstigen Bestimmungsort zu gehen; werde mich aber doch wohl eine Woche oder länger in Berlin aufhalten müssen.

Husum, 25. Juli 1853.

Meinem Versprechen gemäß schicke ich Ihnen in der Anlage noch ein paar Verse für die Argo, falls Sie sie der Aufnahme wert halten sollten. Gern hätte ich noch den etwas argen Hiatus in Strophe 1, Vers 2 – »die ich« – entfernt, doch hat es mir, ohne der Richtigkeit und Simplizität des Gedankens oder des Ausdruckes zu schaden, nicht gelingen wollen. So etwas will aus dem Vollen und nicht im einzelnen geändert werden. Freilich könnte ich den Singular setzen, aber ich will doch meinen zweiten Jungen nicht verleugnen. So muß ich denn mit Goethe sagen: »Lassen wir das Ungeheuer stehen!« Teilen Sie aber Ihren Mitredakteuren diese Bedenklichkeiten erst *nach* der Lektüre mit; es stört doch.

Es hat übrigens schwer genug gehalten, daß ich Ihnen überhaupt nur diese Kleinigkeit anzubieten vermochte; denn dieser Mittelzustand, in dem ich mich noch immer befinde, ist der Produktionsfähigkeit nicht eben zuträglich. Man hat mir nämlich noch immer nicht erlaubt, meine Probezeit anzutreten. Nach Privatmitteilung ist auch dazu erst eine Vorlage im Kabinet des Königs nötig, und die armen schleswig-holsteinischen Expeditionen sollen oft lange liegen. Daß mein Gesuch vom Kabinetssekretär dem Ministerium überreicht worden, scheint die Sache nicht zu beschleunigen.

Es ist heute der Jahrestag der Idstedter Schlacht, der auch diesmal von Militär und Polizei wegen feierlich begangen wird; die dänische Regimentsmusik mit den »tappern Landsoldaten« zieht durch die Gassen, Jungens und Gesindel hinter drein; allen Gastwirten ist bei Strafe, daß sonst nicht länger als 6 Uhr geschenkt werden dürfe, geboten, Tanz zu halten. Viele finden sich dazu freilich nicht ein; aber man weiß, wie es geht; der eine fürchtet, die Kundschaft der flott lebenden dänischen Beamtenschaft zu verlieren, der andere hat die Furcht im allgemeinen, der dritte will den befreundeten Wirt nicht stecken lassen. Und zuletzt ist zuzugestehen, keine Bevölkerung im großen und ganzen hat auf die Dauer Lust, für ihre Ueberzeugung zum Märtyrer zu werden. So machen sie denn ihren Bückling und knirschen heimlich mit den Zähnen.

So dankbar man im Grunde der dänischen Regierung sein sollte, daß sie durch diese Brutalität das Gedächtnis unserer historischen Unglückstage so unauslöschlich den Herzen der besseren deutschen Bevölkerung einätzt, so ist es doch ein Gefühl zum Ersticken, ohnmächtig und stumm dies gegen die Bevölkerung angewandte Demoralisationssystem mit ansehen zu müssen.

Doch wie geht es Ihnen? Sie sind krank, nicht in Berlin. Hoffentlich werde ich, falls ich im August dorthin kommen sollte, Sie sehen! – Der Artikel in der »Preußischen Zeitung« ist mir durch den Drucker zugegangen, und ich sage Ihnen meinen aufrichtigen Dank, daß Sie sich die Mühe gemacht haben, das, was Sie über meine Sachen denken, auch einmal schriftlich und öffentlich auszusprechen. Mörike, dem ich seiner Zeit meine »Sommergeschichten« geschickt hatte, erwiderte dies neulich durch Zusendung seines »Hutzelmännleins« und schrieb mir bei der Gelegenheit, das »Von den Katzen« habe er bald auswendig gewußt und schon manchen damit ergötzt. Neulich habe er jemand gefragt: »Von wem ist das?« und darauf, als verstünde es sich von selbst: »Nu, von Dir!« zur Antwort erhalten. Merkwürdigerweise erhielt ich diese Antwort um nur zwei Tage später als Ihren Artikel, worin Sie meine Muse aus Mörikes Pfarrhause kommen lassen. Gewiß haben Sie Recht, wenn Sie mich – im übrigen sans comparaison mit diesen beiden großen Lyrikern – *zwischen* Mörike und Heine stellen, denn wenn ich auch mit Mörike die Freude am Stilleben und Humor, mit beiden annäherungsweise die Simplizität des Ausdruckes gemein habe, so rückt mich doch die große Reizbarkeit meiner Empfindung wieder näher an Heine.

Dies war Storms letzter Brief aus Husum, kurz vor seiner Uebersiedelung nach Preußen. Ehe er aufbrach, schrieb er noch eines seiner schönsten Gedichte »Abschied«:

> Kein Wort, auch nicht das kleinste, kann ich sagen
> Wozu das Herz den vollen Schlag verwehrt;
> Die Stunde drängt, gerüstet steht der Wagen,
> Es ist die Fahrt der Heimat abgekehrt.

Er führt das weiter aus, wendet sich dem und jenem zu und schließt dann:

> Wir scheiden jetzt, bis dieser Zeit Beschwerde
> Ein and're Tag, ein besserer, gesühnt,
> Denn Raum ist auf der heimatlichen Erde
> Für Fremde nur und was dem Fremden dient.

Und Du, mein Kind, mein jüngstes, dessen Wiege
Auch noch auf diesem teuren Boden stand,
Hör' mich, denn alles andere ist Lüge,
Kein Mann gedeihet ohne Vaterland.

Kannst Du den Sinn, den diese Worte führen,
Mit Deiner Kinderseele nicht verstehn,
So soll er wie ein Schauer Dich berühren
Und wie ein Pulsschlag in Dein Leben gehn.

Es steht das alles auf vollkommen dichterischer Höhe. Man hat sich daran gewöhnt, ihn immer nur als Erotiker anzusehen; aber seine vaterländischen Dichtungen stehen ganz ebenbürtig neben seiner Liebeslyrik, wenn nicht noch höher. Alles hat was zu Herzen Gehendes, überall das Gegenteil von Phrase, jede Zeile voll Kraft und Nerv.

*

Storm, als er Husum schon verlassen, nahm – wie wenn er sich von seiner heimatlichen Erde nicht habe losreißen können – noch eine mehrmonatliche Rast in Altona, was veranlaßte, daß er erst im Spätherbst in Potsdam eintraf, wohin man ihn, statt nach Schwedisch-Pommern, installiert hatte. Hier in Potsdam fand er eine gute Wohnung und gute Beziehungen. Die Damen schwärmten ihn an, und die Männer, wie gewöhnlich, mußten mit. Er hätte zufrieden sein können, aber er war es nicht und zog es vor, obschon er ganz unpolitisch war, mehr oder weniger den politischen Ankläger zu machen. Mit seiner kleinen, feinen Stimme ließ er sich über das Inferiore preußischen Wesens ganz unbefangen aus und sah einen dabei halb gutmütig, halb listig an, immer als ob er fragen wolle: »Hab' ich nicht recht?« – Was wir Altpreußen uns auf diesem Gebiete gefallen lassen müssen und tatsächlich beständig gefallen lassen, spottet jeder Beschreibung. Storm war einer der Schlimmsten. Er blieb, aller auch von ihm anerkannten Guttaten ungeachtet, antipreußisch, und eine Stelle, die sich in Dr. Paul Schützes hübschem Buche: »Theodor Storm, sein Leben und seine Dichtung«, vorfindet, wird wohl ziemlich richtig aussprechen, woran Storm damals krankte. »Nicht leicht« so heißt es da, »war es für eine Natur wie die seine, sich fremden Verhältnissen anzupassen. Er hatte den altgermanischen Zug, das Leben in der Heimat als Glück, das Leben in der Fremde als »Elend« anzusehen. Heimisch hat er sich in dem »großen Militär-Kasino« Potsdam nie gefühlt, und so gastlich man ihn auch aufnahm, die Potsdamer Jahre waren eine trübe Zeit für ihn. In den geschniegelten, überall eine künstlich ordnende Menschenhand verratenden Parks empfand er ein Verlangen nach dem Anblick eines *›ehrlichen Kartoffelfeldes, das mit Menschenleben und Geschick in unmittelbarem Zusammenhange steht‹*.«

Diese [kursiv] und mit Anführungszeichen gedruckten Worte sind sehr wahrscheinlich ein Citat aus einem Storm'-schen Briefe. Sie haben für einen Märker etwas wehmütig Komisches. Denn wenn es überhaupt eine Sehnsucht giebt, die hier Landes leicht befriedigt werden kann, so ist es die Sehnsucht nach einem *ehrlichen Kartoffelfelde*. Storm war aber nicht zufrieden zu stellen, was nicht an den »geschniegelten Parks« – es giebt für jeden vernünftigen Menschen kaum etwas Entzückenderes als Sanssouci –, sondern einfach in seiner Abneigung gegen alles Preußische lag. Preußen wird von sehr vielen als ein Schrecknis empfunden, aber Storm empfand dieses Schrecknis ganz besonders stark. Ich habe zahllose Gespräche mit ihm über dies diffizile Thema gehabt und bin seinen Auseinandersetzungen, wie dann später den gleichlautenden Auslassungen seiner Gesinnungsgenossen, jeder Zeit mit sehr gemischten Gefühlen gefolgt, mit Zustimmung und mit Ungeduld. Mit Zustimmung, weil ich das, was man Preußen vorwirft, oft *so* gerechtfertigt finde, daß ich die Vorwürfe womöglich noch überbieten möchte; mit Ungeduld, weil sich in dieser ewigen Verkleinerung Preußens eine ganz unerträgliche Anmaßung und Ueberheblichkeit ausspricht, also genau das, was man uns vorwirft. In Selbstgerechtigkeit sind die deutschen Volksschaften unter einander dermaßen gleichartig und ebenbürtig, daß, wenn schließlich zwischen ihnen abgerechnet werden soll, kein anderer Maßstab übrig bleibt als *der,* den uns ihre, das ganze Gebiet des Lebens unfassenden Taten an die Hand geben. Und wenn diese Taten zum Maßstab genommen werden sollen, wer will da so leichten Spieles mit uns fertig werden! Vieles in »Berlin und Potsdam« war immer sehr ledern und ist es noch; wenns aber zum Letzten und Eigentlichsten kommt, was ist dann, um nur *ein* halbes Jahrhundert als Beispiel heraus zu greifen, die ganze schleswig-holsteinische Geschichte neben der Geschichte des Alten Fritzen! Allen möglichen Balladenrespekt vor König Erich und Herzog Abel, vor Bornhöved und Hemmingstedt; aber neben Hochkirch und Kunersdorf – ich nehme mit Absicht Unglücksschlachten, weil wir uns diesen Luxus leisten können – geht doch dieser ganze Kleinkram in die Luft. Diesen Satz will ich vor Gott und den Menschen vertreten. Es liegt nun einmal so. Für alles das aber hatte der von mir als Mensch und Dichter, als Dichter nun schon ganz gewiß, so sehr geliebte Storm nicht das geringste Verständnis, und daß er dies Einsehen nicht hatte, lag nicht an »Potsdam und seinen geschniegelten Parks«, das lag an seiner das richtige Maß überschreitenden, lokalpatriotischen Husumerei, die sich durch seine ganze Produktion – auch selbst seine schönsten politischen Gedichte nicht ausgeschlossen – hindurch zieht. Er hatte für die Dänen dieselbe Geringschätzung wie für die Preußen. Dies aber sich selber immer »Norm« sein, ist ein Unsinn, abgesehen davon, daß es andre, das mindeste zu sagen, verdrießlich stimmt. Ich rufe Mommsen, einen echten Schleswig-Holsteiner und Freund Storms, der aber freilich in der angenehmen Situation ist, einen palatinischen Cäsar von einem eiderstädtischen Deichgrafen unterscheiden zu können, zum Zeugen auf, ob ich in dieser Frage recht habe oder nicht. Leider giebt es politisch immer noch viele Storme; Hannover, Hamburg und – horribile dictu – Mecklenburg stellen unentwegt ihr Kontingent.

*

Storm, gleich nach seinem Eintreffen in Potsdam, hatte sich natürlich mit den ihn schon früher in Berlin bekannt gewordenen literarischen Persönlichkeiten in Verbindung gesetzt und sah sich wenige Wochen später auch in den Tunnel eingeführt. Er wurde hier – zunächst als Gast – aufs freundlichste begrüßt und erhielt bei seiner bald darauf erfolgenden Aufnahme den Tunnelnamen »Tannhäuser«. Als Liebesdichter hatte er einen gewissen Anspruch darauf, aber auch nur als solcher; im übrigen verknüpfen wir jetzt mit dem Namen »Tannhäuser« eine gewisse Niemann-Vorstellung, von der Storm so ziemlich das Gegenteil war, ein Mann wie ein Eichkätzchen, nur nicht so springelustig.

Wie mit mancher Berühmtheit, die dem Tunnel zugeführt wurde, wollte es auch mit Storm nicht recht gehen. Um so ohne weiteres an ihn zu glauben, dazu reichte das damalige Maß seiner Berühmtheit nicht aus, und um sich die Herzen im Fluge zu erobern, dazu war weder seine Persönlichkeit noch seine Dichtung, noch das Tunnelpublikum angetan. Der Tunnel, so viel ich ihm nachzurühmen habe, war doch an sehr vielen Sonntagen nichts weiter als ein Rauch- und Kaffeesalon, darin, während Kellner auf- und abgingen, etwas Beliebiges vorgelesen wurde. War es nun eine Schreckensballade, drin Darnley in die Luft flog oder Maria Stuart enthauptet wurde, so ging die Sache;

setzte sich aber ein Liebeslieddichter hin, um mit seiner vielleicht pimprigen Stimme zwei kleine Strophen vorzulesen, so traf es sich nicht selten, daß der Vorlesende mit seinem Liede schon wieder zu Ende war, ehe noch der Kaffeekellner auf das ihm eingehändigte Viergroschenstück sein schlechtes Zweigroschenstück – mit dem Braunschweiger Pferde oben – herausgegeben hatte. Darunter hatte denn auch Storm zu leiden; er kam zu keiner Geltung, weil *er* sowohl wie das, was er vortrug, für Lokal und Menschen nicht kräftig genug gestimmt war. Er fühlte das auch und nahm einen Anlauf, sich à tout prix zur Geltung zu bringen, versah es aber damit gänzlich. Er hatte kein rechtes Glück bei uns. Irgendwer hatte ein Gedicht vorgelesen, in dem eine verbrecherische Liebe zwischen Bruder und Schwester behandelt wurde. Man fand es mit Recht verfehlt, am verfehltesten aber fand es der mitkritisierende Storm, der, als er sein Urteil abgeben sollte, des weiteren ausführte, daß vor allem »die schwüle Stimmung« darin fehle. »Nun, Tannhäuser«, so rief man ihm zu, »dann machen *Sie's* doch.« Und Storm war auch wirklich dazu bereit und erschien vierzehn Tage später mit dem von ihm zugesagten Gedicht »Geschwisterliebe«, aber nur, um einen totalen Abfall zu erleben. »Ja«, hieß es, »Ihr Gedicht ist freilich besser, aber zugleich auch viel schlechter; die ›schwüle Stimmung‹ von der Sie sprachen, die haben Sie herausgebracht; aber es wird einem ganz himmelangst dabei.« Dies Urteil war, glaub' ich, richtig; Storm selbst empfand auch etwas der Art und bastelte noch daran herum, suchte sich sogar in Gesprächen und Briefen zu verteidigen. Aber ohne rechten Erfolg. Einer dieser Briefe richtete sich an mich.

»Erschrecken Sie nicht«, so schrieb er mir, »daß ich noch einmal auf meine Ballada incestuosa zurückkomme.

Jede *Sitte,* worunter wir an sich nur ein äußerlich allgemein Geltendes und Beobachtetes verstehen, hat ein inne-

17 *Theodor Fontane (zweiter von links) im Kreis von Freunden, um 1850*

18 *Theodor Fontane*
(nach einer Bleistiftzeichnung von Luise Kugler, 1853)

res, reelles *Fundament,* wodurch dieselbe ihre Berechtigung erhält. Die Sitte – denn mit den *rechtlichen* Verboten in dieser Beziehung haben wir es hier nicht zu tun –, daß Schwester und Bruder sich nicht vereinigen dürfen, beruht auf der damit übereinstimmenden Natureinrichtung, welche in der Regel diesen Trieb versagt hat. Wo nun aber, im einzelnen Falle, dieser Trieb vorhanden ist, da fehlt auch, eben für diesen einzelnen Fall, der Sitte das Fundament, und der einzelne kann sich der allgemeinen Sitte gegenüber, oder vielmehr ihr entgegen, zu einem Ausnahmefall berechtigt fühlen. Daß er nun sein natürliches Recht, nachdem er es vergebens mit der Sitte in Einklang zu bringen versucht hat, kühn gegen all das Verderben eintauscht, was der Brauch und das Allgemeingültige über ihn bringen muß, das ist *das,* was ich als den poetischen Schwerpunkt empfunden habe. Gleichwohl habe ich für Sie einen neuen Schluß zurecht gemacht, der freilich christlich ebenso wenig passieren darf wie der andere. Hier ist er . . .«

Storm ließ diesen neuen Schluß nun folgen, und in dieser etwas veränderten Gestalt ist die Ballada incestuosa auch in seine Gedichte übergegangen. Es ist aber, trotz all dieser Mühen, eine vergleichsweise schwache Leistung geblieben, wie sich jeder, der die Gedichte zur Hand hat, leicht überzeugen kann.

Storm blieb Mitglied. Aber er kam nicht mehr oder sehr selten. Er mußte sich gesellschaftlich von vornherein geborgen fühlen, sonst schwenkte er ab.

Seine Tunnelschicksale hatten sich nicht sehr günstig gestaltet, freilich auch nicht schlimm. Schlimmer war es, daß es auch mit Kugler zu einer Verstimmung kam. Ohne rechte Schuld auf der einen und der anderen Seite. Wir saßen eines Tages zu vier oder fünf in einem Tiergartenlokal, in einem von Pfeifenkraut und Jelängerjelieber umrankten Pavillon, und da sichs fügte, daß kurz vorher ein neues Buch von Geibel erschienen war, so nahm Storm

Veranlassung, über seinen Konkurrenten Geibel sein Herz auszuschütten. »Ja, Geibel. Das ist alles ganz gut. Aber was haben wir schließlich? Wohlklang, Geschmack, gefällige Reime – von eigentlicher Lyrik aber kann kaum die Rede sein und von Liebeslyrik nun schon ganz gewiß nicht. Liebeslyrik, da muß alles latente Leidenschaft sein, alles nur angedeutet und doch machtvoll, alles in einem Dunkel, und mit einemmal ein uns blendender Blitz, der uns, je nachdem, erschreckt oder entzückt.« Kugler wurde unruhig. Zum Unglück fuhr Storm fort: »In zwei Strophen von mir ...« und nun wollte er an einem seiner eigenen Gedichte zeigen, wie echte Liebeslyrik beschaffen sein müsse. Aber er kam nicht dazu. »Nein, lieber Storm«, unterbrach Kugler, »nicht so. Geibel ist unser aller Freund, und wie ich bisher annahm, auch der Ihrige, und einen anderen tadeln, bloß weil er's anders macht als man selber, das geht nicht.« Wir kamen sämtlich in eine große Verlegenheit. Natürlich, so viel mußte man Kugler zugestehen, hatte Storm, wenn auch nicht direkt, so doch unmißverständlich ausgesprochen: »*Meine* Gedichte sind besser als Geibels.« Aber wenn dergleichen artig gesagt wird, so darf man um solches Ausspruches willen nicht reprimandiert werden, auch dann nicht, wenn man unrecht hat. Hier aber darf doch wohl gesagt werden, *Storm hatte Recht*. Geibel war ein entzückender Mensch und dazu ein liebenswürdiger, ebenso dem Ohr wie den Anschauungen einer Publikumsmajorität sich einschmeichelnder Dichter. Aber als Liebeslieddichter steht Storm hoch über ihm.

Der ganze Zwischenfall, von dem ich damals einen starken Eindruck empfing, ist mir nie wieder aus dem Gedächtnis geschwunden und hat mich jeder Zeit zu vorsichtiger Haltung gemahnt. Aber freilich, dieser Mahnung immer zu gehorchen, ist nicht leicht. Oft liegt es so, daß man ein Lob, das gespendet wird, zwar nicht teilt, aber doch begreift. In solchem Falle zu schweigen, ist kein

Kunststück. Aber überall da, wo man nicht bloß seine dichterische Ueberlegenheit über einen Mitbewerber, sondern viel, viel mehr noch seine kritische Ueberlegenheit über die mit Kennermiene sich gerierenden Urteilsabgeber fühlt – in solchen Momenten immer zurückzuhalten, ist mir oft recht schwer geworden. Wenn ich dann aber Storm und Kugler und die Jelängerjelieber-Laube vor mir aufsteigen sah, gelang es mir doch so leidlich.

*

Der über Geibels Wertschätzung als Liebesliedtdichter entstandene Streit war für alle Teile sehr peinlich, es kam aber schließlich zum Friedensschluß, und man war allerseits bemüht, die Sache vergessen zu machen. Was denn auch glückte. Storm sah sich nicht bloß in das Kugler'sche Haus eingeführt, sondern eben daselbst auch mit Auszeichnungen überhäuft, und die damals mit erlebten »Storm-Abende« zählen zu meinen liebsten Erinnerungen. Es mag übrigens schon hier erwähnt sein, daß Storm, nach Art so vieler lyrischer Dichter – und nun gar erst lyrischer Dichter aus kleinen Städten – der Träger von allerhand gesellschaftlichen Befremdlichkeiten war, die, je nach ihrer Art, einer lächelnden oder auch wohl halb entsetzten Aufnahme begegneten. Manches so grotesk, daß es sich hier der Möglichkeit des Erzähltwerdens entzieht. Aber seine mit dem Charme des Naiven ausgerüstete Persönlichkeit blieb am Ende doch immer siegreich, und selbst »Frau Clara«, so gut sie sonst die Geheimrätin zu betonen wußte, sah und hörte schließlich drüber hin.

Diese Storm-Abende waren, ehe man zu Tisch ging und der Fidelitas ihr Recht gönnte, meist Vorlesungs-Abende, bei denen man es zunächst mit Lyrik versuchte. Sehr bald aber zeigte sich's, wie vorher im Tunnel, daß Lyrik für einen größeren Kreis nicht passe, weshalb Storm, sein

Programm rasch wechselnd, statt der kleinen »Erotika« Märchenhaftes und Phantastisches vorzulesen begann. Von der Märchendichtung, wie sie damals in Jugendschriften betrieben wurde, hielt er an und für sich sehr wenig. »Das Märchen hat seinen Kredit verloren; es ist die Werkstatt des Dilettantismus geworden, der nun mit seiner Pfuscherarbeit einen lebhaften Markt eröffnet.« So schrieb er einmal. Er war sich dem gegenüber eines besonderen Berufes wohl bewußt, zugleich auch einer eigentümlichen Märchen-Vortragskunst, wobei kleine Mittel, die mitunter das Komische streiften, seinerseits nicht verschmäht wurden.

So entsinne ich mich eines Abends, wo er das Gedicht »In Bulemanns Haus« vorlas. Eine zierliche Kleine, die gern tanzt, geht bei Mondenschein in ein verfallenes Haus, darin nur die Mäuse heimisch sind. Und auch ein hoher Spiegel ist da zurückgeblieben. Vor den tritt sie hin, grüßt in ihm ihr Bild und das Bild grüßt wieder, und nun beginnen beide zu tanzen, sie und ihr Bild, bis der Tag anbricht und die »zierliche Kleine« niedersinkt und einschläft. Dieser phantastische Tanz im Mondenschein bildet den Hauptinhalt und ist ein Meisterstück in Form und Klang. Ich sehe noch, wie wir um den großen, runden Tisch, den ich schon in einem früheren Kapitel beschrieben, herum saßen, die Damen bei ihrer Handarbeit, wir »von Fach« die Blicke erwartungsvoll auf Storm selbst gerichtet. Aber statt anzufangen, erhob er sich erst, machte eine entschuldigende Verbeugung gegen Frau Kugler und ging dann auf die Tür zu, um diese zuzuriegeln. Der Gedanke, daß der Diener mit den Teetassen kommen könne, war ihm unerträglich. Dann schraubte er die Lampe, die schon einen für Halbdunkel sorgenden grünen Schirm hatte, ganz erheblich herunter, und nun erst fing er an: »Es klippt auf den Gassen im Mondenschein, das ist die zierliche Kleine ...« Er war ganz bei der Sache, sang es mehr als er es las, und während seine Augen wie die eines kleinen Hexenmeisters leuchteten, verfolgten sie uns doch zugleich, um in jedem Augenblicke das Maß und auch die Art der Wirkung bemessen zu können. Wir sollten von dem Halbgespenstischen gebannt, von dem Humoristischen erheitert, von dem Melodischen lächelnd eingewiegt werden – das alles wollte er auf unseren Gesichtern lesen, und ich glaube fast, daß ihm diese Genugtuung auch zuteil wurde.

Denselben Abend erzählte er auch Spukgeschichten, was er ganz vorzüglich verstand, weil es immer klang, als würde das, was er vortrug, aus der Ferne von einer leisen Violine begleitet. Die Geschichten an und für sich waren meist unbedeutend und unfertig, und wenn wir ihm das sagten, so wurde sein Gesicht nur noch spitzer, und mit schlauem Lächeln erwiderte er: »Ja, das ist das Wahre; daran können Sie die Echtheit erkennen; solche Geschichte muß immer ganz wenig sein und unbefriedigt lassen; aus dem Unbefriedigten ergiebt sich zuletzt die höchste künstlerische Befriedigung.« Er hatte uns nämlich gerade von einem unbewohnten Spukhause erzählt, drin die Nachbarsleute nachts ein Tanzen gehört und durch das Schlüsselloch geguckt hatten. Und da hätten sie vier Paar zierliche Füße gesehen mit Schnürstiefelchen und nur gerade die Knöchel darüber, und die vier Paar Fuße hätten getanzt und mit den Hacken zusammengeschlagen. Einige Damen lachten, aber er sah sie so an, daß sie zuletzt doch in einen Grusel kamen.

*

Storm war oft in Berlin, aber wir waren doch auch gelegentlich zu ihm geladen und fuhren dann in corpore – meist Kugler, Merckel, Eggers, Blomberg, ich – nach Potsdam hinüber, um unsere sogenannte »Rütlisitzung« in Storms Wohnung abzuhalten. Rütli, wie schon an anderer Stelle hervorgehoben, war eine Art Nebentunnel, eine Art Extrakt der Sache. Storm war ein sehr liebenswürdiger

Wirt, sehr gastlich, und seine Frau, die schöne »Frau Constanze«, fast noch mehr. Wir blieben nachmittag und abend und fuhren erst spät zurück. Je kleiner der Kreis war, je netter war es; er sprach dann, was er in größerer Gesellschaft vermied, über dichterisches Schaffen überhaupt und speziell auch über sein eigenes. Ich habe, bei Behandlung solcher Themata, keinen anderen so Wahres und so Tiefes sagen hören. In neuester Zeit sind Tagebücher der Gebrüder Goncourt erschienen, die sich auch über derlei Dinge verbreiten und mich mehr als einmal ausrufen ließen: »Ja, wenn wir doch die gleiche, jedes Wort zur Rechenschaft ziehende Gewissenhaftigkeit hätten.« In der Tat, wir haben nur ganz wenige Schriftsteller, die wie die Goncourts verfahren, und unter diesen Wenigen steht Storm oben an. Er ließ das zunächst schnell Geschriebene Wochen lang ruhen, und nun erst begann – zumeist auf Spaziergängen auf seinem Husumer Deich – das Verbessern, Feilen und Glätten, auch wohl, wie Lindau einmal sehr witzig gesagt hat, das »Wiederdrübergehen mit der Raspel«, um dadurch die beim Feilen entstandene zu große Glätte wieder kräftig und natürlich zu machen.

Unter seinen kleinen Gedichten sind viele, daran er ein halbes Jahr und länger gearbeitet hat. Deshalb erfüllen sie denn auch den Kenner mit so hoher Befriedigung. Er hat viel Freunde gefunden, aber zu *voller* Würdigung ist er doch immer noch nicht gelangt. Denn seine höchste Vorzüglichkeit ruht nicht in seinen vergleichsweise viel gelesenen und bewunderten Novellen, sondern in seiner Lyrik.

Noch einmal, diese Reunions in unseres Storms Potsdamer Hause waren sehr angenehm, lehrreich und fördernd, weit über das hinaus, was man sonst wohl bei solchen Gelegenheiten einheimst; aber sie litten doch auch an jenen kleinen Sonderbarkeiten, die nun einmal alles Storm'sche begleiteten und ein Resultat seines weltfremden Lebens und eines gewissen Jean-Paulismus waren. Es wird von Jean

Paul erzählt, daß er sich, einmal auf Besuch in Berlin, in einer größeren Gesellschaft ins »Kartoffelschälen auf Vorrat« vertieft habe, was dann schließlich bei dem inzwischen vorgerückten Souper zu einer Art Verzweiflungskampf zwischen ihm und dem die Teller rasch wechseln wollenden Diener geführt hätte. Ganz dasselbe hätte Storm passieren können, oder wenn nicht dasselbe, so doch sehr Aehnliches. Ich habe manches der Art mit ihm erlebt. Er hatte, wie so viele lyrische Poeten, eine Neigung, alles aufs Idyll zu stellen und sich statt mit der Frage: »Tut man das?« oder: »Ist das convenable?« nur mit der Frage zu beschäftigen: »Entspricht das Vossens Luise oder dem redlichen Thamm oder irgendeiner Szene aus Mörikes ›Maler Nolten‹ oder aus Arnims ›Kronenwächtern‹?« Ja, ich fürchte, daß er noch einen Schritt weiter ging und seine Lebensvorbilder in seinen eigenen, vielfach auf Tradition sich stützenden Schöpfungen suchte. Man kann dies nun sicherlich reizend finden, auch *ich* kann es, aber trotzdem bin ich der Ansicht, daß diesem Verfahren ein Hauptirrtum zu Grunde liegt. Es soll sich die Dichtung nach dem Leben richten, an das Leben sich anschließen, aber umgekehrt eine der Zeit nach weit zurückliegende Dichtung als Norm für modernes Leben zu nehmen, erscheint mir durchaus falsch. In Storms Potsdamer Hause ging es her wie in dem öfters von ihm beschriebenen Hause seiner Husumer Großmutter, und was das Schlimmste war, er war sehr stolz darauf und sah in dem, was er einem als Bild und Szene gab, etwas ein für allemal »poetisch Abgestempeltes«. Das Lämpchen, der Teekessel, dessen Deckel klapperte, die holländische Teekanne daneben, das alles waren Dinge, darauf nicht bloß sein Blick andächtig ruhte – das hätte man ihm gönnen können –, nein, es waren auch Dinge, die gleiche Würdigung von denen erwarteten, die, weil anders geartet, nicht viel davon machen konnten und durch das *Absichtliche* darin ein wenig verstimmt wurden. Wie mir einmal ein Hamburger erzählte: »Ja, da war ja nun letzten Sommer Ihr Kronprinz bei uns, und da wird er wohl mal gesehen haben, was ein richtiges Mittagessen ist« – so glaubte Storm ganz ernsthaft, daß eine wirkliche Tasse Tee nur aus seiner Husumer Kanne kommen könne. Die Provinzialsimpelei steigert sich mitunter bis zum Großartigen.

In einem gewissen Zusammenhange damit stand die Kindererziehung. Auch hier nahm Storm einen etwas abweichenden Standpunkt ein und sah mit überlegenem Lächeln auf Pedantismus und preußischen Drill hernieder. Er war eben für Individualität und Freiheit, beides »ungedeelt«. Eines Abends saßen wir munter zu Tisch, und die Bowle, die den Schluß machen sollte, war eben aufgetragen, als ich mit einem Male wahrnahm, daß sich unser Freund Merckel nicht nur verfärbte, sondern auch ziemlich erregt unter dem Tisch recherchierte. Richtig, da hockte noch der Uebeltäter: einer der kleineren Storm'schen Söhne, der sich heimlich unter das Tischtuch verkrochen und hier unseren kleinen Kammergerichtsrat, vor dem wir alle einen heillosen Respekt hatten, in die Wade gebissen hatte. Storm mißbilligte diesen Akt, hielt seine Mißbilligung aber doch in ganz eigentümlich gemäßigten Grenzen, was dann, auf der Rückfahrt, einen unerschöpflichen Stoff für unsere Koupeeunterhaltung abgab. Schließlich, so viel ist gewiß, werden die Menschen *das,* was sie werden sollen, und so darf man an derlei Dinge nicht allzu ernste Betrachtungen knüpfen; aber das hab' ich doch immer wieder und wieder gefunden, daß Lyriker, und ganz besonders Romantiker, durch erzieherische Gaben nur sehr ausnahmsweise glänzen.

*

Drei Jahre, bis Herbst 56, blieb Storm in Potsdam; dann ward er nach Heiligenstadt im Eichsfelde versetzt. »Hier in diesem mehr abseits gelegenen, von Waldbergen umkränzten thüringischen Städtchen, gewissermaßen einem Pendant zu seinem schleswigschen Husum, gestaltete sich ihm das Leben wieder innerlicher, traulicher, befriedigender.« So heißt es in Paul Schützes schon eingangs zitiertem Buche. Desgleichen hat L. Pietsch im zweiten Teile seiner »Lebenserinnerungen« sehr anziehend über diese Heiligenstädter Tage berichtet. Ein Kreis froher teilnehmender Menschen sammelte sich hier um Storm, unter ihnen in erster Reihe Landrat von Wussow und Staatsanwalt Delius.

Fast alljährlich unternahm Storm von Heiligenstadt aus Reisen in die Heimat, entweder nach Husum, wo ihm noch die Eltern lebten, oder nach Segeberg, dem Geburtsort seiner Frau. Mehrmals war er auch in Berlin, aber nur eines dieser Besuche – fast um dieselbe Zeit, wo Storm nach Heiligenstadt ging, ging ich nach London – erinnere ich mich. Das war bald nach meiner Rückkehr aus England, also wahrscheinlich im Jahr 62. Alles, als er eintraf, freute sich, ihn wiederzusehen, aber dies »Alles« hatte sich, wenigstens so weit unser Kreis in Betracht kam, seit jenem Winter 52, wo wir mit einander bekannt wurden, sehr verändert. Kugler und Merckel waren tot, »Frau Clara« und Heyse nach München übersiedelt, Roquette in Dresden; so fand er nur noch Zöllner, Eggers und mich. Er blieb denn auch nicht lange. Mit Zöllner und Eggers, die ganz vorzüglich zu ihm paßten, war er sehr intim, während sich ein gleich herzliches Verhältnis, trotz beiderseitig besten Willens, zwischen ihm und mir nicht herstellen lassen wollte. Wir waren *zu* verschieden. *Er* war für den Husumer Deich, *ich* war für die Londonbrücke; sein Ideal war die schleswigsche Heide mit den roten Erikabüscheln, mein Ideal war die Heide von Culloden mit den Gräbern der Camerons und Mac Intosh. Er steckte mir zu tief in Literatur, Kunst und Gesang, und was ein Spötter 'mal von dem Kuglerschen Hause gesagt hatte, »man beurteile da die

Menschen lediglich im Hinblick darauf, ob sie schon einen Band Gedichte herausgegeben hätten oder nicht« – dieser Satz paßte sehr gut auch auf Storm. Aber was unserer Intimität und zwar viel, viel mehr als das verschiedene *Maß* unseres Interesses an künstlerischen Dingen im Wege stand, das war *das*, daß wir auch den Dingen des alltäglichen Lebens gegenüber gar so sehr verschieden empfanden. Ums kurz zu machen, er hielt mich und meine Betrachtung der Dinge für »frivol«. Und das ärgerte mich ein bißchen, trotzdem es mir zugleich eine beständige Quelle der Erheiterung war. Man wolle mich hier nicht mißverstehen. Ich habe nichts dagegen, auch *jetzt* noch nicht, für frivol gehalten zu werden. Meinetwegen. Aber ich sehe mir die Leute, die mit solchem Urteil um sich werfen, einigermaßen ernsthaft an. Wenn Kleist-Retzow oder noch besser der von mir hochverehrte Pastor Müllensiefen, der mir immer als das Ideal eines evangelischen Geistlichen erschienen ist – wenn mir der jemals gesagt hätte: »Lieber F., Sie sind frivol«, so hätt' ich mir das gesagt sein lassen, wenn auch ohne die geringste Lust, mich irgendwie zu ändern. Aber gerade von Personen, die vielleicht zu solchem Ausspruche berechtigt gewesen wären, sind mir derlei Dinge nie gesagt worden, sondern immer nur von solchen, die meiner Meinung nach, in ihrer literarischen Produktion um vieles mehr auf der Kippe standen als ich selbst. Und zwar waren es immer Erotiker, Generalpächter der großen Liebesweltdomäne. Diesen Zweig meiner Kollegenschaft auf ihrem vorgeblichen Unschulds- und Moralgebiet zu beobachten, ist mir immer ein besonderes Gaudium gewesen. Die hier in Frage Kommenden unterscheiden nämlich zwei Küsse: den Himmelskuß und den Höllenkuß, eine Scheidung, die ich gelten lassen will. Aber was ich *nicht* gelten lassen kann, ist der diesen Erotikern eigene Zug, den von *ihnen* applizierten Kuß, er sei wie er sei, immer als einen »Kuß von oben«, den Kuß ihrer lyrischen oder novellistischen Konkurrenten aber immer als einen Kuß aus der entgegengesetzten Richtung anzusehen. Sie schlagen mit ihrem »Bauer, dat's wat anners« selbst den vollwichtigsten Agrarier aus dem Felde. Zu dieser Gruppe der Weihekußmonopolisten gehörte nun Storm im höchsten Maße, trotzdem er Dinge geschrieben und Situationen geschildert hat, die mir viel bedenklicher erscheinen wollen, als beispielsweise Heines berühmte Schilderung von einer dekolletiert auf einem Ball erscheinenden Embonpoint-Madame, hinsichtlich deren er versicherte, »nicht nur das rote Meer, sondern auch noch ganz Arabien, Syrien und Mesopotamien« gesehen zu haben. Solche Verquickung von Uebermut und Komik hebt Schilderungen der Art, in meinen Augen wenigstens, auf eine künstlerische Hochstufe, neben der die saubertuenden Wendungen der angeblichen Unschuldserotiker auch moralisch versinken.

Ich traf in jenen zweiundsechziger Tagen Storm meist im Zöllner'schen Hause, das, in Bezug auf Gastlichkeit, die Kugler-Merckel'sche Erbschaft angetreten hatte; noch öfter aber flanierten wir in der Stadt umher, und an einem mir lebhaft in Erinnerung gebliebenen Tage machten wir einen Spaziergang in den Tiergarten, natürlich immer im Gespräch über Rückert und Uhland, über Lenau und Mörike und »wie feine Lyrik eigentlich sein müsse«. Denn das war sein Lieblingsthema geblieben. Es mochte zwölf Uhr sein, als wir duchs Brandenburger Tor zurückkamen und beide das Verlangen nach einem Frühstück verspürten. Ich schlug ihm meine Wohnung vor, die nicht allzuweit ablag; er entschied sich aber für Kranzler. Ich bekenne, daß ich ein wenig erschrak. Storm war wie geschaffen für einen Tiergartenspaziergang an dichtbelaubten Stellen, aber für Kranzler war er nicht geschaffen. Ich seh' ihn noch deutlich vor mir. Er trug leinene Beinkleider und leinene Weste von jenem sonderbaren Stoff, der wie gelbe Seide glänzt und sehr leicht furchtbare Falten schlägt, darüber ein grünes

Röckchen, Reisehut und einen Shawl. Nun weiß ich sehr wohl, daß gerade ich vielleicht derjenige deutsche Schriftsteller bin, der in Sachen gestrickter Wolle zur höchsten Toleranz verpflichtet ist, denn ich trage selber dergleichen. Aber zu so viel Bescheidenheit ich auch verpflichtet sein mag, zwischen Shawl und Shawl ist doch immer noch ein Unterschied. Wer ein Mitleidender ist, weiß, daß im Leben eines solchen Produkts aus der Textilindustrie zwei Stadien zu beobachten sind: ein Jugendstadium, wo das Gewebe mehr in die Breite geht und noch Elastizität, ich möchte sagen, Leben hat, und ein Altersstadium, wo der Shawl nur noch eine endlose Länge darstellt, ohne jede zurückschnellende Federkraft. So war der Storm'sche. Storm trug ihn rund um den Hals herum, trotzdem hing er noch in zwei Strippen vorn herunter, in einer kurzen und einer ganz langen. An jeder befand sich eine Puschel, die hin und her pendelte. So marschierten wir die Linden herunter, bis an die berühmte Ecke. Vorne saßen gerade Gardekürassiere, die uns anlächelten, weil wir ihnen ein nicht gewöhnliches Straßenbild gewährten. Ich sah es und kam unter dem Eindruck davon noch einmal auf meinen Vorschlag zurück. »Könnten wir nicht lieber zu Schilling gehen; da sind wir allein, ganz stille Zimmer.« Aber mit der Ruhe des guten Gewissens bestand er auf Kranzler. En avant denn, wobei ich immer noch hoffte, durch gute Direktiven einiges ausrichten zu können. Aber Storm machte jede kleinste Hoffnung zu Schanden. Er trat zu der brunhildenhaften Komptoirdame, die selber bei der Garde gedient haben konnte, sofort in ein lyrisches Verhältnis und erkundigte sich nach den Einzelheiten des Büffets, alle reichlich gestellten Fragen bis ins Detail erschöpfend. Die Dame bewahrte gute Haltung. Aber Storm auch. Er pflanzte sich, dem Verkaufstisch gegenüber, an einem der Vorderfenster auf, in das zwei Stühle tief eingerückt waren. »Hier wird er Platz nehmen«, an diesem Anker hielt ich mich. Aber nein, er wies auch hier wieder das sich ihm darbietende Refugium ab, und den schmalen Weg, der zwischen Fenster und Büffet lief, absperrend, nahm er unser Gespräch über Mörike wieder auf, und je lebhafter es wurde, je mächtiger pendelte der Shawl mit den zwei Puscheln hin und her. Ich war froh, als wir nach einer halben Stunde wieder heil heraus waren.

Täuscht mich nicht alles, so kann dergleichen heutzutage kaum noch vorkommen. Und das ist ein wahres Glück. Es hing das alles – weshalb ich es hier mit allem Vorbedacht erzählt habe – doch mit einer kolossal hohen Selbsteinschätzung (nur nicht im Geldpunkt) zusammen und einer gleichzeitigen Unterschätzung des Alltagsmenschen, des Philisters, des Nichtdichters oder Nichtkünstlers. Einer der herrlichsten und gefeiertsten Poeten der romantischen Schule hat ein Gedicht geschrieben unter dem Titel: »Engel und Bengel«, und wenn man solchen Shawl trug und dabei dichtete, so war man eben ein »Engel«, und wenn man bloß Gardekürassier war, nun so war man eben das andere. Das ist nun Gott sei Dank überwunden, und gerade wir Leute von Fach dürfen uns gratulieren, solchen Wandel der Zeiten noch erlebt zu haben. Denn jene sonderbare »Engelschaft« hat unser ganzes Metier – ich denke dabei nicht weiter an Storm, dem es, wenn es zum Eigentlichsten kam, an einer *wirklichen* Legitimation nicht fehlte – doch schließlich nur lächerlich gemacht.

Im Sommer vierundsechzig, kurz nach der Befreiung des Landes, kehrte Storm nach elfjähriger Abwesenheit in seine geliebte Heimat zurück. Er war nun wieder Landvogt in Husum. Aber im selben Augenblicke fast, wo seine Hand all' das liebe Alte wieder in Besitz nahm, nahm eine wohlverständliche Schwermut von *ihm* Besitz. Er schrieb an einen Freund: »O, meine Muse, war das der Weg, den Du mich führen wolltest! Die sommerlichen Heiden, deren heilige Einsamkeit ich sonst an Deiner Hand durchstreifte, bis durch den braunen Abendduft die Sterne schienen, sind sie denn alle, alle abgeblüht? Es ist ein melancholisches Lied, das Lied von der Heimkehr.« Wundervolle Worte, wie sie nur Storm schreiben konnte, voll jenes eigentümlichen Zaubers, den fast alles hat, das aus seiner Feder kam. In etwas spezifisch Poetischem steht er ganz einzig da.

»Wen von euch soll ich nun dafür hingeben?« so frug er, als er sich bald danach an der alten Stelle wieder eingerichtet hatte. Er hatte nicht lange auf Antwort zu warten. Ein Jahr nach der Rückkehr starb Frau Constanze, jene schöne, frische, anmutige Frau, an die er, als er ihr 1852 von Berlin aus den beschlossenen Eintritt in den preußischen Dienst meldete, die Worte gerichtet hatte:

So komm denn, was da kommen mag,
So lang' *Du* lebest, ist es Tag,

Und geht es in die Welt hinaus,
Wo *Du* mir bist, bin ich zu Haus,

Ich seh' Dein liebes Angesicht,
Ich sehe die Schatten der Zukunft nicht –

Worte, wie sie kein Dichter je schöner geschrieben hat.

*

Storm, einer jener vielen Hilflosen, die wie der Liebe so der Dienste einer Frau nicht wohl entbehren können, verheiratete sich wieder und zwar mit Dorothea Jensen, einer durch Klugheit, Charakter und Ordnungssinn ausgezeichneten Dame. Wie seine erste Ehe sehr glücklich gewesen war, so war es seine zweite. Die erste Frau hatte ganz *ihm* gelebt, die zweite – es war die schönste Aufgabe, die sie sich stellen konnte – lebte dem Haus und den Kindern.

1880 nahm er den Abschied aus seinem Amt und schuf sich ein neues Heim in dem zwischen Neumünster und Heide gelegenen Kirchdorfe Hademarschen. Während er hier im Sommer genannten Jahres den Hausbau überwachte, schrieb er an Erich Schmidt die für Storms Denk- und Gefühlsweise charakteristischen Zeilen: »Gestern in der einsamen Mittagsstunde ging ich nach meinem Grundstükke und konnte mich nicht enthalten, in meinem Bau herumzuklettern; auf langer Leiter nach oben, wo nur noch die etwas dünnen Verschalungsbretter lose zwischen den Balken liegen und wo die Luft frei durch die Fensterhöhlen zieht. Ich blieb lange in meiner Zukunftsstube und webte mir Zukunftsträume, indem ich in das sonnige, weithin unter mir ausgebreitete Land hinausschaute. Wie köstlich ist es zu leben! Wie schmerzlich, daß die Kräfte rückwärts gehen und ans baldige Ende mahnen. Einmal dachte ich, wenn nun die Bretter brächen oder die Sicherheit Deiner Hände oder Augen einen Augenblick versagte, und man fände den Bauherrn unten liegen als einen stillen Mann. Ich ging recht behutsam nur von einem festen Balken zu dem andern; und draußen flimmerte die Welt im mittagstillen Sonnenschein. Sehen Sie, so schön erscheint noch heute im dreiundsechzigsten Jahre trotz alledem mir die Welt und Leben.«

In diesem seinem Hause zu Hademarschen verlebte Storm noch glückliche Tage; mehrere seiner glänzendsten Erzählungen: »Zur Chronik von Grieshuus« und »Ein Fest auf Haderslevhuus« sind hier entstanden.

Als er siebzig wurde, ward ihm von allen Seiten her gehuldigt, und auch Berlin, als er es im selben Jahre noch besuchte, veranstaltete ihm eine Feier. Die Besten nahmen teil, an ihrer Spitze sein Landsmann und Freund Theodor Mommsen. Man empfing von ihm einen reinen, schönen Poeteneindruck. In allem guten war er der alte geblieben, und was von kleinen Schwächen ihm angehangen, das war abgefallen. Alt und jung hatten eine herzliche Freude an ihm und bezeugten ihm die Verehrung, auf die er so reichen Anspruch hatte. Als Lyriker ist er, das Mindeste zu sagen, unter den drei, vier Besten, die nach Goethe kommen. Dem Menschen aber, trotz allem, was uns trennte, durch Jahre hin nahe gestanden zu haben, zählt zu den glücklichsten Fügungen meines Lebens.

FÜNFTES KAPITEL

Leo Goldammer. Heinrich Smidt. Hugo von Blomberg. Schulrat Methfessel

Leo Goldammer (Hans Sachs) kam, wie so viele Vereinsgenossen, um 1848 in den Tunnel und fand dort schon einen Goldammer vor. Dieser ältere Goldammer war ein Obertribunalsrat und hatte für den neu Hinzukommenden, der Bäcker war, nicht allzu viel übrig. Wäre dieser neu Hinzukommende bloß ein Namensvetter gewesen, so hätte sich über das »heitere Spiel des Zufalls« lachen lassen, aber der neue Goldammer war kein Namensvetter, sondern ein richtiger Vetter, Großvaters-Brudersohn. Und das störte denn doch*.

* Seitens der Familie des Obertribunalsrats ist diese Verwandtschaft in einem an mich gerichteten Briefe bestritten worden, was mich bestimmt hat, in dieser an und für sich gleichgiltigen Sache, lediglich um eines gewissen *gesellschaftlichen und kulturhistorischen Interesses* willen, zu recherchieren. Nach diesen Recherchen bleibt es so, wie vorstehend im Text erzählt; mindestens steht *Meinung gegen Meinung*. Wenn ich eine davon und zwar mit voller Ueberzeugung bevorzugt habe, so zwingen mich dazu die sich im Leben in ähnlicher Lage beständig wiederholenden Beobachtungen, bez. Empfindlichkeiten. Ein Beispiel nur. In meinem Romane »Effi Briest« spreche ich in einer halben Briefzeile von einem Tapezier Madelung, der, in Abwesenheit Effis, das Zimmer der jungen Frau neu tapeziert habe. Bald nach Erscheinen des Romans erhielt ich von einem in der Provinz lebenden Madelung eine Zuschrift, in der er mir mitteilte, »daß seines Wissens niemals ein Madelung Tapezier gewesen sei«. Schade. Tapezier ist etwas ganz Hübsches.

Namentlich unsrem Leo Goldammer waren die wie sich denken läßt nicht gut zu vermeidenden allsonntäglichen Begegnungen mit dem von Standesbewußtsein getragenen und von Natur etwas feierlichen Obertribunalsrat anfänglich ziemlich peinlich; der Verein indes, den die ganze Situation erheiterte, ließ es an einer dem Schwächeren zu gute kommenden moralischen Unterstützung nicht fehlen und zeigte, daß er den Bäcker mehr oder weniger bevorzuge. Wie viel Recht dazu vorlag, mag ununtersucht bleiben, aber daß der von uns Bevorzugte, der sich besonders liebevoll an Scherenberg anschloß und von diesem wieder geliebt wurde, von einer sehr gewinnenden Eigenart war, das stand fest. Er hatte manches, was an den Handwerksmeister erinnerte, ja, wenn man's erst wußte, konnte man so gar die Belege für sein spezielles Gewerbe herausfinden; aber das war in nichts ein Hindernis, im Gegenteil, es schien mir immer, als ob sein Auftreten dadurch nur gewonnen hätte. Seine dann und wann schelmisch aufblitzenden Augen hatten für gewöhnlich etwas Schwermütiges und ein leiser Leidenszug war unverkennbar. Er besaß das eigentümlich Anziehende, das alle Menschen haben, die durch viele Kämpfe gegangen sind. Und die hatten ihm denn auch wirklich nicht gefehlt. Er war weich und männlich zugleich, bescheiden und selbstbewußt, klugnachgiebig und charaktervoll – und all' das schuf dann eben jenen Reiz, den er auf jedermann ausübte. Kugler war es, der ihn um die angegebene Zeit in den Tunnel brachte, seinen Arbeiten ein einführendes Lob lieh und überhaupt – auch draußen im Leben – für ihn sorgte. Dazu war nun freilich reichlich Gelegenheit gegeben, denn gerade die Jahre, die seinem Eintritt in unseren Kreis folgten, waren, auf seine bürgerlichen Verhältnisse hin angesehen, die denkbar traurigsten. Er hatte sich – ihn über das Dogma vom »goldenen Boden des Handwerks« (und speziell der Bäckerei) sprechen zu hören, war ein Hochgenuß – in seinem bürgerlichen Berufe nicht halten können und suchte sich nun durch einen kleinen, in einem losen Zusammenhange mit seinem Gewerbe stehenden Zwischenhandel durchzuschlagen. Aber es kam nicht viel dabei heraus und noch weniger bei dem, was er in seinen Mußestunden an novellistischen und dramatischen Arbeiten entstehen ließ. Die Zeiten, wo sich davon leben ließ, waren noch nicht da. Sein höchstes Glück, und zeitweilig auch wohl sein einziges, war, daß seine Frau ihm eine von Anfang an entgegengebrachte schwärmerische Liebe durch alle Zeit hin treu bewahrte und – was vielleicht ebenso viel bedeutete – inmitten aller Trübsal unentwegt an bessere Tage glaubte.

Die kamen denn auch. Aber das war vorläufig noch weit im Felde. Was zunächst kam, war einfach ein Martyrium. Alle Versuche, sich durchzuschlagen, scheiterten, und es blieb ihm nichts anderes übrig, als die Stadtbehörden um irgendwelche Verwendung anzugehen. Auch das Kleinste sei gut genug. Und so wurde er denn einem Magistratsbureau zugewiesen, in dem er Steuerzettel zu schreiben hatte, deren im Laufe der Jahre viele Hunderttausende von seinem Schreibtisch aus in die Berliner Häuser wanderten. Als es ihm von dieser Schreiberei zu viel wurde, ward er statt Bureaugehilfe Stadtwachtmeister, eine Stellung, die seiner Art und seinem Wesen vielleicht noch weniger entsprach, aber an die Stelle der Stubenluft doch wenigstens eine frische Brise setzte. Das ging so wohl durch zwei Jahrzehnte, bis ganz zuletzt nicht sein dichterisches Talent – von dessen Heilswirkung seine liebenswürdige Frau beständig geträumt hatte –, sondern eine ganz triviale, trotzdem aber freilich sehr angenehme Erbschaft einen Wechsel der Dinge herbei führte. Eine für seine Verhältnisse nicht unbedeutende Summe kam ins Haus, und sorglosere Tage brachen an. Zu Scherenberg, der sein Ideal blieb, stand er ununterbrochen in freundschaftlichen Beziehungen, rechnete sich's nach wie vor zur Ehre, sich ihm, seinem Meister, durch

19 *Klosterstraße mit der Parochialkirche*

20 *Unter den Linden: Passage zur Neuen Wilhelmstraße (Fotografie von F. A. Schwarz)*

kleine literarische Dienste nützlich machen zu können, und übersandte, wenn Geburtstag war, Blumen und Verse. Die Produktion seiner späteren Jahre, darunter eine »Schlacht bei Sadowa«, verlor mehr und mehr an Natürlichkeit und Eigenart, und der Hippogryph, den er noch sattelte, war das Scherenberg-Pferd von Hohenfriedberg und Ligny. Seines Meisters Tod überlebte er nicht lange; bald nach ihm starb er selbst und wurde auf dem Parochialkirchhof vor dem Landsbergertor, wo wahrscheinlich ein Erbbegräbnis der Familie seiner Frau war, begraben.

Seine Tunneltage, wie schon hervorgehoben, waren seine sorgenvollsten, aber inmitten aller Sorge doch auch wohl seine schönsten. Er war seiner Natur nach in einer Idealwelt zu Hause, und was zu dieser paßte, fand er, wenn er unter uns erschien. Es ward ihm auch viel Anerkennung, im Ganzen vielleicht zu viel, im Einzelnen zu wenig. Er versuchte sich auf allen Gebieten, aber mit sehr ungleichem Erfolg. Als Lyriker war er Null, schwerfällig und unverständlich, und im Drama, worauf ihn seine Berater irrtümlich hin verwiesen, kam er über ein halbes Können nicht hinaus. In der Erzählung aber, wo sich's nicht um Geschultheit, sondern um Darstellung von allerhand Erlebnissen handelte, war er vortrefflich.

Sein Debüt im Tunnel war die Vorlesung seines vaterländischen Schauspiels »Der Große Kurfürst bei Fehrbellin«. Kugler machte viel davon, in und außerhalb des Tunnels, und setzte beim Minister – Raumer – sogar eine Pension, und wenn nicht das, so doch wenigstens eine einmalige Unterstützung durch. Ja, dies vaterländische Schauspiel kam sogar auf einem recht guten Vorstadts- oder Volkstheater zur Aufführung, welches Ereignis dann als leuchtender Stern über des Dichters fernerem Leben stand. Denn nicht nur, daß er das große Publikum mit fortgerissen hatte, jener Abend mit seinem nicht wegzuleugnenden Siege gewann ihm auch die Herzen seiner Angehörigen wieder, die sich bis dahin, mit alleiniger Ausnahme seiner Frau, hart und unwirsch von dem »verdrehten Verseschmierer« abgewandt hatten. Unter diesen Angehörigen war auch ein älterer Bruder von ihm, der ihm bis dahin ganz besonders unliebsam begegnet war. An jenem Abend aber umarmte er den armen Dichter und bat ihn um Verzeihung, ihn durch Jahre hin verkannt und verletzt zu haben. Als er – Leo Goldammer – mir davon erzählte, strahlte er. Kuglers Eintreten für ihn, ganz besonders nach jener geglückten Aufführung, hatte zur Voraussetzung, daß Goldammer mit anderen patriotischen Stücken folgen würde. Das unterblieb aber, und ich muß hinzusetzen, ein Glück, daß es unterblieb. Ich glaube, Kugler stand damals noch auf dem Standpunkte, daß sich aus einem patriotischen Stoff *immer* was machen lasse, wenn nicht was Gutes, so doch was Mittelgutes, und unter allen Umständen ein Etwas, das, schon um des Stückchens vaterländischer Geschichte willen, vor im übrigen gleichwertigen Arbeiten den Vorzug verdiene. Woraus sich dann in weiterer Folge wie von selbst ergiebt, daß auch der patriotische *Dichter* vor dem nichtpatriotischen immer einen Pas voraus habe. Durch den Stoff getragen, findet er von vornherein offenere Herzen. Diese weit verbreitete Meinung ist aber meiner Erfahrung nach grundfalsch. Von manch anderem, was sich gegen patriotische Stoffe sagen läßt, ganz abgesehen, ist auch vom persönlich-egoistischen Dichterstandpunkte aus nichts gefährlicher zu behandeln als das »Patriotische«. Glückt es, nun so giebt es einen großen Erfolg, gewiß; glückt es aber *nicht,* was doch immer die Mehrheit der Fälle bleibt, so ist der Sturz auch gleich klaftertief. Denn der Unglückliche wird nun nicht bloß um seiner dichterischen Mängel, sondern recht eigentlich auch um seiner *patriotischen* Stoffwahl willen angeklagt, weil das Publikum, wenn's fehl schlägt, hinter all dergleichen immer nur Streberei, Liebedienerei, Servilismus, im günstigsten Falle Bequemlichkeit vermutet. Und unser guter Leo Goldammer, all sein Talent in Ehren, war nicht der Mann, dem der Sieg garantiert gewesen wäre.

Vortrefflich, um es zu wiederholen, war er als Erzähler. Ich erinnere mich einer Novelle, deren Schauplatz das kurische Haff und deren Ausgang ein in den Dünen der kurischen Nehrung auftretender Sandwirbelsturm war, in dem die Helden der Erzählung untergehen. Wir waren alle von der Macht der Schilderung hingerissen. Eine zweite Novelle, die die vierundfünfziger »Argo« unter dem Titel »Auf Wiedersehen« brachte, liegt mir vor, und ich habe sie, nach nun länger als vierzig Jahren, wieder durchgelesen. Ich war ganz überrascht. Es ist offenbar eine Herbergsgeschichte, die Leo Goldammer irgendwo mal gehört haben muß. Zwei Bäckergesellen, ein guter und ein schlimmer, ermorden 1812 einen alten Juden, der in einer kleinen polnischen Stadt ein Geschäft betreibt; der eine – der gute – hilft bloß so nebenher mit, hat aber doch schließlich den ganzen Vorteil von der Sache. Und nun ist ein Menschenalter und mehr darüber vergangen, und der, der nur so »nebenher mit geholfen«, ist inzwischen ein reicher Berliner Bäcker geworden und hält achtundvierziger Volksreden. Da mit einem Male ist der andere auch da, ganz herunter gekommen, erkennt seinen Mitschuldigen von ehedem und weiß nun, »jetzt ist Dir geholfen«. Aber der andere weiß es auch, weiß, daß es jetzt heißt »er oder ich«, und in der klaren Erkenntnis davon stößt er den alten und morsch gewordenen Komplicen von der Brüstung eines hart an den Eisenbahnschienen gelegenen Gartenhauses hinunter, und zwar in demselben Augenblicke, wo der Zug heran braust. All dies ist mit einer wirklichen Vehemenz geschildert und derartig packend, daß ich, als ich fertig war, ausrief: »Klein-Zola«. Viele Szenen hatten mich an »La bête humaine« erinnert.

Von sehr andrem Gepräge war *der,* von dem ich jetzt erzählen will, Heinrich Smidt. Er führte den Beinamen der »deutsche Marryat«, übrigens ohne von seinem Namenspaten – den Schauplatz seiner Erzählungen: das Meer, abgerechnet – viel an sich zu haben. In Deutschland ruht man nicht eher, als bis man einen Dichter oder Schriftsteller durch Aufklebung solches Zettels, wohl oder übel, untergebracht hat. Es spricht sich, wenig schmeichelhaft für uns, das Zugeständnis einer Untergeordnetheit und Abhängigkeit darin aus, sonst hätte solcher Brauch nie Mode werden können. Am meisten hat Jean Paul darunter zu leiden gehabt, dem gleich eine Gesamtähnlichkeit mit der Gruppe der englischen Humoristen des vorigen Jahrhunderts angeredet wurde. Dabei hat er fast gar keine Aehnlichkeit mit ihnen und ist – je nachdem – teils weniger, teils mehr.

Heinrich Smidt, war ein Holsteiner, in Altona 1798 geboren und wurde Seemann. Als solcher führte er ein eigenes Schiff und war wohl schon über dreißig Jahre alt, als er Veranlassung nahm, das unsichere Meer da draußen aufzugeben, um es mit einem für die meisten Sterblichen noch unsichereren Aktionsfelde zu vertauschen. Ihm aber glückte es; er fuhr nicht schlecht dabei; seine Gaben und Nicht-Gaben – diese fast noch mehr als jene – halfen ihm.

Als ich in den Tunnel eintrat, war er wohl schon zehn Jahre Mitglied und einer von denen, die mir sofort freundlich ihre Hand entgegenstreckten. Da sich's aber um Heinrich Smidt handelt, muß ich, statt einfach von »Hand«, eigentlich von einer »biederen Rechten« sprechen. Ich habe wenig Menschen kennen gelernt, die so ausgesprochen Inhaber einer »biederen Rechten« gewesen wären. Alle gehörten selbstverständlich in die Kategorie der faux bonhommes und ein wahres Musterexemplar dieser Gattung war auch Heinrich Smidt. Damals nahm ich übrigens keinen Anstoß daran, strich vielmehr umgekehrt all die Vorteile ruhig ein, die man von der Begegnung mit solchen Menschen hat, Menschen, die zunächst ganz wundervoll gemütlich sind und ihre wahre Natur erst offenbaren, wenn sie sich durch das, was man tut oder auch nicht tut, in ihrem Interesse bedroht oder geschädigt glauben. Erst in meinen späteren Jahren habe ich eine tiefe Abneigung gegen diese mehr oder weniger gefährlichen Personen ausgebildet und wenn derartige Gefühle trotzdem *hier* schon zum Ausdruck kommen sollten, so sind es post festum-Gefühle; damals war ich noch ganz im Bann der »biederen Rechten«. Ich muß hinzusetzen, daß Heinrich Smidts ganze Erscheinung dazu angetan war, ihm ein unbedingtes Vertrauen entgegen zu bringen. Er war der typische Schiffskapitän kleinen altmodischen Stils: mittelgroß, dicker Bauch und kurze Beine, mit denen er, sei's aus Gewohnheit, sei's aus Berechnung – ich halte letzteres für sehr wohl möglich – den bekannten Seemannsgang, das Fallen vom rechten aufs linke Bein, virtuos ausführte. Dazu Treuherzigkeitsmienen und vor allem auch Treuherzigkeitssprache.

Der Tunnel, der sich sonst nicht gerade durch Scharfblick auszeichnete, hatte doch, mir weit voraus, längst weg, was es mit der Bonhommeschaft dieses deutschen Marryat eigentlich auf sich habe und wies ihm genau die Stellung an, die ihm zukam. »Es lag nichts gegen ihn vor« und danach wurde er behandelt, artig und schmunzelnd, aber doch immer reserviert. Man nahm ihn nicht für voll und konnte ihn nicht dafür nehmen, denn ich sage nicht zu viel, wenn ich behaupte, daß in den zehn Jahren unseres gesellschaftlichen Verkehrs auch nicht ein einziger selbständiger Gedanke über seine Lippen gekommen ist. Er war im höchsten Grade trivial, dabei seine Gemeinplätze, selbstverständlich, wie Offenbarungen vortragend. Witz absolut ausgeschlossen. Aber auch das, was er als Altonaer Kind, als dickbäuchiger Kapitän und Mann des steifen Grog eigentlich hätte haben müssen: einen gewissen Teerjackenhumor, auch von *diesem* keine Spur. Er vermochte sich nicht einmal zu einer Anekdote aufzuraffen und wenn er es tat, verdarb er sie. Seine Produktion war stupend; er konnte in einem fort schreiben, ohne ein Wort auszustreichen; sein Schaffen, wenn man's überhaupt so nennen durfte, hatte etwas Ehernes, Unerbittliches. Immer waren Massen auf Lager und so kam es, daß man ihn im Tunnel als ein »Füllsel« betrachtete, das, wenn alles andere fehlte, jederzeit eingestopft werden konnte. Das bedeutete nicht viel, aber umschloß doch immer noch eine gewisse Schätzung und in dieser Schätzung, so klein sie war, blieb er auch, so lang er ein freier Schriftsteller blieb. Als er aber in der sogenannten Reaktionszeit als ein ganz kleiner Beamter in die Kriegsministerial-Bibliothek einrückte – Scherenberg, der mit Grausen daran zurückdachte, war da sein Untergebener – kam Etwas zum Vorschein, was man bis dahin nicht an ihm gekannt hatte: Servilismus. Er sah nur noch nach dem Auge »hoher Vorgesetzter«. Keiner derselben, die eben Besseres zu tun hatten, kümmerte sich um ihn und seinen ganzen Kram, aber er setzte Mienen auf, als ob das Kriegsministerium ein Etwas sei, das mit der Kriegsministerialbibliothek stehe und falle. Dem schloß er sich auch in seinen Redewendungen an und geriet in jene Sprache hinein, in der der »Drache der Revolution«, »Einstehn für die höchsten Güter der Menschheit«, »sichrer als auf den Schultern des Atlas« – herkömmliche Wendung für die preußische Armee – wie Alltagsworte herumflogen.

Ich habe so viel Grog in seinem Hause getrunken, daß es eigentlich schlecht ist, so viel Anzügliches hier von ihm zu sagen. Aber ich nehme es schließlich auf mich. Es war noch in den fünfziger Jahren, als ich mich in sein Haus eingeführt sah und zwar durch Hesekiel, der im Hause Smidt der »Pascha von drei Roßschweifen« war, dabei den Küchenzettel schrieb und von Mutter und Tochter gleich abgöttisch verehrt wurde. Nicht zu verwundern! Wer an Heinrich Smidts Seite dreißig Jahre verlebt hatte, dem mußte jedesmal eine neue Welt aufgehn, wenn sich Hesekiel auf seine »goldnen Rücksichtslosigkeiten« stimmte. Starke Sachen liefen dabei freilich mit unter, aber nur desto besser; wo Langeweile durch ein Menschenalter hin grausam geherrscht hatte, waren Cynismen das erlösende Wort. Ich habe diesen Bacchanalen, die nach ihrem materiellen und geistigen Gehalt halb Bauernhochzeit, halb Kunst- und Literaturkneipe waren, manch liebes Mal beigewohnt und denke mit diabolischem Vergnügen daran zurück. Schauplatz war ein altes interessantes Haus in der Krausenstraße, dicht an der Mauerstraße; Wirt ein Bäcker, unten Laden und Backraum, darüber ein erster Stock, den Heinrich Smidt bewohnte. Dann kam ein hohes Dach mit einer unter einem Holzvorbau steckenden Winde, daran die feisten Mehlsäkke in die Höhe gewunden wurden. Mitunter hing solch ein Mehlsack schräg neben dem Fenster des Zimmers, drin wir unsere Feste feierten und konnte halb als Symbol, halb als Verspottung unseres Tuns gelten. Denn wir standen recht eigentlich im Zeichen des Mehlsacks: ungeheuere Schüsseln voll Maccaroni – Hesekiels Lieblingsspeise – erdrückten fast die Tafeln. Indessen siegreich über alles blieben doch die zwei Punschbowlen, die sich unter einander ablösten. Alles lachte, strahlte. Denn Hesekiel hatte gerade das Wort und mit jenen Redederbheiten, auf die er sich wie selten einer verstand, ging er nun vor, nicht etwa um politische oder literarische Feinde abzuschlachten, das hätten andere auch gekonnt, sondern um seine Schwadronshiebe gegen die Tunnelfreunde, gegen den »aufgesteiften Kugler«, gegen den »überschätzten und politisch zweideutigen Scherenberg«, gegen den »großmäuligen Wiedmann und den noch großmäuligeren Orelli«, ganz zuletzt aber, wenn er mit dem Tunnel fertig war, seine Hauptkeulenschläge gegen seine Kollegen von der Kreuzzeitung zu führen, von denen ihm der eine zu ledern, der andere zu leisetretrig, ein dritter zu fromm und ein vierter zu schustrig war. Ich hörte beglückt zu und stieß mit ihm an, wobei sich jeder denken konnte, was er wollte.

Was war nun aber Heinrich Smidt als Schriftsteller? Hier muß ich schließlich doch Besseres von ihm sagen, als ich bis dahin konnte. So langweilig und unbedeutend er war, er war doch ein Talent, beinah ein großes. Natürlich auf seine Art, alles in allem ein wundervoller Fadenspinner. Zwischen Unbedeutendheit und altweiberhafter, rein äußerlicher Erzählergabe bestehen von Alters her geheimnisvolle Zusammenhänge. Wer bloß am Rocken sitzt und den Faden näßt, ist als Mensch allemal langweilig; andererseits, wer mehr auf der Pfanne hat, läßt sich auf solch bloßes Fadenspinnen gar nicht ein. Heinrich Smidts Dramen und Gedichte sind weit unter Durchschnitt, aber wenn er sich seine Blätter zurecht schob und nun seine Feder in zierlicher Handschrift darüber hingleiten ließ, so gab das gelegentlich doch unterhaltliche Dinge, deren man sich freuen konnte. Beachtung, ja freundlichste Zustimmung haben unter anderen seine Devrient-Novellen gefunden; aber diese waren weitaus nicht sein Eigentlichstes und Bestes, denn über Devrient zu schreiben, dazu war er schon deshalb nicht geeignet, weil ihm nichts so sehr fehlte, wie das Devrient'sche. Sein in bestimmter Richtung großes Talent zeigte sich, wenn er irgendeine Hansische Chronik unter Händen gehabt hatte, denn, in *Wieder*erzählung dessen, was er dem Buch entnommen, war er auf seiner Höhe. So hab' ich ihn mal die Erstürmung von Bergen durch die Lübischen vorlesen hören und war ganz bewältigt von der lebendig gestalteten Szene. Natürlich war die Sache, wie jeder historische Hergang zu dessen Darstellung man schreitet, irgendeiner Ueberlieferung entnommen, aber es war doch in *seine* Sprache transponiert, was immerhin etwas bedeutet und jedenfalls verbleibt ihm das Verdienst, gerade *den* Stoff und keinen anderen gewählt zu haben. Das Wort Spielhagens »finden, nicht erfinden« enthält eine nicht genug zu beherzigende Wahrheit; in der Erzählungskunst bedeutet es beinah alles.

Gewiß, Heinrich Smidt war kein großer Schriftsteller, kaum ein Schriftsteller überhaupt; aber er war, ich muß das Wort noch einmal wiederholen, ein virtuoser »Fadenspinner« und als solcher hat er vielen Tausenden viele frohe Stunden verschafft.

Als, kurz vor Weihnachten 1853, jedes der Kinder im Kugler'schen Hause seinen Weihnachtszettel zu schreiben hatte, schrieb der jüngere Sohn, Hans Kugler, auf seinen Wunschzettel: »wünsche mir ein Buch von Heinrich Smidt« und des weiteren gefragt: »welches Buch?« antwortete er beinah unwirsch: »Ach, was; von Herrn Smidten ist alles schön.«

Hugo von Blomberg

Hugo von Blomberg, etwa ums Jahr 50 als »Maler Müller« in den Tunnel eingetreten, war nie sehr beliebt. Unter den Baronen Maler und Dichter, unter den Malern und Dichtern Baron. Man weiß, was dabei herauskommt. Also er war nicht sehr beliebt; aber er war außerordentlich geachtet, worauf er denn auch, wie selten Einer, Anspruch hatte. Das mit den »Edelsten der Nation« ist nur zu oft angetan, Widerspruch zu wecken; aber er – Blomberg – durfte wirklich als ein solcher »Edelster« gelten. Er war ganz Idealist, nicht in Redensarten, sondern in Wirklichkeit. Nebenher sei bemerkt, daß er ein Neffe oder Großneffe jenes Alexander von Blomberg war, der 1813, beim Erscheinen der russischen Vorhut, sich dieser als Führer anschloß und beim Eindringen in Berlin, in Nähe des Königtors, durch eine französische Kugel seinen Tod fand.

Ein Denkstein zeigt bis diesen Tag die Stelle, wo der erste Preuße der Befreiungskriege fiel.

Unser Blomberg war unbemittelt. Daß er es war, war, wenn ich recht berichtet bin, eine Folge seiner ihn auszeichnenden Großherzigkeit. Es existierte noch ein Familienbesitz in Kurland und der Nächstberechtigte dazu war eben unser Hugo von Blomberg. Dieser aber, als es sich um Uebernahme des Erbes handelte, fand, daß ein Bruder oder ein andrer naher Verwandter in noch minder glücklicher Lage sei als er selbst und so trat er diesem, seinerseits nur einen ganz bescheidenen Gewinnanteil fordernd, das Gut ab. Auch mit diesem Gewinnanteil, wenn er ausblieb, nahm ers nicht genau. »Er zahlt nicht, weil er nicht kann.« Damit war die Sache erledigt. Nun hätte dies, unter Verhältnissen wie sie gewöhnlich bei jungen Adligen liegen, immer noch nicht allzu viel bedeutet, – eine Stellung in der Verwaltung, in der Armee kann helfen und nötigenfalls eine gute Partie. Aber Blomberg setzte die Pflege seines Idealismus mit ungeschwächten Kräften fort, nichts von Verwaltung, nichts von Armee, nichts von »guter Partie«, er wurde vielmehr Maler und Dichter und nahm eine arme Frau. Diese war eine ganz entzückende Dame, Potsdamerin, Tochter des alten Generals von Eberhardt, der in der Schlacht bei Jena, damals dreizehnjährig, als alles schon wankte, sich an die Spitze einer Grenadierkompagnie gestellt und im Vorgehen gegen eine Batterie, das Bein durch eine Kanonenkugel verloren hatte. Er erhielt den Pour le mérite, die einzige Ordensauszeichnung, die für den Tag von Jena erteilt wurde und stand, bis an sein Lebensende, beim ganzen Hause Hohenzollern in hohem Ansehen.

In Hugo von Blomberg und dem Fräulein von Eberhardt waren zwei musterhafte Menschen zusammen gekommen und musterhaft wie die Menschen waren, war auch ihre Ehe. Sie liebten sich aufs Innigste und außer seiner Kunst existierte für Blomberg nur Frau und Kind. Gesellschaften mied er und als wir, seine näheren Freunde, diesmal tadelten, dabei von seiner »Hausunkenschaft« sprachen und ihn zu überzeugen suchten, daß er seiner Frau denn doch zu große Opfer bringe, lächelte er und sagte: »Sie irren. Ich bringe meiner Frau keine Opfer; ich *liebe* meine Frau.« Wir machten lange Gesichter und schwiegen.

Daß wir, er und ich, so 'was wie Freundschaft schlossen, das datierte von einem bestimmten Vorfall her. Es war eine jener geschäftlichen Tunnelsitzungen, in denen über neu aufzunehmende Mitglieder verhandelt wurde. Blomberg empfahl einen jungen kurischen Edelmann, der den Wunsch ausgesprochen hatte, Mitglied zu werden. Ich sagte: »das würde nicht gut gehn.« Er verfärbte sich, bezwang sich aber und fragte ruhig: »warum nicht?« – »Ich kann es hier in öffentlicher Sitzung nicht sagen; aber ich werde es Ihnen im Privatgespräch nachher mitteilen.« Dies geschah. Er nickte zu meinen Mitteilungen, war aber nicht voll überzeugt und wollte sich in Dresden – wo die Dinge gespielt hatten – erst nach dem Sachverhalt erkundigen. Dies tat er denn auch, und die Angelegenheit kam nicht weiter zur Sprache. So fatal ihm der Zwischenfall war, so wußt' er mir doch schließlich Dank, ihn vor einer Unannehmlichkeit bewahrt zu haben. Denn er war, wie in allem korrekt, so auch sehr sittenstreng.

Im Tunnel waren wir allerspeziellste Nebenbuhler, weil die Ballade sowohl seine wie meine Domaine war. Ja, wir hatten sogar die Spezialgebiete gemein und behandelten beide mit besonderer Vorliebe: das Schottische, vor allem Maria Stuart, und das Friderizianisch-Preußische. Perfekter Kavalier, der er war, konnte von Eifersüchteleien bei ihm keine Rede sein und wie's – hier im Guten – in den Wald hineinschallte, so schallte es auch wieder heraus. Ich war stets seines Lobes voll, auch ganz aufrichtig, aber in meinem letzten Herzenswinkel doch immer mit einer kleineren oder größeren Einschränkung. Er merkte das auch und fragte mich mal danach. Es brachte mich nicht in Verlegenheit, im Gegenteil, es war mir lieb und ich sagte: »ja, Sie haben ganz recht. Es fehlt mir etwas in Ihren Balladen; wenn sie ein *klein bißchen anders* wären, so wären sie ausgezeichnet.« Er lachte. »Nun gut. Aber was ist das ›kleine bißchen‹, das Sie wohl anders wünschten?« Ich habe nicht mehr gegenwärtig, was ich ihm geantwortet habe; wahrscheinlich war es allerlei, was tastend und vermutend um die Sache herum ging. Jetzt nachträglich weiß ich ganz genau, was dies meiner Meinung nach Fehlende war, denn im Aelterwerden beschäftigt man sich, durchaus ungesucht, auch mit der Theorie der Dinge. Blomberg las allerhand alte Bücher, fand einen geschichtlichen und anekdotischen Hergang, der ihm gefiel und brachte diesen Hergang in Verse. Er verfuhr dabei mit großer äußerlicher Kunst, alles war vorzüglich aufgebaut, knapp und klar im Ausdruck, aber trotzdem blieb es eine gereimte Geschichte. Das ist, wie mir jetzt feststeht, ein Mangel. Es muß durchaus noch 'was Persönliches hinzukommen, vor allem ein *eigener Stil*, an dem man sofort erkennt: »ah, das ist *der.*« Man denke nur an Heine. So lag es aber bei Blomberg nicht. Die Sachen waren sehr gut, aber sie konnten auch von zehn Anderen sein; sie hatten kein Eigenleben. Einige seiner Balladen können freilich als Ausnahmen gelten, so »die Dame von Faverne« – zuerst in der »Argo« von 1856 erschienen –, ein sehr schönes Gedicht.

Ich glaube, daß sich Blomberg zu einem sehr guten Schriftsteller, namentlich Kunstschriftsteller, – deren es damals nur erst wenige gab – hätte entwickeln können, aber die Malerei war seine unglückliche Liebe. Er mochte schon über vierzig sein, als er sich entschloß, »noch mal von vorn anzufangen« und in Ausführung dieses Entschlusses nach Weimar ging, um bei Preller oder einem anderen Meister, was »Reelles« zu lernen. Ob es 'was geworden wäre, weiß ich nicht, möcht' es aber fast bezweifeln; es ist damit, wie mit der Akrobatik oder dem Klavierspielen, alle Gelenke müssen noch gelenk sein, wenn die Schule durchgemacht werden soll. Im Heraldischen, und darüber hinaus in phantastischer Ornamentik, hat er übrigens, schon während seiner Berliner Tage, ganz Ausgezeichnetes geleistet, das sich der lebhaften Anerkennung auch derer erfreute, die sonst von seinem Malertum nicht viel wissen wollten.

Er starb, ich glaube, Mitte der siebziger Jahre. Doch nicht von seinem eigenen Tode will ich am Schlusse dieser Skizze sprechen, sondern von einem überaus schmerzlichen Hinscheiden, das er, kurz bevor er nach Weimar übersiedelte, noch in seinem alten Berlin erleben mußte. Zärtlicher Vater, der er war, ging er auch gern mit seinen Kindern spazieren, am liebsten nach einem am Fuße des Kreuzberges gelegenen Kaffeegarten, wo gute Spielplätze waren. An einem schönen Tage war er da mit seinen zwei ältesten Kindern, seiner Tochter Eva und seinem Sohn Hans, einem reizenden damals neunjährigen Jungen. Es wurde geturnt, gesprungen und bei den Springübungen, die gemacht wurden, sprang der Junge über einen Tisch fort und fiel, weil er das Ziel nicht recht genommen, in einen Stachelbeerstrauch. Ein kleiner Dorn drang ihm unter dem Auge ein, genau die Stelle treffend, von der es im Volksmunde heißt: »da sitzt das Leben«. Der Vater zog den Dorn heraus, eine Verletzung war kaum zu sehen und der Knabe spielte munter und ausgelassen weiter. Erst gegen Abend ging man heim. In der Nacht stellten sich Schmerzen ein, auch Fieber, aber nicht erheblich und nur um nichts zu versäumen, ging Blomberg in aller Frühe mit dem Kinde zum Arzt. Dieser streichelte den Jungen, freundliche Worte zu ihm sprechend, nahm dann aber den Vater ins Nebenzimmer und sagte: »Lieber Blomberg, Ihr Junge muß sterben. Morgen um diese Zeit ist er tot.« Und so kam es. Alle Freunde waren bei dem Begräbnis, der alte Pastor Stahn, ein vorzüglicher Herr, sprach rührende Worte und nicht oft im Leben bin ich so bewegt gewesen, wie bei dieser Gelegenheit. Ich weiß nicht woran es lag, aber der reizende Junge, der schöne Sommertag und ein anscheinendes Nichts, das doch den Tod brachte, – es erschütterte mich.

Schulrat Methfessel

Methfessel, trotzdem er Schulrat war und sich anscheinend für alles interessierte – während ihm doch ein wahres Interesse durchaus fehlte –, spielte keine besondere Rolle im Tunnel. Er gehörte zu denjenigen, denen man nicht recht traute. Seine mannigfachen Tugenden und Verdienste wurden durch ebenso viele Schwächen wieder in Frage gestellt.

Um aus der Reihe dieser Schwächen nur eine allerkleinste, freilich eine sehr charakteristische, heraus zu greifen, – er war ein »Uhrenzieher«, und zwar einer der eifrigsten und bedrücklichsten, die mir in meinem Leben vorgekommen sind. Nun wird dieser oder jener sagen: »Uhrenzieher! warum nicht? Uhrenzieher, das sind einfach pünktliche Leute.« Gewiß. Aber Pünktlichkeit ist durchaus nicht das, was den eigentlichen Uhrenzieher ausmacht. Pünktlichkeit ist unbestritten eine Tugend, und wer pünktlich ist und *nur* pünktlich, ohne jeden weiteren Beigeschmack, den will ich loben, wiewohl offen gestanden mir persönlich die ganze Sache nicht viel bedeutet. Ich denke, dem Glücklichen schlägt keine Stunde, und er soll die glückliche Stunde nicht abkürzen, auch nicht auf die Gefahr hin, dabei einmal unpünktlich zu sein. Aber wenn er es zu *müssen* glaubt, gut. Ich habe nichts dagegen. Er wird sich dann aber aus der Schar der Glücklichen wegstehlen, ohne nach der Uhr gesehen zu haben, oder doch nur ganz still, ganz leise, ganz heimlich und diskret. Anders der eigentliche Uhrenzieher, der Uhrenzieher von Fach. Er zieht seine Uhr mit Ostentation, er zieht sie auch da noch, wo ein an der Wand befindlicher Chronometer die Stunde ganz genau zeigt, er zieht sie, weil er sie ziehen *will,* weil er eine mehr oder weniger unliebenswürdige Person ist, die einer ganzen Versammlung zu zeigen beabsichtigt, »Euer Gebahren hier ist gar nichts; ich habe wichtigeres zu tun, und ich verschwinde.«

So war Methfessel.

Er trat in den Tunnel, als dieser in dem Zeichen von »Ligny« und »Waterloo« stand, was damals alle Solche heran lockte, die, nach den Vorgängen des »stürmischen Jahres«, das Preußisch-Patriotische durchaus betont zu sehen wünschten. Zu diesen gehörte natürlich auch Methfessel, und zwar ebenso sehr seiner Gesinnung wie seiner Lebensstellung nach. Er war geschulter preußischer Beamter mit einem Stich ins Höfische, Matthäikirchgänger, Büchselmann, aber – so viel muß ich Methfessel lassen – wie sein Generalsuperintendent mit einem Beisatz, der mit der Bekenntnisstrenge wieder versöhnen konnte. Bei Büchsel selbst war es ein wundervoller, gelegentlich bis zu schlauer Eulenspiegelei sich steigernder Humor, bei Methfessel ein Stück Altliberalismus oder, wenn dies zu weit gegriffen ist, eine seinem Lehrer Diesterweg durchs Leben hin bewahrte Verehrung und Liebe. Diese nie verleugnete Liebe zu seinem alten Lehrer war sein schönster Zug, und ich muß ihm denselben um so höher anrechnen, als es, wie schon angedeutet, durchaus in seiner Natur und seinem Lebensgange lag, von den Anschauungen höchster Vorgesetzten abhängig zu sein. Geschulter preußischer Beamter sagte ich. Ja, das war er, und in Haltung, Miene, Sprache kam dies gleichmäßig zum Ausdruck. Er hatte sich's, um nur ein Beispiel zu geben, angewöhnt, Personen, die sich einer Titelauszeichnung erfreuten, diesen Titel immer mit einer gewissen Feierlichkeit anzuheften. Er sprach also nicht einfach von Bethmann-Hollweg, Mühler, Böckh,

Schönlein, sondern gab, auch im leichtesten Gespräche, jedem sein gerütteltes und geschütteltes Titulaturmaß, und noch in diesem Augenblicke stimmt es mich zur Heiterkeit, wenn ich mir vergegenwärtige, wie etwa die Worte: »Geheimer Oberregierungsrat Pehlemann« über seine Lippen rollten. Es war an Zungenvolubilität etwas ebenso Vollkommenes wie Eigenartiges und glich den jetzt modischen Harmonikazügen, bei denen man nicht recht weiß, ob man mehr die bis zur Einheit gesteigerte Koppelung oder aber die schußartige Fluggeschwindigkeit des Ganzen bewundern soll.

In seinem Amte galt Methfessel für sehr tüchtig, und ich glaube, daß er sein Ansehen verdiente. In manchen Stücken aber irrte er. So wenigstens will es mir erscheinen. Er war beispielsweise dafür, fremde Sprachen durch *Deutsche* lehren zu lassen, weil diese »grammatikalisch« geschulter seien. Ich halte dies, nach an mir selbst gemachten Erfahrungen, für grundfalsch, und bin der Meinung, daß mir jeder beliebige Durchschnitts-Engländer ein verwendbareres Englisch beibringt, als ein grammatisch geschulter Deutscher. Und damals, wo noch alle die Hülfen fehlten, die jetzt da sind, galt das noch viel mehr als heute.

Methfessels eigentliche Stärke lag denn auch weniger nach der wissenschaftlichen als nach der pädagogischen Seite hin. Er hatte die »Methode« weg, wußte, wie man's machen müsse. Was davon Diesterwegisch war, war auch gewiß vortrefflich, was aber Methfesselisch war, war wohl oft fraglich. Eine Geschichte, auf die es mir hier recht eigentlich ankommt, soll denn auch, zur Erhärtung dieser Fraglichkeit, den Schluß bilden.

Zu Methfessels amtlichen Obliegenheiten gehörten auch Inspektionen, darunter als Feinstes Inspektionen höherer Töchterschulen. Eine dieser Töchterschulen, zugleich mit einem vornehmen Pensionate verbunden, war ihm schon längst ein Dorn im Auge. Vielleicht, daß er das eine oder das andere gehört hatte, was der Schul- und Pensionsvorsteherin, einer hübschen, stattlichen Dame, nachteilig war. Doch möchte ich dies andererseits bezweifeln, wenigstens die Berechtigung dazu; denn ich habe die Dame selbst noch sehr gut gekannt. Ich wohnte mit ihr in demselben Hause. Nun also, Methfessel kam, um nach dem Rechten zu sehen. Er erschien in einer der oberen Klassen, und während der Unterricht seinen Verlauf nahm, ging er von Platz zu Platz und revidierte die Hefte. Gleich auf der zweiten Reihe saß eine fünfzehnjährige Blondine, reizendes Geschöpf; Methfessel durchblätterte das Diarium, kam bis auf die letzte Seite, warf einen flüchtigen Blick auf das wie mit Blut übergossene junge Ding und steckte das Heft in die Brusttasche. Den anderen Vormittag ließ er sich bei der Mutter melden, einer vornehmen, reichen Dame, selbst noch jung. Er erzählte, was nötig war, und überreichte dann das Heft. Die junge Frau – ihre verhältnismäßige Jugend mag es entschuldigen – ließ sich zu der Unwahrheit hinreißen, »daß sie *das,* was da stehe, nicht verstünde«, worauf Methfessel einen geordneten Rückzug antrat. Aber nicht um die Sache dabei bewenden zu lassen. Es kam zwar zu keinem Eklat, trotzdem war ganz im stillen die Folge, daß die Schulvorsteherin, »weil sie nicht aufgepaßt«, an der erwähnten letzten Diariumsseite zu Grunde ging. Sie starb in sehr beschränkten Verhältnissen. Die junge Blondine – und das ist das einzig Erfreuliche an der Sache – kam unangefochten darüber hin und ist längst glückliche Großmutter.

So die Geschichte. War das Verfahren richtig? Ich, wenn ich Schulrat gewesen wäre, hätte nach der Schulstunde zu dem armen, in seiner Scham und Todesangst genugsam abgestraften jungen Dinge gesagt: »Mein liebes Fräulein, wir wollen das zerreißen; das gehört nicht in Ihre Phantasie, noch weniger in Ihr Diarium.« Und damit, meine ich, wäre es genug gewesen. Ich unterbreite die Geschichte nach

Ablauf von mehr als vierzig Jahren dem Urteil der Pädagogen und denke, sie werden mir zustimmen, wenn ich sage: Methfessel, so weit diese Geschichte mitspricht, war ein Doktrinär und kein Menschenkenner. Oder aber – er *wollte* keiner sein.

Ich fürchte beinahe das letztere.

SECHSTES KAPITEL

Louis Schneider

Hofschauspieler, Geh. Hofrat, Vorleser
Friedrich Wilhelms IV.

Louis Schneider war der, den es sich wohl eigentlich geziemt hätte, diesen Porträtskizzen voran zu stellen, denn wenn er nicht wie Saphir und Lemm zu den unmittelbaren Tunnel-Gründern gehörte, so war er doch jedenfalls unter den ersten Mitgliedern des Vereins und hing an ihm, durch ein halbes Jahrhundert, in immer gleicher Treue. Bis zum achtzehnten März – von wo ab sich dann die Dinge freilich änderten – war es *sein* Verein, in dem *seine* Geschmacksrichtung und *seine* Gedankenwelt herrschte, trotzdem es nicht an Gegnern fehlte, die diese »Gedankenwelt« belächelten, ja, sie überhaupt nicht als eine Gedankenwelt gelten ließen. Im ganzen aber durfte bis zu genannter Zeit – achtzehnter März – gesagt werden: »Schneider ist der Tunnel und der Tunnel ist Schneider.« Beide, Schneider und der Tunnel, waren im wesentlichen liberal mit *Anlehnung an Rußland*. Also eigentlich ein Unding. Aber so gingen die Dinge damals und wenn man gerecht sein will, begegnet man ähnlich Widersprechendem auch heute noch. Es geht viel unter einen Hut.

Schneider hieß im Tunnel »Campe der Caraïbe« und so bedeutungslos im allgemeinen alle diese Tunnelbeinamen waren, so war doch hier ein Ausnahmefall gegeben. Das ganze Schneider'sche Wesen hätte nicht besser charakterisiert werden können. In seiner mit Trivialitäten ausgestatteten, breitprosaischen Väterlichkeit war er ganz der Robinson Crusoe-Campe, wenn er aber in ein mehr oder weniger erkünsteltes Feuer geriet und dabei die gewagtesten seiner Sätze durch immer neue Ungeheuerlichkeiten übertrumpfte, so war er ganz »Caraïbe«. Fähnrich Pistol soll eine seiner Glanzrollen gewesen sein und Fähnrich Pistol und Caraïbe ist so ziemlich dasselbe, nämlich der bis ins Komische gesteigerte »wilde Mann«.

Noch einmal: bis 48 war Schneider die *Seele* des Vereins. Von 48 ab aber war er nur noch die *Säule* desselben. Er *trug* den Tunnel noch, aber mehr äußerlich; er war nicht mehr dessen innerstes Leben. Es lag dies weniger an den sich ändernden politischen Verhältnissen, als daran, daß mit einem Male ganz neue Personen auftraten, die zu Schneider, gleichviel nun ob er seinen väterlichen Campe- oder seinen wilden Caraïben-Tag hatte, den Kopf schüttelten. Unter diesen Neuhinzugekommenen waren Kugler, Eggers, Heyse, Geibel, Storm; dazu – als Kritiker – so superiore Leute wie Dr. A. Widmann und H. v. Orelli. Man braucht ihre Namen nur zu nennen, um sofort erkennen zu lassen, daß es mit diesen nicht ging. Er war ihnen einfach nicht gewachsen und fühlte seinen Stern erbleichen, griff aber, um diesen Prozeß zunächst wenigstens hinauszuschieben, zu dem bekannten Mittel des sich »Rarmachens«. Er konnte dies um so unauffälliger, als zwei Dinge: sein so ziemlich in dieselbe Zeit fallender Rücktritt vom Theater und sein neues, unmittelbar danach beginnendes Vorleseramt beim König, ohnehin zu seiner Uebersiedlung von Berlin nach Potsdam geführt hatten. Dies seltenere sich zeigen im Tunnel war aber nicht gleichbedeutend mit Interesselosigkeit, er blieb allen Gegnerschaften zum Trotz durchaus unverändert in seiner Anhänglichkeit, sah aber freilich die *Motive* zu diesem seinem Aushalten in einem fort verdächtigt und zwar so sehr und noch dazu mit so geringer Begründung, daß ich zu dem Ausspruch gezwungen bin: nicht Schneider war in dieser nachachtundvierziger Zeit untreu gegen den Tunnel, sondern der Tunnel war untreu gegen Schneider. Vor allem auch undankbar. Denn Schneiders Interesse bezeugte sich, *nach* wie *vor* dem achtzehnten März, in Taten. Er half. Diese Hilfe bestand in allerlei: in Einführungen, Empfehlungen, Aufforderung zur Mitarbeiterschaft an seinen Blättern und Aehnlichem. Aber wenn diese Hilfen, die mitunter einer direkten Unterstützung gleichkamen, auch nicht gewesen wären, so verblieb für sein Kredit doch immer noch das Eine, daß er den Tunnel sozusagen hoffähig machte. Was sich von den Dichtungen unserer Tunnelleute nur irgendwie zum Vorlesen an den Teeabenden in Sanssouci, Charlottenhof und Charlottenburg eignete, kam auch wirklich zum Vortrag. Unter denen, die dieser Ehre teilhaftig wurden, war auch ich und zwar mit einem Romanzen-Zyklus, der den Gesamttitel »Von der schönen Rosamunde« führte. Weil sich's nun traf, daß diese meine Dichtung, um genau dieselbe Zeit, auch von dem an andrem Orte, in meinem Scherenberg-Buche, geschilderten Rhetor Schramm in Entreprise genommen wurde, so gingen mir in ein und derselben Woche zwei Zuschriften zu, darin ich von beiden gefeierten Vorlesern aufgefordert wurde, sie zu besuchen, da sie *das,* was sie zu geben gedächten, zunächst meinem Urteil unterbreiten wollten. Ich erschien denn auch. Bei Schramm fand die Probevorlesung in seiner Wohnung statt, bei Schneider in Meinhards Hotel, unter den Linden, wo er, wenn er nach Berlin herüberkam, abzusteigen pflegte. Beide lasen gleich schlecht, weil nach demselben falschen Prinzip, das in dem altehrwürdigen Gegensatz von Gebrüll und Gewisper wurzelte. Dabei kam es vor, daß Schneider eine ganz zweifellose Wisperstelle geradezu donnerte. Junge Dichter begehen nun gewöhnlich den Fehler, dergleichen korrigieren zu wollen, was bloß verschnupft. Darauf hab ich mich aber nie eingelassen, fand vielmehr jederzeit alles wunderschön, weil ich, neben dem in erster Reihe stehenden Wunsche kein Aergernis zu geben, auch schon damals eine ziemlich richtige Vorstellung von dem hatte, was »Publikum« bedeutet. Die Geschichte von Garrick, der durch Vortrag des englischen Alphabets die Zuhörerschaft von Drury Lane hinriß und zu Tränen rührte, wiederholt sich cum grano salis tagtäglich.

Es waren, aus dem Gros d'Armée des Tunnels vorzugsweise Lepel, Eggers, Hesekiel und ich, denen Schneiders Wohlwollen zugute kam. Aber was bedeuteten diese Guttaten neben all dem Auszeichnenden, Schmeichelhaften und Fördernden, was durch die bei Hofe stattfindenden Schneider-Vorlesungen unsrem großen Armee-Kommandierenden, unsrem Scherenberg zuteil wurde. Daß dieser von dem Tag an, wo sein »Ligny« zur Kenntnis des Königs kam, durch ein Menschenalter hin, Sorgen entrückt, seiner Dichtung und seiner Philosophie leben konnte, war zunächst ausschließlich Schneiders Verdienst. Allerdings kamen die später unserem Tunneldichter zuteil werdenden direkten Hilfen von anderer Seite her, aber *der,* der den Boden für all dies kommende Gute vorbereitet hatte, das war und blieb doch Schneider. Er hatte ganz allmählich bei Hofe den Glauben entstehen lassen: »Hier haben wir endlich ein großes Talent, einen richtigen patriotischen Dichter« und erst nachdem dieser Glaube geschaffen war, war auch von anderer Seite her Unterstützung und Hilfe möglich. In den, dem achtzehnten März unmittelbar voraufgehenden und unmittelbar folgenden Zeiten war auch niemand unter uns, der dies nicht willig anerkannt und mit herzlichem Dank für Schneider erwidert hätte. Später aber, um die Mitte der fünfziger Jahre herum, änderte sich's und wenn schon vorher die kleineren Schneider'schen Tunnelwohltaten einer Kritik unterzogen worden waren, so geschah jetzt ein Gleiches auch im Hinblick auf das, was er für Scherenberg getan. »Was ist es denn?« so hieß es. »Gar nichts.« Er hat *sich* einen Dienst geleistet, hat *sich* beim Könige lieb Kind gemacht, *sich* vor den Potsdamer Offizieren als Kunstmäzen ausgespielt. Lächerlich genug. Wir wiederholen Dir, allen persönlichen Vorteil hat er gehabt und dabei seiner Eitelkeit Zucker gegeben. Und dann hat er Dich seinem Buchhändler Hayn, diesem Intelligenzblatt-Verleger zugeführt und »Freund Hayn«, bei dem man Intelligenz und Intelligenzblatt unterscheiden muß, hat ein Bombengeschäft mit Dir gemacht und ziert sich nun in der Welt als Literaturvater herum, während er doch bloß ein Weißbierphilister ist mit einer Pontac-Nase. Quäle Dich doch nicht mit Dankbarkeit. Er muß *Dir* dankbar sein. Wenn Du zusammenrechnest, was dieser Louis Schneider, dieser sogenannte Edelmutsmensch, aus allen Königs- und Prinzenkassen für Dich herausgeschüttelt hat, so kommt noch keine Jahresmiete heraus, trotzdem Du, Gott weiß es, billig genug wohnst.« In diesem Tone klang das Lied, das Franz Duncker, Widmann, Orelli nicht müde wurden zu singen und ein Stückchen Wahrheit war ja drin. Aber die, die so redeten, waren auch nicht anders und was sie samt und sonders mit so viel Spott und Bitterkeit gegen Schneider auftreten ließ, das war alles nur *politische* Gegnerschaft, Parteihaß. Man haßte den »an Rußland verkauften« Schneider und wollte, was in einem gewissen Zusammenhange damit stand, im Publikum den Gedanken nicht aufkommen lassen, daß Scherenberg ein *patriotischer* Dichter sei; Scherenberg sollte vielmehr, nach dem Willen vorgenannter Herren, durchaus ein Volksdichter sein, ein 1813-Verherrlicher, wo das Volk und die *Landwehr* alles gemacht hätten. »Das stünde auch klar auf jeder Seite seiner Dichtungen, wenn man sie nur richtig läse; die Reaktion treibe bloß Mißbrauch mit ihm und man müsse ihn retten vor dieser

Vergewaltigung.« In der Tat, es war ein beständiges Hin- und Herzerren mit unserem Tunneldichter; heute hatten ihn die Patrioten, morgen hatten ihn die Fortschrittler. Der arme Scherenberg! Er war in derselben Verlegenheit wie der Pfalz- und Rheingraf in Bürgers »wildem Jäger« und wußte nicht, ob er sich nach links oder nach rechts hin halten sollte. Mit der ganzen Geschicklichkeit eines Pommern und Balten hat er sich aber schließlich immer geschickt durchgewunden und ist als Freund »von links und rechts« gestorben, ohne je der Zweideutigkeit bezichtigt worden zu sein. Der Glückliche!

Schneider, während im Tunnel, in *»seinem Tunnel«*, dieser Aufruhr tobte, saß all die Zeit über ruhig in seinem Potsdamer Heim und lächelte, wenn er von dem Sturm im Glase Wasser hörte. Was aber das Beste war, er ließ diesen Abfall von ihm niemand im Tunnel entgelten, und zeigte sich, was immer aufs neue gesagt werden muß, auch darin wieder uns allen überlegen, vor allem auch überlegen in Gesinnung. Wirklich, er gehörte zu den bestverketzerten Personen, die mir in meinem Leben vorgekommen sind. Ich habe ihn ziemlich gut gekannt, fünfzehn Jahre lang in unserem Verein und dann zehn Jahre lang auf der Kreuzzeitung, wo ich ihn allwöchentlich wenigstens einmal sah; aber ich kann nicht sagen, daß ich ihn je auf einem faulen Pferde ertappt hätte. Im Gegenteil, er war ehrlicher und konsequenter als seine soi disant »Freunde«, die sich ziemlich unberechtigt über ihn erhoben. Ueberhaupt konnte man im Tunnel, wie überall in der Welt, die Mißlichkeit des landläufigen Urteils studieren. Wie mit Blindheit geschlagen, waren oft die Klügsten; höchst fragwürdige Charaktere wurden gefeiert, während viel Tüchtigere sich mit Soupçon behandelt sahn. Es ist unglaublich, wie leicht selbst Scharfsichtige von Fach, z. B. Kriminalisten und Weltweise, durch Manieren und gefälliges Komödienspiel bestochen werden können. Im ganzen genommen existiert bei den Menschen eine so hochgradige Unfähigkeit den Seelen anderer auf den Grund zu sehen, daß sich dies Hochgradige nur aus einer gewissen Unlust »sich auf irgendwie ernste Untersuchungen einzulassen«, erklären läßt. Die Meisten nehmen, so lange sich's einigermaßen mit ihrem Vorteil verträgt, alles so, wie's bequem-zugänglich obenauf liegt. Genau so war es mit dem Tunnel-Urteil über Schneider. Ich glaube nicht, daß jemand da war, der sich ernstlich mit seiner Wertfrage beschäftigt hätte. Man redete darauf los, von Voreingenommenheiten ausgehend. Es soll nicht geleugnet werden, Schneider war ein ungeheurer Faiseur, immer mußte was »gemacht«, versammelt, zusammengetrommelt werden. Wer ihn gekannt, weiß das. Es gab damals ein Lustspiel »Er mengt sich in alles«, dessen komische Hauptfigur den Namen Mengler führte. Solch Mengler war er. Aber wenn dies auch gelegentlich störend wirkte, so viel bleibt: er war ein wohlmeinender Mann und alle Verketzerung, der er immer wieder und wieder begegnete, lief darauf hinaus, »daß er das Heil Preußens ausschließlich in einem innigen Bündnis mit Rußland erkenne«. Sein Leben, wenn wir Frankreich statt Rußland setzen, erinnert an das Lombards. Lombard war klüger, Schneider ehrlicher und überzeugter.

In einer Schrift, die den Titel führt: »Berlin und Petersburg«, finde ich das folgende:

». . . Louis Schneider, – dessen viel patronisierter ›Soldatenfreund‹ wesentlich dazu beigetragen hatte, daß ein Teil des preußischen Offizierkorps seine Ehre darin sah, sich als russische Avantgarde zu fühlen und in den Tagen schärfster Diskrepanz zwischen deutschen und russischen Interessen die moralische Unentbehrlichkeit der russischen Allianz zu predigen, – Louis Schneider ließ sich im Jahre 1848, unter dem Titel eines Mitarbeiters, für die in Rußland selbst nur mit Ekel und Verachtung genannte »Nordische Biene« zum Leibkorrespondenten des Kaisers Nikolaus anwerben . . .

21 *Die Spree mit der Kurfürstenbrücke (Fotografie von F. A. Schwarz)*

22 *Kleine Burgstraße mit der Sechserbrücke und dem Hotel de Saxe (Fotografie von F. A. Schwarz)*

Gewohnt, die russische Obergewalt als naturgemäßes Verhältnis zu behandeln, sah Schneider in dem russischen Monarchen lediglich den ›europäischen Rennebohm‹ der bekannten Berliner Eckensteher-Anekdote, jenen alles regulierenden Hausherrn also, der sowohl Schulzen wie Lehmann aus seiner Bierstube weist, weil sie sich gegenseitig Ohrfeigen stechen wollen . . . Den Tag, an welchem die Kunde von dem Tode des Kaisers am preußischen Hofe eintraf, zählte Schneider zu den traurigsten seines Lebens und die von ihm in den Spalten des ›Soldatenfreundes‹ angestimmte Totenklage um den kaiserlichen Gönner war – neben dem bekannten, aus der Feder des ostpreußischen Generalsuperintendenten Sartorius stammenden Kreuzzeitungs-Artikel ›Ein Mann ist gestorben‹ – die pathetischste, die überhaupt vernehmbar wurde. Aus der Hand des Prinzen Karl empfing Schneider einige Wochen später eine von einunddreißig russischen Generaladjutanten, Suite-Offizieren und Flügeladjutanten unterzeichnete Adresse, in welcher diese Herren ihm ihren allerinnigsten und aufrichtigsten Dank für das Bild abstatteten, das er in seinem Blatte von ihrem unvergeßlichen Kaiser entworfen habe . . . Wie Schneider dachte die sämtliche Partei der Leute, denen die Partei über das Vaterland, das scheinbare Interesse der Krone über das wahre und dauernde Interesse des Staates ging. In dem Berlin der letzten vierziger und ersten fünfziger Jahre ist es ein öffentliches Geheimnis gewesen, daß die Fraktion, welche sich die ›konservative‹ nannte, ihre Parole an den Vorabenden wichtiger Entscheidungen fast regelmäßig aus dem russischen Botschaftshotel holte und daß der Herr dieses Hauses, Baron Meyendorff, auf Beamtentum und Gesellschaft der preußischen Hauptstadt seiner Zeit Einflüsse geübt hat, wie russische Minister sie, seit den letzten Tagen der königlichen Republik Polen, in fremden Ländern nicht mehr besessen hatten.«

So die Schrift: »Berlin und St. Petersburg«, deren Verfasser sicherlich von dem stolzen Gefühl erfüllt gewesen ist, einen »Unwürdigen« gewürdigt zu haben. Er hat auch wirklich, was in einer Parteischrift etwas sagen will, in nichts übertrieben. Ja, so *war* Schneider; ich kann es bestätigen. Aber ist dies so etwas Furchtbares? Eher das Gegenteil. Eine Schilderung, wie die hier von Schneider gegebene, paßte bis 1840 – und dann neubelebt auch wieder von 48 ab – auf Hunderttausende, darunter Prinzen des königlichen Hauses, die, was immer ihre Fehler sein mochten, wenigstens den *einen* Fehler nicht hatten, unpatriotisch zu sein. Ihr Patriotismus forderte, wie das auch das obige Broschürenzitat ausspricht, ein Zusammengehn mit Rußland. Ja, warum nicht? Es ist, wenn man dieser Frage näher treten will, durchaus nötig, sich in die Zeiten der Heiligen Alliance und der dieser Alliance unmittelbar vorausgehenden Kriegsjahre zurückzuversetzen. Rußland hatte uns gerettet, bei Existenz erhalten. Nicht bloß von Anno 6 bis 12, auch noch 13 und 14. Unerträglich ist es, immer noch in so vielen Büchern und Artikeln der naiven Vorstellung zu begegnen, als habe die Provinz Ostpreußen oder das York'sche Korps oder die pommersche Landwehr den Kaiser Napoleon besiegt. Durch dies unnatürliche Heraufpuffen hat man – von dem Häßlichen der Unwahrheit ganz abgesehn – nur Aergerlichkeiten und Torheiten geschaffen, die sich später gerächt haben. Es war nicht so, wie's in den Klippschulen vorgetragen wird. Die Macht der beiden Kaiserstaaten, Rußland und Oesterreich, so wenig enthusiastisch sie vorgingen, hatte doch schließlich den Ausschlag gegeben, *nicht* der Todesmut Preußens, der diesem, in allem übrigen, ein unbestrittener Ruhmestitel bleibt. Und nun kam der Friede, Nikolaus wurde »Schwiegersohn« und durch ein Menschenalter hin hatten wir eine Verbrüderung mit Rußland. Wer jene Zeit noch miterlebt hat, weiß, daß das ganze offizielle Preußen und noch viel viel mehr das ganze preußische Volk der alten Provinzen, der »Berliner« obenan, an dieser fraternité teilnahm; es war ein Jubel, wenn Kaiser Nikolaus kam, er gehörte mit zur »Familie« und Geschichten und Anekdoten, die von seiner Anhänglichkeit und Liebe sprachen, drängten und mehrten sich beständig, wobei Betrachtungen darüber, »ob das alles *politisch* vielleicht ein Fehler sei«, von sehr wenigen angestellt wurden. Gewiß gab es eine Minorität, die mit ihrem Fühlen und Denken entgegengesetzte Wege ging, aber all das durfte meiner Meinung nach diese Minorität doch nicht abhalten, hunderttausend anderen ein Recht auf Rußlandschwärmerei zuzugestehen, eine Schwärmerei, zu der, wenn man von der Frage der Freiheitlichkeit absieht, zahlloseste Gründe vorhanden waren: Anhänglichkeit an das eigene Herrscherhaus, Liebe zu einem patriarchalischen König, wie er in reinerer Gestalt nie da gewesen ist, Dankbarkeit, politischer Vorteil – weil (zunächst wenigstens) politische Sicherheit – und nicht zuletzt: ein bestimmtes und berechtigtes Prinzip. Dies muß ich ganz besonders betonen. Denn so gewiß ich, meinen Empfindungen und meiner Erkenntnis nach, alles Heil in der Freiheit sehe, so ist auch *diese* Frage, wie jede andere, nicht derartig abgetan, daß die entgegengesetzte Anschauung bloß Unsinn und Verbrechen wäre. Gott sei Dank, daß wir das Russische los sind, nicht mehr im Schlepptau fahren; aber ich kann mich über die nicht entrüsten, die vordem an Kaiser Nikolaus gehangen haben. Mit der sehr gefährlichen Anschauung muß, mein' ich, gebrochen werden, daß jeder Freiheitsschwärmer ein Ideal und jeder Kaiser Nikolaus-Schwärmer ein Schufterle sei. Frankreich ist jetzt Republik und drängt sich huldigend an die russische Seite. Was über den Menschen entscheidet, ist seine Gesinnung, Ehrlichkeit der Ueberzeugungen. Und die hatte Louis Schneider, auch wenn er hundert Tabatièren empfangen haben sollte. Daß »ehrliche Manieren« – in denen Schneider, beiläufig, exzellierte – täuschen können, weiß ich; die Welt wimmelt von faux bonhommes. Was aber *nicht* täuschen kann, ist ein langes Leben, das sich dem Beobachter als aus einem Gusse darstellt. Er war zu jeder Zeit derselbe, fast zu sehr. Ich habe vieles an ihm gesehen, was mir mißfallen hat, nichts aber, das ich als mißachtlich oder auch nur als zweideutig zu bezeichnen hätte. Seinen Geschmack geb' ich preis; ästhetisch war er sehr anfechtbar, moralisch bestand er.

Wie sich denken läßt, zirkulierten im Tunnel allerhand Anekdoten über ihn, die sämtlich den Zweck verfolgten, entweder ihn politisch zu diskreditieren oder aber ihn als »komische Figur« zu ridikulisieren. Als im Sommer 49 Nikolaus nach Berlin kam, ließ er Schneider ins Palais rufen und äußerte sich über den traurigen Zustand, in den Preußen geraten sei. »Sehn Sie, Schneider, *richtige* Preußen giebt es überhaupt nur noch zwei: ich und Sie.« Ziemlich um dieselbe Zeit erschien eine den Kaiser Nikolaus als beschränkt, brutal und deutsch-feindlich schildernde Broschüre. »Die müssen Sie lesen«, hieß es im Tunnel. Schneider aber antwortete: »Davor werd' ich mich hüten; dergleichen verwirrt bloß.« – Wie beim Kaiser, so war er auch bei der Kaiserin gut angeschrieben. Kam diese von Petersburg nach Potsdam auf längeren Besuch, so wurde Schneider zum Tee befohlen; die »ehemalige Prinzeß Charlotte« ließ sich so gern alte Berliner Geschichten erzählen. Einige Tunnelianer spöttelten darüber. Schneider zuckte die Achseln und sagte: »Ja, Kinder, in gewissem Sinne bin ich der richtige Byzantiner. Ich leugne nämlich nicht, daß, wenn es sich um Tee-Abende handelt und ich dabei die Wahl zwischen Frau Salzinspektor Krüger und der Kaiserin von Rußland habe, so bin ich immer für die Kaiserin von Rußland.« An bon sens war Schneider all seinen Gegnern jederzeit sehr überlegen.

Es konnte nicht ausbleiben, daß es bei den Tee-Abenden – auch bei den »königlichen«, die fast einen dienstlichen Charakter hatten – nicht immer ganz glatt ablief. Eines

Tages erschien Schneider wieder mal in seiner Vorlesereigenschaft oben auf Sanssouci und sah sich im Vorzimmer ohne viel Entschuldigung benachrichtigt, »daß es heute nichts sei«, weil eine der Königin empfohlene vornehme Dame verschiedene Gesangspiecen vortragen werde. Schneider verbeugte sich, nahm seine Vorlesermappe ruhig wieder unter den Arm und verschwand. Aus dieser Geschichte wurde seitens der Tunnel-Liberalen eine große Sache gemacht; »da sähe man's, – ein Mann von Ehre dürfe sich so nicht behandeln lassen«. Etwas Dümmeres ist kaum denkbar. Daß einem gesagt wird, »hören Sie, heute können wir Sie nicht brauchen, heute geht es nicht«, – das passiert einem im Leben in einem fort, das muß sich der Beste gefallen lassen. Und nun gar in dienstlicher Stellung und bei Hofe! Sonderbar, die Menschen verlangen immer moralische Heldentaten, so lange sie persönlich nicht »dran sind«. Alle die, die verächtlich von ihm sprachen, hätten sich bei Hofe viel viel mehr gefallen lassen. Aber das wurde natürlich bestritten und so kam es denn, daß man ihm Servilismus vorwarf, während doch seine ganze Haltung lediglich darauf hinaus lief, daß er seinen König, und nächst diesem – oder vielleicht auch über diesen hinaus – dem russischen Kaiserpaare eine Sonderstellung einräumte. Sonst war ihm »devotestes Ersterben« vor Hoch- und Höchststehenden etwas ganz Fremdes, *so* fremd, daß er sich umgekehrt – zum Beispiel im Gespräch über Prinzen – zu wahren Ungeheuerlichkeiten hinreißen ließ. Er ging darin so weit, daß er dem Potsdamer »Casino«, darin er eine hervorragende Rolle spielte, durch seine niemand schonenden Zynismen, gelegentlich recht unbequem wurde.

Sein hervorstechender Zug war, in vollstem Gegensatz zu Kriechen und Bücklingmachen, ein großer persönlicher und moralischer Mut. Als sich 48 alles verkroch, *er* war da, nicht um in Halbheiten sich durchzuwinden, sondern immer voran und immer freiweg. So war es, als man ihm im Theater – er nahm nach jenem Abend einfach seinen Abschied – eine Niederlage bereiten wollte, so war es, als man ihm die Landwehrleute auf den Hals hetzte. Da hatte man sich aber in ihm und schließlich auch in den Landwehrleuten geirrt. Statt sich klein zu machen oder zu drücken, stieg er auf dem alten Posthof in der Spandauerstraße, wo man ihn umringt haben mochte, auf eine dort zufällig haltende Postkutsche, machte das Deck derselben zu seiner Kanzel und donnerte von da dermaßen herunter, daß alle die, die gekommen waren, ihn zu verhöhnen oder zu insultieren, ihn im Triumph durch die Straße trugen. Er hatte ganz wundervoll den Ton weg, richtige Berliner Landwehrherzen zu treffen.

*

Ich komme, bevor ich von meinen persönlichen Beziehungen zu ihm spreche, hier noch einmal auf seine Stellung in unserem Verein zurück. Eine lange Zeit hindurch, wie schon eingangs erzählt, war er im Tunnel nicht mehr und nicht weniger als alles. Er herrschte, weil er passioniert war und nicht bloß ein Herz für die Sache, sondern auch noch allerlei andre hochschätzbare Vereins- und Gesellschaftsgaben mitbrachte. Nur freilich an der hochschätzbarsten Gabe gebrach es ihm völlig. Er stand einer Poeten-Gesellschaft vor, ohne selbst auch nur das Geringste von einem Poeten an sich zu haben. Charakteristisch für einen Dichter wird es meist sein, wie er sich zu Mitdichtern, auch zu ganz kleinen und unbedeutenden, zu stellen weiß. Lenau, als ihm eine Kellnerin im Café Daum einige von ihr verfaßte Gedichte schüchtern überreichte, trat von dem Augenblick an in ein ganz neues Verhältnis zu ihr und behandelte sie, weil er seiner Natur nach nicht anders konnte, mit zartester Rücksicht. Er sah in ihr immer eine Kollegin; von Gleichgiltigkeit oder gar Ueberhebung keine Spur. Louis Schneider dagegen verfuhr sehr anders, – er war eben kein Lenau. Damals kam es noch vor, daß blutarme junge Dichter ihre Dichtungen in einer kleinen Stadt auf eigene Kosten drukken ließen und nun, dies ihr Heftchen anbietend, bei ihren Mitdichtern um eine Wegzehrung baten. Auch zu Schneider kamen solche wenig Beneidenswerte. Schneider gab ihnen dann das Heftchen zurück, in der ihm eignen Berliner Sprechweise hinzufügend: »Ich pflege mir meinen kleinen Bedarf selbst zu machen.« Aber das war ihm noch nicht genug; er begleitete diese gemütlich sein sollenden Worte regelmäßig mit einer minimalen Geldgabe, hinsichtlich deren er dann strahlenden Gesichts die Versicherung abgab: »sie sei noch nie zurückgewiesen worden.« Ein häßlicher Zug. Und doch war er ein gütiger Mann, der vielen Hilfsbedürftigen tatsächlich ein echter und rechter Helfer gewesen ist. Er war nur nicht gewinnend in seinen Formen, die, trotzdem er einer Dichtergesellschaft präsidierte, der wahre Musterausdruck äußerster märkischer Prosa waren. Er litt an dieser Prosa wie an einer Krankheit und vielleicht am meisten da, wo sich seine Stellung zu dem, was man Poesie nennt, bekunden sollte. Jederzeit, innerhalb wie außerhalb des Tunnels, ist es ihm zum Verdienst angerechnet worden, Scherenberg entdeckt und den armen Poeten auf sein Glück und seine Höhe gehoben zu haben. Das ist auch wahr. Aber daß er diese spezielle Dichterschwärmerei sich leisten konnte, hing nicht mit seinen literarischen Tugenden, sondern umgekehrt mit seinen schweren literarischen Mancos zusammen. Schneider, weil er eines feineren Kunstgefühls total entbehrte, war in der Lage, sich an gewagtesten Bildern und alt-blücherschen Schlagwörtern beständig berauschen zu können. Was er denn auch redlich tat. Er erging sich, plätschernd und prustend, in den die Scherenbergsche Dichtung reichlich begleitenden Fragwürdigkeiten. Was *wirklich* bedeutend an Scherenberg war, davon ist ihm schwerlich viel zum Bewußtsein gekommen.

Ich persönlich habe sehr viel von Schneider gehabt, obschon er mir mehr oder weniger unsympathisch, seine Politik – trotzdem ich sie vorstehend verteidigt – im wesentlichen contre coeur und seine Kunst geradezu schrecklich war.

Daß ich mich ihm demohnerachtet so sehr zu Dank verpflichtet fühle, liegt in zwei Dingen: erstens darin, daß wir dasselbe Feld, Mark Brandenburg, kultivierten und zweitens darin, daß er ein Sentenzen- und Sprichwortsmann war, ein Mann, nicht der zitierten, wohl aber der selbstgeschaffenen »geflügelten Worte«. Diese Worte, wie sein ganzes Wesen, waren immer prosaisch und gemeinplätzig, aber vielleicht wirkten sie gerade dadurch so stark auf mich. Feine Sachen amüsieren mehr; ein Hieb aber, der so recht sitzen soll, muß etwas grob sein. Er war das verkörperte elfte Gebot »laß Dich nicht verblüffen« und seine Berliner Weltweisheit, seine burleske, mitunter stark ins Zynische gehende Unverfrorenheit hat mich oft erquickt, auch gefördert.

In der Zeit, wo ich meine »Wanderungen durch die Mark Brandenburg« zu schreiben anfing, sah ich ihn oft, um Ratschläge von ihm entgegen zu nehmen. Namentlich bei dem Bande, der das »Havelland« behandelt, ist er mir sehr von Nutzen gewesen.

Er wohnte damals, wenn mir recht ist, am »Kanal«, in einem echten alten Potsdamer Hause, das noch ganz den Stempel Friedrich Wilhelms I. trug. Er hatte sich alles sehr wohnlich zurecht gemacht und sein Arbeitszimmer, das bei großer Tiefe nach hinten zu jede Lichtabstufung zeigte, konnte als ein Ideal in seiner Art gelten. In allem etwas prinzipienreitrig, war er denn auch unentwegt der Mann des Stehpults geblieben, also einer Stellage von gut berechneter Höhe, darauf er alles zur Hand hatte, was er brauchte, besonders auch ein Glas mit kaltem, russischem Tee. So fand ich ihn regelmäßig vor, in Nähe des Pults ein langer

Tisch, darauf zahllose Zeitungen teils aufgetürmt, teils ausgebreitet lagen. Er empfing mich immer gleich liebenswürdig, spielte nie den Gestörten oder wohl gar den »in seinen Gedanken Unterbrochenen« und gab mir Aufschluß über das Mannigfaltigste, besonders über Reiserouten, wobei er's nur in dem einen versah, daß er mich immer dahin dirigieren wollte, wo vorher noch niemand gewesen war. Dies auf Entdeckungen ausziehn hätte ja nun sehr gut und für mich sehr verführerisch sein können; aber er hatte dabei nur den Sinn für eine herzustellende möglichste Vollständigkeit des Materials, – wie das Material schließlich ausfiel, war ihm gleichgültig, *mir* aber keineswegs. Er ging durchaus nicht dem Interessanten oder Poetischen nach und deshalb konnte ich von seinen Direktiven nur sehr selten Gebrauch machen. Er war noch aus jener merkwürdigen märkisch-historischen Schule, der die Feststellung einer »Kietzer Fischereigerechtigkeit« die Hauptsache bleibt.

Wenn wir dann so eine kleine halbe Stunde geplaudert hatten, – eine Aufforderung zum Bleiben erging nie – erschien Frau Geheime Hofrätin Schneider aus ihrer an der andern Flurseite gelegenen Kemnate, um durch ihren Eintritt sowohl dem Gaste, wie auch ihrem Ehemanne anzudeuten »es sei nun genug«. Sie war immer sehr sorglich gekleidet, von einer ausreichenden, aber doch sehr reservierten Artigkeit und trug Allüren zur Schau, wie man sie jetzt kaum noch findet und die vielleicht um eben dieses Hingeschwundenen willen, den Reiz eines kulturbildlichen Interesses für mich gewahrt haben. Nach Abstammung und Naturanlage war Frau Geheime Hofrätin Schneider lediglich dazu bestimmt, der Typus einer stattlichen Bourgeoise zu werden; ihr Lebensgang am Theater aber hatte Sorge dafür getragen, ihr noch einen Extra-Nimbus zu geben und dadurch jene feine Nebenspezies herzustellen, deren sich manche jetzt alten Berliner aus ihren jungen Tagen her wohl noch erinnern werden. Alle Berliner Schauspielerinnen und Sängerinnen, namentlich aber Tänzerinnen, deren Lebensweg also mehr oder weniger einer perpetuellen Revue vor den Augen seiner Majestät geglichen hatte, hatten unter diesem königlichen Augen-Einfluß ein Selbstbewußtsein ausgebildet, das sich in den leichteren Fällen bis zu einer einen gesellschaftlichen Unterschied stark markierenden Würde, in den schwereren Fällen bis zu eiskalter Unnahbarkeit steigerte. Die natürliche Grundlage blieb aber doch »die Berliner Madam«, ein Etwas, das die Welt nicht zum zweiten Male gesehn. Frau Schneider übrigens, wie hier huldigend bemerkt sein mag, war von der milderen Observanz; sie war noch nicht absolut vergletschert, sie hatte noch ein Lächeln.

Aber trotz dieses Lächelns, ihr Erscheinen, wie schon angedeutet, bedeutete doch jedesmal Rückzugsnotwendigkeit, der ich denn auch rasch gehorchte. Tags darauf erhielt ich meist ein Buch oder eine Zeitschrift, die den vielleicht ungünstigen Eindruck einer durch äußere Einflüsse etwas rasch abgebrochenen Verhandlung wieder begleichen sollte.

Mehr noch als von Schneiders literarischen Beihilfen hab' ich aber von seinen Geschichten und Anekdoten gehabt, denen ich immer ein sehr offenes Ohr entgegenbrachte. Wer ein bißchen das Leben kennt, wird wissen, daß man nach dieser Seite hin von den poetisch Geistreichen oder gar den »literarischen Leuten« als solchen meistens nicht viel hat, sehr viel aber von den spezifisch prosaischen. Schneider glich einem Abreiß-Kalender, auf dem von Tag zu Tag immer was Gutes steht, was Gutes, das dann den Nagel auf den Kopf trifft. »Ja, mit dem schlechten Theater«, so hieß es in einem dieser Gespräche, »wie oft hab' ich diese Klage hören müssen! Da hab' ich denn, weil mir's zuletzt zu viel wurde, die Berliner Zeitungen seit

Anno 1787 vorgenommen und kann es nun belegen, daß in jedem Jahr regelmäßig gesagt worden ist: »*so* schlecht sei das Theater noch nie gewesen.«

Und was er hier vom Theater sagt, paßt, glaub' ich, auf alles.

Wofür ich ihm aber am meisten verpflichtet bin, das ist das folgende. »Sie müssen sich nicht ärgern und nicht ängstigen. Sehen Sie, wir hatten da, als ich noch auf der Bühne herum mimte, einen Trostsatz, der lautete: »um neun ist alles aus«. Und mit diesem Satze haben wir manchen über schwere Stunden weggeholfen. Ich kann Ihnen diesen Satz nicht genug empfehlen.«

Und das hat mir der gute Schneider nicht umsonst gesagt. Ich bin ihm bis diese Stunde dafür dankbar »um neun ist alles aus«.

SIEBENTES KAPITEL

George Hesekiel

George Hesekiel, 1819 geboren, war der Sohn des Predigers und, wenn ich nicht irre, späteren Konsistorialrats Friedrich Hesekiel zu Halle. Schon dieser war eine volle Persönlichkeit und, wie nach ihm sein Sohn, der Freund eines guten Mahls und eines noch besseren Trunkes. In seinem Keller lag ein alter ausgezeichneter »Naumburger«, den ihm eine Bürgerdeputation mit der in gutem sächsisch vorgetragenen Bemerkung überreicht hatte: »Das ist unser teurer Bürgerschweiß.« Und immer wenn ein Festtag war – und der alte Konsistorialrat hatte gern Festtage – so mußte George in den Keller, um eine Flasche »teuren Bürgerschweiß« herauf zu holen.

Die Hesekiels, durch zwei Jahrhunderte hin immer Geistliche, stammten aus Böhmen und gehörten, wenn ich recht berichtet bin, einer Adelsfamilie von altböhmischen Namen an. Der Ahnherr verließ nach der unglücklichen Schlacht am weißen Berge um Glaubens willen seine Heimat und ging nach Sachsen, wahrscheinlich gleich nach Halle. Dort in eine Kirchenstellung eingetreten, begann er damit, wie bis dahin sein böhmisches Vaterland, so nun auch seinen Namen abzutun. Er schlug zu diesem Behufe die Bibel auf und hatte beim Aufschlagen den Propheten Hesekiel vor sich. *Den* Namen nahm er an. Unser George war mit Recht stolz auf eben diesen Namen und wurde durch nichts so geärgert, wie wenn man ihn »Hese-Kiel« nannte. «Wenn ich bitten darf, Hesekiel«, unterbrach er dann jedesmal.

Er verbrachte seine Jugend in Halle, war als Student viel in dem Fouqué'schen Hause – Fouqué in seiner *zweiten* Periode und mit *zweiter* Frau – und ging bald nach absolviertem Studium nach Frankreich, das er in Jahre langem Aufenthalt mannigfach durchstreifte. Das gab ihm eine gute Sprach- und Landeskenntnis. Nach Deutschland zurückgekehrt, nahm er seinen Wohnsitz in Altenburg, verheiratete sich hier mit der Tochter eines sächsischen Militärs und gab ein Blatt heraus, das den Titel führte: »Die Rosen«. Er war aber damit nicht auf Rosen gebettet; all die Sorgen eines jungen und nun gar damaligen Schriftstellerlebens wurden von ihm durchgekostet. Das Vertrauen der Seinigen, Frau und Schwägerin, war aber so groß, daß die Hoffnung auf bessere Zeiten nie hin starb. Und dies Vertrauen behielt schließlich Recht. Bald nach Gründung der »Kreuzzeitung« ward er bei eben dieser angestellt und redigierte von Herbst 1848 oder 1849 an bis zu seinem Tode den französischen Artikel. Ich glaube hinzusetzen zu dürfen, mit seltener Geschicklichkeit, was in Zweierlei seinen Grund hatte: zunächst in gründlicher Kenntnis französischer Zustände besonders des französischen Adels, und zum Zweiten in seiner hervorragenden novellistischen

Begabung, die, so lange er seiner Redaktion vorstand, in einer wenigstens zeitweilig halb humoristisch gefärbten Lebendigkeit in den Dienst der Politik trat. Ich muß dies hier ein wenig motivieren. Die Zeitung hatte von Anfang an in Paris einen sehr guten Drei-Stern-Korrespondenten, einen feinen, vorzüglich gebildeten Herrn, den ich selber später kennen gelernt habe. Neben diesem drei Stern-Korrespondenten aber machte sich von einem bestimmten Zeitpunkte ab auch noch ein Lilien-Korrespondent geltend, der sehr bald durch seine pikantere Schreibweise den älteren Kollegen in den Schatten stellte. Was ihm aber mehr noch als seine glänzende Darstellung ein Uebergewicht verschaffte, war die sehr bald innerhalb der Partei von Mund zu Mund gehende Versicherung, daß dieser Neuengagierte, wie früher an kleinen deutschen Residenzen, so jetzt am französischen Hofe die allervornehmsten Beziehungen unterhalte, was übrigens nicht wunder nehmen dürfe, da dieser neue Lilien-Korrespondent ein legitimistischer Marquis sei. Der Zufall ließ es geschehen, daß ich eben damals – mehrere Jahre vor meinem persönlichen, erst 1860 erfolgenden Eintritt in die Kreuzzeitungsredaktion – viel in Bethanien verkehrte, wo sich bei dem zu jener Zeit in großem Ansehen stehenden Pastor Schultz, einem Freunde meiner Eltern, die führenden Kreuzzeitungs-Leute, darunter namentlich auch v. Blankenburg, zu versammeln pflegten. Eines Abends, als ich eintrat, las man in diesem bethanischen Zirkel einen eben unter dem bekannten Lilienzeichen erschienenen, eine Truppenschau in den Champs Elysées oder auf dem Marsfelde beschreibenden Artikel vor, in dem wohl vier- oder fünfmal die Wendung vorkam: »Er – Louis Napoleon – hat den Degen gezogen.« Und so war auch der Kopftitel, den die Redaktion dem Ganzen gegeben hatte. Die Meinungen über die Wichtigkeit dieser Korrespondenz gingen auseinander. »Es ist an und für sich nichts«, hieß es, »aber es hat eine symbolische

Bedeutung und ist jedenfalls ein Avis.« Eine Minderheit bestritt auch dies, bis man ihr zu Gemüte führte, »daß es ja der Marquis sei, der diesen Brief geschrieben, ein ernster Politiker also, der den ›gezogenen Degen‹ nicht vier- oder fünfmal betont haben würde, wenn er dieser Sache nicht eine gewisse Wichtigkeit beilegen wollte«. Das schlug durch, und man nahm an, daß eine Kriegserklärung in Sicht stehe. Der an jenem Abend aber die gesamte Kreuzzeitungsgruppe so nachhaltig beschäftigende »Marquis« war niemand anders als mein Freund George Hesekiel, Wilhelm- oder Bernburger Straße, oder wo sonst er damals gerade wohnen mochte. Wie sich denken läßt, hing der Schöpfer an diesem seinem Geschöpf, der Marquis »wuchs mit seinen größeren Zwecken«, und es wird sich ganz ernsthaft sagen lassen, daß Hesekiel an keiner seiner Romanfiguren auch nur annähernd so viel Freude gehabt hat, wie speziell an diesem Kinde seiner Laune. Doch alle Freude welkt dahin. Ein Jahrzehnt lang hatte sich die so glücklich erfundene Figur bei Leben und Ansehen erhalten, bis es mit einem Male hieß: »Der legitimistische Marquis der ›Kreuzzeitung‹ existiere gar nicht.« Es war nämlich aufgefallen, daß der Marquis nie schrieb, wenn Hesekiel im Monat Juli in Karlsbad war. Indessen möcht' ich trotz alledem annehmen, daß der durch diesen Umstand erregte Verdacht wieder hingeschwunden wäre, wenn nicht Hesekiel selbst, als er von dem Stutzen des Publikums erfuhr, zu einem falschen Wiederherstellungsmittel des erschütterten Glaubens an seine Figur gegriffen hätte. Dies falsche Mittel bestand darin, daß er den Marquis *auch* nach Karlsbad reisen und ihn von dort aus an die »Kreuzzeitung« schreiben ließ. In diesen Briefen sprach er neben anderem auch seine Freude darüber aus, den Dr. George Hesekiel am Sprudel kennen gelernt und ihn in seinen legitimistischen Anschauungen als echt und recht erfunden zu haben. All dies war sehr sinnreich ausgedacht, aber doch etwas zu sinnreich, zu kompliziert. Die Komödie, die dadurch verschleiert werden sollte, wurde nur immer durchsichtiger, so daß Hesekiel nach allen möglichen Hin- und Hererwägungen endlich den großartigen Entschluß faßte, den Marquis während ihres beiderseitigen nächsten Aufenthaltes in Karlsbad sterben zu lassen. Er führte dies auch mit vieler Kunst, will sagen mit allen für die Wahrscheinlichkeit der Sache nötigen Abstufungen aus, doch weiß ich nicht mehr recht, ob er ihn rasch und unmittelbar in böhmischer Erde begraben oder aber umgekehrt ihn zunächst noch nach Frankreich zurück begleitet und ihn dort erst in der Nähe von St. Denis bestattet hat. Ich finde, bei allem Respekt vor dem berühmten Bernauer Kriegskorrespondenten, daß dieser legitimistische Marquis seinem Kollegen Wippchen mindestens ebenbürtig ist.

Es mag mir gestattet sein, an das Vorstehende noch eine Bemerkung über »echte« und »unechte Korrespondenzen« zu knüpfen. Der Unterschied zwischen beiden, wenn man Sprache, Land und Leute kennt, ist nicht groß. Es ist damit wie mit den Friderizianischen Anekdoten, die unechten sind gerade so gut wie die echten und mitunter noch ein bißchen besser. Ich bin selbst jahrelang echter und dann wieder jahrelang unechter Korrespondent gewesen und kann aus Erfahrung mitsprechen. Man nimmt seine Weisheit aus der »Times« oder dem »Standard« etc., und es bedeutet dabei wenig, ob man den Reproduktionsprozeß in Hampstead-Highgate oder in Steglitz-Friedenau vornimmt. Fünfzehn Kilometer oder hundertfünfzig Meilen machen gar keinen Unterschied. Natürlich kann es einmal vorkommen, daß persönlicher Augenschein besser ist als Wiedergabe dessen, was ein anderer gesehen hat. Aber auch hier ist notwendige Voraussetzung, daß der, der durchaus selber sehen will, sehr gute Augen hat und gut zu schreiben versteht. Sonst wird die aus wohl informierten Blättern übersetzte Arbeit immer besser sein als die originale. Das

Schreibetalent giebt eben den Ausschlag, nicht der Augenschein, schon deshalb nicht, weil in schriftstellerischem Sinne von zehn Menschen immer nur einer sehen kann. Die meisten sehen an der Hauptsache vorbei.

*

Hesekiel trat, sehr bald nach seinem Erscheinen in Berlin, in den Tunnel ein, wahrscheinlich durch Schneider eingeführt und empfohlen. Aber trotz dieser Empfehlung kam er zu keiner rechten literarischen Geltung, noch weniger zu Ansehen und Liebe. Der Grund lag zum Teil in seiner Zugehörigkeit zur »Kreuzzeitung«. Ueberflog man den zu einem Drittel aus Offizieren und zu einem zweiten Drittel aus adligen Assessoren zusammengesetzten Tunnel, so mußte man – noch dazu nach eben erst erfolgter Niederwerfung einer revolutionären Bewegung – eigentlich mit Sicherheit annehmen, in einem derartig kombinierten Zirkel einem Hort des strengsten Konservatismus zu begegnen. Das war aber nicht der Fall. In dem ganzen Tunnel befand sich, außer Hesekiel, kein einziger richtiger Kreuzzeitungsmann; nicht einmal Louis Schneider, trotz eifriger Mitarbeiterschaft an der »Kreuzzeitung«, konnte als solcher gelten. Ihm fehlte das Kirchliche, das durch das Russische doch nur sehr unvollkommen ersetzt wurde. Die Tunnelleute waren, wie die meisten gebildeten Preußen, von einer im wesentlichen auf das nationalliberale Programm hinauslaufenden Gesinnung, und bis diesen Tag ist es mir unerklärlich geblieben, daß, mit Ausnahme kurzer Zeitläufte, diese große politische Gruppe keine größere Rolle gespielt und sich nicht siegreicher als staatsbestimmende Macht etabliert hat. Es hat dies nach meinen Beobachtungen und Erfahrungen weniger – wenn überhaupt – an den Prinzipien unseres deutschen Whiggismus gelegen, als an dem *Ton*, in dem diese Prinzipien vorgetragen wurden. Der Fortschritt ist auch rechthaberisch doktrinär, aber er vertritt mehr den Doktrinarismus eines rabbiaten Konventiklers, als den eines geistig und moralisch mehr oder weniger in Hochmut verstrickten Besserwissers, und das Hochmütige verletzt nun mal mehr als das Rabbiate. Politiker mögen diese Sätze belächeln, es wird ihrer aber auch geben, die etwas Richtiges darin erkennen.

Ich kehre nach diesem Exkurse zu Hesekiel zurück. Sein gelegentlich provozierendes Auftreten war nicht angetan, mit seiner etwas extremen Richtung – sie gab sich extremer als sie war – zu versöhnen, und so beschränkte sich, so weit der Tunnel in Betracht kam, sein gesellschaftlicher Verkehr auf das H. Smidt'sche Haus, das ich schon in einem früheren Kapitel geschildert habe. Dort machte ich auch seine nähere Bekanntschaft und fühlte mich, ich will nicht sagen zu ihm hingezogen, aber doch in hohem Maße durch ihn interessiert. Er war gescheit von Natur, hatte, nicht schulmäßig, aber im Leben und durch Lektüre viel gelernt, kannte tausend Geschichten und Anekdoten von Ludwig XI. an bis auf Ludwig XVIII. und gehörte zu denen, die, wie das Sprichwort sagt, »keine Mördergrube aus ihrem Herzen machen«. Mit unglaublicher Ungeniertheit gab er die tollsten Skandale zum besten, und was in Vehses »Geschichte der deutschen Höfe« steht, war ein Pappenstiel gegen das, was er in ganzen Katarakten über uns hindonnerte. Mich nahm er dadurch ganz gefangen, denn historischen Anekdoten habe ich nie widerstehen können, bin auch jetzt noch der Meinung, daß sie das Beste aller Historie sind. Was tu' ich mit den Betrachtungen? Die kommen von selbst, wenn die kleinen und großen Geschichten, die heldischen und die mesquinen, zu mir gesprochen haben. Also Hesekiel war der Mann der historischen Anekdote, ganz besonders der rücksichtslos-gewagten. Er schrak dabei vor keinem Stand und Berufe zurück, auch nicht vor Adel und Geistlichkeit. Einmal war wieder ein entsetzliches Priester-Verbrechen ans Licht gekommen. Er trug es mit breitem Pinsel vor und sagte dann, wie zur Entschuldigung, als er auf manchem Gesichte wohl so etwas wie Mißbilligung lesen mochte: »Verkennen Sie mich nicht. Ich bin aus einer alten Pastorenfamilie, die Glaubens willen aus dem Lande gegangen, und hab' ein Herz für alles, was zum geistlichen Stande gehört. Aber wenn irgend was Schreckliches geschieht, wo's in Frankreich heißt: ›où est la femme‹, da frag' ich hierlandes unwillkürlich: ›où est le prêtre‹?« – Ganz besonders reizend war er, wenn er seine Schriftstellerei bewitzelte. Einmal stritt man sich und holte das Konversations-Lexikon heran, um ihn mit Hilfe desselben zu bekämpfen. Da kam er in eine helle Heiterkeit. »Wer selber so viele hundert Artikel dafür geschrieben hat wie ich, den müssen Sie mit dem Konversations-Lexikon nicht widerlegen wollen.«

In diesem Stile sprach er beständig, und weil mir das alles ganz ausnehmend gefiel, wurd' ich mehr und mehr sein Anhänger und habe sehr viel von ihm gehabt. »Ich marchandiere nicht«, war eine seiner Lieblingswendungen, und zu dieser Wendung war er voll berechtigt. Walter Scott war sein Vorbild, literarisch gewiß, aber auch in Repräsentation und Lebensführung. Diese letztere – in natürlicher Folge beschränkterer Verhältnisse – konnte selbstverständlich nicht so vornehm sein, wie die seines großen Vorbildes, aber an Splendidität und Geldverachtung, halb aus Güte und halb aus Laune, war er ihm womöglich noch überlegen.

Sein »ich marchandiere nicht« hab' ich an manchem Abend erlebt, mitunter halb schaudernd. Wenn um acht die Tunnelsitzung schloß, so hieß es seinerseits, wenn er nicht gerade 'was anderes vor hatte: »Ja, was machen wir nun mit dem angebrochenen Abend?« Und ehe noch wer antworten konnte, waren auch schon etliche von den Jüngeren eingeladen, im »Großfürst Alexander« – Neue Friedrichsstraße – seine Gäste zu sein. Die Vornehmeren unter uns lehnten natürlich ab, aber wer seine Bedenken einigermaßen bezwingen konnte, nahm gern an, weil er sicher war, einem zwar anfechtbaren, aber immer interessanten Bacchanal entgegen zu gehen. In Kolonne rückten wir nun in das vorgenannte Hotel ein, wo Hesekiel, ich weiß nicht worauf hin, unbeschränkten Kredit hatte. Mit Rotwein oder Mosel zu beginnen, wäre lächerlich gewesen; es gehörte zum guten Ton, mit schwerem Rheinwein, am liebsten mit Sherry, Port oder herbem Ungar einzusetzen, und eh' eine Stunde um war, hatten wir ein Wettschwimmen in Cynismen. In Cynismen, aber nicht in Unanständigkeiten. Alles wurde gesagt, aber doch in der Form wohlerzogener Menschen, ja, Hesekiel war stolz darauf, in jedem Zustande sich immer noch in der Gewalt zu haben. »Sieh«, sagte er 'mal zu mir, »manche denken, der und ich, wir wären so einerlei; aber *der* ist so und *ich* bin so«, und nun führte er den Unterschied in einem drastischen Vergleiche aus. Was an solchem Abende vertilgt wurde, war unglaublich und noch unglaublicher war die Zeche, wenn man bedenkt, daß ein Mann von damals sehr bescheidenem Gehalt das alles auf seine Kappe nahm. Es kam denn auch dahin, daß, nachdem dies etwas protzige »doing the honors for all Scotland« ein Jahrzehnt lang gedauert hatte, seine zu sehr wesentlichem Teil durch eben diese Repräsentationskomödie herbeigeführte Schuldenlast wohl über 10000 Taler betrug, wovon die größere Hälfte auf Zinsen, Wechselprolongationen und dergleichen entfiel. Er näherte sich inzwischen den Fünfzigern, und da nicht bloß seine Schulden, sondern auch seine Gichtschmerzen immer größer wurden, so kam er eines schönen Tages auf den gesunden Gedanken, mit seinem »Schottland die Ehre tun« endgültig Schicht zu machen und lieber seine Schulden abzuzahlen. Und dem unterzog er sich dann auch von Stund' an – auch darin seinem Vorbilde Walter Scott gleichkommend – mit eisernem Fleiß und in geradezu großartiger Weise. Tieck hat einmal gesagt: »Einen dreibändigen Roman schreiben, ist immer was, auch wenn er nichts taugt«, und jeder, der von Fach ist, wird in diesen Ausspruch einstimmen. Aber was will ein dreibändiger Roman sagen neben zwanzig, dreißig Bänden. Ich besitze selber noch weit über fünfzig seiner Bände, während mir doch vieles von ihm verloren gegangen ist. Nur ein Mann von äußerster Energie konnte das leisten, und mitunter ist es ihm auch sauer genug geworden. Es wird von Ney erzählt, daß er, bevor er in die Schlacht ging, immer erst Kourbetten gemacht und Kreise beschrieben habe; genau so verfuhr auch Hesekiel. An Tagen, wo's ihm ganz besonders widerstand, ging er zunächst viele Male, wie mit sich kämpfend, um seinen Schreibtisch herum, und erst wenn er alles Widerstrebende niedergezwungen, sich für seine Aufgabe montiert hatte, nahm er seinen Platz, und begann zu schreiben. Er schrieb auf Quartblätter, die aufgestapelt vor ihm lagen und ließ das geschriebene Blatt mit einem kleinen Fingerknips auf die Erde fliegen; da sammelte dann seine Tochter Ludowika, damals noch ein Kind, die zahllosen Blätter und ordnete sie. Von Wiederdurchsehen war keine Rede, kein Wort war durchstrichen, alles ging fertig in die Druckerei. Keiner dieser Romane hat sich bei Leben erhalten, und ihr literarischer Wert mag nicht sehr hoch sein, aber sie enthalten eine Stoffülle und sind für den, der preußisch Historisches liebt, eine unterhaltliche und lehrreiche Lektüre. Jedenfalls sah sich sein Fleiß belohnt, und so gering auch die Honorare waren, auch wohl sein mußten, es gelang ihm doch, mit ihrem Ertrage die vorgenannte, für einen deutschen Schriftsteller jener Epoche sehr hohe Schuldensumme zu tilgen. Er hinterließ sein Haus in bescheidenen, aber geordneten Verhältnissen.

Daß er unter der »Ungeordnetheit dieser Verhältnisse« zu Zeiten sehr gelitten, mehr als er zu zeigen liebte, davon war ich an einem mir unvergeßlichen Tage Zeuge. Mitternacht war längst vorüber, und wir schlenderten, nach einem der vorgeschilderten Symposiums, von der Neuen Friedrichsstraße her auf unsere Wohnungen zu, die nahe bei einander lagen. Es war eine wunderschöne Winternacht, nicht kalt, prächtiger Sternenhimmel; so kamen wir bis vor meine Behausung in der Puttkamerstraße und schritten noch ein paarmal auf und ab, weil wir bei einem sehr wichtigen Gespräch waren, nämlich bei dem Thema, wie man sich in Geldverlegenheiten einigermaßen helfen könne. »Ja«, sagte ich, »'s ist sonderbar; es geht mir ja mehr als bescheiden, aber ich würde nicht sonderlich darunter leiden, wenn ich nur dann und wann einen Pump zu Stande bringen könnte. Das kann ich aber nicht. Ich habe durchaus kein Talent zu dergleichen; ich bin zu *ungeschickt.*«

Als ich dies große Wort gelassen ausgesprochen hatte, trat er einen Schritt zurück, und ich sah, wie der letzte Rest von Rausch förmlich von ihm abfiel. Dann kam er wieder auf mich los, sah mich ernst und beinahe gerührt an und sagte, während er seine Hand auf meine Schulter legte: »Gott erhalte Dir diese Ungeschicklichkeit.«

Und diese Segnung, denn fast war es so was, hat sich auch an mir erfüllt, und ich habe das Schuldenmachen nie gelernt. Daß es mir in meinem Leben so gut gegangen ist, das verdanke ich nicht zum kleinsten Teile der Andauer jener »Ungeschicktheit«, die mir damals mein guter Hesekiel anwünschte.

*

Meine Beziehungen zu Hesekiel waren bis 1855, wo ich Berlin auf eine Reihe von Jahren verließ, nur oberflächlich; erst von 1859 an wurden sie freundschaftlich. Er leistete mir damals einen großen Dienst, indem er mich aus einer mehr oder weniger bedrücklichen Lage befreite.

Das hing so zusammen.

Ich war in dem zuletzt genannten Jahre von England nach Berlin zurückgekehrt, trotzdem die Zeit, die mir der Minister Manteuffel für den Verbleib in meiner Londoner journalistischen Stellung zugesichert hatte, kaum halb abgelaufen war. »Bleiben Sie doch ruhig hier«, hatte mir mein Londoner Chef, der immer gütige Graf Bernstorff, in einem über diese Dinge geführten Gespräche zugerufen. »Das in Berlin da, das dauert nicht lange.« Die Richtigkeit davon leuchtete mir auch ein. Aber meine Sehnsucht nach den alten Verhältnissen – in London, so sehr ich es liebte, blieb ich doch schließlich ein Fremder – war groß und trieb mich fort, trotzdem ich wohl einsah, daß es bei meiner Rückkehr mit meinem Verbleiben in der Regierungspresse schlecht aussehen würde. Wer unter Manteuffel, wenn auch nur in kleinster und gleichgültigster Stelle gedient hatte, war mehr oder weniger verdächtig. Ich also auch. Mir wurde das, kaum in Berlin wieder eingetroffen, auch gleich fühlbar, berührte mich aber so kolossal komisch, daß ich zu keinem Aerger darüber kommen konnte. »Mußt Du eine wichtige Person sein«, sagte ich mir, während ich doch am besten wußte, daß ich so gut wie gar nichts geleistet hatte. Chef der ministeriellen Presse war unter dem neuen Regime, der sogenannten »neuen Aera«, Geheimrat Max Duncker geworden, ein sehr liebenswürdiger Herr, der von der oben beklagten Eigenart der Gothaner gar nichts oder doch nur sehr wenig aufwies. Ich kam aber trotzdem nicht recht an ihn heran. Alles, während es sich doch – wenigstens uns kleinen Skribenten und Korrespondenten gegenüber – immer nur um Quisquilien handelte, wurde so furchtbar wichtig genommen, und so schied ich denn aus, um anderweitig mein Heil zu versuchen. Aber das war nicht leicht. Wer in ähnlicher Lage gewesen ist, wird mir das bestätigen, auch jetzt noch, trotzdem sich die Dinge seitdem sehr verbessert haben. Ich hatte zehn Jahre lang zur

Regierungspresse gehört. In dieser verbleiben zu können, wäre mir schon aus Bequemlichkeit sehr erwünscht gewesen. Aber diese Presse der »neuen Aera«, zu der auch indirekt die nationalliberalen Zeitungen gehörten, mißfiel mir oder ich ihr, und so blieben nur Vossin und Kreuzzeitung übrig. Ich war also in einer argen Verlegenheit und sprach mich zu Hesekiel darüber aus. Der sagte: »Ja, melden kannst Du Dich nicht bei uns. Aber wenn ein Angebot kommt, dann liegt es doch um ein gut Teil günstiger für Dich.« Und schon am anderen Tage kam ein solches Angebot. Der Chefredakteur der Kreuzzeitung fragte bei mir an, »ob ich die Redaktion des englischen Artikels übernehmen wolle?« Noch ein wenig unter den Gruselvorstellungen stehend, die sich, von 1848 her, an den Namen »Kreuzzeitung« knüpften, war ich unsicher, was zu tun sei, beschloß aber, wenigstens mich vorzustellen. Ein bloßer erster Besuch konnte ja den Kopf nicht gleich kosten. Immerhin hatte die Sache was von der Höhle des Löwen. Vier Uhr war Sprechstunde. Pünktlich erschien ich in der Bernburger Straße, wo der Chefredakteur der Kreuzzeitung schräg gegenüber der Lukaskirche wohnte. Matthäi wäre wohl besser gewesen, aber Lukas war auch gut. Endlich in der zweiten Etage glücklich angelangt, zog ich die Klingel und sah mich gleich darauf dem Gefürchteten gegenüber. Er war aus seinem Nachmittagsschlafe kaum heraus und rang ersichtlich nach einer der Situation entsprechenden Haltung. Ich hatte jedoch verhältnismäßig wenig Auge dafür, weil ich zunächst nicht ihn, sondern nur sein unmittelbares Milieu sah, das links neben ihm aus einem mittelgroßen Sofakissen, rechts über ihm aus einem schwarz eingerahmten Bilde bestand. In das Sofakissen war das eiserne Kreuz eingestickt, während aus dem schwarzen Bilderrahmen ein mit der Dornenkrone geschmückter Christus auf mich niederblickte. Mir wurde ganz himmelangst, und auch das mühsam geführte Gespräch, das anfänglich wie zwischen dem eisernen Kreuz und dem Christus mit der Dornenkrone hin und her pendelte, belebte sich erst, als die Geldfrage zur Verhandlung kam. London hatte mich nach dieser Seite hin etwas verwöhnt, und ich sah mit Schmerz die Abstriche, die gemacht wurden. Als so zehn Minuten um waren, stand ich vor der Frage: »Ja« oder »Nein«. Und ich sagte »Ja«. Nicht leichten Herzens. Aber vielleicht gerade weil es ein so schwerer Entschluß war, war es auch ein guter Entschluß, aus dem mir nur Vorteile für mein weiteres Leben erwachsen sind. Ich blieb bis kurz vor dem siebziger Krieg in meiner Kreuzzeitungsstellung und muß diese zehn Jahre zu meinen allerglücklichsten rechnen. Daß es so verlief, lag an verschiedenen Dingen. Es kamen die Kriegsjahre 1864 und 1866, die mir Gelegenheit gaben, mich mehr als einmal nützlich zu machen; ich bereiste die Kriegsschauplätze, war in Schleswig, Jütland, Seeland, in Böhmen und den Gegenden des Mainfeldzuges, was mich alles ungemein erfrischte. Zugleich gab es mir ein Relief. Es war auch dasselbe Jahrzehnt, in dem ich meine »Wanderungen durch die Mark Brandenburg« und meinen ersten vaterländischen Roman – »Vor dem Sturm« – begann. Zudem, von vierzig bis fünfzig ist beste Lebenszeit. Aber der Hauptgrund, daß ich mich all die Zeit über so wohl fühlte, war doch der, daß, verschwindend kleine Störungen abgerechnet, das Leben auf der Redaktion und mehr noch das nebenherlaufende gesellschaftliche Leben ein sehr angenehmes war. Von dem sprichwörtlichen »der schwarze Mann kommt«, wovor ich ganz aufrichtig gebangt hatte, war keine Rede; nichts von Byzantinismus, nichts von Muckertum. Alles verlief eher umgekehrt. Stärkste Wendungen, auch gegen Parteiangehörige, fielen beständig und von jener erquicklichen Meinungsfreiheit – der ich übrigens, um von unserem vielverketzerten Metier auch 'mal was Gutes zu sagen, auf *allen* Redaktionen begegnet bin – wurde der weiteste Gebrauch gemacht. Ich möchte hier überhaupt einschalten dürfen, daß es – was auch ein wahres Glück ist – nach meinen Erfahrungen eine gewisse Zeitungssolidarität giebt, die durch die Parteifarbe wenig beeinträchtigt wird, und so gedenk' ich denn auch gern eines Wortes, das Professor Stahl einmal in einer Kreuzzeitungs-Versammlung aussprach: »Meine Herren, vergessen wir nicht, auch das konservativste Blatt ist immer noch mehr Blatt als konservativ.«

Auf der Redaktion saßen Hesekiel und ich dicht zusammen, nur durch einen schmalen Gang getrennt, und mitunter schrieben wir uns Briefe, die wir uns von einem Tisch zum andern herüberreichten. Es wurden darin immer nächstliegende Personalien verhandelt, anzüglich, aber nie bösartig, vielmehr vorwiegend in so grotesk ausschweifender Weise, daß dadurch der kleinen Malice die Spitze abgebrochen wurde. Meist ging es gegen den Chefredakteur, dessen pedantische Ruhe der Hesekiel'schen Natur durchaus widersprach. Am ungeniertesten wurde mit dem aus dem Waldeckprozeß schlecht beleumdeten Goedsche verfahren, der übrigens keineswegs ein Schreckensmensch, vielmehr bei hundert kleinen Schwächen und vielleicht Schlimmerem, ein Mann von großer Herzensgüte war; er schrieb damals an seinen, vom buchhändlerischen Standpunkte aus berühmt gewordenen Sir John Redcliffe-Romanen, die, wie er selbst, eine Quelle beständiger Erheiterung für uns waren. Einer dieser Romane hieß »Nena Sahib«. Wenn nun eine ganz ungeheuerliche Stelle kam, wo die Schrecknisse sich riesenhaft türmten, so kriegte er es doch mit der Angst, und fühlend, daß er dem Publikum vielleicht all zu viel zumutete, machte er, mit Hilfe eines Sternchens, eine Fußnote, darin es in lakonischer Kürze hieß: »Siehe Parlamentsakten«. Er hütete sich aber, Band und Seitenzahl anzugeben. Wenn wieder ein mehrbändiges Werk fertig war, ließ er es jedesmal elegant einbinden, um es dann, in der Privatwohnung des Chefredakteurs, der sehr feinen und sehr akkuraten Dame des Hauses als Huldigungsexemplar überreichen zu können. In besonders schweren Fällen soll er aber hinzugesetzt haben: »Ich muß die gnädige Frau dringend bitten, es nicht lesen zu wollen.« Von Hesekiel ließ er sich alles gefallen; manche Wendungen waren stereotyp. Es kam vor, daß Goedsche mit einem gewissen Feldherrnschritt auf der Redaktion erschien und hier, ohne daß das Geringste vorgefallen war, ein ungeheures Ergriffensein über einen rätselhaften und vielleicht gar nicht 'mal existierenden Hergang zur Schau stellte. Hesekiel sagte dann, um diesen falschen Rausch zu markieren, ruhig vor sich hin: »Goedsche hat heute wieder seine Zahntinktur ausgetrunken.« Ich persönlich habe Goed'sche nur von zwei Seiten kennen gelernt: als Vogelzüchter und Bellachini-Freund. Er hatte eine Hecke der schönsten australischen und südamerikanischen Vögel, und Bellachini war auf seine Art ein reizender Mann, was nicht wundernehmen darf. Alles, was sich an der Peripherie der Kunst herumtummelt: Akrobaten, Clowns, Monsieur Herkules, Zauberer und Taschenspieler – alle sind meist sehr angenehme Leute, weil sie das Bedürfnis haben, die Welt mit sich zu versöhnen. Goedsche zog sich in den siebziger Jahren nach Warmbrunn zurück, woselbst er in seinen guten Tagen – er hatte an den Redcliffe-Romanen ein enormes Geld verdient – ein Krankenhaus gestiftet hatte; dort starb er auch. Das letzte Mal, da ich ihn sah, noch in Berlin, war er sehr elend, infolge einer merkwürdigen, echt Goedsche'schen Weihnachtsfeier. Seine Frau war ihm gestorben, und ganz in Sentimentalität steckend, wie so oft Naturen der Art, begab er sich am Christabend nach dem katholischen Kirchhofe hinaus und veranstaltete hier, indem er zahllose Lichter aufs Grab pflanzte, eine Liebes- und Gedächtnisfeier. Er setzte sich auf ein Nachbargrab und sang einen Vers und weinte. Die Folge davon war ein Pyramidalkatarrh, der sein Leben schon damals in Gefahr brachte.

Wie schon erzählt, Hesekiels und mein Arbeitstisch standen nahe bei einander. Aber was jeder von uns an seinem Tische leistete, das war sehr verschiedenwertig. Er war eine Hauptperson der Zeitung, zeitweilig *die* Hauptperson, und an der Betätigung seiner Gaben war der Zeitung und jedem Adligen und Geistlichen auf dem Lande sehr gelegen. Alle wollten hören, wie der damals noch nicht entpuppte »legitimistische Marquis« über Louis Napoleon denke. Mit dem englischen Artikel, der meine Domäne bildete, lag es umgekehrt, und ich glaube, daß dies auch der Grund war, warum mein Vorgänger, Dr. Abel – er wurde später Times-Korrespondent und zeichnete sich als solcher aus –, seine Kreuzzeitungs-Stellung aufgab. Es waren, auf England hin angesehen, stille Zeiten, alles Interesse lag bei Frankreich oder bei uns selbst, und so kam es, daß zeitweilig jeden Morgen der Chefredakteur an meinen Platz trat und mir mit seiner leisen Stimme zuflüsterte: »Wenn irgend möglich, heute nur ein paar Zeilen; je weniger, desto besser.« Ich war immer ganz einverstanden damit und hatte bequeme Tage. Zuletzt freilich wurde mir das bloße Stundenabsitzen langweilig, und ich trat – ein kleiner Streit kam hinzu – meinen Rückzug von der Zeitung an.

*

Ich könnte hier noch Welten erzählen, sei's über Hesekiels persönliches Gebahren, sei's über Leben und Treiben auf der Redaktion selbst. Ich ziehe es aber vor, hier abzubrechen und in Nachstehendem über das *gesellschaftliche* Leben auf der Kreuzzeitung, auf das ich schon kurz hinwies, zu berichten. Dies war das denkbar angenehmste, weil alles, was zum Bau gehörte, nicht bloß politisch oder redaktionell, sondern auch gesellschaftlich mitzählte. Mit Vergnügen denk' ich an den trotz vieler Reibereien und persönlicher Gegensätze doch immer kameradschaftlichen Ton zurück, und ein Ausspruch, den, wenn ich nicht irre, General von Gerlach oder aber sein Bruder, der Magdeburger Ober-Appellationsgerichtspräsident, tat, zeigt am besten, wie vornehm und frei gerade diese leitenden Herren über solche Dinge dachten: »Ich würde es für klug und wünschenswert halten, daß wir ehrenhafte Leute von der Presse ganz in ähnlicher Weise wie die Geistlichen an uns bänden, ich meine durch Heirat.« Ich erzähle das, um an einem Musterbeispiel zu zeigen, wie wenig sich das landläufige Bild von einem Junker mit der Wirklichkeit deckt oder doch mindestens, wie glänzende Ausnahmen sich gerade bei den Klügsten und Besten unter ihnen vorfinden.

Gute Gesellschaftlichkeit, wie hier eingeschaltet werden mag, habe ich übrigens bei den Zeitungen aller Parteien gefunden. Und sehr erklärlich, daß es so ist. Die Redaktionen oder Besitzer haben meistens ein Einsehen von der Wichtigkeit solcher persönlichen Beziehungen, die lehrreich sind und *Freudigkeit* geben, welch' letzteres Moment, bei dem vielen Aergerlichen und mehr noch bei dem Uebelbeleumdetsein unseres Berufs, oft recht wünschenswert ist. Also Gastlichkeit und ein bestimmtes, wenn auch oft nur bescheidenes Maß humanen Entgegenkommens findet sich nahezu überall. Aber ich habe doch gleichzeitig, bei viel Uebereinstimmendem in dieser Beziehung, auch große Verschiedenheiten wahrgenommen. In der ministeriellen Presse stand es am ungünstigsten, weil man da selten wußte, wer eigentlich als »hospes« anzusehen sei; kam es aber trotzdem ausnahmsweise zu Repräsentation und Hospitalität, so hatte beides den eigentümlichen Reiz des Offiziösen. Wir wurden dann, in plötzlicher Erkenntnis, daß Gott seine Sonne über Gerechte und Ungerechte scheinen lasse, brüderlich oder doch wenigstens halbbrüderlich unter die Ministerialräte des Innern oder des Kultus eingereiht, und fühlten uns nicht bloß geehrt, sondern auch sehr amüsiert. Denn diese Räte waren nichts weniger als steifleinene Herren, vielmehr umgekehrt meist glänzende Causeurs. Ich nenne nur einen, den Geheimrat Stiehl. Er war so witzig, daß man fast sagen konnte, selbst seine Regulative wirkten so. Jedenfalls stand er selber ziemlich kritisch zu seiner Schöpfung, und ich erinnere mich einer bei Gelegenheit seines Sturzes von ihm abgegebenen, halb humoristischen, halb cynischen Erklärung, in der er lächelnd zugestand, daß er wohl wisse, wie man das alles auch ganz anders machen könne. Derbheit und Till Eulenspiegelei waren seine Natur. Er selber sagte von sich: »Ich habe da 'mal ein Tagebuch von meinem in Halle studieren den Großvater gefunden, daraus hervorgeht, daß er ein Renommist und ein Strenggläubiger war, und ich darf sagen, ich fühle mich als seinen Enkel.« Als ich Ende der fünfziger Jahre in England lebte, gehörte ein Mr. Collins, der die Berliner Wasserwerke angelegt hatte, zu meinen Bekannten. Er reiste, trotzdem er nur ein Bein hatte, beständig zwischen London und Berlin hin und her. Einmal war ich bei ihm zu Tisch, in seinem reizenden, am Hereford-Square gelegenen Hause: »Sagen Sie, kennen Sie einen Geheimrat Stiehl?« – »Gewiß kenne ich den; Original, sehr gescheit, sehr amüsant.« – »Das will ich meinen. Als ich letzten Dienstag von Berlin abfuhr, stieg mit einemmal ein sonderbar aussehender Herr ein, schimpfte gleich kolossal, aber doch sichtlich bloß zu seinem Vergnügen und zog mich dann sofort ins Gespräch. Als wir in Köln ankamen, war er noch mitten im Satz; so was von einem Erzähler ist mir noch nicht vorgekommen. Von Ermüdung meinerseits nicht die Spur; ich war bloß traurig, daß wir schon in Köln waren.« Stiehl heiratete später eine Frau v. M.; *er* Witwer, *sie* Witwe. Die Partie wurde viel beredet, denn sie, die Dame, war der Typus der Vornehmheit, was man von ihm nicht sagen konnte. Trotzdem hatte sie richtig gewählt und war glücklich, an die Stelle der »Complaisance«, die bis dahin ihr Lebensteil gewesen war, ein Kraftgenie treten zu sehen.

Die kleinen Festlichkeiten der ministeriellen Presse hatten, wie ich nur wiederholen kann, etwas von dem Charme der Offiziosität, die der fortschrittlichen Presse dagegen zeichneten sich durch Stil und Opulenz, durch Heranziehung von Kunst und Literatur aus, die der Kreuzzeitung aber waren die lehrreichsten und, wenn der Damm erst durchbrochen war, auch die gemütlichsten. Sie gaben sich nicht bloß als Extras, als Außergewöhnlichkeiten, sondern bildeten eine Art Institution, gehörten mit zum Programm. Ich muß deshalb etwas länger bei dieser Gastlichkeit verweilen.

Die gesellschaftliche Repräsentation der Kreuzzeitung trat in drei Gestalten auf: als »cercle intime«, als Königsgeburtstagsfeier und als politische Ressource. Diese drei waren, wie von den Gesellschaften der anderen Zeitungen, so auch untereinander ziemlich verschieden. Der »cercle intime« war gleichbedeutend mit einem Sichversammeln im Familienkreise; nicht die Zeitung als solche lud ein, sondern der Chefredakteur in Person und in seinem Hause. Keine Parteirepräsentation; alles mehr Privatsache. Das zeigte sich schon darin, daß auch Damen daran teilnahmen. Exzellenzen erschienen nur vereinzelt, aber viele Stabsoffiziere, Geistliche, befreundete Professoren, überhaupt Freunde. Manche sind mir sehr lebhaft im Gedächtnis geblieben: Minister Bodelschwingh, Geheimrat v. Senfft-Pilsach, Major Ribbentrop von der Gardeartillerie – der sich mit seiner Batterie vor Düppel ausgezeichnet hatte, – Oberstleutnant Graf Roedern von den Gardedragonern, Hofprediger Kögel, Professor W. Hensel, der junge Senfft v. Pilsach, Neffe des vorgenannten Geheimrats. –

Ueber die drei Letztgenannten möchte ich hier ein paar Worte sagen.

23 *Parochialstraße (Zeichnung von Eduard Gaertner)*

24 *Mühlendamm und Burgstraße (Zeichnung von Eduard Gaertner)*

Hofprediger Kögel war damals eben nach Berlin gekommen; er mochte vierzig sein. Schlank, grad' aufrecht, von einer nervös angespannten und zugleich degagierten Haltung, machte er mehr den Eindruck eines mit glänzenden Aussichten ins Ministerium berufenen Regierungsrats, als den eines Theologen. Lebhaft, espritvoll, verbindlich, aber inmitten aller Verbindlichkeit von – übrigens vollberechtigten – Ueberlegenheitsallüren, konnte er als ein Typus jener aus kleinen in große Verhältnisse hinein geratenen Persönlichkeiten gelten, die, plötzlich auf einer gewissen Höhe angelangt, rasch daselbst die Wahrnehmung ihrer Superiorität machen und in diesem Gefühl zu Tonangebenden und Regierenden werden, selbstverständlich unter kluger Wahrung aller durch Geburt und Verhältnisse vorgeschriebenen Distancen. Irr' ich nun aber nicht, so hatte Kögel eine Neigung, diese so viel bedeutenden Distancen in legererer Weise zu markieren, als herkömmlich. Er »markierte« sie wirklich nur, statt ihnen einen starken Akzent zu geben, und bei dem feinen Wahrnehmungsvermögen, das hohe und höchste Herrschaften für solche Dinge haben, mußte sich in bestimmten Kreisen eine gewisse Gegnerschaft gegen ihn ausbilden. Er ist der glänzendste Kasualredner, den ich, sei's im Leben, sei's literarisch, kennen gelernt habe; seine Gelegenheitsreden sind Musterwerke von Knappheit, Klarheit, Geschmack, und die vordem so beliebte Manier, in Anspielungen zu sprechen und dadurch, weil alles gelobt und alles getadelt wurde, sich nach allen Seiten hin zu salvieren, war ihm fremd. Vor Kennern bestand er glänzend. Aber es gab ihrer einzelne, die sich trotzdem – oder vielleicht gerade deshalb – nicht befriedigt fanden, weil sie nebenher beständig heraushörten: »Ihr seid ihr, und ich bin ich.« Es ist dreißig Jahre her, daß ich ihn zuerst sah; er machte schon damals den vorgeschilderten Eindruck, hatte schon damals alles Das, was ihn auf seine Höhe hob, aber diese Hochstellung auch bedrohte. Seine Krankheit, die seinen Rücktritt veranlaßte, war vielleicht ein Segen für ihn.

Von sehr anderem Gepräge war Professor Wilhelm Hensel. Er zählte zu den häufigsten Gästen, nahm auch an den offiziellen Festdiners, Königs Geburtstag etc. regelmäßig teil und war allgemein gern gesehen. In Trebbin geboren, märkischer Predigerssohn, war er der Typus eines Märkers, gesund, breitschultrig, festen Willens und mit kleinen, listigen Augen. Trat er ein, so glaubte man einen in die Großstadt verschlagenen Amtmann zu sehen, und daß ihm, vierzig Jahre früher, die schöne Fanny Mendelssohn zuteil geworden war, konnte wunder nehmen. Erfuhr man dann aber, was es mit dem »Amtmann« auf sich habe, so war einem klar, daß die schöne Fanny sehr richtig gewählt habe. Das Preußentum von 1813 ließ sich ganz wundervoll an ihm studieren. Er hatte den Krieg mit Auszeichnung mitgemacht, erfreute sich, wohl zum Teil um dieser Haltung willen, einer großen Beliebtheit am Hofe Friedrich Wilhelms III., nicht minder bei sämtlichen Prinzen, und dies »mit zum Hofe gehören«, auch mit dazu gehören *wollen,* gab ihm ein Etwas, das von der jungen Generation belächelt wurde. Aber ganz mit Unrecht. In dem reizenden Buche: »Bismarck und seine Leute« kommt eine Stelle vor, wo Bismarck in Versailles auf offener Straße dem Geheimrat Abeken eine Depesche diktiert. Dieser ist ganz Dienst. Aber mit einem Male wahrnehmend, daß Prinz Karl die Straße herunter kommt, kommt Abeken ins Schwanken; er hat einerseits ein Gefühl von der Wichtigkeit der dienstlich politischen Situation, aber andererseits auch ein Gefühl von der Wichtigkeit einer Prinzenannäherung, und sich hin und her wendend, um, inmitten der Erfüllung seiner Amtspflichten gegen den Kanzler, doch auch die Honneurs gegen den Prinzen nicht zu versäumen, kommt er erst durch eine scharfe Bismarck'sche Reprimande wieder zur Haltung und Ruhe. Genau so war Hensel. Eine Prinzenannäherung war doch immer die Hauptsache. Jetzt lachen die Leute darüber, weil sie die frühere Zeit nicht kennen und sich als große Freiheitler träumen; in Wahrheit aber liegt es so, daß die preußische Welt seit König Friedrich Wilhelm I. beständig wachsende Fortschritte, nicht im »Männerstolz vor Königsthronen«, sondern umgekehrt im Byzantinismus gemacht hat, und daß die eigentlichen Charaktere und die eigentlich mutigen Männer in Tagen lebten, wo's keine patentierte Freiheit gab und der Krückstock noch wacker umging. Zahllose herzerquickende Worte – auch Taten – sind damals vorgekommen, die heute ganz undenkbar sind. Auf *diesem* Gebiete sind in unserem modernen Leben auch die mutigsten Leute Drückeberger geworden. – Hensels intimster Freund war der Graf Blanckensee; sie hatten von 1813 bis 1815 in derselben Truppe gedient. Es hieß einmal, daß es nicht leicht sei, mit dem Grafen auszukommen. »Ich bin fünfzig Jahre lang gut mit ihm ausgekommen«, sagte Hensel, »und schiebe das auf ein Prinzip, nach dem ich, von Jugend auf, meinen Umgang mit vornehmen Leuten eingerichtet habe. Gegen ihre höhere gesellschaftliche Stellung habe ich nie protestiert, auch im freundschaftlichsten Verkehr immer eine Grenzscheide gezogen, Kordialitäten nie versucht, ihnen immer ihren Stand und ihre Ehre gegeben; aber wenn das Geringste geschah, das meine Ehre verletzte, habe ich das ruhig und fest zurückgewiesen. Das ist immer respektiert worden, und ich bin, wie mit Blanckensee, so mit allen anderen märkischen Adeligen immer sehr gut ausgekommen.« In seinen Anschauungen hatte Hensel viel Gemeinsames mit Louis Schneider, bezeigte sich aber sehr viel feiner in ihrer Geltendmachung. In Gesellschaften war er ungemein beliebt, und mit Recht. Er hielt sich zunächst zurück und sondierte, nahm er aber wahr, daß gute Zuhörer da waren, so öffneten sich die Schleusen seiner Beredsamkeit, und daß *er,* der als Jüngling die Befreiungskriege mitgemacht, dann die Lalla-

Rookh-Aufführung geleitet, dann 1848 die Künstler- und Studentenschaft kommandiert und 1860 als Totenwache neben seinem aufgebahrten König Friedrich Wilhelm IV. gestanden hatte – daß *der* erzählen konnte, braucht nicht versichert zu werden. Als Maler war er nicht bedeutend, selbst der Wert seiner Porträtmappen wird angezweifelt, weil er noch dem Prinzip huldigte, »die Menschen so zu porträtieren, wie die Natur – ehe Störungen eintraten – die Betreffenden intendiert hatte«. Bis zuletzt blieb er bei Kraft, Frische und guter Laune und hatte das Glück, eines schönen Todes oder richtiger, das Glück, in einer schönen Sache zu sterben. Eine Frau war überfahren worden; er sprang hinzu, um ihr zu helfen und erlitt dabei selbst eine schwere Verletzung. Der erlag er. Er war immer hilfebereit gewesen und in einem Samariterdienst schied er aus dem Leben.

Der Dritte, von dem ich sprechen möchte, war der junge Baron Senfft-Pilsach, Neffe des vorgenannten Geheimrats, Sohn des pommerschen Oberpräsidenten. Er war – trotz ganz unjunkerlicher Anschauungen – in Erscheinung und Sprechweise der Typus eines pommersch-märkischen Junkers, groß und stark, humoristisch und derb bis zum Cynismus. Er war als Gymnasialschüler bei dem Chefredakteur der Kreuzzeitung in Pension gewesen und hatte sich bei der Gelegenheit, wie das so oft geschieht, von *dem* abgewandt, dem man ihn zuwenden wollte. Als ich ihn kennen lernte, war er, glaub' ich, Referendar und einige zwanzig Jahre alt. Wir plauderten mit einander, und er merkte, daß ich Fühlhörner ausstreckte, um über das konservative Hochmaß seiner Gesinnung ins Klare zu kommen. Er lachte. »Meinetwegen brauchen Sie sich nicht zu genieren. Ich denke über alles anders.« Sein Leben bewies das. Er verheiratete sich mit einer polnisch-jüdischen Dame von großer musikalischer Bedeutung, ich glaube Pianistin von Beruf, und trat in Lebenskreise, die dem seiner Familie weitab lagen. Irgendeiner Aktien- oder Kommanditgesellschaft als Agent oder Berater beigegeben, ging er in den ihm verbleibenden Mußestunden in Musik auf. Er war weit über allen Dilettantismus hinaus ein vorzüglicher Sänger und im Vortrag Löwe'scher Balladen damals unerreicht. Er wußte, daß ich voller Interesse für diese Balladen war, und so schrieb er mir eines Tages eine Karte, worin er sich für den folgenden Vormittag anmeldete. »Keine Umstände, ich werde Ihnen den Archibald Douglas vorsingen.« Er kam auch, und obwohl der niedrige Raum, dazu Gardinen und Teppiche, den Vollklang seiner mächtigen Stimme sehr behinderten, so machte sein Vortrag doch einen großen Eindruck auf mich und die Menschen, die zugegen waren. Ich sprach ihm meinen herzlichen Dank aus und bot ihm ein Glas Wein an, so gut ich's hatte, hinzusetzend, ich hätte Tags zuvor von einem in Wernigerode lebenden Freunde einige Flaschen »Wernigeröder« erhalten, einen abgelagerten Kornus, von dem es heiße, daß er womöglich noch besser als Nordhäuser sei; ob ich ihm vielleicht den vorsetzen dürfe? Sein Gesicht nahm sofort einen komisch feierlichen Ausdruck an, und den Rotwein beinah' despektierlich zurückschiebend, sagte er: »Dann bitt' ich freilich um Wernigeröder.« Er behandelte ihn wie Frühstückswein und sprach sich, als er mehrere mittelgroße Gläser geleert hatte, voll Anerkennung über den Mann aus, der dies »edle Naß« so rechtzeitig geschickt habe. Diese Begegnung mit ihm fand in Tagen statt, die seine letzten guten Tage waren. Er wurde bald danach krank und verfiel sichtlich. Er ritt viel, von Kur wegen, und wenn ich ihn im Tiergarten traf, ging ich eine Strecke neben ihm her und ließ mir von ihm erzählen. Es war immer noch die alte forsche Sprechweise, aber mit einem Dämpfer drauf, und verhältnismäßig schnell ging es zu Ende. Er war eine Figur und hat sich wohl jedem fest eingeprägt, der ihn kennen lernte.

Alle die hier Genannten gehörten dem Familienkreise, dem »cercle intime« an. Von sehr anderer Zusammensetzung war der Kreis, der an der *offiziellen Repräsentation* teilnahm, also wenn Mitarbeiter – meist auswärtige Korrespondenten – eintrafen, die gefeiert werden sollten, oder bei Gelegenheit von Königsgeburtstag. Auch da fanden sich interessante Leute zusammen, aus deren Gesamtheit ich, um mich nicht zu sehr in Einzelheiten zu verlieren, nur einen herausgreife: den alten Büchsel. Ich hatte das Glück, ihm immer gegenüberzusitzen und ihn dabei studieren zu können, was ich denn auch redlich tat. Sein Kopf war wie der eines märkischen Schäferhundes oder noch richtiger einer Mischung von Neufundländer und Fuchs. Der Fuchs wog aber sehr vor, wodurch, ich kann nicht sagen die Verehrung, aber doch das Interesse für ihn gewann. Er war die personifizierte norddeutsche Lebensklugheit, mit einem starken Stich ins Schlaue. Zu Büchsels wärmsten Verehrerinnen gehörte auch eine Generalin v. Gansauge. »Frau Generalin«, so begrüßte er eines Tages die alte Dame, »ich habe nicht geglaubt, daß Sie noch so vergnügungssüchtig seien.« – »Ich? vergnügungssüchtig? Aber wie das, Herr Generalsuperintendent?« – »Ja, Frau Generalin. Ich sehe Sie jetzt auch *öfter* in meinen *Nachmittags*gottesdiensten.« – Man hat die »Wrangeliana« gesammelt; Büchsels Aussprüche zu sammeln, würde sich noch mehr verlohnen. Von meiner großen Zuneigung zu ihm hatte er keine Ahnung; sie galt dem Menschen, aber noch mehr dem Schriftsteller. Sein Buch »Erinnerungen aus dem Leben eines Landgeistlichen« ist ein Prachtstück unserer märkischen Spezialliteratur.

Ich sprach eingangs noch von einer dritten gesellschaftlichen Vereinigung auf der Kreuzzeitung und nannte sie »politische Ressource«. Diese dritte Vereinigung war, ich will nicht sagen die vorzüglichste, aber doch die wichtigste von den dreien und bildete recht eigentlich ein unterscheidendes Merkmal. »Cercle intime« und offizielle Festessen gab es in allerhand Schattierungen auch bei anderen Redaktionen, aber diese politische Ressource war ein Ding, das nur die Kreuzzeitung hatte. Die Gründung war wohl auf Herrmann Wagener, den »Kreuzzeitungs-Wagener«, zurückzuführen und verfolgte, wenn ich es richtig errate, den Zweck, in jedem Redaktionsmitgliede das Gefühl einer besonderen Zugehörigkeit zu wecken oder wo es schon da war, es zu steigern. Keiner sollte sich als Lohnschreiber empfinden. Also Umwandlung des Hörigen in einen Freien. Wie bei den Versammlungen im Offizierskasino der jüngste Fähnrich in gesellschaftliche Gleichheit mit seinem Obersten kommt, so sollten in dieser politischen Ressource die Redakteure mit der gesammten Obersphäre Fühlung gewinnen. Es wurde nicht viel daraus, aber die bloße Tatsache, daß Personen da waren, die so was Hübsches im Auge hatten, ist einer dankbaren Erinnerung wert. Außer Wagener nahmen an diesen Reunions auch noch Graf Eberhard Stolberg, Geheimrat v. Klützow, Geheimrat Dr. Ludwig Hahn und einige Geistliche teil, und ich gedenke dieser Zusammenkünfte mit einem ganz besonderen Vergnügen. Es war die Zeit, wo die Lassalle'schen Ideen im Auswärtigen Amt (Bismarck) Terrain gewannen und wo Hermann Wagener dem Minister einträufelte: »Die verhaßte Bourgeoisie durch die Sozialdemokratie zu bekämpfen.« In einer mir unvergeßlichen Sitzung geriet er (Wagener) über diese Frage mit Geheimrat Ludwig Hahn in einen sehr hitzigen Disput, in dem er den Kürzeren zog, weil er mit der Sprache nicht recht herausrücken und das Spiel nicht aufdecken konnte. Hahn war außerdem in dialektischer Spitzfindigkeit ihm mindestens ebenbürtig, wenn auch Wagener die weitaus genialere und politisch weiter blickende Natur war, eine Art Nebensonne zu Bismarck. Dispute derart – auch 'mal über »englische und preußische Polizei«, bei welcher Gelegenheit ich, zum Sprechen aufgefordert, als enfant terrible debütierte (Klützow machte ein langes Gesicht, während Graf Eberhard und namentlich Wagener unbändig lachten), Dispute derart, sag' ich, waren häufig, und es war ein Jammer, daß sich die ganze Herrlichkeit kaum einen Winter lang hielt. Es ging doch wohl nicht recht. Aber wie dem auch sein möge, der ganze Hergang ist mir immer ein Hauptargument, wenn es sich darum handelt, das konservativorthodoxe Element gegen unverdiente Beschuldigungen in Schutz zu nehmen*.

*

Nach dieser weiten Abschweifung, in der ich mich ausschließlich mit dem Ton, der vor dreißig Jahren auf der Kreuzzeitung herrschte, beschäftigt habe, kehre ich zu meinem eigentlichen Thema zurück, zu George Hesekiel, der all die vorgeschilderten Dinge mit mir gemeinschaftlich durchlebte.

---

* An verschiedenen Stellen in diesem Kapitel klingt es, als ob ich nach dem guten, alten »On revient toujours à ses premiers amours« operieren wollte. Das trifft indessen nicht zu. Meine politischen Anschauungen – allerdings zu allen Zeiten etwas wackliger Natur – haben sich meist mit dem Nationalliberalismus gedeckt, trotzdem ich zu demselben, wie schon an anderer Stelle ausgeführt, niemals in rechte Beziehungen getreten bin. Also eigentlich nationalliberal. In meinen alten Tagen indeß bin ich immer demokratischer geworden, ganz nach dem Vorbilde meines Lieblings »Isegrimm« in Wilibald Alexis' gleichnamigem herrlichen Roman, wohl das Beste, was er geschrieben. Aber wohin ich auch noch geschoben werden mag, ich werde immer zwischen politischen Anschauungen und menschlichen Sympathien zu unterscheiden wissen, und diese menschlichen Sympathien habe ich ganz ausgesprochen für den märkischen Junker. Die glänzenden Nummern unter ihnen – und ihrer sind nicht wenige – sind eben glänzend, und diese nicht lieben zu wollen, wäre Dummheit; aber auch die nicht glänzenden – und ihrer sind freilich noch mehrere – haben trotz Egoismus und Quitzowtum, oder auch vielleicht um beider willen, einen ganz eigentümlichen Charme, den heraus zu fühlen ich mich glücklich schätze. Die Rückschrittsprinzipien als solche sind sehr gegen meinen Geschmack, aber die zufälligen Träger dieser Prinzipien haben es mir doch nach wie vor angetan. Vielleicht weil ich – ich glaube manche gut zu kennen – an den Ernst dieser Rückschrittsprinzipien nicht recht glaube. Sie können eines Tages total umschlagen.

Daß er damals das »große Talent« der Zeitung war, sagte ich, glaub' ich, schon – nicht das große *politische,* wohl aber das große journalistische Talent. Politiker war er gar nicht; er kultivierte statt dessen das Interessante, das Sensationelle, die Spannung und, wer was vom Zeitungsdienst versteht, weiß, daß das allerdings die Hauptsache bleibt. Die Partei wie die Redaktion wußten denn auch jederzeit, was sie an ihm hatten, aber sie wußten es nicht genug oder nicht jeden Augenblick oder wollten es nicht wissen, und das führte dann mitten in seinem Triumphzuge zu beständig sich einschiebenden Kränkungen und Niederlagen. Allerdings lag die Schuld, wenn von einer solchen überhaupt gesprochen werden kann, nicht bloß bei seinen gelegentlichen Angreifern oder Unterschätzern, sondern auch bei ihm selbst, weil er, wie so oft große Talente, mit *dem,* was von der andern Seite her beim besten Willen geleistet werden konnte, nicht richtig rechnete.

Natürlich, wie jeder Eingeweihte weiß, ist unter dieser »anderen Seite« niemand anders als der Chefredakteur zu verstehen, mit dem das ihm unterstellte Personal regelmäßig unzufrieden ist, und Hesekiel war es redlich. Er sah überall Uebelwollen, wo nur Zwang der Verhältnisse vorlag. Hätte der Chefredakteur die Romane seines »Romanciers« in fortlaufenden Beilagen zum Druck gebracht, so hätte sich Hesekiels äußere Lage mit einem Schlage glänzend verändert; aber das zu tun – wie's von ihm gewünscht wurde – war eben ganz unmöglich: es hätte das das Konto der Zeitung nicht bloß zu hoch belastet, sondern auch die Leser aufsässig gemacht, die bald sehr wenig Lust gehabt haben würden, sich Nummer um Nummer immer neue märkische Geschichten auftischen zu lassen. In dies sich abgelehnt sehen hatte sich, soweit seine Romane mitsprachen, Hesekiel schließlich denn auch gefunden. Aber da waren auch noch seine kleineren Dichtungen, seine Lieder, und um dieser willen kam der Unmut zum offenen

Ausbruch. Gedichte, meist nur zwanzig Zeilen, und von Honorar keine Rede! Das war doch bloß eine Sache der Gefälligkeit, und auch hier eine Ablehnung erleben zu müssen, das war zu viel. So wenigstens dachte Hesekiel. Und mancher Draußenstehende, der das nachträglich liest, wird ebenso denken. Aber wer jene Tage von 1864 und 1866 – siebzig war es ebenso, aber da war ich schon fort – auf der Kreuzzeitung miterlebt hat, der weiß, in welch furchtbarer Lage sich der arme Chefredakteur andauernd befand. Zehn Gedichte in einer Stunde war für Hesekiel eine Kleinigkeit. Wozu Storm fünf Monate brauchte, dazu brauchte Hesekiel fünf Minuten. Ritt Prinz Friedrich Karl von Münchengrätz bis Gitschin, so hieß es: »Der rote Prinz bei Gitschin«; ritt er von Gitschin nach Münchengrätz zurück, so hieß es »der rote Prinz bei Münchengrätz«. Jede kleine Notiz wurde sofort zum Gedicht, und all das am anderen Morgen als lyrischen Erguß zu bringen, was am Abend vorher Telegramm gewesen war, war unmöglich. Jeder sah dies ein, nur Hesekiel selbst nicht. Er überschätzte diesen Zweig seines Schaffens. Ich bin damals der aufrichtige Lobredner dieser »Neuen Lieder, gedruckt in diesem Jahr« gewesen, und bin es noch; ich habe sogar in der bitteren Fehde »Hesekiel contra Scherenberg«, aller Scherenberg Verehrung unerachtet, konstant auf Hesekiels Seite gestanden, weil ich das echt Volksmäßige seiner Lieder wohl erkannte; aber wie das immer bei dem Volksliedsmäßigen ist, neben einem Granat oder einem Karneol liegen hundert rote Glassplitter. So war es auch bei Hesekiel. Er verlangte zuviel und war durchaus im Unrecht, die Ablehnung dessen, was nun 'mal nicht ging, als Kränkung zu empfinden.

Dies alles spielte sich auf der Redaktion selber ab. Aber auch außerhalb derselben war er Kränkungen von Parteigenossen ausgesetzt. Ueber zwei dieser Vorkommnisse, die ganz besonders schwer an ihm zehrten, will ich berichten.

Es war die Zeit, wo das Wagenersche Konversations-Lexikon geschrieben wurde, das bekanntlich den Zweck verfolgte, den liberalen Nachschlagebüchern gegenüber, auch 'mal der konservativen Sache zu dienen. In Brockhaus und Meyer fehlte damals Hesekiel, weil er Kreuzzeitungsmann war, und dem Wagener'schen Lexikon lag es mithin selbstverständlich ob, dies zu begleichen und der preußisch-konservativen Welt von ihrem Lieblingsschriftsteller George Hesekiel nach Möglichkeit zu erzählen. Aber dieser Artikel blieb aus. Bruno Bauer, der über Wageners Kopf weg alles schrieb und nicht bloß Bauer hieß, sondern auch Bauer war – noch dazu Rixdorfer Bauer –, war nicht der Ehren, auch nur sieben Zeilen über den, all seiner Mängel unerachtet, unbestritten ersten und talentvollsten Romancier der Partei zum Druck zu geben. Hesekiel war ganz außer sich darüber. Was Bruno Bauer zu solcher Haltung bestimmte, weiß ich nicht. Könnte ich annehmen, er habe politisch oder moralisch oder literarisch eine, wenn auch irrige, so doch ehrliche Meinung dadurch ausdrücken wollen, so würde ich das respektieren. Daran ist aber gar nicht zu denken. Man muß diesen Mann gesehen haben, um zu wissen, daß dies ausgeschlossen ist. In hohen Schmierstiefeln und altem grauen Mantel, einen Wollshawl um den Hals und eine niedergedrückte Schirmmütze auf dem Kopf, kam er, den Knotenstock in der Hand, jeden Sonnabend von Rixdorf hereingestapelt, um auf der Kreuzzeitungs-Druckerei Bestimmungen über seine Artikel zu treffen. Seine kleinen dunklen Augen, klug aber unfreundlich, beinah' unheimlich, bohrten alles an, was ihm in den Weg kam. Eine grenzenlose Verachtung der durch uns repräsentierten kleinen Redaktionskrapüle sprach aus seinem ganzen Auftreten, und der korpulente Hesekiel mit blauem Frack und blanken Knöpfen war ihm wohl ganz besonders unbequem. Die Bauers waren sehr klug, aber wenig angenehm und hatten einen wirklichen und ehrlichen Respekt nur vorm »Arnheim« und dann und wann vor Rußland. Es ist ein Segen und großer Kulturfortschritt, daß diese ganze Menschenklasse weg ist.

Eine gleich große Kränkung, wie die vorstehend erzählte, wurde Hesekiel durch einen Mann zugefügt, der eigentlich an ihm hing und den Hesekiel seinerseits geradezu liebte. Das war ein alter Provinzial-Edelmann. Der sagte 'mal: »Ja, lieber Hesekiel, ich weiß, daß Sie's ehrlich meinen. Aber Sie verfehlen's. Sie wollen uns glorifizieren, und Sie ridikülisieren uns bloß.« Unter allem, was ihm je gesagt worden ist, haben diese Worte wohl den größten Eindruck auf ihn gemacht; denn er war klug und unbefangen genug, das Wahre, das darin steckte, herauszufühlen.

Alles in allem wiederholte sich, trotz seiner vorwiegend großen Wohlgelittenheit in der Partei, auch bei ihm die alte Erscheinung wieder, daß man, bei Draußenstehenden, ja bei direkten Antagonisten, besser abschneidet, als bei den Angehörigen. So kam es denn auch, daß er sich bei der gegnerischen Presse ganz besonderer Beliebtheit erfreute, weil er eine ausgesprochene Persönlichkeit, ein unterhaltlicher Lebemann und vor allem ein guter Kamerad war. Er hatte als Schriftsteller und Zeitungsschreiber ein starkes Standesbewußtsein, also gerade das, was uns in Deutschland noch so sehr fehlt und unsern Beruf so schwer schädigt. Auf diesen Punkt hin angesehen, war er, während er für einen »Feudalen« galt, moderner als mancher der Modernsten.

ACHTES KAPITEL

Bernhard von Lepel

Bernhard von Lepel stand in einem starken Widerstreit zu Hesekiel; sie konnten sich gegenseitig nicht leiden, und da ich im Vertrauen beider war, so hörte ich von Lepel oft die Worte: »Hesekiel ist der reine Falstaff« und von Hesekiel eben so oft: »Lepel ist der reine Don Quixote.« Man hat auf solche Worte nicht viel zu geben: jeder ist leicht untergebracht, und die Rubriken sind selten schmeichelhaft.

Mir – sehr im Gegensatz zu dem von Antipathien gegen ihn erfüllten Hesekiel – war Lepel in hohem Maße sympathisch, und ich darf sagen, er erwiderte diese Gefühle. Durch länger als vierzig Jahre habe ich nur Wohlwollen von ihm erfahren; kleine störende Dinge, die sich ab erziehen lassen, hat er mir ab erzogen, wofür ich ihm bis diese Stunde dankbar bin, und wieder andere Dinge, kleine und große, weil er sah »die sitzen gut tief«, hat er sein Lebelang mit Nachsicht an mir beurteilt. Es war, glaub' ich, mancherlei, was ihn mir gewogen machte; mein Hauptverdienst aber lief wohl darauf hinaus, daß ich von Anfang an sein Wesen begriff, vor allem aber seinen Humor. Er war ein wirklicher Humorist, von jener feinsten Art, die meist gar nicht verstanden oder wohl gar mißverstanden wird. Abgesehen davon, daß ihm dieser nicht verstandene Humor oft direktes Aergernis schuf, empfand er nebenher noch eine ernsthafte und doch auch wieder das Komische streifende Künstlertrauer darüber, gerade seine glänzendste gesellschaftliche Seite nur immer sehr ausnahmsweise gewürdigt zu sehen, und daß ich der war, der diese feinen Dinge jederzeit mit dankbarster Zunge kostete: das gewann mir recht eigentlich sein Herz. Er sammelte Geschichten für mich, erst um *mir* und dann gleich hinterher auch um sich selber eine Freude zu machen, eine Freude über meine

Freude. »Ich seh' Dich so gerne lachen« hab' ich ihn wohl hundertmal sagen hören. Gleich in den ersten Jahren unserer Bekanntschaft hatten wir uns in dem Satz gefunden: »alle Geschehnisse hätten nur insoweit Wert und Bedeutung für uns, als sie uns einen Stoff abwürfen.« Noch in den Tagen, die dem achtzehnten März und dem bald darauf erfolgenden Abmarsch der Garden nach Schleswig-Holstein vorausgingen, waren wir aufs neue darüber einig geworden und hatten unseren Dichterbund auf dieses Dogma hin abermals besiegelt. Wenige Wochen später wurde das Danewirk durch unsere Garden erstürmt, und Lepel war mit dabei. Noch am selben Abend schrieb er mir von Schleswig aus einen kurzen Brief, wohl eigentlich nur, um in Erinnerung an unser Dogma mit den Worten zu schließen: »Uebrigens hab ich dir zu bekennen, daß ich, als wir bis auf dreihundert Schritt heran waren, ganz darüber nachzudenken vergaß, ob es einen Stoff abwürfe oder nicht*.«

Es war ihm, wie schon angedeutet, immer eine große Freude, sich vorweg vorzustellen, wie wohl eine von ihm durchlebte Sache auf mich wirken würde, und noch wenige Jahre vor seinem Tode, als er 'mal wieder etwas ganz Lepel'sches inszeniert hatte, sprach er mir, als sich der

* Noch im Sommer desselben Jahres nahm Lepel seinen Abschied und bezog ein in der Nähe von Köpenick gelegenes Schlößchen. Wir korrespondierten. Als nun jene Novembertage heranrückten, wo die Garden – Lepel nicht mehr dabei – von Schleswig her wieder herangezogen wurden, um die konstituierende Versammlung aufzulösen oder ihr wenigstens einen Ortswechsel aufzuzwingen, schrieb ich in größter Aufregung an ihn und bat ihn – indem ich halbspöttisch einfügte, daß er in seinem »Schloß« doch wohl eine Rüstkammer haben würde – mir ein Muskedonner zu schicken. Nun würde mir, glaub' ich, auf solch Ansinnen hin, jeder andere Königstreue die Freundschaft gekündigt haben, es entsprach aber ganz Lepels Wesen, daß ihm meine provozierende Tollheit nur spaßhaft vorkam, – und wenn er vielleicht doch noch geschwankt hätte, so würde mich das von mir gebrauchte Wort »Muskedonner« unter allen Umständen gerettet haben. Solchem grotesken Ausdruck konnte er nicht widerstehen. Er antwortete mir also in vollkommen guter Laune und begnügte sich damit, mich zu ridikülisieren.

Erzählungsmoment für ihn einstellte, dies mit einem besonders liebenswürdigen Behagen aus. Er war auf – sagen wir – Donnerstag den neunzehnten Juni zu einer Hochzeit geladen worden und zwar nach Warmbrunn hin, wo sich ein Verwandter von ihm mit einer jungen Amerikanerin verheiraten wollte. Nie groß im festen sich Einprägen von Zahlen, und überhaupt etwas unpünktlich, traf er – weil er nur »Donnerstag« behalten hatte – statt am neunzehnten Juni schon am zwölften mit dem Frühzuge in Warmbrunn ein, stieg im Preußischen Hof ab, warf sich in Frack und erschien in dem gemutmaßten Hochzeitshause. Hier erfuhr er dann freilich, daß er um eine Woche zu früh gekommen sei, weshalb er, unter Entschuldigungen, am selben Tage wieder abreiste, fest entschlossen, das nächste Mal besser aufzupassen. Das geschah denn auch und rechtzeitig traf er am folgenden Donnerstag früh wieder im Preußischen Hof zu Warmbrunn ein. Er hatte noch zwei Stunden bis zur Trauung, und weil ihm der Wirt gefiel, den er schon das vorige Mal als einen angenehmen und plauderhaften Mann kennen gelernt hatte, so blieb er unten im Gastzimmer und hatte da, was er sehr liebte, einen eingängigen Diskurs über deutsche Hotels in der Schweiz und in Italien. Der Besitzer des Hotels war vordem jahrelang Küchenchef in Venedig gewesen, was natürlich hundert Anknüpfungspunkte gab. Und dabei kam man auch auf Asti-Wein zu sprechen, und als Lepel hörte, daß der Wirt etwas davon in seinem Keller habe, bat er darum, und unter Plaudern behaglich sein zweites Frühstück nehmend, verging die Zeit. Zuletzt aber wurde der Wirt doch unruhig und sagte: »Ja, Herr Major, so schwer es mir wird . . . aber ich glaube beinahe, es ist die höchste Zeit. Sie haben nur noch eine Viertelstunde.« Lepel sprang nun auf und ging auf sein Zimmer, um da im Fluge Toilette zu machen. Aber das Versäumte war doch durch keine Flinkheit wieder einzubringen, und als er aufs neue bei dem Wirt unten erschien, erfuhr er, daß der Zug schon geraume Zeit nach der Kirche sei ... »Gut, gut, dann werd' ich direkt in die Kirche gehen.« Und das geschah denn auch. Als er eintrat, schien ihm in der Tat noch nichts versäumt oder doch nur sehr wenig; sie sangen noch und die Orgel spielte leise. »Gott sei Dank«, sagte Lepel vor sich hin, »sie singen erst.« Und unter dieser Trostbetrachtung war er bis an den Altar gekommen, wo er links, in unmittelbarer Nähe des Brautpaares, einen leeren Stuhl entdeckte, mit einem Singezettel darauf. Er wußte, daß das sein Platz sein mußte, und ließ sich unter leiser Verbeugung neben dem Bräutigam nieder. Dieser, der seinen Anverwandten schon kannte, lächelte nur still vor sich hin und wies dann auf die Stelle, bis zu der die Singenden eben gekommen waren. Es war die vorletzte Zeile des Schlußverses. Einen Augenblick danach war die Zeremonie vorüber, und alles erhob sich. Lepel, das erste Mal um eine Woche zu früh, war das zweite Mal um eine Stunde zu spät gekommen. Als er wieder in Berlin war, kam er zu mir und sagte: »Ja, Fontane, ich habe mich eigentlich blamiert, aber ich kann es kaum bedauern, denn ich habe mich auf dem ganzen Rückwege daran aufgerichtet, wie das wohl auf Dich wirken und Dich erheitern würde.«

Lepel trat sehr früh in den Tunnel, noch in der Mühler-Zeit vor Strachwitz und Scherenberg. Was er damals bot, war nicht bedeutend und ließ das Maß der Anerkennung auf einem mittlern Niveau; als er aber, in den ersten vierziger Jahren, von einem halbjährigen oder noch längeren Aufenthalt in Italien zurückkehrte, las er im Tunnel seine stark antipapistischen und namentlich antijesuitischen Gedichte vor, die bald darauf unter dem Titel »Lieder aus Rom« erschienen. Sie wurden sehr bewundert, und auch ich nahm ganz ehrlich an dieser Bewunderung teil. Zur Stunde denke ich nicht mehr so hoch davon. Alle diese Gedichte haben dieselben Tugenden, aber freilich auch dieselben Mängel, die die meisten Gedichte jener Tunnel-

Epoche haben: sie sind alle männlichen Geistes, von einer, wenn man will, sehr tüchtigen Gesinnung eingegeben und stehen einerseits der Liebes- und andererseits der Freiheitsphrase, die damals die Lyrik beherrschte, sehr vorteilhaft gegenüber, aber sie haben, mit alleiniger Ausnahme der Strachwitz'schen Gedichte, nichts – oder doch zu wenig – von jenem dem Ohr sich Einschmeichelnden, ohne das es für mein Gefühl keine Lyrik giebt. Bei Scherenberg trat das ganz eminent hervor, er gab es auch selber zu; bei Lepel versteckte sich's, war aber doch da. Er galt für einen Formkünstler und war es auch; er überwand große Schwierigkeiten und man mußte voller Respekt vor dem Aufbau seiner Terzinen sein. Aber was ich das sich Einschmeichelnde nannte, das fehlte. Will ich mich an Gedanken und Gesinnungen aufrichten, so kann ich das in Prosa tun; bringt mir einer Verse, so müssen sie gefällig sein, sich meinen Sinnen anschmiegen. Können sie das nicht, so haben sie ihre Aufgabe mehr oder weniger verfehlt. Alles, was Lepel damals schuf, ist zu schwer, und nur ein einziges unter diesen vorerwähnten römischen Gedichten ist voll geglückt, indem es zu der Korrektheit und Kraft des Ausdruckes auch noch Wohlklang gesellt. Dies Gedicht, in Terzinen, heißt »Ganganelli«. Zunächst schon ein herrlicher Stoff. An jedem Gründonnerstage, so war es Herkommen durch Jahrhunderte hin, erschien der Papst in der Peterskirche, um seinen Fluch auf die Ketzer zu schleudern. Als aber Ganganelli, unter dem Namen Clemens XIV., Papst geworden war und die herzugeströmte Menge wieder den altehrwürdigen Fluch erwartete, klang es vom Altare her: »Ich segne alle Völker dieser Erde.« Vielleicht wär' es das Schönste gewesen, Lepel hätte dieses Gedicht mit dieser Situationsschilderung und dem Segenswort des Papstes geschlossen; aber es war damals eine polemische Zeit, irgend was Anzügliches zu Nutz und Frommen des Liberalismus mußte geleistet werden, und so schloß denn auch das Gedicht mit folgender antijesuitischen Gesinnungstüchtigkeit:

Und Clio zeichnet Ganganellis Namen
Ins große Buch der Welt mit goldnen Schriften,
Euch aber frommt es nicht ihn nachzuahmen,
Euch hat's allein gefrommt – ihn zu vergiften.

Ich bin durchaus gegen solche, noch dazu, was das Tatsächliche betrifft, mehr oder weniger in der Luft schwebende Polemik. Indessen auch mit ihr ist es immer noch ein schönes Gedicht, zu dem sich unter allem, was er später geschrieben, nur noch ein Seitenstück findet. Dies heißt: »Thomas Cranmers Tod«. Auch ein brillanter Stoff. Cranmer, anglikanischer Bischof, soll, als Maria Tudor die katholische Kirche zu neuer Herrschaft führen will, seinen englisch-protestantischen Glauben abschwören und in der Schwäche des Fleisches giebt er auch nach. Nachdem er aber abgeschworen hat, erfaßt ihn Scham und Reue, und als die Klerisei bei einer dazu festgesetzten Zeremonie darauf wartet, daß er den bis dahin nur im engsten Kreise geleisteten Widerruf nun auch öffentlich in der Westminster-Abtei und in Gegenwart aller katholischen Kirchenfürsten des Landes bestätigen werde, widerruft er seinen Widerruf und bricht, seine Schwurfinger erhebend, in die Worte aus: »Ins Feuer die verruchte Hand«, – ein Wort, das er dann wenige Wochen später mit seinem Märtyrertod auf dem Scheiterhaufen besiegelte. Der Stoff, wie schon hervorgehoben, ist ergreifend, einzelnes, auch im Ausdruck ungemein packend; aber es ist als Ganzes zu lang und in dieser Länge geht die Balladenwirkung verloren. Lepel, wie die meisten Tunnelianer, hatte kein rechtes Kompositionstalent; er hatte den dichterischen Ehrgeiz und auch die Kraft, ganz vorzügliche Strophen im einzelnen zu bilden, aber der Aufbau des Ganzen ließ in den meisten Fällen allerlei zu wünschen übrig. Am auffälligsten zeigte sich dies in seiner großen Ballade »Die Dänenbrüder«, worin die bekannte Geschichte von König Erich und Herzog Abel – welcher letzterer den auf der Schlei fliehenden König durch Gudmunsen verfolgen und bei Missunde ermorden läßt – behandelt wird. Es finden sich in dieser Ballade Strophen von erstem Range.

»Mein Fährmann, sei nicht träge,
Dein König lohnt es Dir,
Ich höre Ruderschläge
In der Ferne hinter mir . . .«

Doch wie sie die Gewässer
Auch schlugen gut und viel,
Gudmunsen ruderte besser
Und schneller war sein Kiel.

Das ist in Bezug auf Balladenton nicht leicht zu übertreffen, aber das Ganze geht trotzdem aus wie das Hornburger Schießen. Es verläuft nicht nur mehr oder weniger prosaisch, sondern bricht auch ohne rechten Schluß ab. Sehr schade. Bei der Energie des Ausdrucks, die Lepel seinen Strophen zu geben wußte, hätte er, bei mehr Kompositionstalent, gerade in der Ballade Bedeutendes leisten müssen.

Am dichterisch höchsten, wenigstens in allem, was die Form angeht, steht er in Schöpfungen, die verhältnismäßig zu geringer Geltung gekommen sind: in seinen Oden und Hymnen, also in Dichtungen, in denen er recht eigentlich als Schüler Platens auftritt, dem er in sprachlicher Vollendung sehr nahe kommt und an Empfindungswärme gelegentlich übertrifft. Ein Meisterstück ist seine 1847 geschriebene Ode »An Alexander von Humboldt«.

Ins Zeichen der Wage trat die Sonne
Bei Deiner Geburt.
Gleichmaß und Gesetz
Zu finden erschienst Du, sei's im Weltraum,
Wo kreisender Stoff
An Stoffe gebannt,
Sei's, wo in des Meergrunds tiefster Verborgenheit
Durch zelliges Moos der Trieb der Atome kreist.

Der Dichter entrollt dann im weiteren den Menschheits- und Kulturgang und zeigt uns, wie das Licht der Erkenntnis das Dunkel des Aberglaubens zu besiegen beginnt.

Schon lichtete sich's, und aus der Krippe
Sah liebend empor
Der lächelnde Gott.
Doch wieder verbarg der Rauch des Altars
Mit düstrer Gewalt
Die göttliche Stirn
Und dunkle Nacht umgraute den Forscherblick ...
Da rüttelten Geister wieder am Eisenstab
Und kecken Rufs ausbrach die Wahrheit
Hinter dem Schwure des Galilei.
Und immer heller wird's ... Und sieh
Mit freierm Schwung jetzt flog im Weltraum
Der sinnende Geist;
Planeten ergriff
Und wog die gewaltige Hand des Newton:
Aufdeckt er der Welt
Festhaltende Kraft ...

So ein paar Glanzstellen aus dem Humboldt-Hymnus. Von gleicher Schönheit ist eine an »König Friedrich Wilhelm IV.« gerichtete Ode. Sie ist im Sommer 1848 geschrieben und fordert den König auf, den »Kelch des Dulders« aus der

Hand zu stellen und dem »Geweb arglistischer Lüge« gegenüber zum Schwert zu greifen. Ein Ruf also nach Reaktion, so scheint es. Aber die Gesinnung, aus der heraus er seine Forderung »zum Schwert zu greifen« stellt, ist nicht etwa eine höfisch-servile, sondern umgekehrt eine derartig edelmännisch-freie, daß man über die Sprache staunt, die hier ein Gardeleutnant vor seinem König führt.

Ergreif das Schwert, da Deine Schuld Du gesühnt
Durch tiefe Demut vor der erzürnten Welt,
– Nie stand so tief gebeugt ein König –
Aber es wendete sich das Schuldblatt...

Wohl ist die Langmut Tugend der Könige,
Doch, wo das Maß voll, hebe der Fürst den Arm,
Und sinkt sein Glücksstern, bleibt der Ruhm ihm
Eines erhabenen Untergangs.

Du aber, Herr, mögst unter den Glücklichen,
Mögst Deines Volks heilbringender Führer sein;
Doch – bei der Größe Deiner Ahnen –
Fasse den flatternden Zaum, sei König!

Es sind das, in der Humboldts- wie in der Königsode, Strophen, die sich wohl neben den besten seines Meisters und Vorbildes behaupten können.

Ganz besonders beanlagt war er für das höhere Gelegenheitsgedicht, also für jene feineren und weit jenseits von »Polterabend« und »Hochzeit« liegenden Extrafälle, wo's einen Mann von politischer oder künstlerischer Bedeutung zu feiern galt. Er war sich – übrigens immer humorvoll und nie bedrücklich für etwaige Konkurrenten – über dies sein virtuoses Können auch vollkommen klar und vor allem darüber, daß, wenn *ich* solcher Feier beiwohnte, wenigstens *einer* da war, der ihn herzlich und ehrlich bewunderte. Wie viele Male, daß er, wenn wir beim Tafel-Umgang anstießen, mir leise zuflüsterte: »'s hat's keiner so recht verstanden; aber *du* hast.« Unter »verstehen« verstand er »würdigen, eingehen auf jede kleine Form- oder Gedankenfinesse«. Zu dem vielen, was ich ihm verdanke – ich habe z. B. auch Briefschreiben von ihm gelernt –, gehört sicherlich das leidlich gute sich Abfinden mit dem Gelegenheitsgedicht. Es ist das eine ganz eigene Kunst. Die meisten denken: »wenn gelacht wird, dann ist es gut«, aber diesen Erfolg erreichen, heißt doch nur im Vorhof des Tempels stehn.

Eins dieser Lepel'schen Gelegenheitsgedichte geb ich hier. Es stammt aus dem Herbst 1854, als Menzels berühmtes »Hochkirchbild«, natürlich sehr verspätet, auf der Kunstausstellung erschien*. Es machte sofort Sensation und die Künstlerschaft oder vielleicht auch unser »Rütli«, eine intime Abzweigung des Tunnel, veranstaltete eine Feier. Lepel übernahm den Toast und las das folgende.

* Es heißt immer, Menzel sei erst verhältnismäßig spät berühmt geworden, und das ist auch bis auf einen gewissen Grad richtig. Es gab aber doch auch immer Leute, die recht gut wußten, »was los war«. Und zu diesen Leuten gehörte, sein Andenken sei gesegnet, auch unseres Menzels damaliger Hauswirt. Als »Hochkirch« endlich fertig war, ergab sich eine Unmöglichkeit, das Riesenbild die Treppe hinunterzuschaffen, am sperrendsten und gefährlichsten aber erwiesen sich die Treppenknäufe, Kugeln mit einer Spitze darauf, die der Hauswirt für das eben fertig gewordene Haus – Ritterstraße – hatte herstellen lassen. Da geschah das Unerhörte. Menzels Hauswirt, nachdem er den Wirt in sich besiegt, erschien mit einer Handsäge, sägte persönlich die Treppenknäufe ab und machte dadurch das Defilé frei. Wenn über Berliner Hauswirte gesprochen wird, – was man so sprechen nennt, – so ermangele ich nie hinzuzusetzen: »Alles richtig. Aber da war mal einer ...«

Menzels Ueberfall bei Hochkirch

Das nennt man einen Ueberfall
Von neuester Bekanntschaft!
Aufschrecken Porträt und Pferdestall,
Das Genre und die Landschaft!

»Wir glaubten«, rufen sie bestürzt,
»Wir herrschten hier ganz alleine,
Die Ehre blieb uns unverkürzt
Und ein anderer kriegte keine!

»Wir glaubten, das Historische sei
Diesmal nur schwach vertreten,
Verfallen sei es dem Geschrei
Der kritischen Trompeten;

»Wir hingen an unsern Nägeln in Ruh,
Vom Vorsaal bis zum Ende, –
Da kommt auf einmal noch was dazu,
Es wackeln die alten Wände!

»Da kommt voll Glut, tief, schaurig, wild,
Von mächtigem Geist getragen,
Ein wirkliches historisches Bild, –
Was soll man dazu sagen!«

Sie rufen's und erblassen dabei:
Die Genre-Bilder weinen,
Die Pferdebilder werden scheu,
Die nicht militärfromm scheinen.

Die Marine hält dem Sturm nicht Stand
Das Meer kocht auf wie Brühe,

Und die schönen Kühe im farbigen Brand,
Sie kalben alle zu frühe!

Da hebt vor diesem lärmenden Chor
Sich auf dem historischen Bilde
Der König hoch im Sattel empor.
Laut ruft er ernst und milde:

»Daß ich hier keinen Hasen seh'!
Ihr bleibt, nach unserm Satze,
Dem alten Suum cuique,
Ein jeder auf seinem Platze!

»An Malern fehlt's nicht, wie ich seh',
Ihr habt hier jedes den seinen:
Landschaft und Genre und Porträt, –
Und ich – ich habe den meinen!«

Das soll 'mal einer ihm nachmachen! Da können die »Jüngsten« nicht gegen an.

Die Jahre, wo Lepel seine »Lieder aus Rom« schrieb, bildeten seine glücklichste Zeit. Es war von 1844 bis 46. Winter 46 auf 47 nahm er wieder Urlaub – man gab ihn ihm gern, denn man war in seinem Regimente »Franz« stolz auf ihn – und ging, einer Einladung folgend, zum dritten Male nach Rom. Er hing ganz ungemein an Italien und würde, seiner Natur nach, seine Begeisterung für Land und Volk unter allen Umständen betätigt haben; es muß aber doch auch gesagt werden, daß die Dinge, von Jugend auf, dadurch ganz besonders glücklich für ihn lagen, daß er durch die Verhältnisse zum Rom-Enthusiasten geradezu herangezogen wurde. Das kam so. Lepels Onkel, älterer Bruder seines Vaters, war der General von Lepel, der den Prinzen Heinrich von Preußen bei seiner schon in den zwanziger Jahren oder noch früher erfolgten Uebersiedlung nach Italien von Berlin aus begleitet hatte. Dieser Prinz Heinrich von Preußen*, den niemand so recht kennt, war ein Bruder König Friedrich Wilhelms III., mit dem er, wenn ich recht berichtet bin, schlecht stand, was ihn veranlaßte, sich selber zu verbannen. Nach Anderen wurde solche Verbannung ihm auferlegt. Als ich jung war, gingen darüber allerlei sonderbare Geschichten um, auf deren Mitteilung ich aber hier verzichte. Denn sie waren zum Teil ziemlich anzüglicher Natur. Irgend was Besonderes muß aber wohl vorgelegen haben, wenigstens ist seitens des Prinzen niemals der Versuch gemacht worden, nach Preußen zurückzukehren. Er lebte dreißig Jahre lang unausgesetzt in Rom.

Ueber den Prinzen selbst habe ich Lepel nie sprechen hören, wohl aber über den »Onkel General«, an dem er sehr hing und der denn auch seinerseits dem Neffen eine große Zuneigung bezeigte. Diese Zuneigung übertrug sich, nach dem Tode des Generals, von eben diesem auf die verwitwete Generalin und führte zu der vorerwähnten Einladung, der Lepel im Winter 46 auf 47 folgte. Die Reise ging zunächst bis Rom und von da bis nach Palermo, in dessen unmittelbarer Umgebung, mit dem Blick auf den Golf und den »Pellegrino«, die Tante eine Villa gemietet hatte. Mit ihr waren noch zwei junge Engländerinnen: eine Nichte der Generalin, Miß Brown und eine Freundin dieser letzteren, eine Miß Atkins. Lepel verbrachte hier einen herrlichen Frühling, und was von Schmerzlichem sich in sein Glück mit einmischte, daran war er selber schuld. Er hatte schon in Rom wahrgenommen, daß er sich, nach dem Wunsche der Tante, mit Miß Brown verloben solle. Das verdroß ihn

* Es giebt vier Prinzen Heinrich von Preußen: Prince H., Bruder Friedrichs des Großen, gest. 3. August 1802 zu Rheinsberg. – Prinz H., Bruder Friedrich Wilhelms II., gest. 1767 (an den Blattern), zu Protzen in Nähe von Ruppin. – Prinz H., Bruder Friedrich Wilhelms III., gest. zu Rom. (Also der, von dem ich im Text erzähle.) – Prinz H., Bruder Kaiser Wilhelms II.

und ganz im Stile Lepels, der, bei der größten Nachgiebigkeit und Milde, doch auch zugleich wieder an einer gewissen Querköpfigkeit litt, hielt er es für männlich oder Ehrensache, diesem Plan mit einem »Nein« zu begegnen. Er wählte zu diesem Zweck ein geradezu heroisches Mittel und als er, nach dem Eintreffen in Palermo, mit Miß Brown in einem ersten verschwiegenen vis-à-vis war, trat er an sie heran und sagte: »Miß Brown, ich weiß, daß ich Sie heiraten soll; ich werde Sie aber nicht heiraten.« Der arme Lepel! Vierzehn Tage später war er sterblich in die schöne und sehr liebenswürdige Engländerin verliebt und mußte nun zu seinem eignen Elend die Scheidewand respektieren, die seine Querköpfigkeit zwischen sich und ihr errichtet hatte. Das gab bittere Stunden. Aber er behielt Sizilien trotzdem in dankbarer Erinnerung, und in einem sehr reizenden Gedicht, darin er erzählt, wie er mit den beiden jungen Damen am Springbrunn mit Goldorangen Ball spielt, hat er das Leben in der palermitanischen Villa geschildert. Ich habe seine Briefe – sie bilden ein ganzes Buch – aus jener Zeit her, und vor mir hängt eine von ihm gezeichnete Farbenskizze: der Garten, der Springbrunn, das tiefblaue Meer und im Hintergrunde der Monte Pellegrino, der den Golf abzuschließen scheint.

Im Spätsommer war er wieder zurück, ging auf die Lepel'schen Güter nach Pommern und verlobte sich daselbst mit einer jugendlichen Kousine. Noch im Herbst desselben Jahres war die Hochzeit. Ich sollte dabei zugegen sein – Lepel hatte seine bürgerlichen Freunde, der zweite war Werner Hahn, der Familie gegenüber krampfhaft durchgesetzt –, es schien mir aber doch mißlich, es darauf ankommen zu lassen, und ich preise bis heute den in Entschuldigungen gekleideten Absagebrief, der mich und vielleicht mehr noch die anderen vor Verlegenheiten bewahrte. Noch jetzt, in meinem hohen Alter, wo ich die für unsereins höchste Rangstufe, nämlich die des im Konversations-Lexikonstehens mühsamlich erreicht habe, noch heute bin ich ängstlich beflissen, bei Hochzeiten, Taufen und Begräbnissen auf dem Lande – Begräbnisse sind am schlimmsten – nicht zugegen zu sein, auch nicht im Kreise mir Befreundeter. Denn die »Befreundeten« haben an solchem Tage das Spiel nicht in der Hand und an die Stelle, wenn ich mich so ausdrücken darf, einer wohlwollenden Hausluft, die der adlige Freund mir alltags gern und wie selbstverständlich gewährt, tritt plötzlich eine durch die geladene Gesamtheit heraufbeschworene eisige Standesatmosphäre. Die beiden Freunde, der Adlige und der Bürgerliche, schwitzen gegenseitig Blut und Wasser, während die meist in Provinzial-Landschafts-Uniform auftretenden oder doch mit einem Johanniterkreuz ausgerüsteten Träger höherer Gesellschaftlichkeit nicht recht wissen, was sie mit einem machen sollen. Rettung wäre vielleicht Anlegung eines Adler- oder Kronenordens, wenn man dergleichen hat, aber auch das bleibt ein gewagtes Mittel, weil es als Anspruch auf Ebenbürtigkeit gedeutet werden, also mehr kosten als einbringen kann. So steht man denn in seiner weißen Binde, die, wenn man Unglück hat, auch noch schief sitzt, ziemlich verlassen da, und liest auf der Mehrzahl der Gesichter: »Nun ja, er wird wohl darüber schreiben wollen«, was zwar alle dringend wünschen, aber trotzdem von jedem Einzelnen als etwas Niedriges und beinahe Gemeines angesehen wird. So liegt es noch. Auch hohe Semester schützen nicht vor solchen Unterstellungen. Und wie hätt' ich im Herbst 1847, als eben fertig gebackener Apothekenprovisor, meine von meinem alten Lepel geforderte Freundesrolle vor dem neuvorpommerschen, beziehentlich insel-usedomschen Uradel spielen wollen!

Ich war also nicht auf der Hochzeit und sah das junge Paar erst, als es im Spätherbst 1847 eine hübsche Wohnung in der Holzmarktstraße – wegen Nähe der Franz-Kaserne – bezogen hatte. Lepel war glücklich und litt, wie so viele

Militärs, nur darunter, daß sich der neubegründete Hausstand auf schwiegerelterlichen Mitteln aufbaute. Daß er, Lepel, außerdem noch Verse machte, verschärfte, besonders nach seinem im Sommer 48 genommenem Abschied aus der Armee die von Jahr zu Jahr sich mehrenden Schwierigkeiten. In dieser Situation entwarf mein Freund einen infernal klugen Plan, um wenigstens, – seine Schwiegereltern waren fromm – vor jeglichen auf seine Versemacherei gerichteten Angriffen ein für allemal gesichert zu sein. Er beschloß nämlich, sich an biblische Stoffe zu machen, also durch den Stoff die Familie zu versöhnen und durfte das auch ohne große Untreue gegen sich selbst und – mich. Denn so viel uns zeitlebens die Stoffrage beschäftigt und gegolten hatte, so waren wir als echte Platenianer doch auch andererseits wieder von der Gleichgiltigkeit des Stofflichen durchdrungen. Form war alles; die Form machte den Dichter, und so durfte sich Lepel denn nicht nur unter der Zustimmung seiner Familie, sondern auch im eignen künstlerischen Gewissen durchaus beruhigt, an biblische Stoffe heran machen. Er verfuhr dabei zugleich sehr praktisch. Langsamer Arbeiter von Natur, wurde er es jetzt auch aus Prinzip und lebte sich, als kluger Feldherr, in den Gedanken ein, die Produktion von »mehr als einem Akt pro Jahr« als Ueberproduktion oder was dasselbe sagen will, als ein Etwas anzusehen, das er vor dem Ernst der Kunst nicht verantworten könne. Dank dieser seiner halb echten halb erkünstelten literarischen Gewissenhaftigkeit, kam er in die für seine Finanzen überaus glückliche Lage, der Ungeduld seiner Schwiegereltern gegenüber auf das langsame Heranwachsen der fünf Akte seines Zukunftsdramas als auf etwas durchaus »Höheres« hinweisen zu können. Aber freilich, zuletzt mußte doch 'mal was kommen. Und es kam auch. Nur leider zu keines Menschen Freude, nicht einmal zu der des Dichters. Das Stück – ein »König Herodes« – war verfehlt, mußte verfehlt sein; denn sein

Verfasser, wie die meisten Stückeschreiber, die sich allem anderen vorauf, an Verse-Heraustüfftelung machen, hatte wenig dramatisches Talent. An einem Stück ist die Sprache zunächst ganz gleichgültig. Erst wenn es von der Bühne her gefallen hat, wird man sich damit beschäftigen, ob es auch dichterisch und sprachlich von Wert ist. Hülsen, ein Freund Lepels, nahm das Stück an, aber alle Bemühungen konnten es nicht halten; es kam über drei Aufführungen nicht hinaus. Ich lebte damals in London und schrieb ihm, ich hätte von den drei üblichen »Schleifungen über die Bühne« gelesen und erwartete von seinem guten Humor, daß er sich rasch über die Sache trösten werde. Damit war es aber nichts; er war tief verstimmt, und so beispiellos gütig und nachsichtig er sonst gegen mich war, das Wort von den »drei Schleifungen« hat er mir nie verziehen.

Als ich bald darauf nach Deutschland zurückkehrte, sprachen wir über all das, und ich sagte: »Nun, Lepel, ein Gutes hast du doch von deinem ›Herodes‹ gehabt: in den Augen deiner Familie dienst du darin der ›rechten Sache‹, und schon um deshalb werden sie mit dir zufrieden sein.« Er lächelte wehmütig. »Ach, Fontane, ich habe mich in allem verrechnet. Sie sind gar nicht so sehr gegen die Schreiberei als solche, wie ich immer angenommen habe; sie verlangen bloß, – daß es endlich was einbringt. Und daß dieser ›Herodes‹ so garnichts eingebracht hat, das ist schlimmer als alles Andere.«

*

Durch mehr als vierzig Jahre hin bin ich an meines alten Lepels Seite gegangen. Blick' ich auf diesen langen Abschnitt zurück, so drängt sich's mir auf, daß sein Leben ein zwar interessantes und zeitweilig auch glückliches, im ganzen aber doch ein verfehltes war. Es war ihm nicht beschieden, an die rechte Stelle gestellt und an dieser verwendet zu werden. Daß er als Offizier in der Garde begann, war gut, und daß er Italien, erst in Land und Leuten und dann, durch immer wiederholten Aufenthalt, auch in Kunst und Sprache genau kennen lernte, das war noch besser. Aber daß er mit dreißig Jahren den Abschied nahm, um sich von einem so frühen Zeitpunkt ab nicht gerade beschäftigungs- aber doch ziel- und steuerlos umhertreiben zu lassen, mal als Landwirt und mal als Dramatiker, mal auch als Erfinder und Tüfftler – er suchte das Perpetuum mobile und »hatte es auch beinahe«, – das alles war beklagenswert und um so beklagenswerter, als in ihm ganz klar vorgezeichnet lag, was er hätte werden müssen. Er war der geborene Hofmarschall eines kleinen kunst- und wissenschaftbeflissenen Hofes und würde da viel Gutes gewirkt haben. Er besaß für eine solche Stellung nicht weniger als Alles: ein verbindliches und doch zugleich dezidiertes Auftreten, Stattlichkeit der Erscheinung, natürliche Klugheit, Wohlwollen, Erzähler- und Rednergabe, Sprachkenntnis und vor allem die Gabe, Festlichkeiten mit Kunst und Geschmack zu inszenieren. Er wußte recht gut, daß diese Dinge nicht die Welt bedeuten; aber er nahm sie doch auch nicht als bloße Spielerei, wodurch alles, was er auf diesem Gebiete tat, eine gewisse höhere Weihe empfing. Annehmen möcht' ich, daß er sich persönlich schon als junger Offizier mit solchen Plänen getragen hat. In seiner Familie lag, wie erblich, ein auf all dergleichen gerichteter Zug, und der »alte Onkel in Rom« mochte ihm wie ein Vorbild erscheinen. Jedenfalls war er mit einer nach dieser Seite hin liegenden wissenschaftlichen Ausbildung seiner selbst von jungen Jahren an beschäftigt. Bücher wie Malorty, Knigge, Rumohr, wurden gewissenhaft von ihm durchstudiert, noch mehr aber französische und italienische Memoiren und Hofgeschichten, aus denen er sich Regeln ableitete.

Natürlich war er mir infolge davon Autorität und so weit

es reichte, auch Vorbild in allem Gesellschaftlichen, dabei lächelnd meine gelegentlichen Fragen beantwortend. »Ach, diese Gesellschaften!« hob ich dann wohl an. »Wenn nur nicht der Eintrittsmoment wäre! Sieh, wenn ich in einen großen Saal trete, weiß ich nie, wohin mit mir. Es erinnert mich immer an die Zeit meiner Schulaufsätze: wenn ich nur erst den Anfang hätte!« Lepel wußte natürlich Rat. Er hörte sich meinen Stoßseufzer ruhig an und sagte: »Nichts einfacher als das. Wenn du eintrittst, reckst du dich auf und hältst Umschau, bis du die Wirtin entdeckt hast. Nehmen wir den ungünstigsten Fall, daß sie ganz hinten steht, am äußersten Ende des Saals, so steuerst du, jeden Gruß oder gar Händedruck Unberufener ablehnend, auf die Wirtin zu, verneigst dich und küßt ihr die Hand. Ist dies geschehen, so bist du installiert: alles andere findet sich von selbst.« Eine so kleine Sache dies ist, ich habe doch großen Nutzen daraus gezogen.

In seiner Güte gegen mich war er im ganzen mit meinem gesellschaftlichen Verhalten zufrieden oder ließ es gehen, wie's gehen wollte. Nur wenn Extrafälle kamen, nahm er mich vorher ins Gebet, um mir gewisse Verhaltungsmaßregeln einzuschärfen. So handelte es sich 'mal um eine Prinzessin Carolath. Da wollten denn – es lag ihm daran, daß ich einen möglichst guten Eindruck machte – die Weisungen und Ratschläge kein Ende nehmen. Alles aber erschien mir verkehrt, und es war gewiß das Beste, daß ich mich schließlich nicht danach richtete. Wenn man einer vornehmen Dame vorgestellt werden soll, und zwar nicht auf Attacheeschaft, sondern auf Dichterschaft hin, so ist es am besten, alles vollzieht sich nach dem Satze: »Schicksal nimm deinen Lauf.« Irgend was Dummes wird man gewiß sagen; aber es ist doch besser, diese Dummheit kommt frisch vom Faß, als daß sie sich als Produkt eines voraufgegangenen Drills kennzeichnet. Im ersteren Fall wird sie immer noch was haben, was vornehme Damen amüsiert, im anderen Fall ist alles bloß tot und langweilig.

Solche Lehrstunden, geglückt und nicht geglückt, gab er mir öfter, und manche davon sind mir heiter in der Erinnerung geblieben. Die netteste trug sich auf einer schottischen Reise zu. Wir saßen gemeinschaftlich in einem reizenden Hotel in Stirling und wollten anderen Tags nach Inverneß. Ich war in einer etwas gedrückten Stimmung und gestand ihm endlich, als er mich nach der Ursache davon fragte, daß ich kurz vor unserer Abreise von London, einen Streit mit meiner Frau gehabt hätte. »Ja«, sagte er, »das hab' ich bemerkt. ... Ich will dir sagen, du verstehst so was nicht.« »Was nicht?« »Einen Streit mit einer Frau. Sieh, du machst viel zu viel Worte dabei. Worte wirken auf Frauen gar nicht. Immer nur Taten. Und dabei muß man sich's was kosten lassen. Ein halbwahnsinniger Ausbruch, natürlich erkünstelt, in dem man etwas möglichst Wertvolles zerschlägt. Das tut Wunder...« »Aber ich bitte Dich....« »Wunder sag ich. Und gerade bei Personen in unserer Lage. Bei Bankiers ist es schwieriger und versagt gelegentlich. Wenn ein Bankier etwas zerschlägt, so freut sich seine Frau, weil sie nun das Wertvolle durch etwas noch Wertvolleres ersetzen kann; außerdem hat sie noch das Vergnügen des Einkaufs, des Shopping. Aber wenn ich deine Verhältnisse richtig beurteile, so kannst du schon durch ein ganz mittelmäßiges Kaffeeservice viel erreichen. Ein großer Spiegel ist freilich immer das Beste.« So Lepel. Ich hab den praktischen Wert solcher Kriegsführung – es kam nie recht dazu – nicht ausgeprobt, doch kann ich nicht leugnen, daß ich mich an der jenem Stirling-Abend entnommenen Vorstellung: »es giebt eine ultimo ratio« mehr als einmal aufgerichtet habe.

Trotz dieser Anerkennung muß ich aber hier wiederholentlich sagen, daß mein alter Lepel mit seinen Direktiven nicht immer am richtigen Platze war. Desto glücklicher

25 *Lange Brücke mit dem Denkmal des Großen Kurfürsten im Hintergrund das Königliche Schloß (Zeichnung von Eduard Gaertner)*

26 *Gendarmenmarkt im Winter (Zeichnung von Eduard Gaertner)*

dagegen war er in seiner Kritik, in seinem Urteil über mein Tun. Er vermied dabei, ganz feiner Mann der er war, alle großen Worte, traf aber immer den Nagel auf den Kopf und wirkte dadurch in hohem Maße erzieherisch. Als ich als Franz-Grenadier unter ihm diente, traf es sich, daß er mal als ein patrouilleführender »Feind« an mich heran trat und auf meinen Anruf die Losung oder das Feldgeschrei nicht recht wußte. Zwischen uns lag ein kleiner Graben, und die Fichten der Jungfernheide säuselten über mir. Ohne mich lange zu besinnen knallte ich los, und ein Wunder, daß das Patronenpapier ihm nicht ins Gesicht fuhr. Es war eine Eselei, der ich mich noch in diesem Augenblick schäme. Damals aber erheiterte mich meine Heldentat, und ich kam erst wieder zu mir, als er mich, nach Rückkehr von der Felddienstübung, in seine Stube rufen ließ. Er war anscheinend ganz ruhig und fragte mich nur: »Ob ich vielleicht geglaubt hätte, mir das ihm gegenüber herausnehmen zu dürfen.« Ich spielte bei diesem Verhör eine ziemlich traurige Figur und war froh, als ich aus der Zwickmühle heraus war. Jeder andere hätte mich von dem Tag an fallen lassen; aber dazu war er viel zu gütig, und nach einer Woche war alles vergessen.

Eine andere Reprimande, die, weil viele Jahre später, keinen dienstlichen Charakter mehr hatte, machte trotzdem einen ähnlich tiefen Eindruck auf mich. Ich war mit meinem dicken Hesekiel nach Sonnenburg hinüber gefahren, um dort einer Feierlichkeit des Johanniterordens beizuwohnen. Der alte Prinz Carl, damals Herrenmeister, erteilte den Ritterschlag. Ich schrieb einen Bericht darüber in die Kreuzzeitung, in dem ich hervorhob, daß der Prinz diesen Ritterschlag mit »Geschicklichkeit und Würde« – oder so ähnlich – vollzogen habe. Den nächsten Tag kam Lepel zu mir, breitete das Blatt vor mir aus und sagte: »Fontan, du hast dich da vergaloppiert; wenn ein preußischer Prinz einen Ritterschlag vollführt, so ist es immer voll ›Geschicklichkeit‹ und ›Würde‹, selbst dann noch, wenn es ausnahmsweise nicht der Fall sein sollte. So was sagt man einem Prinzen nicht. Lob der Art wirkt im günstigsten Falle komisch.«

Er hatte vollkommen recht, und ich habe denn auch nie wieder dergleichen geschrieben. Eher kann man einen Prinzen tadeln.

Am gütigsten war er, Lepel, gegen mich, wenn ich mich dichterisch ihm gegenüber aufs hohe Pferd setzte. Wenn es geschah, hatte ich zwar wohl immer recht – denn ich stellte ihn als Mensch und Poeten viel zu hoch, als daß ich anders, als innerlichst gezwungen, mit einer herben Kritik über ihn hätte herausrücken können – aber ich versah es dabei, vielleicht gerade weil ich vorher einen Kampf in mir durchgemacht hatte, mehr oder weniger im Ton, und daß er mir diesen mitunter sehr mißglückten Ton verzieh, war immer ein Beweis seiner vornehmen Gesinnung und seiner großen Liebe zu mir. Die fatalste Szene derart ist mir noch deutlich in Erinnerung. Es war im Sommer 59, kurze Zeit nach Niederwerfung des indischen Aufstandes, als die Schilderungen von der Erstürmung von Delhi und Khaunpur und vor allem die Berichte von dem »Mädchen von Lucknow« durch alle Zeitungen gingen. Das Mädchen von Lucknow. Ja, das war ein Stoff! Ich war davon benommen wie von keinem zweiten und wälzte die grandios poetische Geschichte seit Monaten in mir herum, hatte das Gedicht auch schon halb fertig und kam während ich mich damit noch abmühte, keines Ueberfalls gewärtig, in den Tunnel, wo sich Lepel eben an das kleine Vorlese-Tischchen setzte, um ein Gedicht unter dem Titel »Jessie Brown« zum Besten zu geben. Jessie Brown! Ja, warum nicht? Warum nicht Jessie Brown? Vielleicht eine heitere Spinnstubengeschichte; vielleicht auch so was wie Robin Hood und seine Jenny im Sherwoodwald. Mit einem Mal aber, – mir standen die Haare zu Berge – wurde mir klar, daß diese von Lepel ganz absichtlich als fidele Figur behandelte Jessie Brown niemand anders sein sollte als meine großartige Gestalt: »Das Mädchen von Lucknow.« Mir schwindelte, besonders bei Anhören der letzten Strophe, wo Jessie Brown, als die Gefahr vorüber ist, einen Unteroffizier aus dem Hochländer-Regiment Campbell beim Arme packt, um mit diesem einen Schottischen zu tanzen. Ich konnte mich nicht mehr halten, und während die Tunnelphilister in pflichtschuldiges Entzücken ausbrachen, ging ich wie ein Rasender gegen Lepel los und hieb um mich. Das ginge nicht, unterbrach ich das Bewunderungsgefasel, das sei gar nichts; wenn man im Sonnenbrand eine Palme fächeln lasse, so sei das noch nicht Indien und wenn man den Dudelsack spielen lasse, so sei das noch nicht das Regiment Campbell und wenn irgendeine Jessie Brown à tout prix ein fideler Knopp sein wolle, so sei das noch nicht das Mädchen von Lucknow. Das Mädchen von Lucknow sei eine Balladenfigur ersten Ranges, fast größer als die Lenore, hellseherisch, mystisch phantastisch, gruselig und erhaben zugleich, alle Himmel täten sich auf und da käme nun unser »Schenkendorf« (so hieß Lepel im Tunnel) um solche großartige Person am Abschlusse furchtbar durchlebter Belagerungswochen mit einem Unteroffizier einen Schottischen tanzen zu lassen. Es fehle nur noch der steife Grog.« Alles war baff nach dieser Philippika. Lepel selbst rappelte sich zuerst wieder raus und sagte: »Das ist dein gutes Recht, daß es dir nicht gefällt; aber du könntest es vielleicht in andere Worte kleiden.« Ich nickte zustimmend dazu, hielt jedoch stramm aus und sagte: »Was meine Worte gefehlt haben mögen, nehme ich gerne zurück; aber den Inhalt meiner Worte halte ich aufrecht. Ich finde, daß du dem großen Stoff ein großes Unrecht angetan hast.«*

---

* Geibel hat den Mädchen von Lucknow-Stoff ebenfalls behandelt, aber auch ganz schwach.

Die ganze Szene wirkte länger nach, als das sonst wohl der Fall war. Aber es kam doch wieder zum Frieden. Er sah wohl ein, daß ich, bei meinem derzeitigen Engagiertsein, nicht anders hatte sprechen können.

Das war Herbst 1859. Anfang der siebziger Jahre verheiratete sich Lepel zum zweiten Male. Seine erste Frau war eine ganz ausgezeichnete Dame von feinem musikalischen Sinn, dabei von Charakter und Lebensernst gewesen. Aber leider hatte sie von diesem Ernst, ich will nicht sagen mehr als gut ist, aber doch mehr als speziell meinem alten Freunde lieb und genehm war, ja seiner ganzen Natur nach lieb und genehm sein konnte. Lepel hatte, so martialisch er aussah, – so martialisch, daß der Kronprinz, der spätere Kaiser Friedrich, ihm einmal zurief: »Alle Wetter, Lepel, Sie werden dem Großen Kurfürsten immer ähnlicher« – Lepel, sag ich, hatte trotz dieses beinahe bärbeißigen Aussehens einen ganz ausgesprochenen Sinn für die heitere Seite des Lebens und so hab' ich denn kaum einen Menschen kennen gelernt, der das ganze Gebiet der Kunst und allem vorauf die Reize von Esprit, Witz und Komik so durchzukosten verstanden hätte, wie gerade er. Dergleichen gemeinschaftlich zu genießen, blieb ihm bei seiner ersten Frau versagt, und er suchte, nach dem ihm versagt Gebliebenen in seiner zweiten Ehe. Jeder weiß aus Beobachtung und Mancher aus Erfahrung, wie selten das glückt. Lepel aber hatte den großen Treffer es zu treffen und in seiner zweiten Ehe wirklich das zu finden, wonach er sich in seinem Gemüte gesehnt hatte. Noch geraume Jahre hat er an der Seite seiner zweiten Frau gelebt, zuletzt in Prenzlau, wohin er in seiner militärischen Eigenschaft – Landwehrbezirkskommando – versetzt worden war. Dort ist er auch gestorben.

Eine Seite seines Wesens hab' ich noch hervorzuheben vergessen oder doch nur eingangs, bei Besprechung des Ganganelli-Gedichts, ganz kurz erwähnt. Es war dies seine Stellung zum Katholizismus. Er, der gütigste Mann von der Welt, war in dieser Frage ganz rabiat, und die viel zitierte, gegen Rom und Papsttum sich richtende Herwegh'sche Zeile: »Noch einen Fluch schlepp ich herbei«, war ihm ganz aus der Seele gesprochen. Ich brauche kaum hinzuzusetzen, daß er, dieser antipäpstlichen Richtung entsprechend, auch eine »freimaurerische Größe« war. Er lebte zuletzt ganz in den Aufgaben dieses Ordens. Ich habe, durchaus anders geartet wie er, weder seine Liebe, noch seinen Haß begriffen. Wenn ich ihm das gelegentlich aussprach, lächelte er halb wehmütig, halb überlegen und sagte dann wohl: »Ja, Fontan, du orakelst da mal wieder los. Das macht, du hast einen merkwürdig naiven Glauben an dich selbst und denkst immer, du weißt so ziemlich alles am besten. Aber ich kann dir sagen, hinterm Berge wohnen auch noch Leute.«

NEUNTES KAPITEL

Wilhelm von Merckel

»Ich hatt' einen Kameraden, einen bessern find'st Du nit« . . . Dieser mir Unvergeßliche, dem ich durch mein Leben hin als einem freundlich väterlichen Helfer verpflichtet bleibe, war Wilhelm v. Merckel.

Wilhelm v. Merckel war 1803 in Friedland in Schlesien geboren, Sohn aus einem reichen Kaufmannshause – Leinen-Industrie – und Neffe des ausgezeichneten schlesischen Oberpräsidenten v. Merckel. Die Studienjahre führten Wilhelm v. Merckel nach Heidelberg, welchem Ort er eine große Liebe bewahrte. Gern sprach er davon, auch von einem Besuche, den er, ein Menschenalter später, der geliebten alten Stätte noch einmal abgestattet hatte. »Während ich da von der Schloßruine her in den schönen Grund hinab sah, war mir als stünd' ich am Grab meiner Jugend.«

Anfang der dreißiger Jahre kam er nach Berlin und sah sich hier in das Haus des Justizministers Mühler, des Vaters von Heinrich v. Mühler, eingeführt. Er wurde der Freund des Hauses und bald auch der Verlobte von Heinrich v. Mühlers Schwester Henriette. Die Vermählung fand 1836 statt. Drei Jahre später, – er war inzwischen Kammergerichtsrat geworden, in welcher Stellung er bis zu seinem Tode blieb – trat er in den Tunnel. Als ich 1844 Mitglied wurde, stand Wilhelm v. Merckel schon in hohem Ansehen. Ich sah mich von Anfang an weniger durch Wort und Tat als durch sein Auge, das freundlich auf mir ruhte, beachtet und beinah ausgezeichnet. Es hing das wohl damit zusammen, daß er, über alles andere hinaus, in erster Reihe von Grund aus human war und in seinem tief eingewurzelten Sinne für das Menschliche, sich mit relativen Nebensächlichkeiten wie Standesunterschiede, Wissens- und Bildungsgrade garnicht beschäftigte. »Was ist das für ein *Mensch*«, nur auf *das* hin gab er sich Antwort und wenn diese günstig lautete, so hatte der Betreffende gewonnen Spiel. Er war das Gegenteil von dem, wofür unser Berliner Jargon jetzt allerlei groteske Bezeichnungen hat, Bezeichnungen, unter denen »Mumpitz« noch als das zitierbarste gelten kann. Alles was ein preußischer Patent- und Schablonenmensch mit mehr oder weniger Berechtigung gegen mich hätte beibringen können, existierte für ihn nicht oder war ihm ein Grund mehr, einem armen Jungen von Anfang an seine Liebe zuzuwenden. Und hinter meinem Rücken lieh er diesem seinen Gefühl auch Worte. Mein guter Lepel, der die schöne, hierlandes so seltene Tugend hatte, sich zu freuen, wenn einer gelobt wurde, hinterbrachte mir die guten Worte und alle sind mir im Gedächtnis geblieben. Ich werde mich aber hüten, sie hier niederzuschreiben.

Es ging das so durch Jahre hin. Ich hatte mich seinerseits allerhand kleiner Auszeichnungen zu erfreuen, aber es kam zu keinem persönlichen Verkehr, bis das Jahr 1850 auch darin Wandel schuf. Unmittelbar nach der Schlacht bei Idstedt ging ich von Berlin fort, um, wie so viele, die mit ihrem Leben nichts Rechtes anzufangen wußten – ein Fall, der bei mir, der ich damals im fünften Jahre verlobt war, eminent zutraf – in die schleswig-holsteinische Armee einzutreten. Was von patriotischem Gefühl so nebenher noch mit unterlief, davon will ich hier nicht reden. Ich nahm von den Berliner Freunden Abschied, natürlich auch vom Tunnel, wo man mir, eh' ich noch allen ein Lebewohl gesagt hatte, ganz en passant erzählte, daß unser »Immermann« (W. von Merckel) Chef der ministeriellen Preßabteilung, des sogenannten »literarischen Bureaus« geworden sei. Bei der Aufregung in der ich mich befand, war ich ziemlich gleichgiltig gegen diese Mitteilung, die ich nur so obenhin mit anhörte, nicht ahnend, welche Bedeutung gerade sie für mich gewinnen sollte. Den 31. Juli brach ich auf. Ich installierte mich in Altona, kam aber über diese Etappe nicht hinaus, denn schon den zweiten Tag danach erreichte mich ein eingeschriebener Brief von halb dienstlichem Charakter, in dem der neue Chef der ministeriellen Preßabteilung, W. von Merckel, mir eine diätarische Stellung in seinem literarischen Bureau anbot. Auch die Summe, die mir bewilligt werden könne, war genannt. Das alte »jetzt oder nie« stand mir sofort vor der Seele; der Egoismus war stärker als der Patriotismus, ich nahm an und ehe der Herbst auf die Neige ging, war ich als »Diätar im Preßbureau« installiert und sogar verheiratet. Aber wie mir kluge Leute vorausgesagt hatten, – es dauerte nicht lange: zwei Monate später flog die ganze ministerielle Preß-Abteilung, wenigstens in ihrer damaligen, aus der Radowitzzeit stammenden Zusammensetzung in die Luft und nur *eine* Tatsache von in gewissem Sinne sehr zweifelhaftem Werte blieb übrig: meine Verheiratung. Es sah schlimm aus. Aber das Schlimme hatte doch auch sein Gutes und dies eine Gute war, daß Merckel von eben diesem Augenblick an meine Frau und mich so zu sagen als »sein Ehepaar« ansah, das ohne seinen so gutgemeinten Schreibebrief nach Altona hin gar nicht existieren würde, weshalb er denn auch für dasselbe zu sorgen habe. Seine Hilfe wurde nun zwar durch mich nicht angerufen – was er mir wohl auch zum Guten hin angerechnet haben wird – aber auch ohne diesen Anruf war die Hilfe jederzeit da, vor allem dadurch, daß ich mich moralisch immer an seiner und seiner Frau Hand über Wasser halten konnte.

Zu dieser Zeit war es auch, daß ich in sein Haus kam und da die Krisis verhältnismäßig rasch vorüberging, so brachen, als ich den Kopf wieder oben hatte, sehr glückliche Tage für mich an, die Tage Merckel'schen Hausverkehrs und Merckel'scher Gesellschaftlichkeit.

Ich habe später an reicheren, auch wohl amüsanteren und namentlich an politisch und international mehr bietenden Tafeln gesessen, aber einer in ihrem innersten Wesen höher stehenden Gastlichkeit bin ich nicht wieder begegnet, deshalb nicht, weil es sich bei diesen kleinen Gesellschaften niemals um eine mehr oder weniger pflichtmäßig, durch Gewohnheit oder Sitte vorgeschriebene Repräsentation handelte, sondern um etwas rein Aesthetisches, das in kunst- und zugleich liebevollster Weise bieten zu können, die Gastgeber fast noch mehr erfreute als die Gäste. Bis ins Kleinste hinein war alles einer Idealvorstellung von Gastlichkeit angepaßt. Wirte, die sich mit einer Einzelsache beschäftigen, vom Sterlett an, der eben frisch von der Wolga kommt, bis hinunter zu Bellachini oder einem spiritistischen Nadelsucher – solche Wirte giebt es viele, Merckel aber richtete seine Aufmerksamkeit nicht auf ein Einzelnes, sondern auf das Ganze. Selbst eine harmonische Natur mußte denn auch rund um ihn her alles stimmen und klappen; jedes Zuviel wurde vermieden, weil es nur gestört und in den bescheidenen Rahmen nicht hineingepaßt hätte.

Ja, dieser Rahmen war bescheiden, selbst nach damaliger

Anschauung. Wir saßen in einem grünen Hinterzimmer, im Sommer bei geöffneten Fenstern und hörten gedämpft den Lärm, der unten vom Hofe her heraufdrang. An den Wänden hingen Lithographieen, so primitiv, als ob sie dem ersten Jahr der Steinzeichenkunst ihre Entstehung verdankten. Es waren Waldpartien aus dem Riesengebirge, Tannen und wieder Tannen. Jeder andre Zimmerschmuck fehlte. Die Zahl der Gäste stieg selten über acht oder zehn, waren es mehr, so wurde der Tisch, um mehr Platz zu schaffen, in die Diagonale gestellt, was Merckel dann seine »schräge Schlachtreihe« nannte. Epaminondas und Friedrich der Große hatten so gesiegt, und Merckel tat es ihnen nach. Die Gäste waren fast immer Tunnelfreunde: Lepel, Eggers, ich und meine Frau, seltner Kugler und Blomberg, die, so gut sie sonst passen mochten, den leichten heitren Ton nicht trafen, den beide Merckels, er wie sie, so sehr liebten. Freilich mußte man auch aufpassen und ich will nicht behaupten, meinerseits immer die rechte Grenzlinie gezogen zu haben. Aber es wurde mir verziehn. Dann und wann waren auch Familienmitglieder zugegen, unter ihnen die jüngste Schwester der Frau von Merckel (Fräulein Auguste von Mühler) und Gustav von Goßler – der spätere Kultusminister – Neffe des Hauses. Ihnen gesellten sich drei schöne Fräulein Baumeister, Nichten des Generals von Werder, des Siegers vor Belfort, von denen die älteste – in Erscheinung und Wesen eine Dame von seltenem Charm, – die intime Freundin der Frau von Merckel war. Das Gespräch drehte sich, nach Altberliner Art, zunächst um Theater, Musik und literarische Fragen und wiewohl ich offen bekenne, daß mir andere Themate stets lieber waren, so möcht ich doch, so weit ich mich der Gespräche von damals noch erinnere, hier aussprechen dürfen, daß die Debatten meist sehr anregend und pointiert waren, was wohl daran lag, daß das rein Literarische, das so leicht abschmeckig wirkt, durch *Persönliches* immer aufgefrischt wurde. Dazu gab denn unser alter Scherenberg, den ich auch hier wieder in erster Reihe nennen muß, die schönste Veranlassung. Wie man über seine Dichtungen auch denken mag – die Schwächen derselben erkannten einige von uns auch damals recht gut – der ganze Mann als solcher war eine nie versagende Quelle der Erheiterung für uns: seine merkwürdigen Wohnungsverhältnisse, seine Geldverlegenheiten, sein Hinundhergezerrtwerden von zwei sich befehdenden Parteien, sein Diplomatisieren mit dem ganz undiplomatischen und zur Scherenbergbegeisterung heraufgepufften Buchhändler Hayn, seine klugen Naivitäten, sein Gefeiertwerden in Sanssouci, vor allem seine Kriegsministerialstellung, in der er sich durch seinen Freund und Vorgesetzten Heinrich Smidt gelegentlich gerüffelt sah, um dann zwei Stunden später unter Generalitäten der Gast des Kriegsministers zu sein, – alle diese Dinge waren ein unerschöpflicher Unterhaltungsstoff für uns, bei dem es nicht nötig war, in öder Kunstbetrachtung immer wieder auf Ligny und Waterloo zurückzugreifen. Und solcher scherenbergisch eigenartigen Gestalten hatten wir im Tunnel sehr viele, – Rhetor Schramm, Assessor Streber, Wollheim da Fonseca, Saint Paul, Leo Goldammer – wenn auch Scherenberg selbst unbedingt der Sanspareil blieb.

Es kam übrigens noch ein andres hinzu, was unser Gespräch gerade bei diesen Merckelschen Reunions immer wieder beleben mußte. Das war der Umstand, daß uns um eben jene Zeit, Anfang der fünfziger Jahre, die Herausgabe der »Argo« beschäftigte, von der wir uns alle viel versprachen, niemand aber mehr als unser liebenswürdiger Wirt selbst. Und das konnte kaum anders sein. Ein Lebelang war er herzlich bemüht gewesen, sein Talent zu bekunden, hatte sich aber durch seine Scheuheit an jedem Erfolge behindert gesehn; er war eben nicht der Mann des Umherschickens von Manuskripten oder gar des sich Bewerbens um redaktionelle Gunst. Und so kam er denn zu nichts. Aber daß es so war, *das* zehrte doch an seinem Leben. Und nun mit einemmale sollte das alles in ein Gegenteil verkehrt und er, der sich immer bescheiden zurückgehalten, in den Vordergrund gestellt und sogar ein Pilot unserer »Argo« werden. Denn er war ausersehn, unsrem Schiff auf dem Titelblatt den Spruch für seine Fahrt in die weit ausgespannten Segel zu schreiben. Das geschah denn auch buchstäblich. Er war wie trunken davon und ich sage wohl nicht zu viel, wenn ich jene Zeit die glücklichste seines Lebens nenne. Jeder Plan, jeder Beitrag wurde bei Tische durchgesprochen und wenn dann das Mahl zu Ende ging und die mit zierlich eingeschliffenen Bildern ausgestatteten, ganz altmodischen Ungarweingläser herumgereicht wurden, die schon vom Großvater her in der Familie waren und dazu ein Wein der an Alter hinter den Gläsern kaum zurückstand, so tranken wir auf »gute Fahrt«.

Das waren schöne Tage, schön durch vielerlei, vor allem durch den innren Gehalt dessen, an dessen Tisch wir saßen und das führt mich dazu, hier von seinem *Charakter* zu sprechen. Er war der lauterste und gesinnungsvornehmste Mann, den ich in meinem ganzen Leben kennen gelernt habe, dabei von einem tiefen Bedürfnis nach Freundschaft und Liebe. Daß er dies Bedürfnis so tief empfand und so rührend dankbar war, wenn er dem gleichen Gefühle begegnete, das hing damit zusammen, daß sein scheues, weltabgewandtes Leben ihn daran gehindert hatte, nach Art andrer um Freundschaft und Liebe zu werben. Und daß es so war, das lag wiederum daran, daß er in seinem überfeinen Sinn seiner äußeren Erscheinung von Jugend an mißtraut hatte. Klein, aber doch eigentlich wohlgebildet, zog er diese Wohlgebildetheit beständig in Zweifel und mochte sich den Blicken Fremder – und nun gar erst richtiger »Berliner« – nicht gern aussetzen. Er behandelte sich selbst wie einen »Heimlich Verwachsenen« und hat sich, eine fremde Gestalt vorschiebend, in seiner bedeutendsten Erzählung »Der Frack des Herrn von Chergal« in rührender Selbstironie wie folgt geschildert. »... Nun werden sich unter meinen Lesern sehr wahrscheinlich einige jener Stiefsöhne der Natur befinden, die nicht um ihrer Seele, wohl aber um ihres Leibes willen an einem bösen Gewissen laborieren und wenn nicht von Reue, so doch von stiller Verschämtheit bedrückt, ihren leiblichen ›Verdruß‹ durch das lange Leben zu tragen verurteilt sind. Ich meine natürlich nicht jene Glücklicheren, welche durch einen notorischen, aller Welt offenkundigen Höcker der Mühe des Verbergens und Vertuschens überhoben sind, ich meine jene geheimen Dulder, denen die Natur einen *feineren* Schabernack antat und ihnen dadurch die Versuchung nahe legte, das störende Zuviel oder Zuwenig auszugleichen, was dann gleichbedeutend ist mit der Notwendigkeit eines unausgesetzten Lügenspiels und der ewigen Furcht vor Entdeckung.« In dieser Schilderung des Herrn v. Chergal haben wir ihn selbst. Er war denn auch ganz der Mann engster Kreise; nur kein Hinaustreten ins Oeffentliche. Wenn in Sommertagen seine Frau zeitweilig in den Bergen oder an der See war und er durch Wochen hin das Hauswesen allein zu führen und zu Mittag und Abend in seiner Potsdamerstraßennachbarschaft herumzutabagieren hatte, so waren das immer qualvolle Zeiten für ihn; er hatte kein Talent und keine Lust, sich mit sonderbaren Tischnachbarn und noch sonderbareren Kellnern zu benehmen. Er war überaus sensitiv. Zugleich die Friedfertigkeit selbst. Aber daneben freilich, wie das nicht selten sich findet, von einem hohen moralischen Mut, so daß der, der den Glauben hegte, sich dem kleinen Manne gegenüber etwas erlauben zu können, einer Niederlage so gut wie gewiß sein durfte. Sein feiner vornehmer Sinn ließ ihn jeder sogenannten »Szene« geflissentlich aus dem Wege gehn, zwang man ihm dergleichen aber auf, so focht er die Sache durch. Ich erinnere mich eines solchen Vorkommnisses, das kurz vor seinem Hinscheiden spielte. Merckel war gleich nach Gründung der Schillerstiftung zum Vorsitzenden des Berliner Zweigvereins ernannt worden und wir hatten das Jahr darauf eine öffentliche Beratung in dem Mergetschen Schulsaal. Alles nahm seinen guten Verlauf, bis sich, kurz vor Schluß der Sitzung, ein sechs Fuß hoher, breitschultriger Medizindoktor erhob und mit ungeheurer Unverfrorenheit versicherte: »alles was da von uns betrieben würde, sei bloß Vettermichelei; Stümper würden unterstützt und die richtigen Leute kriegten nichts. Alles Klüngel und wieder Klüngel.« So sprach der Breitschultrige, keiner Erwiderung gewärtig und kaum daß er mit dieser seiner Rede fertig war, so nahm er auch schon den Hut und wollte verschwinden. Aber ehe er noch die Türklinke fassen konnte, sah er sich von seinem Schicksal in Gestalt unsres Merckels ereilt. »Ich muß den Herrn Doktor doch bitten, noch einen Augenblick unter uns verweilen und das Beleidigende, was er da eben gesagt, auch begründen zu wollen.« Diese Worte waren mit solchem nervösen Nachdruck gesprochen, daß der Ankläger wirklich kehrt machte und etwas stammelte, das, so weit es ging, eine Rechtfertigung seiner Anklage sein sollte. Was er aber da vorbrachte, bewies nur zu sehr, daß er einen speziellen Fall nicht namhaft machen konnte. Die Niederlage war ganz offenbar. »Ich denke«, replizierte jetzt Merckel, indem er sich lächelnd an uns um ihn her Sitzende wandte, »wir können mit dieser Erklärung zufrieden sein. Auf allgemeine Sätze haben wir uns hier nicht einzulassen.« Der so Entlassene war ein Bild des Jammers.

Um es zu wiederholen, der kleine Mann war ein seltner Mann. Aber auch er hatte den allgemeinen Tribut an menschliche Schwäche zu zahlen. Ein so fester Charakter er war, ein so schwacher, weil schwankender Politiker war er. Dies scheint sich zu widersprechen, aber es war so. In Zeiten wie's die vormärzlich patriarchalischen waren, wäre diese Schwachheit Wilhelm v. Merckels nie hervorgetreten, denn er wäre gar nicht in die Lage gekommen, sich auf diesem diffizilen Gebiete legitimieren zu müssen. Aber die neuen Zeiten ließen ihm keine Wahl, er mußte Stellung nehmen hüben oder drüben und dabei war er nicht immer glücklich. Indessen muß doch gleichzeitig hinzugefügt werden, daß die hierbei hervortretenden Fehler nur die natürliche Folge seiner menschlichen Vorzüge waren. Nichts giebt es auf den Blättern der Geschichte, das mich so ergriffe, wie die nicht seltne Wahrnehmung, daß bedeutende Menschen oft gerade da, wo sie fehlgreifen, ihren eigentlichen Charakter in das schönste Licht stellen. Unser großer König ist beispielsweise nirgends größer als in dem Irrtum, den er bei Gelegenheit des Müller Arnoldschen Prozesses beging und wenn er in diesem Irrtume befangen einem in allen Lebenslagen erprobten Ehrenmanne wütend seinen Krückstock nachschleuderte, so war das keine Tat tyrannischer Laune, sondern das Aufbrausen eines empörten Rechtsgefühls. Daß er schließlich Unrecht hatte, hebt das schöne Gefühl, aus dem heraus er handelte, nicht auf. Genau so lag es mit meinem Wilhelm v. Merckel. Er war immer, wenn auch freilich auf etwas altmodische Weise, für »Freiheit« gewesen und als sie nach den Märztagen mit etlichen Ueberschreitungen sich einstellte, rief er nicht bloß nach der Polizei, sondern schrieb auch sein zu einer gewissen Notorität gelangtes Lied: »Gegen Demokraten helfen nur Soldaten.« Und auch damit schloß er den Wechsel seiner Stimmungs-Ansichten noch nicht ab. Denn kaum daß die »Soldaten geholfen hatten«, so mißfielen ihm auch wieder die konservativ-orthodoxen Tendenzen, die jetzt verdoppelt zur Herrschaft kamen und er veröffentlichte seinen schon erwähnten »Frack des Herrn von Chergal«, eine politische Geschichte, die auf die Verhöhnung eines reaktionären oder wenigstens völlig unzeitmäßigen Gebahrens hinauslief. Wer ein geringstes Abweichen von einem ihm als Ideal erscheinenden Mittelkurs seiner Natur nach nicht vertragen kann, vielmehr bei Wahrnehmung jeder kleinsten Ausschreitung nach links oder rechts hin sofort Veranlassung nimmt, in das entgegengesetzte Lager überzugehen, der ist zum Politiker absolut ungeeignet. Und das traf bei Merckel zu. So kam er denn, so lang er in der Unruhe der vor- und nachmärzlichen Tage stand, aus dem Unzufriedensein über die damaligen Zustände nicht heraus, aber diese Schwäche wurzelte doch auch wieder in etwas menschlich Schönem: in seinem starken Rechtsgefühl, in seiner ganz auf das Maß der Dinge gestellten Persönlichkeit.

Daß er mit ganzem Herzen an dem Tunnel hing und in natürlicher Folge davon ein überaus beliebtes Mitglied war, hob ich schon hervor. Unser Verein hatte sehr viel von ihm, menschlich, gesellschaftlich, literarisch. Seine mit Sorgfalt und Liebe geschriebenen Protokolle leiteten unsere Sitzungen ein und waren Kabinettsstücke liebenswürdigsten Humors. Vielleicht sind sie das Beste, was er überhaupt geschrieben. Auch an der eigentlichen Tunnelproduktion nahm er Teil und versuchte sich auf jedem Gebiete, lyrisch, dramatisch, in Erzählung, Idyll und Satire. Allen gemeinsam ist eine bis ins Kleinste gehende Detailmalerei, die, wenn sie Schwerfälligkeit und Unklarheit zu vermeiden weiß, den Mann von Fach vom Dilettanten unterscheidet. Und so war er denn in diesem auf die künstlerische Behandlung gerichteten wichtigen Punkte *kein* Dilettant. Aber in der Hauptsache war er's doch. Er gab eben überall nur Gastrollen, versuchte dies und das, auch mit gelegentlich großem Geschick, aber niemals empfand man: das *mußte* geschrieben werden. Es waren Einfälle, nicht Notwendigkeiten; »Beschäftigung die nie ermattet.« Sein Bestes lag nach der Seite der Satire hin. In einem, nach seinem Hinscheiden unter dem Titel »Kleine Studien« erschienenen Bande finden sich zwei kurze Geschichten: der »Censor« und der schon mehrerwähnte »Frack des Herrn von

Chergal«, Erzählungen, die diesen satirischen Charakter tragen und als Glanzstücke nicht bloß Merckel'scher Schreibweise, sondern überhaupt als Musterstücke gelten können. Die erstgenannte Geschichte, das damalige Zensur-Unwesen persiflierend, ist unter den genannten beiden die künstlerisch bessere. Ein Assessor meldet sich bei Exzellenz, dem Minister des Innern, der in den letzten Tagen wieder mehrere Zensoren wegen Unfähigkeit entlassen mußte. Die Situation ist mithin eine für den Assessor denkbar günstigste und führt dann auch um so rascher zu seiner sofortigen Zensor-Anstellung, als er durch Schliff und Sicherheit sogar seiner Exzellenz zu imponieren weiß. Und schon am andern Tage giebt er die Beweise seines Könnens. Aber freilich so, daß sein Eifer noch furchtbarer empfunden wird, als die Laxheit seiner Vorgänger, weshalb ihn Exzellenz mit den Worten andonnert: »Gehn Sie zum Teufel.« »Nichts leichter als das«, antwortet der so ungnädig Entlassene. Denn er ist eben niemand anderes als der gute alte Mephisto in einer seiner vielen herkömmlichen Verkappungen. Auch der Teufel hat es als preußischer Zensor nicht aushalten können und in der nächsten Morgenzeitung liest die Hauptstadt die Freudens- beziehungsweise Schreckensnachricht: »daß Preßfreiheit ausgebrochen sei«.

Die zweite Geschichte – der »Frack des Herrn von Chergal« – bleibt an künstlerischer Abrundung hinter der ersten zurück, steht aber doch höher, trotzdem sie das Schicksal so vieler Satiren teilt, ohne Kommentar gar nicht verstanden zu werden. Wem dieser Kommentar fehlt, der erfährt nur von einem uralten legitimistischen Erbfrack, den sein Inhaber, eben der Herr von Chergal, à tout prix bei Leben erhalten will, was dann schließlich dahin führt, daß besagter Frack infolge beständiger Ausflickungen und Aenderungen gar nicht mehr er selber ist, aber trotzdem noch immer als das »unantastbare Heiligtum von ehedem« angesehen und getragen wird. Die Wendungen und Wandlungen, die das arme Ding durchmacht und die doch alle darauf hinauslaufen in ihm etwas »Unwandelbares« besitzen zu wollen, bilden den Inhalt der Erzählung, in der man es, oberflächlich angesehen, lediglich mit einem excentrischen oder spleenhaften alten Herrn zu tun hat, der eigensinnig an einer Schrulle festhält. Was *eigentlich* dahinter steckt, davon merkt man nichts oder merkt es zu spät oder merkt es falsch. Dieser Frack des Herrn von Chergal ist nämlich nichts als die *altmodische ständische Verfassung,* die Herr von Gerlach – Chergal ist eine bloße Buchstabenumstellung dieses Namens – unter allen Umständen konservieren wollte. Man wird dem Ganzen ein gut Stück allerliebster Originalität nicht absprechen können, aber es ist doch verlorene Liebesmüh geblieben. So war's schon in den fünfziger Jahren und jetzt liest es niemand mehr. Aber wenn ein Zufall einem literarischen Feinschmecker das Büchelchen auf seinen Tisch führen sollte, so wird er eine genußreiche Stunde von der Lektüre haben.

W. von Merckel starb in den Weihnachtstagen 1861; achtzehn Jahre später, im November 1889, fand seine Witwe Henriette von Merckel geb. von Mühler neben ihm ihre Ruhestätte. Sie hatte die Liebe, die der so lange vor ihr Heimgegangene für mich und die Meinen gehabt hatte, wie ein Vermächtnis übernommen und wenn meine Frau und ich, zu Beginn unserer Ehe, *sein* »Ehepaar« gewesen waren, so waren unsere Kinder die Kinder seiner ihn überlebenden Gattin. Sie haben denn auch zeitweilig ihr Leben mehr im Hause »Tante Merckels« als im eignen elterlichen Hause verbracht und die Rückerinnerung daran erfüllt sie bis diesen Tag mit dankbarer Freude.

FRITZ, FRITZ, DIE BRÜCKE KOMMT

ERSTES KAPITEL

Verlobung. Der alte Rouanet

Der Tunnel, von dem ich in dem voraufgehenden Abschnitt ausführlich erzählt habe, hat mich, wenn auch viel persönlich Erlebtes mit hineinspielte, von mir selber weit weggeführt und es wird Zeit sein, in mein richtiges Geleise zurückzukehren.

Ostern 1845, nach Abschluß meines Militärjahres bei den »Franzern«, sah ich mich meinem eigentlichen Berufe wiedergegeben. Aber das wie und wo machte mir einigermaßen Sorge, denn der Rahm von der Milch war abgeschöpft, indem ich bis dahin immer nur Stellungen innegehabt hatte, die für die besten in Deutschland galten. Ich konnte mich also mutmaßlich nur verschlechtern und ließ denn auch ein volles Vierteljahr vergehn, eh ich mich wieder band. Erst zu Johanni trat ich in die »Polnische Apotheke«, Friedrichsstraße, ganz in Nähe der Linden, ein, wobei mich mein guter Stern, wie gleich vorweg bemerkt sein mag, auch wieder glücklich führte. Was Wohnung und dergleichen anging, so stand alles dies hinter Leipzig und Dresden, wiewohl wir auch da nicht in diesem Punkte verwöhnt worden waren, um ein gut Teil zurück; es wurde das aber durch die sogenannte »Prinzipalität« wieder ausgeglichen. Medizinalrat Schacht und Frau waren, er durch Charakter, sie durch Liebenswürdigkeit und französischen Esprit – sie entstammte einer Magdeburgischen Refugiéfamilie – ausgezeichnet. Meine Kollegen im Geschäft präsentierten sich wie gewöhnlich sehr durchschnittsmäßig, ohne jeden interessanten oder auch nur komisch aparten Zug, mit Ausnahme des eigentlichen Geschäftsführers, eines schon älteren Herrn, der die für einen Apotheker verhängnisvolle Eigenschaft hatte, von heftigen Brustkrämpfen befallen zu werden, wenn auch nur das leiseste Stäubchen von Ipecacuanha in der Luft war. Und was ist eine Apotheke ohne Ipecacuanha! Die Folge davon war, daß man – übrigens lange vor meinem Eintritt in das Geschäft – in einem lichtlosen, wie eine Grabkammer wirkenden Verschlag eine *Neben*-Apotheke etabliert hatte, drin wir andern, die wir gegen Ipecacuanha gefeit waren, das für unsern Kollegen so verhängnisvolle Mittel dispensieren mußten. Der dadurch herbeigeführte beständige Exodus aus der eigentlichen Apotheke in die Grabkammer hinein und dann wieder zurück, war natürlich eine große Belästigung für uns und führte zu Spöttereien, Auflehnungen und Anschuldigungen. Es sei, so hieß es unter uns, ja alles bloß Komödie; dieser lederne Mensch, (der er übrigens wirklich war), habe sich nur herausgeklügelt, daß man ohne einen kleinen Sonderzug eigentlich gar nicht bestehen könne; wenn er aber, was wohl möglich, zu beschränkt sein sollte, solchen Gedanken in sich aufzubringen, so sei doch das ganz sicher, daß er die Sache rein als Machtfrage behandle und sein Ansehn und seine Geschäftsunentbehrlichkeit nach der Kondeszenz bemesse, womit man sich diese seine Schrulle gefallen lasse. Wir hatten indes wohl Unrecht mit unsrem Verdacht, denn jedesmal wenn wir ihn bemogelten und hinter seinem Rücken auch nur eine kleinste Dosis von Ipecacuanha mit Zuckerpulver zusammenrührten, so war der Anfall da. Das bekehrte *mich* denn auch. Andere dagegen blieben unbekehrbar und versicherten nach wie vor: er habe bloß gut aufgepaßt und unsere Mogelei bemerkt und sofort mit einer Gegenkomödie darauf geantwortet.

Unter den Kollegen war also nicht recht was. Desto glücklicher traf ich es, wie gewöhnlich, mit den Lehrlingen, die meist Söhne wohlhabender, oft sehr angesehener Leute waren. Aus allen ist denn auch ausnahmelos etwas tüchtiges geworden, aus keinem aber mehr als aus dem, den ich als zweiten Lehrling in der Schachtschen Apotheke vorfand. Es war dies Friedrich Witte (gest. 1893) bis zu seinem Tode Mitglied des Reichstags für den zweiten Meiningen'schen Wahlkreis, den vor ihm Lasker vertreten hatte. Zoll und Steuerfragen waren Witte's Spezialität. Sein Rostocker Geschäft: eine Fabrik moderner chemischer Präparate, wie Teïn, Coffeïn, Pepton, Pepsin etc., hat er, unter Beistand ausgezeichneter Kräfte, die er heranzuziehn oder heranzubilden verstand, zu einem Weltgeschäft erhoben. Er verheiratete sich, zehn Jahr nach der hier geschilderten Zeit, mit der, wie die Mutter, durch Witz und Originalität ausgezeichneten ältesten Tochter des Hauses und diesem Paare bin ich durch ein langes Leben hin in herzlichster Freundschaft verbunden geblieben. In unseren Kindern lebt diese Freundschaft fort.

*

Zu Johanni war ich in die Schachtsche Apotheke eingetreten.

Nun war achter Dezember, an welchem Tage mein Onkel August, – der, fast als ob wir zusammen gehört hätten, seit etwa Jahresfrist auch wieder von Leipzig nach Berlin hin übersiedelt war, – seinen Geburtstag hatte. Während der ersten Nachmittagsstunden erhielt ich, in Dreiecksform, einen in ungemein zierlichen aber etwas schulmäßigen Buchstaben geschriebenen Brief, der dahin lautete: »Lieber Freund. Ich war eben zur Gratulation bei Ihrem Onkel und erfuhr zu meinem Bedauern, daß Sie durch Ihren Dienst verhindert sind, die heutige Geburtstagsfeier mitzumachen. Ich meinerseits werde da sein, bin aber in einiger Verlegenheit wegen des Nachhausekommens. Ich denke, Ihr Bruder soll mich um 10 bis an Ihre Apotheke begleiten, von wo aus Sie wohl den Rest des Weges übernehmen. Ihre Emilie Kummer.«

Und so kam es. Gleich nach 10 Uhr, von wo ab ich frei war, war das Fräulein da. Der noch zurückzulegende Weg war nicht sehr weit, aber auch nicht sehr nah: die ganze Friedrichsstraße hinunter bis ans Oranienburger Tor und dann rechts in die spitzwinklig einmündende Oranienburgerstraße hinein, wo die junge Dame in einem ziemlich hübschen, dem großen Posthof gegenübergelegenen Hause wohnte. Da wir beide plauderhaft und etwas übermütig waren, so war an Verlegenheit nicht zu denken und diese Verlegenheit kam auch kaum, als sich mir im Laufe des Gespräches mit einem Male die Betrachtung aufdrängte: »ja, nun ist es wohl eigentlich das Beste, Dich zu verloben.« Es war wenige Schritte vor der Weidendammer Brücke, daß mir dieser glücklichste Gedanke meines Lebens kam und als ich die Brücke wieder um eben so viele Schritte hinter mir hatte, war ich denn auch verlobt. Mir persönlich stand dies fest. Weil sich aber die dabei gesprochenen Worte von manchen früher gesprochenen nicht sehr wesentlich unterschieden, so nahm ich plötzlich, von einer kleinen Angst erfaßt, zum Abschiede noch einmal die Hand des Fräuleins und sagte ihr mit einer mir sonst fremden Herzlichkeit: »Wir sind aber nun *wirklich* verlobt.«

*

Ja, wir waren also nun wirklich verlobt und waren es – fünf Jahre. Von dieser unserer Wartezeit indessen mag ich hier nicht erzählen oder doch nur ganz wenig und will statt dessen lieber von der Zeit sprechen, wo wir uns kennen lernten.

Das lag nun schon eine gute Weile zurück.

Sie mochte damals zehn Jahre zählen (ich fünfzehn) und

war »Nachbarskind« von mir in einem in der Großen Hamburgerstraße gelegenen Doppelhause, dicht neben dem alten Judenkirchhof. In dem einem Hause, Parterre, wohnte damals mein Onkel August, bei dem ich, wie schon in einem früheren Kapitel erzählt, meine Schulzeit über in Pension war, während das 10jährige Kind, das meine Braut werden sollte, drei Treppen hoch in dem Nachbarhause residierte. Sie war die Adoptivtochter eines noch weiterhin zu charaktrisierenden älteren Herren aus dem Sächsischen, der von den Mitbewohnern, lauter kleinen Leuten, der »Herr Rat Kummer« genannt wurde. Nach ihm hieß sie denn auch Emilie Kummer. Ihr eigentlicher Name aber, den sie erst, früh verwaist, bei Gelegenheit ihrer im vierten oder fünften Jahre stattgehabten Adoption abgelegt hatte, war Rouanet.

Als sie geboren wurde, lebte noch in hohem Alter der Großvater Rouanet, durch den die Familie dieses Namens in unserem Lande seßhaft geworden war. Von diesem alten Herrn möchte ich hier zunächst erzählen. Er stammte nicht aus einer Refugié-Familie, sondern hatte Südfrankreich sehr viel später, erst in den 60er Jahren des vorigen Jahrhunderts, verlassen. In Konflikte mit seiner in Toulouse sehr angesehenen Familie geraten, war er um die genannte Zeit als Flüchtling nach der Schweiz (Neufchatel) gegangen und daselbst preußischen Werbern in die Hände gefallen. Nach Potsdam gebracht, sah er sich hier, denn er war sechs Fuß groß, in das Bataillon Garde eingereiht und gehörte bald zu den vielen, die nicht Ursache hatten, mit solcher Fügung ihres Schicksals sonderlich unzufrieden zu sein. Die Stattlichkeit seiner Erscheinung, seine feine Bildung, – er hatte protestantische Theologie studiert, woraus auch seine Konflikte mit der Familie herrührten – und nicht zum wenigsten das ausgezeichnete Französisch, das er sprach, machten den König ihm zugeneigt und Anfang der achtziger Jahre, bald nach dem bayerischen Erbfolgekriege, gab ihm der alte Fritz von Sanssouci aus einen besonderen Beweis seiner Gunst. In der Stadt Beeskow war der Stadtkämmerer gestorben und es galt diese Stelle neu zu besetzen. Friedrich der Große behändigte seinem Günstling Etienne Rouanet ein eigenhändiges Schreiben, das dieser dem Beeskower Magistrat vorzulegen hatte. Das Schreiben lautete: »Der Beeskower Magistrat ist hierdurch angewiesen, dem pp. Rouanet als Stadtkämmerer anzustellen und ihm ein Gehalt von jährlich 1000 Taler zu zahlen.« Das war für jene Zeit eine große Summe. Sich Weisungen der Art zu widersetzen, entsprach nicht den damaligen Gepflogenheiten und Rouanet ward also Kämmerer. Das ist er denn auch an die fünfzig Jahr gewesen. Anfänglich war man in einer gewissen versteckten Opposition gegen ihn, als dann aber die »Franzosenzeit« kam, sah er sich in der Lage, dem ganzen Landesteile Beeskow-Storkow so große Dienste leisten zu können, daß er ein Gegenstand der Verehrung und Liebe wurde, worauf er, seinem ganzen Charakter nach, ohnehin allen Anspruch hatte. Er war hochherzig, hatte sich die schönen, leider so oft zur Karikatur verzerrten Grundsätze der Aufklärungszeit zu eigen gemacht und handelte danach, oft in sehr schweren Lagen. Als er ungefähr achtzig war, trat er mit vollem Gehalt in den Ruhestand, was der Stadt Beeskow die Pflicht auferlegte, zwei Kämmerer-Gehalte bezahlen zu müssen. Indessen getröstete man sich, daß es bei seinem hohen Alter nicht lange dauern würde. Darin aber ging man einer Enttäuschung entgegen; der alte Rouanet brachte es bis auf zweiundneunzig, was denn doch die Geduld der Beeskower auf eine harte Probe stellte. Sie rächten sich denn auch durch kleine Malicen. Rouanet, so hieß es, sei eigentlich längst tot; die Angehörigen aber besäßen ein gutes Portrait von ihm, Brustbild, das sie, wenn's dunkel würde, jedesmal ins Fenster stellten, um bei den Vorübergehenden den Glauben wach zu halten, der Alte lebe noch. Etwa 1830 starb er dann aber wirklich. Ob seine Enkelin einige Züge von ihm geerbt, vermag ich nicht festzustellen. Indessen wenn nichts direkt Persönliches, so war doch jedensfalls etwas Südfranzösisches auf sie übergegangen und als ich 1835 das damals ziemlich verwilderte Kind im Hause meines Onkels August, eines Freundes und Jeu-Genossen des »Rates Kummer« kennen lernte, schien es nicht bloß ein französisches Kind aus dem Languedoc zu sein, sondern mehr noch ein Ciocciaren-Kind aus den Abruzzen.

ZWEITES KAPITEL

»Rat Kummer«. Des alten Rouanet Enkelin.

Dies Abruzzenhafte des Kindes lag nun freilich nicht bloß an seiner südlichen Abstammung, sondern zu gutem Teil an den wunderlichen Verhältnissen, in denen »Rat Kummer« lebte, beziehentlich während der letzten drei, vier Jahre gelebt hatte. Weiter zurück, als er das Kind adoptierte, war er mit einer russischen Dame verheiratet, einer sehr gütigen und doch zugleich charaktervollen Frau, bei der die Kleine vorzügliche Tage hatte; bald aber starb die Frau und an die Spitze des Haushaltes trat ein Berliner Dienstmädchen. Was solch Dienstmädchenhaushalt sagen will, davon kann man sich in dem gegenwärtigen Berlin kaum noch eine Vorstellung machen. Es wird auch heute noch über Dienstmädchen geklagt, aber darüber ist doch wohl kein Zweifel, daß es jetzt viele Tausende giebt, bei denen die Kinder nicht schlechter aufgehoben sind als bei den Eltern, oft viel besser. Ein starker, höchst erfreulicher Grundstock von Anstand, Bildung, Ehrlichkeit, ja, von feinstem Ehrgefühl ist jetzt reichlich zu finden, während es damals, wenigstens in kleinen Familien, nur die sogenannten »Trampel« gab. Diese Wandlung hängt mit mancherlei zusammen, nicht bloß mit dem allgemeinen großen Bildungsfortschritt, sondern viel viel mehr noch mit dem Umstande, daß sich die gegenwärtig dienende Klasse von weither rekrutiert. Früher war es nur lokal berlinisches oder aber aus dem zehnmeiligen Umkreise genommenes märkisches Landesgewächs, während jetzt der starke Zuzug aus Pommern, Mecklenburg, Sachsen und Schlesien für eine wesentliche Verbesserung gesorgt hat. Nicht die Bildung und Gesittung der aus diesen Provinzen Einwandernden ist größer, aber die *Rasse* ist im ganzen genommen um ein Erhebliches feiner. Am frappantesten zeigt sich dies an der ganzen baltischen Küstenbevölkerung. Was das Rat Kummer'sche Haus damals beherbergte, stand auf einer allerniedrigsten Stufe. Der Rat selber war von Mittag an ausgeflogen. Erschien dann der soldatische Liebhaber, so wurde das arme, dem Dienstmädchen anvertraute Kind an einen Bettpfosten gebunden und als sich dies auf die Dauer als untunlich herausstellte, sah sich die Kleine mit in die Kaserne genommen, wo sie nun auf dem großen, quadratisch von Hinter- und Seitenflügeln umstellten Hofe herumstand, bis das Liebespaar wieder erschien und den Rückweg antrat. Es prägten sich die während dieses Umherstehens und Wartens empfangenen Bilder dem Kinde so tief ein, daß es sich, als es viele Jahre später am Nervenfieber darniederlag, in seinen Phantasien immer wieder auf dem furchtbaren Kasernenhofe sah, aus dessen hundert Fenstern eben so viele Grenadiere herniedergrinsten.

Bei solcher Hauspflege konnte nicht viel Feines herauskommen und als ich die Kleine zum erstenmal sah, trug sie heruntergeklappte nasse Stiefel, einen kleinen Mantel von rotem Merino mit schwarzen Käfern drin und einen sonderbaren, nach hinten sitzenden Strohhut, der ihr bei den Straßenjungen den Beinamen »das Mächen mit de Eierkiepe« eingetragen hatte. Das alles war aber in meinen Augen viel mehr frappant als störend und ich möchte beinah sagen, daß ich mich auf der Stelle in das sonderbare Kind verliebte. Das Gesicht, ein blasses Dreieck mit vorspringender Stirn und Stubsnase, war nahezu häßlich, aber die zurückliegenden, etwas unheimlichen Augen glühten wie Kohlen und machten, daß man das Kind bemerken mußte.

Es war ein sehr glückliches und ein sehr unglückliches Kind. Der alte »Rat«, ein so sonderbarer Heiliger er war, war in vielen Stücken von außerordentlicher Güte gegen die Tochter und während er sie zu Hause vernachlässigte, schickte er sie doch in eine ganz feine Schule, wo nur reiche Bourgeoiskinder und adlige Fräuleins vom Lande, die sich bei der Inhaberin der Schule zugleich in Pension befanden, anzutreffen waren. Zwischen diesen saß sie dann wie Aschenputtel. Unter Ungütigkeit hatte sie jedoch nie zu leiden, im Gegenteil, es war eine Art Komment, sich ihrer anzunehmen. Sie fühlte den Unterschied dieser beglückten Existenzen und ihres eigenen Lebens und hatte das brennende Verlangen, auch einmal in einem guten Hause zu sein. Und siehe, dies Ersehnte schien sich ihr auch verwirklichen zu sollen; eine reiche Holzhändlerstochter, deren Gunst oder Teilnahme sie sich zu gewinnen gewußt hatte, lud sie zu ihrem Geburtstage ein und der Eingeladenen Herz schwoll nun in unendlichem Glück. Aber leider traf es sich so, daß das schon an der ersehnten Glückspforte stehende Kind, gerad' am Tage vorher auf dem zur Schule führenden Wege wie wahnsinnig umherjagte und bei der Gelegenheit, sei's aus Versehen, sei's aus Uebermut, eine sehr sauber gekleidete Mitschülerin in eine Baugrube stieß, eine Szene, die seitens der holzhändlerischen Geburtstagsmutter von ihrem Blumenfenster aus beobachtet worden war. »Ich bitte mir aus, daß du dies furchtbare Balg nicht etwa mit in deine Geburtstagsgesellschaft bringst.« Und die Tochter mußte die Zurücknahme der Einladung am andern Morgen ausrichten. Meine Frau hat mir oft erzählt, dies sei die größte Kränkung ihres Lebens gewesen; so arm, so elend, so ausgestoßen sei sie sich nie wieder vorgekommen. Dies war also der schlimmste Fall. Aber ähnliches, wie das hier Erzählte, kam doch nicht selten vor und deshalb fühlte sich das arme früh elternlose Kind oft recht unglücklich. Trotzdem indessen war sie mit Hilfe großer Elastizität und noch größerer Phantasie doch auch wieder glücklich, ja vorwiegend glücklich, und wartete, wenn der Sturm vorüber, heiter und mit einer Art Sicherheit auf ihren Prinzen. Auf Abschlag nahm sie mich.

Ich sagte, daß ich mich, als ich das von allem Herkömmlichen so stark abweichende schwarzäugige Kind sah, eigentlich gleich in sie verliebt hätte. Vielleicht hätte sie dies Gefühl auch erwidert, wenn nicht und zwar als Mitpensionär in meines Onkels Hause, mein Freund Hermann Scherz, (von dem ich in einem früheren Abschnitte – »Bei Kaiser Franz« – bereits erzählt habe), gewesen wäre. Der war mir um ein Jahr voraus, hatte schon einen kleinen schwarzen Schnurrbartansatz und spielte sich überhaupt auf den Petit-Maitre aus. Vor allem benahm er sich artiger und verbindlicher als ich. Denn wenn ich mich auch für das Kind ganz entschieden lebhaft interessierte, so blieb es doch immerhin ein Kind, noch dazu ein sehr sonderbares, und ein bißchen Konventionalismus steckte mir, neben einem gleichzeitigen ganz entgegengesetzten Herzenszuge, wohl auch schon damals im Geblüt. Mein Freund Scherz dagegen, um es zu wiederholen, war ganz Kavalier, immer gehorsam und zugleich immer geneigt, auf die Tollheiten und Wünsche des Kindes und einer gelegentlich zu Besuch kommenden Spielgenossin einzugehen. Zu diesen Tollheiten gehörte, daß er mit den beiden Mädchen »Schlitten fahren« mußte, wenn man die ganze, ziemlich groteske Prozedur so nennen konnte. Denn das Schlittenfahren, um das sich's handelte, war etwas sehr Primitives. Zugleich echt berlinisch. Mit Hilfe der damaligen Rinnsteingossen, drin alle Schrecknisse des Haushalts umgestülpt zu werden pflegten, kam es nämlich in Wintertagen vor, daß die ganze Straße das Ansehn einer großen, allerdings wunderlich ornamentierten Schlitterbahn annahm und diese kühn auszunutzen, alle »Hindernisse zu nehmen«, darauf kam es an. Das hieß dann »Schlittenfahren« und Freund Scherz war dabei nie säumig. An die Hinterzipfel seines Schlafrockes hingen sich die beiden Mädchen zunächst an und nachdem sie sich niedergehuckt hatten, setzte sich mein Rival als Schlittenpferd in Gang und jagte mit beiden die ganze Hamburgerstraße hinunter und wieder hinauf. Ich wurde dann verhöhnt. »O, der hält sich für zu gut, der spielt den Vornehmen. Was er sich nur einbildet.« So ging es weiter und ich stand neben meinem Nebenbuhler ganz entschieden zurück. Aber es kamen doch auch wieder Momente, wo *mir* der Sieg zufiel und das hing mit des Kindes Hauptleidenschaft zusammen, mit seiner Theaterpassion.

Rat Kummer, der überhaupt ein Tausendkünstler war – er ist unter anderen auch der Erfinder der Reliefkarten und Globen und hat sich dadurch ein wirkliches, der Erdkunde zugute kommendes Verdienst erworben – hatte, gestützt auf alte Bekanntschaft mit dem Theaterintendanten Grafen Brühl, auch allerlei Bühnenbeziehungen und diese machten es, daß das Kind früh ins Theater mitgenommen und unter das eigentümlich Berauschende, das die poetische Scheinwelt hat, gebracht wurde. Sie hatte viele Stücke gesehn, namentlich Schiller'sche; aber auch Shakespeare. Mal war sie wieder bei meinem Pensionsvater, Onkel August, zu Besuch und als ich aus meiner Hinterstube nach vorn kam, wo sich zu besserer Unterhaltung des Kindes auch wieder die nebenan wohnende Spielgefährtin eingefunden hatte, geriet ich in eine große Theaterszene hinein. Meine kleine Freundin, ganz Feuer und Flamme, ließ sich durch mein Erscheinen nicht stören und ich hörte sehr bald heraus, daß es sich um »Romeo und Julia« handelte. Das andere Kind, das keine Ahnung von dem Stück hatte, war bloß Puppe,

27 Emilie Rouanet-Kummer (1824–1902)
Fontanes Verlobte und spätere Frau um 1848
(Pastellporträt von Th. Hillwig)

28 *Blick in die Friedrichstraße mit der Weidendammer Brücke (Fotografie von W. Titzenthaler)*

bloß der beständig hin und her geschobene Gegenstand, dem die jedesmalige Schweigerolle zufiel, während die leidenschaftliche kleine Person, in einem fort die Partie wechselnd, alles sprach, was zu sprechen war und dabei die Phiole leerend, jetzt als Romeo tot niedersank, um sich im nächsten Augenblicke schon wieder aufzurichten und als Julia mit der Stickschere in der Hand zu sterben. Die Szene hatte sich ihr bei der Aufführung im Theater tief eingeprägt, aber auch nur die Szene; was sie sprach, waren ihre eigenen Worte. Mein Freund Scherz konnte sich in der ganzen Sache nicht recht zurecht finden, während ich die kleine Tragödin entzückt in die Höhe hob und an diesem Abende wenigstens durch meine, der Künstlerin dargebrachte Huldigung, das Uebergewicht über den Mitbewerber hatte.

Das Jahr danach kam ich von der Schule fort, sah die Kleine nur noch selten und verlor sie schließlich während meiner in Leipzig und Dresden zugebrachten Tage, ganz aus dem Auge. So vergingen neun Jahr und erst als ich Ostern 44, um mein Jahr abzudienen, nach Berlin zurückkam, knüpfte sich die Bekanntschaft wieder an. Die Kleine, mittlerweile neunzehn Jahr alt geworden, war total verändert. Nicht bloß das Abruzzentum war hin, auch die mildere Form: das Südfranzösische hatte sich beinah ganz verflüchtigt und die tief liegenden dunklen Augen, die mir, ohne schwarz zu sein, immer kohlschwarz erschienen waren, sahen jetzt, in dem hierlandes üblichen Halbgrau hell und lachend in die Welt hinein. Alles in allem, beweglich und ausgelassen, vergnügungsbedürftig und zugleich arbeitsam, war sie der Typus einer jungen Berlinerin, wie man sie sich damals vorstellte. Sie hatte sich vergleichsweise sehr verhübscht, aber von ihrer Rassenhöhe war sie ziemlich herabgestiegen, – wohl zu ihrem und meinem Glück. Wir nahmen den alten herzlichen Ton gleich wieder auf und die Leute wußten bald, was daraus werden würde.

Sie hatten sich auch nicht verrechnet und anderthalb Jahr später, an jenem 8. Dezember, den ich eingangs geschildert, war ich verlobt oder wie ich beim Abschiede mit einem gewissen ängstlichen Empressement gesagt hatte, *»wirklich* verlobt«.

Unsre beiderseitigen Anverwandten waren nicht allzu glücklich darüber; von der einen wie von der andern Seite war, auf unser leidliches Aussehn hin, eine sogenannte »gute Partie« nicht bloß gewünscht, sondern beinah gefordert worden. Und nun nichts davon! Ich kann aber zu meiner Freude berichten, daß, nach Ueberwindung eines ersten Schrecks, beide Parteien eine gleich musterhafte Haltung beobachteten. Ich stellte mich den nächsten beiden Anverwandten meiner Braut – Kousinen und, wie sie selbst, Enkelinnen des alten Rouanet – vor, und begegnete dabei dem liebenswürdigsten Entgegenkommen. Eine der beiden Damen, »Commandeuse«, war nach Mecklenburg (Ludwigslust) hin an einen wundervollen rotblonden Stabsoffizier verheiratet, allwo ich pour combler le bonheur, neben allem übrigen Erbaulichen auch noch von einem vieljährigen Freunde des Hauses, einem alten Major von Quitzow begrüßt wurde. Dieser alte von Quitzow stammte recte von der berühmten alten Sippe her, die von dem »Nürnberger Tand« nichts hatte wissen wollen und saß mir nun da mit einer Schlichtheit und guten Laune gegenüber, als ob er den ersten besten Alltagsnamen geführt oder ich die Montmorencys wenigstens gestreift hätte. Keine Spur von de haut en bas, alles Wohlwollen und Interesse. Dies Vorherrschen des Humanen in der ganzen Oberschicht unserer Gesellschaft ist oder *war* wenigstens – denn es ist seitdem leider anders geworden – die schönste Seite preußischen Lebens, noch ein herrliches Erbteil aus den »armen Zeiten« her, die sonst, so weit bloß die Armut mitspricht, der T . . . . . holen mag.

Ich sah mich also gut empfangen und ein ebenso liebevoller Empfang erwartete meine Braut bei meinen Eltern und Geschwistern. Ich habe schon an andrem Orte – »Meine Kinderjahre« – des Ausführlichen erzählt, daß sich in den Augen meiner Mutter alles um Besitz drehte. Bei dieser Anschauung ist sie auch bis an ihr Lebensende geblieben und ich mußt jetzt, wenn auch widerstrebend, hinzusetzen: wohl mit Recht oder wenigstens nicht mit Unrecht. Aber ihre Hochherzigkeit und ihr scharfes Verständnis für alles Praktische des Lebens bewahrte sie vor einem Extrem und so kam es, daß sie – so sehr sie sich über etwas äußerlich Glanzvolles gefreut haben würde – sofort umgestimmt wurde. »Du hast Glück gehabt«, sagte sie, »sie hat genau *die* Eigenschaften, die für dich passen.«

*

Mit diesem Worte hatte meine Mutter es wundervoll getroffen. Es kommt nicht darauf an, daß irgend etwas, oder wohl gar alles, auf einer Musterhöhe wandelt, es kommt auf das »Zueinander passen« an und wenn man sich auf diesen Punkt hin nicht verrechnet, so wird man glücklich. Auch das ist richtig, daß das gegenseitige sich helfen eine große Rolle spielt. In dieser Beziehung ist mir immer die Geschichte vom »Swinegel un süne Fru« als Musterstück niederdeutscher Weisheit und Poesie erschienen. Mancher wird die Geschichte kennen, mancher *nicht*. Und so sei sie denn auf gut Glück hin hier erzählt. Ein Swinegel und ein Hase kamen in einen Streit, wer am besten laufen könne. Die Sache sollte auf einem gepflügten Ackerfeld, wo die Furchen nebeneinander laufen, ausgefochten werden und der Hase hielt sich natürlich seines Sieges sicher. Swinegel aber bestimmte »sine Fru«, sich an der entgegengesetzten Seite der ihm zubestimmten Ackerfurche zu verstecken und als der Hase drüben ankam, erhob sich Swinegels Fru bereits aus der benachbarten Ackerfurche und sagte ruhig: »ick bin all hier.« »Noch mal«, sagte der Hase und jagte wieder zurück. Aber als er ankam, erhob sich der an seinem Platz verbliebene männliche Swinegel und sagte nun seinerseits: »ick bin all hier.« Siebenmal jagte der Hase so wie ein Wahnsinniger die Furche auf und ab; da endlich war es um ihn geschehen und er fiel tot um. Swinegel un sine Fru aber, von denen keines auch nur einen Schritt gelaufen war, hatten gesiegt und waren guter Dinge.

Darin ist das Musterstück einer guten Ehe vorgezeichnet, allerdings mit einem starken Beisatz von Pfiffigkeit und beinah Niederträchtigkeit. Und um dieses Beisatzes willen muß ich einräumen, daß »Swinegel un sine Fru« beträchtlich über mein Ideal hinausgehn. Aber dabei muß ich bleiben, ein anständiges sich helfen, mit guter Rollenverteilung, bedeutet viel in der Ehe, und »mine Fru« hat diese große Sache geleistet. Um nur zwei Dinge zu nennen: sie hat mir alle Bücher und alle Zeitungen vorgelesen und hat mir alle meine von Korrekturen und Einschiebseln starrenden Manuskripte abgeschrieben, also, meine dicken Kriegsbücher mit eingerechnet, gute vierzig Bände. Sie war vor allem auch eine Haushälterin von jener nicht genug zu preisenden Art, die Sparsamkeit mit Ordnungssinn und Helfefreudigkeit verbindet. Eine richtige Sparsamkeit vergißt nie, daß nicht immer gespart werden kann; wer *immer* sparen will, der ist verloren, auch moralisch.

Ich muß aber auf die Gefahr hin, mich in ein komisches Licht zu stellen, noch weiteres an meiner Ehehälfte loben und zwar ihr Temperament, ihren ausgesprochen ästhetischen Sinn, ihre Naivität und nicht zum wenigsten ihre Unlogik.

Nur von dieser letzteren, weil »unlogisch sein« am Ende nichts Großes besagen will, will ich hier sprechen. Es schuf dies Unlogische, das bei phantasiereichen Frauen allerdings nichts als ein Ueberspringen von Mittelgliedern ist und in gewissem Sinne nicht eine niedrigere, sondern umgekehrt eine höhere Form der Unterhaltung darstellt, es schuf, sag ich, dies Unlogische beständig Ueberraschungen und Erheiterungen, an denen, als wir alt geworden, auch unsere Kinder teilnahmen. Ich möchte diese Sprechweise gern charakterisieren und greife zu diesem Zweck ein kleines Vorkommnis heraus.

Wir hatten oben im schlesischen Gebirge, nahe von Kirche Wang, eine Sommerwohnung gemietet und zwar auf der »Brotbaude« bei Herrn Schmidt, einem sehr vorzüglichen Manne mit einer noch vorzüglicheren Frau. Als wir oben ankamen, ich in leichtem Sommerpaletot, bemerkte ich, daß ich unten in Hirschberg einen zweiten, etwas dickeren Ueberzieher vergessen hatte; wahrscheinlich hing er noch an dem Ständer, an den ich ihn angehängt. »Ich fahre morgen wieder nach Hirschberg«, sagte Herr Schmidt, »und mein alter Friedrich auch, – Friedrich war der Kutscher – da kann ihn denn einer von uns mitbringen.« Und Herr Schmidt und Friedrich fuhren am andern Morgen auch wirklich ab und wir sahen ihrer Rückkehr mit Spannung entgegen. Denn es war noch ein sehr guter Ueberzieher. Als die Sonne schon hinter den Bergen stand, machten wir uns auf, um den beiden Fuhrwerken, die jeden Augenblick eintreffen konnten, entgegen zu gehn. Und keine tausend Schritt mehr, so sahen wir auch schon Friedrich mit dem ersten Wagen. Aber als er heran war, machte der alte Kutscher eine traurige Handbewegung, die ausdrücken sollte: ich hab' ihn nicht. »Er ist also weg«, sagte meine Frau. »Beruhige dich«, unterbrach ich sie. »Das war ja bloß Friedrich. Herr Schmidt kommt noch und wird ihn natürlich mitbringen.« Herr Schmidt kam denn auch, machte jedoch schon von fernher dieselbe Handbewegung wie sein Kutscher, was meine Frau sofort zu dem schmerzlichen Ausrufe veranlaßte: »so sind sie also *alle beide weg*.«

Aus einer langen Erfahrung weiß ich nur zu gut, wie gefährlich es ist, Anekdotisches, das sich im Leben ganz nett ausnahm, hinterher literarisch verwenden zu wollen. Und ist es nun gar Anekdotisches »in eigner Sache«, so wird die Gefahr noch größer. Trotzdem habe ich der Versuchung nicht widerstehen können und rechne auf die Zustimmung derer, die mit mir davon ausgehen, daß eine Menschenseele durch nichts besser geschildert wird, als durch solche kleinen Züge. Schon das Sprichwort sagt: »an einem Strohhalme sieht man am deutlichsten, woher der Wind weht.«

DRITTES KAPITEL

Bei Professor Sonnenschein. Onkel August wieder in Berlin; seine letzten Jahre, sein Ausgang. Examen. In die Jung'sche Apotheke

Dezember 45 hatte ich mich verlobt und wenn man sich verlobt hat, will man natürlich auch heiraten. Dazu war aber noch zweierlei von nöten: Geld und Examen. An Herbeischaffung von Geld, trotzdem Freund Lepel damit umging, eine reiche Tante mir zuliebe »'reinzulegen«, war gar nicht zu denken; aber Absolvierung meines Examens lag innerhalb der Möglichkeit. Und wenn's damit glückte, so war zwar nicht viel gewonnen, aber doch was.

Also Vorbereitung zum Examen!

Ich hatte mir eine kleine Summe Geldes gespart und so wenig es war, so fing ich doch an, mich ganz ernsthaft über analytische Chemie herzumachen und zwar als Schüler vom Professor Sonnenschein, – Vater des Geheimen Legationsrats im Auswärtigen Amt – der gerade damals in einem Seitenflügel von Sparwaldshof ein chemisches Laboratorium errichtet hatte. Sonnenschein war ein ausgezeichneter Lehrer und so ging alles ganz gut. Nebenan, in einem eigens ihm zur Verfügung gestellten Raume, war ein etwa dreißigjähriger Herr mit hellen blitzenden Augen und von sehr distinguierter Erscheinung ebenfalls mit analytischen Arbeiten beschäftigt. Seine Züge haben sich mir eingeprägt. Ich erfuhr später, daß es Görgei gewesen sei. Sichres darüber weiß ich freilich nicht. Aber es ist mir in hohem Maße wahrscheinlich, daß es Görgei war, weil es mir – wenigstens in meinen jungen Jahren – zubestimmt war, unausgesetzt Revolutionären und ähnlichen Leuten in die Arme zu laufen: Robert Blum, Georg Günther – Schwager R. Blums –, Jelinek, Dortu, Techow, Hertzen, Bakunin und noch andre, die das, wofür sie kämpften, mit ihrem Leben oder mit ihrer Freiheit bezahlt haben.

Ich hatte mich, als ich meine Studien anfing, in der Dorotheenstraße seßhaft gemacht und zwar in einem vergleichsweise neuem Hause, das dem in der Turnerwelt gekannten und gefeierten Eiselen gehörte. Meine Wohnung lag zwei Treppen hoch und wenn ich von meinem Hinterzimmer aus in Schräglinie nach einer im ersten Stock gelegenen Küche sah, sah ich da neben dem einen Küchenfenster einen großen Eisenarm vorspringen, an dem regelmäßig allerlei gute Dinge hingen: Bekassinen, Kapaune, Rehziemer, auch Körbe mit Obst und Gemüse, namentlich Artischocken. Es wohnte da der durch seine Juristerei, seine Gourmandise und seine plattdeutschen Gedichte gleich berühmte Präsident Bornemann und weckte durch den vorgeschobenen Eisenarm mit seiner Delikatessenfülle den Wunsch in mir, doch mal sein Gast sein zu dürfen, ein Wunsch, der mir leider nicht in Erfüllung ging. Ich mußte mich mit Geringerem begnügen, habe dem aber gleich hinzuzusetzen, daß dies Geringere mich wohl zufrieden stellen durfte. Denn die Personen, bei denen ich in der Dorotheenstraße mich einquartiert hatte, waren niemand anders als Onkel August und Tante Pinchen, dieselben also, von denen ich, in voraufgehenden Kapiteln, des Guten und Nicht-Guten schon so manches erzählt habe. Das Leben führte mich eben immer wieder mit ihnen zusammen, immer wieder in ihr angenehmes Haus, diesmal aber nicht als Gast, sondern als regelrechten Mieter. Beide waren ganz unverändert, er nach wie vor der immer gut gelaunte Lebemann, sie die feine Dame, die von Kunst zu sprechen und dabei einen literarischen Protektionston, ein ganz klein wenig im Stile von Rahel Lewin oder Fanny Lewald, anzuschlagen verstand. Es war also wie vordem ein gefälliges Zusammenleben. Ich sah mich aber trotzdem gezwungen, nach einigen Monaten schon es abzubrechen und weil sich bald nachher – übrigens bei Fortdauer unsrer guten Beziehungen – unsre Lebenswege trennten, so möcht' ich hier alles zum Abschluß bringen, was ich noch über das Leben dieser meiner zwei Verwandten zu sagen habe.

Dies Leben verlief so abenteuerlich, wie es begonnen hatte.

Meines Onkel Augusts Ausgang

Onkel August war, als ich im Sommer 46 in seine Wohnung in der Dorotheenstraße zog, erster Geschäftsführer in der Lüderitzschen Kunsthandlung unter den Linden, ein Geschäft, in das er unmittelbar nach seinem Wiedereintreffen von Leipzig in Berlin eingetreten war. Er hatte da gute Tage, wußte durch Sachkenntnis und Gewandtheit die Chefs des Hauses zufrieden zu stellen und stellte namentlich sich selber dadurch zufrieden, daß er wohl mindestens die halbe Zeit in der gerade gegenüber gelegenen Konditorei von Spargnapani, der sein guter Freund war und ihn schwärmerisch liebte, verbrachte. Doch ihm waren noch bessre Tage vorbehalten, wenigstens größere, die Märztage von 48, wo sein Leben sozusagen in eine Blüte trat. Der den

Märztagen folgende Sommer, den man den Bürgerwehr-Sommer nennen konnte, war wie geschaffen für Onkel August. Er war alsbald ein enragierter Bürgerwehrsmann und soll bei der in einer Feuertine sich vollziehenden Gefangennahme des Radaubruders »Lindenmüller« eine Rolle gespielt haben. Sehr wahrscheinlich. Immer an der Spitze zu sein und dabei theatralisch zu perorieren, das war sein Liebstes.

Sommer 49 gab er seine Stellung in der Lüderitzschen Kunsthandlung mal wieder auf und beschloß nach New-York zu gehn. Man vertraute ihm bei der Gelegenheit geschäftlicherseits eine riesige Kiste mit Kupferstichen an, deren Vertrieb er drüben übernehmen sollte. So ging er denn guten Muts im Juli genannten Jahres von Hamburg aus ab, nachdem die Tante mit der ihr eignen Theater-Emphase versichert hatte: »sie wolle in einem freien Lande begraben sein.« Die Ueberfahrt ging auch glücklich vonstatten und die mitgenommenen Kupferstiche sorgten eine ganze Weile für Existenz, da das Abliefern des dafür eingenommenen Geldes nicht zu Onkel Augusts Lebensgewohnheiten gehörte. Als er aber schließlich nicht nur die Kupferstiche veräußert, sondern auch das dafür eingenommene Geld verausgabt hatte, mußte was andres versucht werden und man schritt gemeinschaftlich, Mann und Frau, zu Etablierung eines Putz- und Weißzeuggeschäfts. Dies dauerte, wie alles, was Onkel August anfaßte, zwei, drei Jahr. Dann brannte das Putzgeschäft ab, Gott weiß wie. Dies »Gott weiß wie« trat mehrfach in seinem Leben auf. Aber bald hatte sich wieder was andres gefunden und Onkel August wurde Reisender und Agent für ein riesiges Pelzwarengeschäft. Um diese Zeit – es waren gerade meine Londoner Tage, von denen ich im ersten Abschnitt dieses Buches (Kapitel zwei) ausführlich erzählt habe – kam mir Nachricht von ihm und zwar durch Freund Faucher, der mir eines Tages einen Zeitungsausschnitt aus einem New-

Yorker Blatte schickte. Da fand ich denn das folgende. Die große Pelzwaren-Firma Mac-Kenzie pflege, behufs Einkauf von Pelzen, Geschäftsreisende bis auf die Aleuten zu senden. Unter diesen Geschäftsreisenden habe sich neuerdings ein Mr. Fontane befunden, der auf der großen aleutischen Mittel-Insel einem Moskauer Pelzhändler begegnet sei, mit dem er sich gleich angefreundet, auch schließlich nach seinen Namen gefragt habe. Da habe sich denn herausgestellt, daß sie beide »Fontane« hießen und beide derselben Gegend in Languedoc, vielleicht sogar derselben Familie entstammten. Aber während 1686 der eine Zweig nach Deutschland gegangen sei, sei der andre nach Rußland gezogen und Abkömmlinge dieser beiden Zweige hätten sich nun von Westen und Osten her auf der Mittel-Insel der Aleuten getroffen und ihre Zusammengehörigkeit durch einen Bruderkuß besiegelt. So der Zeitungsbericht. Faucher hatte daneben geschrieben: »Dieser New-Yorker Fontane muß natürlich Ihr Onkel sein, von dem Sie mir mal erzählt haben.« Und ich wette nun meinerseits, daß es wirklich so war. Dergleichen war meinem Onkel stets vorbehalten. Kurze Zeit darauf hieß es: er – Onkel August – sei auf dem Mississippi ertrunken, ein Dampfkessel sei geplatzt. Es bestätigte sich aber nicht. Er starb vielmehr geraume Zeit später ruhig in seiner Behausung und seine Frau, die von den unbedingten Vorzügen der »freien Erde« zurückgekommen war, wandte sich wieder Deutschland zu. Da lebte sie noch eine ganze Reihe von Jahren, erst im Badischen, dann wieder in Berlin. Und während dieser ihrer Berliner Zeit sah ich sie noch oft. Ihre Figur war klein geworden, dagegen schienen sich ihre Augen wie vergrößert zu haben; etwas Herbes, Herrisches war über sie gekommen und wenn sie mit ihrem spanischen Rohr mit großer Elfenbeinkrücke durch das Zimmer schritt, wirkte sie wie ein weiblicher Alter Fritz. In hohem Alter starb sie. Sie ruht draußen auf dem Jakobi-Kirchhof.

Ich nehme nun hier von diesem für mein Leben so bedeutsam gewesenen Menschenpaare Abschied. Aber doch nicht ohne noch vorher ein Wort über dasselbe gesagt zu haben. Jeder von ihnen war wie für eine psychologische Studie geschaffen, die Tante beinahe mehr noch als der Onkel. Dennoch, um diese Dinge nicht zu weit auszuspinnen, nur über diesen letzteren noch eine Bemerkung.

Es könnte nach manchem scheinen, als wäre er auf dem Felde der Liebenswürdigkeit ein bloßer Komödiant gewesen. Das war er aber nicht. Er war *wirklich* eine liebenswürdige Natur. Abgesehn von seinen Talenten, seinem Witz und Geschmack, seiner ewig guten Laune, war er auch, bestimmten seelischen Eigenschaften nach, wie geschaffen, die Menschen, die mit ihm verkehrten, ganz besonders auch seine Familie, zu beglücken. Er war immer bon camarade, nie Spielverderber, gütig, hilfebereit, und auch von durchaus richtigem Judicium, so lang es sich um das Tun *Andrer* handelte. Man hätte ihm eine Entscheidung in Streitfällen ruhig anvertrauen können; sein Rechtssinn, so weit er im Intellekt wurzelte, war in bester Ordnung. Er war nicht begehrlich, nicht neidisch, nicht kleinlich, er war auch nicht einmal ein ausgesprochner Egoist und bekannte sich gern zum leben *lassen.* Wenn man ihn an einer Stelle hätte placieren können, in der es gar keine Schwierigkeiten und auch keine rechten Pflichten gegeben, in der ihm vielmehr nur obgelegen hätte, munter zu plaudern, Feste zu feiern, ein Lied zu singen oder am Klavier zu begleiten, wenn es, sag' ich, möglich gewesen wäre, ihn als einen durch glücklichste Placierung vor jeder Lebenssorge Geschützten, – und es *giebt* solche Stellungen – unterzubringen, so würde vielleicht das denkbar Rühmlichste von ihm zu sagen sein; er mußte ein Leben führen, das ihm keine Versuchungen nahe legte, das ihn nie in die Lage brachte, auf kleine Wünsche, denn sie waren immer »klein«, zu verzichten oder gar den Kampf der Pflicht zu kämpfen. Auf diesen Kampf war er schlechterdings nicht eingerichtet und der unausbleibliche moralische Bankrott, der darin vorgezeichnet lag, ist ihm, wenn ich ihn richtig beurteile, nie so recht zum Bewußtsein gekommen. Wenn er kein Geld hatte, so nahm er's, wo er's fand und tat rücksichtslos alles, um die durch ihn herbeigeführte, meist sehr dunkle Situation in einer Katastrophe untergehn zu lassen. Es mußte nur nicht 'rauskommen. Alles andre war gleichgiltig. Es sind das die gefährlichsten Menschen, die es giebt; die Gewaltsamen verschwinden daneben und stehen auch sittlich unendlich höher. Bei solchen Kraftnaturen ist eine Bekehrung möglich, bei diesen liebenswürdigen Taugenichtsen nie. Ich kann sagen, mir ist, nachdem ich der Sache erst mal auf den Grund gesehen, das »Affable« durch Erscheinungen wie die meines Onkels geradezu verleidet worden und wenn ich mich, was öfter geschieht, auf meine »Liebenswürdigkeit« hin angesprochen sehe, so kommt mir jedesmal der Gedanke »solltest du vielleicht auch . . .« und eine Gänsehaut überläuft mich. Ich habe mir denn auch infolge davon durch manches Jahr hin ganz ehrlich gewünscht, ein Grobian zu sein, bis ich schließlich dahinter gekommen bin, daß auch *das* nichts hilft und daß die Grobiane genau denselben Moraldefekt haben können, nur in andrer Einkleidung. Dieser Moraldefekt ist eben eine Gottesgabe für sich, die sich mit *jedem* Temperament und *jeder* Manier verträgt. Am furchtbarsten ist die Gruppe der im stillen ihr Schäfchen scherenden Biedermeier.

*

Ich kehre nach dieser abschließenden Onkel-August-Episode zu meinen eignen Angelegenheiten zurück.

Spätsommer 46 gab ich meine Wohnung in der Dorotheenstraße wieder auf und quartierte mich bei meinen auf dem Lande lebenden Eltern ein, um da meine Studien privatim fortzusetzen, so gut oder so schlecht es ging. »So schlecht« ist das richtigere. Denn Naturwissenschaftlichkeiten sind Dinge, die man nicht bloß aus Büchern lernen kann; es bedarf dazu viel äußeren Apparats. So stand es denn wenig gut mit mir, als ich, nach Ablauf von etwa dreiviertel Jahren, wieder aufbrach, um endlich mein Examen zu machen. Ich wußte jämmerlich wenig, was denn auch meinen Vater, als ich mich von ihm verabschiedete, zu der Bemerkung veranlaßte: »Will dir was sagen; du fällst entweder durch oder kriegst eine Nummer eins.« Er war, wie in vielem, so auch darin ganz Vollblutfranzose, daß er, sobald er eine Formel für eine bestimmte Situation gefunden hatte, sich vollkommen beruhigt fühlte.

Das Examen verlief indessen anders, als mein Vater erwartete. Ich fiel *nicht* durch, aber noch weniger erhielt ich eine Nummer eins. Es war alles Durchschlupf, hair breadth escape. Dabei passierte das, was immer passiert, daß ich auf dem Gebiet, auf dem es am schlimmsten mit mir stand, am besten abschloß. Das war in der Botanik. Ich ging, in Frack und weißer Binde, durch die Friedrichsstraße hin auf meine Marterstätte zu. Bei Raehmels Weinhandlung, damals Ecke der Rosmaringasse, angekommen, schwenkte ich ein, um mich durch eine halbe Flasche Rotwein so weit wie möglich zu stärken und dabei noch einen flüchtigen Blick in ein kleines, mich beständig begleitendes botanisches Büchelchen zu tun. Ich schlug blindlings auf, und auf der linken Seite stand: »die Caryophyllaceen«. Die Typen stehen noch deutlich vor mir. Es war hier alles nur in nuce gegeben, aber so wenig es war, es rettete mich doch, denn siehe da, der alte Link, berühmter Botanik-Professor, – Vater oder Taufpate der Link-Straße – begann mit seiner Krähstimme gerade nach den Caryophyllaceen zu fragen. Er sah wohl, daß ich nur gerad' einen Schimmer davon hatte und mit diesem Schimmer alles zu vergolden trachtete. Das amüsierte ihn und so gab er mir denn ein ganz leidliches, will also sagen unverdientes Zeugnis. Ich hatte Glück gehabt. Entgegengesetzten Falls, also bei Nicht-Bestehen im Examen, hätte mich kaum ein Vorwurf treffen können, indessen man kann nicht jedem klar machen, daß man eigentlich unschuldig ist an einer sich einstellenden Blamage. Diese mir erspart zu sehn, war ich herzlich froh, wenn mir freilich auch sehr bald wieder die Frage kam: »ja, was nun?« Ich hatte das Examen hinter mir, aber keine Spur von Lebensaussicht vor mir; bloß eine arme Braut, die wartete.

Da half es denn schließlich nichts, ich mußte wieder irgendwo unterkriechen und trat im Spätherbst 47 in die Jungsche Apotheke ein.

DER ACHTZEHNTE MÄRZ

ERSTES KAPITEL

Der achtzehnte März

Die Jung'sche Apotheke, Ecke der Neuen Königs- und Georgenkirchstraße, darin ich den »18. März« erleben sollte, war ein glänzend fundiertes Geschäft, aber von vorstädtischem Charakter, so daß das Publikum vorwiegend aus mittlerer Kaufmannschaft und kleineren Handwerkern bestand. Dazu viel Proletariat mit vielen Kindern. Für letztere wurde seitens der Armenärzte meist Lebertran verschrieben, – damals, vielleicht auch jetzt noch, ein bevorzugtes Heilmittel – und ich habe, während meiner ganzen pharmazeutischen Laufbahn, nicht halb so viel Lebertran in Flaschen gefüllt, wie dort innerhalb weniger Monate. Dieser Massenkonsum erklärt sich dadurch, daß die durch Freimedizin bevorzugten armen Leute gar nicht daran dachten, diesen Lebertran ihren mehr oder weniger verskrofelten Kindern einzutrichtern, sondern ihn gut wirtschaftlich als Lampenbrennmaterial benutzten. Außer dem Tran wurde noch abdestilliertes Nußblätterwasser, das kurz vorher durch Dr. Rademacher berühmt geworden war, ballonweise dispensiert; ich kann mir aber nicht denken, daß dies Mittel viel geholfen hat. Wenn es trotzdem noch in Ansehen stehen sollte, so will ich nichts gesagt haben.

Der Besitzer der Jung'schen Apotheke, der bekannten gleichnamigen Berliner Familie zugehörig, war ein älterer Bruder des um seiner vorzüglichen Backware willen in unserer Stadt in freundlichem Andenken stehenden Bäkkers Jung unter den Linden. Beide Brüder waren ungewöhnlich schöne Leute, schwarz, dunkeläugig, von sofort erkennbarem französischen Typus; sie hießen denn auch eigentlich Le Jeune und erst der Vater hatte den deutschen Namen angenommen. Es ließ sich ganz gut mit ihnen leben, so weit ein Verirrter, der das Unglück hat, sich für »Percy's Relics of ancient English Poetry« mehr als für Radix Sarsaparillae zu interessieren, mit Personen von ausgesprochener Bourgeoisgesinnung überhaupt gut leben kann. Aber freilich mit der Kollegenschaft um mich her stand es desto schlimmer, die Betreffenden wußten nicht recht, was sie mit mir anfangen sollten, und als in einem damals erscheinenden liberalen Blatte, das die »Zeitungshalle« hieß, ein paar mit meinem Namen unterzeichnete Artikel veröffentlicht wurden, wurde die herrschende Verlegenheit nur noch größer. Im Ganzen aber verbesserte sich meine Stellung dadurch doch um ein nicht Unbeträchtliches, weil die Menschen mehr oder weniger vor jedem, der zu Zeitungen irgend welche Beziehungen unterhält, eine gewisse Furcht haben, Furcht, die nun mal für Uebelwollende der beste Zügel ist. Wer glaubt, speziell hierlandes, sich ausschließlich mit »Liebe« durchschlagen zu können, der tut mir leid.

Die grotesk komische Furcht vor mir steigerte sich selbstverständlich von dem Tag an, wo die Nachricht von der Pariser Februar-Revolution eintraf, und als in der zweiten Märzwoche kaum noch ein Zweifel darüber sein konnte, daß sich auch in Berlin irgend was vorbereite, begann sogar die Prinzipalität mich mit einer gewissen Auszeichnung zu behandeln. Man ging davon aus, ich könnte ein verkappter Revolutionär, oder auch ein verkappter Spion sein, und das Eine war gerade so gefürchtet, wie das Andere.

So kam der achtzehnte März.

*

Gleich nach den Februar-Tagen hatte es überall zu gähren angefangen, auch in Berlin. Man hatte hier die alte Wirtschaft satt. Nicht daß man sonderlich unter ihr gelitten hätte, nein, das war es nicht, aber man schämte sich ihrer. Aufs Politische hin angesehen, war in unserem gesamten Leben alles antiquiert und dabei wurden Anstrengungen gemacht, noch viel weiter zurückliegende Dinge heranzuholen und all dies Gerümpel mit einer Art Heiligenschein zu umgeben, immer unter der Vorgabe »wahrer Freiheit und gesundem Fortschritt dienen zu wollen«. Dabei wurde beständig auf das »Land der Erbweisheit und der historischen Continuität« verwiesen, wobei man nur über eine Kleinigkeit hinwegsah. In England hatte es immer eine Freiheit gegeben, in Preußen nie; England war in der Magna-Charta-Zeit aufgebaut worden, Preußen in der Zeit des blühendsten Absolutismus, in der Zeit Ludwigs XIV., Karls XII. und Peters des Großen. Vor dieser Zeit staatlicher Gründung, beziehungsweise Zusammenfassung, hatten in den einzelnen Landesteilen allerdings mittelalterlich ständische Verfassungen existiert, auf die man jetzt, vielleicht unter Einschiebung einiger Magnifizenzen, zurückgreifen wollte. Das war dann, so hieß es, etwas »historisch Begründetes«, viel besser als eine »Konstitution«, von der es nach königlichem Ausspruche feststand, daß sie was Lebloses sei, ein bloßes Stück Papier. Alles berührte, wie wenn der Hof und die Personen, die den Hof umstanden, mindestens ein halbes Jahrhundert verschlafen hätten. Wiederherstellung und Erweiterung des »Ständischen«, darum drehte sich alles. In den Provinzialhauptstädten, in denen sich, bis in die neueste Zeit hinein, ein Rest schon erwähnten ständischen Lebens tatsächlich – aber freilich nur *schattenhaft* – fortgesetzt hatte, sollten nach wie vor die Vertreter des Adels, der Geistlichkeit, der städtischen und ländlichen

Körperschaften tagen und bei bestimmten Gelegenheiten – das war eine Neuerung – hatten dann Erwählte dieser Provinziallandtage zu einem großen »Vereinigten Landtag« in der Landeshauptstadt zusammenzutreten. Eine solche Vereinigung sämtlicher Provinzialstände konnte, nach Meinung der maßgebenden d. h. durch den Wunsch und Willen des Königs bestimmten Kreise dem Volke bewilligt werden; in ihr sah man einerseits die Tradition gewahrt, andererseits – und das war die Hauptsache – dem Königtum seine Macht und sein Ansehen erhalten.

König Friedrich Wilhelm IV. lebte ganz in diesen Vorstellungen. Man kann zugeben, daß in der Sache Methode war, ja mehr, auch ein gut Stück Ehrlichkeit und Wohlwollen und hätte die ganze Szene hundertunddreißig Jahre früher gespielt, – wobei man freilich von der unbequemen Gestalt Friedrich Wilhelms I. abzusehen hat, der wohl nicht dafür zu haben gewesen wäre – so hätte sich gegen ein solches Zusammenziehen der »Stände«, die zu jener Zeit, wenn auch angekränkelt und eingeengt, doch immerhin noch bei Leben waren, nicht viel sagen lassen. Es gab noch kein preußisches Volk. Unsere ostelbischen Provinzen, aus denen im wesentlichen das ganze Land bestand, waren Ackerbauprovinzen und was in ihnen, neben Adel, Heer und Beamtenschaft, noch so umherkroch, etwa 4 Millionen Seelen ohne Seele, das zählte nicht mit. Aber von diesem absolutistisch patriarchalischen Zustand der Dinge zu Beginn des vorigen Jahrhunderts, war beim Regierungsantritt Friedrich Wilhelms IV. nichts mehr vorhanden.

Alles hatte sich von Grund aus geändert. Aus den 4 Millionen waren 24 Millionen geworden, und diese 24 Millionen waren keine misera plebs mehr, sondern freie Menschen – wenigstens innerlich – an denen die die Welt umgestaltenden Ideen der französischen Revolution nicht spurlos vorübergegangen waren. Der ungeheure Fehler des so klugen und auf seine Art so aufrichtig freisinnigen

Königs bestand darin, daß er diesen Wandel der Zeiten nicht begriff und einer vorgefaßten Meinung zuliebe, nur *sein* Ideal, aber nicht die Ideale seines Volkes verwirklichen wollte. Friedrich Wilhelm IV. handelte, wie wenn er ein Professor gewesen wäre, dem es obgelegen hätte, zwischen dem *ethischen* Gehalt einer alten landständischen Verfassung und einer modernen Konstitution zu entscheiden und der nun in dem Alt-Ständischen einen größeren Gehalt an Ethik gefunden. Aber auf solche Feststellungen kam es gar nicht an. Eine Regierung hat nicht das Bessere, bez. das Beste zum Ausdruck zu bringen, sondern einzig und allein das, was die Besseren und Besten des Volkes zum Ausdruck gebracht zu sehen wünschen. Diesem Wunsche hat sie nachzugeben, auch wenn sich darin ein Irrtum birgt. Ist die Regierung sehr stark – was sie aber in solchem Falle des Widerstandes gegen den Volkswillen fast nie ist – so kann sie, länger oder kürzer, ihren Weg gehen, sie wird aber, wenn der Widerstand andauert, schließlich immer unterliegen. Die Schwäche der preußischen Regierung vom Schluß der Befreiungskriege bis zum Ausbruch des Schleswig-Holsteinischen Krieges bestand in dem beständigen sich Auflehnen gegen diesen einfachen Satz, dessen unumstößliche Wahrheit man nicht begreifen wollte. Wenn später Bismarck so phänomenale Triumphe feiern konnte, so geschah es, sein Genie in Ehren, vor allem dadurch, daß er seine stupende Kraft in den Dienst der in der deutschen Volksseele lebendigen Idee stellte.

*

So wurde das Deutsche Reich aufgerichtet und nur so. Es schien mir wünschenswert dies vorauszuschicken, ehe ich mich meiner eigentlichen Aufgabe, der Schilderung der März-Tage, zuwende.

Bis zum dreizehnten war nur eine gewisse Neugier

bemerkbar, drin vorwiegend das bekannte witzelnde Wesen der Berliner zum Ausdruck kam; die Leute steckten die Köpfe zusammen und warteten auf das, was der Tag vielleicht bringen würde. Jeder mutete dem anderen zu, die Kastanien aus dem Feuer zu holen. Die Welt besteht nun mal nicht aus lauter Helden, und die bürgerliche Welt ist zu freiwilliger Uebernahme dieser Rolle besonders unlustig. Als aber die Nachrichten aus Wien eintrafen, fühlte man doch ein Unbehagen darüber, daß nichts so recht in Fluß kommen wollte. Selbst die Bourgeoisie nahm an diesem Empfinden teil. Die »Immer langsam voran's« waren uns zuvorgekommen, die »Holters«, – nein, das ging doch nicht. Ich wähle, mit gutem Vorbedacht, solche nüchtern prosaisch klingende Wendungen, da mir sehr wesentlich daran liegt, das, was geschah, keinen Augenblick als mehr erscheinen zu lassen, als es war, aber freilich auch nicht als weniger. Das mit einemmal in der bürgerlichen Sphäre lebendig werdende Gefühl: »Ach was! wir wollen auch unsere Freiheit haben«, war freilich noch lange nicht dazu angetan eine Revolution zu machen, aber es unterstützte diese sehr stark, ja entscheidend, als sie schließlich da war. Zwischen denen, die zuguterletzt die Sache durchfochten und denen, die mehr oder weniger vergnügt bloß zusahen, war, mit Ausnahme des Kouragepunktes, kein allzu großer Unterschied.

Vom dreizehnten bis siebzehnten hatten kleine Straßenkrawalle stattgefunden, alles sehr unbedeutend, nur anstrengend für die Truppen, die, weil beständig alarmiert, einen sehr schweren Dienst hatten. Am achtzehnten früh – Sonnabend – war man in großer Aufregung, und so weit die Bürgerschaft in Betracht kam, freudiger als die Tage vorher gestimmt, weil sich die Nachricht »Alles sei bewilligt« in der Stadt verbreitet hatte. Wirklich, so war es. Der König hatte dem Andrängen der freisinnigen Minister, Bodelschwingh an der Spitze, nachgegeben und war, nach-

29 *Barikadenkampf in Berlin 1848*
(Illustrierte Zeitung)

30 *Barikade am Louisenplatz am 18. auf den 19. März 1848 (Zeichnung von Th. Hosemann)*

dem er den Wortlaut der den Wünschen des Volks entgegenkommenden Edikte verschiedenen, aus den Provinzen, namentlich aus Rheinland eingetroffenen Deputationen mitgeteilt hatte, auf dem Balkon des Schlosses erschienen und hier mit Vivats empfangen worden. Der Schloßplatz füllte sich immer mehr mit Menschen, was anfangs nicht auffiel, bald aber dem König ein Mißbehagen einflößte, weshalb er zwischen ein und zwei Uhr dem an Stelle des Generals v. Pfuel mit dem Kommando der Truppen betrauten General v. Prittwitz den Befehl erteilte, die beständig anwachsende Menschenmasse vom Schloßplatz wegzuschaffen. Diesem Befehle Folge gebend, holte General von Prittwitz selbst die Garde-Dragoner herbei und ritt mit ihnen durch die Schloßfreiheit nach dem Schloßplatz. Hier ließ er einschwenken, Front machen und im Schritt den Platz säubern. Da stürzte sich plötzlich die Masse den Dragonern entgegen, fiel ihnen in die Zügel und versuchte den einen oder anderen vom Pferde zu reißen. In diesem für die Truppen bedrohlichen Augenblick brach aus dem mittleren und gleich darauf auch aus dem kleineren Schloßportal – mehr in Nähe der langen Brücke – eine Tirailleurlinie vor und seitens dieser fielen ein paar Schüsse. Fast unmittelbar darauf leerte sich der Platz, und die bis dahin vor dem Schloß angesammelte Volksmasse, drin Harmlose und nicht Harmlose ziemlich gleichmäßig vertreten waren, zerstob in ihre Quartiere.

*

Unter den Harmlosen, ja, ich darf wohl hinzusetzen, mehr als Harmlosen, die sofort davon stürzten, um ihre Person in Sicherheit zu bringen, befand sich auch mein Prinzipal. Er war ein guter Schütze, sogar Jagdgrundinhaber in der Nähe von Berlin, aber »selbst angeschossen zu werden« war nicht sein Wunsch. Ich sehe noch sein bis zum Komischen verzweifeltes Gesicht, mit dem er bei uns eintraf und nach Erzählung des Hergangs sich dahin resolvierte: »Ja, meine Herren, so was ist noch nicht dagewesen; das ist ja die reine Verhöhnung, alles versprechen und dann schießen lassen und auf wen? auf *uns,* auf ganz reputierliche Leute, die Front machen und grüßen, wenn eine Prinzessin vorbeifährt und die prompt ihre Steuern bezahlen!« Es war auf dem Hausflur, daß diese Rede gehalten wurde. Wir standen drum herum und auch die vorzüglichsten Mieter des Hauses hatten sich eingefunden. Dies war, neben andern, ein eine Treppe hoch wohnendes Ehepaar, Kapellmeister St. Aubin und Frau vom Königstädtischen Theater, *er* ein kleines unbedeutendes Huzelmännchen, *sie,* wie die meisten Französinnen von über vierzig, von einer gewissen Stattlichkeit und mit dem Bewußtsein dieser Stattlichkeit über ihr ganzes oberes Embonpoint wegsehend. Beide, wiewohl halbe Fremde, nahmen doch teil an der allgemeinen Aufregung. Der einzige fast nüchterne war ich. In einem gewissen ästhetischen Empfinden fand ich alles, was ich da eben über die Schloßplatzhergänge gehört hatte, so bourgeoishaft ledern, daß ich mich mehr zum Lachen als zur Empörung gestimmt fühlte. Das war aber nur von kurzer Dauer. Als ich gleich danach auf die Straße trat und die Menschen wie verstört an mir vorüber stürzen sah, wurde mir doch anders zu Sinn. Am meisten Eindruck machten *die* auf mich, die nicht eigentlich verstört, aber dafür ernst und entschlossen aussahen, als ging' es nun an die Arbeit. Ich hielt mich von da ab abseits von meinen Kollegen, die ganz stumpfsinnig da standen oder sich an Berliner Witzen aufrichteten, während ich ganz im stillen meine Winkelriedgefühle hatte. Daß ich in Taten sehr hinter diesen Gefühlen zurückblieb, sei hier gleich vorweg ausgesprochen.

Draußen hatte sich das Bild rasch verändert. Die Straße wirkte wie gefegt und nur an den Ecken war man mit

Barrikadenbau beschäftigt, zu welchem Zweck alle herankommenden Wagen und Droschken angehalten und umgestülpt wurden. In meinem Gemüt aber wurden plötzlich allerhand Balladen- und Geschichtsreminiszenzen lebendig, darunter dunkle Vorstellungen von der ungeheuren Macht des Sturmläutens; alles Große, so viel stand mir mit einemmale fest, war durch Sturmläuten eingeleitet worden. Ich lief also ohne mich lange zu besinnen, auf die nur fünfzig Schritt von uns entfernte Georgenkirche zu, um da mit Sturmläuten zu beginnen. Natürlich war die Kirche zu – protestantische Kirchen sind immer zu –, aber das steigerte nur meinen Eifer und ließ mich Umschau halten nach einem Etwas, womit ich wohl die stark mit Eisen beschlagene, trotzdem aber etwas altersschwach aussehende Tür einrennen könnte. Richtig, da stand ein Holzpfahl, einer von jener Art, wie man sie damals noch auf allen alten und abgelegenen Kirchplätzen fand, um, nachdem man eine Leine von Pfahl zu Pfahl gespannt, Wäsche daran zu trocknen. Ich machte mich also an den Pfahl und nahm auch zu meiner Freude wahr, daß er schief stand und schon stark wackelte; trotzdem – wie manchmal ein Backzahn, den man, weil er wackelt, auch leicht unterschätzt – wollte der Pfahl nicht heraus, und nachdem ich mich ein paar Minuten lang wie wahnsinnig mit ihm abgequält und sozusagen mein bestes Pulver – denn ich kam nachher nicht mehr zu rechter Kraft – an ihm verschossen hatte, mußt' ich es aufgeben. Mit meinem Debut als Sturmläuter war ich also gescheitert, so viel stand fest. Aber ach, es folgten noch viele weitere Scheiterungen.

Schweißtriefend kam ich von dem stillen Kirchplatz in die neue Königstraße zurück, auf der eben vom Tor her ein Arbeiterhaufen heranrückte, lauter ordentliche Leute, nur um sie herum etliche verdächtige Gestalten. Es war halb wie eine militärische Kolonne, und ohne zu wissen, was sie vorhatte, rangierte ich mich ein und ließ mich mit fortreißen. Es ging über den Alexanderplatz weg auf das Königstädter Theater zu, das alsbald wie im Sturm genommen wurde. Man brach aber nicht von der Front, sondern von der Seite her ein und besetzte hier, während einige, die Bescheid wußten, bis in die Garderoben und Requisitenkammern vordrangen, einen Vorraum, wahrscheinlich eine Pförtnerstube, drin ein Bett stand. Ueber dem Bett hing eine altmodische silberne Uhr, eine sogenannte Pfund-Uhr, mit dicken Berlocques und großen römischen Zahlen. Einer griff darnach. »Nicht anrühren«, donnerte von hinten her eine Stimme rüber und ich konnte leicht wahrnehmen, daß es ein Führer war, der da, von seinem Platz aus, nach dem Rechten sah und dafür sorgte, daß sich das mehr und mehr mit einmischende Gesindel nicht aufkomme. Mittlerweile hatten die weiter in den Innenraum Eingedrungenen all das gefunden, wonach sie suchten und in derselben Weise wie sich beim Hausbau die Steinträger die Steine zuwerfen, wurde nun, von hinten her, alles zu uns herüber gereicht: Degen, Speere, Partisanen und vor allem kleine Gewehre, wohl mehrere Dutzend. Wahrscheinlich – denn es giebt nicht viele Stücke, drin moderne Schußwaffen massenhaft zur Verwendung kommen – waren es Karabiner, die man fünfzehn Jahre früher in dem beliebten Lustspiele: »Sieben Mädchen in Uniform« verwandt hatte, hübsche kleine Gewehre mit Bajonett und Lederriemen, die, nachdem sie den theaterfreundlichen, guten alten König Friedrich Wilhelm III. manch liebes Mal erheitert hatten, jetzt, statt bei Lampenlicht, bei vollem Tageslicht in der Welt erschienen, um nun gegen ein total unmodisch gewordenes und dabei, ganz wie ein »altes Stück«, ausschließlich langweilig wirkendes Regiment ins Feld geführt zu werden. Ich war unter den ersten, denen eins dieser Gewehre zufiel und hatte momentan denn auch den Glauben, daß einer Helden-Laufbahn meinerseits nichts weiter im Wege stehe. Noch eine kurze Weile blieb ich auch in dieser Anschauung. Wieder draußen angekommen, schloß ich mich abermals einem Menschenhaufen an, der sich diesmal unter dem Feldgeschrei »nun aber Pulver« zusammengefunden hatte. Wir marschierten auf einen noch halb am Alexanderplatz gelegenen Eckladen los und erhielten von dem Inhaber auch alles, was wir wünschten. Aber wo das Pulver hintun? Ich holte einen alten zitronengelben Handschuh aus meiner Tasche und füllte ihn stopfevoll, so daß die fünf Finger wie gepolstert aussahen. Und nun wollt' ich bezahlen: »Bitte, bitte«, sagte der Kaufmann und ich drang auch nicht weiter in ihn. So fehlte denn meiner Ausrüstung nichts weiter als Kugeln; aber ich hatte vor, wenn sich diese nicht finden sollten, entweder Murmeln oder kleine Geldstücke einzuladen. Und so trat ich denn auch wirklich an unsere Barrikade heran, die sich mittlerweile zwar nicht nach der fortifikatorischen, aber desto mehr nach der pittoresken Seite hin entwickelt hatte. Riesige Kulissen waren aus den Theaterbeständen herangeschleppt worden und zwei große Berg- und Waldlandschaften, wahrscheinlich aus Adlershorst, haben denn auch den ganzen Kampf mit durchgemacht und sind mehrfach durchlöchert worden. Jedenfalls mehr als die Verteidiger, die klüglich nicht hinter der Barrikade, sondern im Schutz der Haustüren standen, aus denen sie, wenn sie ihren Schuß abgeben wollten, hervortraten. Aber das hatte noch gute Wege. Vorläufig befand ich mich noch keinem Feinde gegenüber und schritt dazu, wohlgemut, wenn auch in begreiflicher Aufregung, meinen Karabiner zu laden. Ich klemmte zu diesem Behufe das Gewehr zwischen die Knie und befleißigte mich, aus meinem Handschuh sehr ausgiebig Pulver einzuschütten, vielleicht von dem Satze geleitet »viel hilft viel«. Als ich so den Lauf halb voll haben mochte, sagte einer, der mir zugesehen hatte: »Na, hören Sie ...« Worte, die gut gemeint und ohne Spott gesprochen waren, aber doch mit einemmal meiner Heldenlaufbahn ein Ende machten. Ich war bis dahin in einer fieberhaften Erregung gewesen, die mich aller Wirklichkeit, jeder nüchtern verständigen Erwägung entrückt hatte, plötzlich aber – und um so mehr als ich als gewesener Franz-Grenadier doch wenigstens einen Schimmer vom Soldatenwesen, von Schießen und Bewaffnung hatte – stand alles, was ich bis dahin getan, im Lichte einer traurigen Kinderei vor mir, und der ganze Winkelriedunsinn fiel mir schwer auf die Seele. Dieser Karabiner war verrostet; ob das Feuersteinschloß noch funktionierte, war die Frage und wenn es funktionierte, so platzte vielleicht der Lauf, auch wenn ich eine richtige Patrone gehabt hätte. Statt dessen schüttete ich da Pulver ein, als ob eine Felswand abgesprengt werden sollte. Lächerlich! Und mit solchem Spielzeug ausgerüstet, nur gefährlich für mich selbst und für meine Umgebung, wollte ich gegen ein Garde-Bataillon anrücken! Ich war unglücklich, daß ich mir das sagen mußte, aber war doch zugleich auch wie erlöst, endlich zu voller Erkenntnis meiner Verkehrtheit gekommen zu sein. Das Hochgefühl, bloß zu fallen um zu fallen, war mir fremd, und ich gratuliere mir noch nachträglich dazu, daß es mir fremd war. Heldentum ist eine wundervolle Sache, so ziemlich das Schönste, was es giebt, aber es muß echt sein. Und zur Echtheit, auch in diesen Dingen, gehört Sinn und Verstand. Fehlt das, so habe ich dem Heldentum gegenüber sehr gemischte Gefühle.

Kleinlaut zog ich mich von der Straße zurück und ging auf mein Zimmer; Berufspflichten gab es nicht, man konnte in den Tagen tun, was man wollte. Da saß ich denn wohl eine Stunde lang und sah abwechselnd auf den Fußboden und dann wieder auf die Wand des alten, aus Feldstein aufgeführten Georgenkirchturms dicht vor mir. Ich war nur von *einem* Gefühl erfüllt, von dem einer großen Gesamtmiserabilität, meine eigene an der Spitze. Zuletzt aber wurde mir auch mein stupides Hinbrüten langweilig;

dies Abgeschlossensein, dies Nichtwissen, was sich draußen zutrage, wurde mir unerträglich, und ich beschloß aufzubrechen und zu sehen, wie's in der Stadt hergehe. Zunächst wollt' ich bis auf den Schloßplatz und von da nach der Pepiniere – Friedrichstraße – wo ein Vetter von mir wohnte; natürlich, wie alles, was zur Pepiniere gehört, ein Stabsarzt. Der war immer sehr aufgeregt und würde, das stand fest, gewiß bereit sein, irgend was vorzunehmen. Ich hatte persönlich die Heldentaten aufgegeben, aber ich wollte wenigstens mit dabei sein.

Und so steuerte ich denn los.

Auf dem Alexanderplatz kein Mensch, kein Ton, was mich unheimlich wie Stille vorm Gewitter berührte. Und nun über die Königsbrücke in die Königstraße hinein. Da sah es sehr anders aus und doch auch wieder ähnlich. Die Aehnlichkeit bestand darin, daß unten alles mehr oder weniger menschenleer war, aber oben – und das war der Unterschied – war in langer Reihe von Haus zu Haus, alles wie festlich aufgebaut: die Dächer abgedeckt, die Dachziegel neben dem Sparrenwerk aufgehäuft und auf dem Sparrenwerk selbst allerlei Leute, die vor hatten von oben her einen Steinhagel herunter zu schicken. Alles zeigte deutlich den Eifer derer, die sich, wenn's nicht die Hausinsassen selbst waren, zu Herren des Hauses gemacht hatten, aber wenn man schärfer zusah, sah man doch auch wieder, daß es nichts Rechtes war, man wollte den Kampf gegen die Garden mit Dachziegeln aufnehmen! So kam ich bis dicht an die Spandauerstraße; von Schloßplatz und Kurfürstenbrücke her blitzten Helme, Geschütze waren aufgefahren und auf die Königstraße gerichtet. Als ich die nächste Barrikade überklettern wollte, lachten die paar Leute, die da waren. »Der hat's eilig.« Einer sagte mir, »es ginge hier nicht weiter; wenn ich in die Stadt hinein wollte, müßt' ich in die Spandauerstraße einbiegen und da mein Heil versuchen.« Das tat ich denn auch und passierte bald danach die

Friedrichsbrücke. Drüben hielt ein Zug Dragoner, am rechten Flügel ein Wachtmeister, der das Kommando zu haben schien. Ich sehe ihn noch ganz deutlich vor mir: ein stattlicher Mann voll Bonhommie, mit einem Gesichtsausdruck, der etwa sagte: »Gott, was soll der Unsinn; ... erbärmliches Geschäft.« Demselben Ausdruck bin ich auch weiterhin vorwiegend begegnet, namentlich bei den Offizieren, wenn sie das Barrikadengerümpel bei Seite zu schaffen suchten. Jedem sah man an, daß er sich unter seinem Stand beschäftigt fühlte. Noch in diesem Augenblick hat die Erinnerung daran etwas Rührendes für mich. Unsere Leute sind nicht darauf eingerichtet, sich untereinander zu massakrieren; solche Gegensätze haben sich hier zu Lande nicht ausbilden können.

Ich nahm nun meinen Weg hinter dem Museum fort, durch das Kastanienwäldchen und bog zuletzt von der Dorotheenstraße her in die Friedrichstraße ein, deren nördlich gelegene Hälfte – mit Ausnahme einer vor der Artilleriekaserne sich abspielenden Szene, wobei (Maschinenbauer und Studenten griffen hier an) ein Premierleutnant von Kraewel den jungen Bojanowski niederhieb – nur wenig in den Straßenkampf hineingezogen wurde. Doch gab es auch hier, so beispielsweise dicht vor der Pepiniere, mehrere Barrikaden, mit deren Wegräumung eben Mannschaften aus der Friedrichsstraßenkaserne beschäftigt waren. Hinter ihnen rückten Ulanen heran, augenscheinlich in der Absicht, die wiederhergestellte Passage frei zu halten. Ich wartete bis die Ulanen vorüber waren; zwei, drei Minuten später wurde der das Ulanenpikett führende Offizier, ein Leutnant von Zastrow, von einem Fenster aus erschossen. Dies kam aber erst später zu meiner Kenntnis. Ich hatte mich inzwischen, nach Eintritt in die Pepiniere, in dem hohen, nach dem Garten hinaus gelegenen Zimmer meines Verwandten einquartiert. Er selber war ausgeflogen, was mich in die Lage brachte, hier in Einsamkeit und wachsender Erregung zwei schwere Stunden zubringen zu müssen. Denn so ziemlich in demselben Augenblicke, wo draußen der Ulanenoffizier aus dem Sattel geschossen wurde, begann auch das Gefecht an allen Stellen: Vom Schloßplatz her, nachdem ein paar Sechspfünder Kugeln den Kampf eröffnet hatten, rückte das erste Garde-Regiment in die Königstraße ein, von den Linden her ein halbes Bataillon Alexander in die Charlottenstraße – wo vor dem Heylschen Hause, der als »Einjähriger« eben sein Jahr abdienende Herr von Bülow, später Gesandter am päpstlichen Stuhl, durch einen Schuß in den Oberschenkel schwer verwundet wurde –, während starke Abteilungen erst vom zweiten Königs-Regiment in Stettin und bald darauf auch vom zweiten Garde-Regiment, die in der Südhälfte der Friedrichstraße gelegenen Barrikaden nahmen. An einzelnen Stellen kam es dabei zu regulärem Kampf. Das meiste davon vollzog sich auf weniger als tausend Schritt Entfernung von mir und so klangen denn, aus verhältnismäßiger Nähe, die vollen Salven zu mir herüber, die die Truppen bei ihrem Vordringen unausgesetzt abgaben, um die namentlich in den Eckhäusern der Friedrichstraße postierten Verteidiger von den Fenstern zu vertreiben. Daß alle Salven sehr einseitig abgegeben wurden, war mir nach dem, was ich bis dahin von Verteidigung gesehen hatte, nur zu begreiflich.

Erst gegen acht Uhr kam mein Verwandter, der die zurückliegenden Stunden, inmitten all des Schießens und Lärmens in einem benachbarten Eckhausrestaurant zugebracht hatte, zurück. Wir blieben noch eine volle Stunde zusammen, erst in seiner Wohnung, dann draußen in den Straßen, und ich werde weiterhin darüber zu berichten haben, unterbreche mich hier aber, um hier zunächst das einzuschieben, was ich, bei viel späterer Gelegenheit, über die Hauptaktion des Tages, den Kampf am Kölnischen Rathause, von einem der wenigen überlebenden Verteidiger eben dieses Rathauses gehört habe. Der mir's erzählte war der Buchdruckereibesitzer Eduard Krause, später Drucker der Nationalzeitung.

»... Wir hatten uns«, – so hieß es in Krauses Bericht, – »eine Treppe hoch im Kölnischen Rathause festgesetzt, an verschiedenen Stellen; in dem Zimmer, in dem ich mich befand, waren wir zwölf Mann. Es war eine sehr gute Position und um so besser, als auch das rechtwinklig danebenstehende Haus, die d'Heureusische Konditorei – früher das Derfflinger Palais – mit Verteidigern besetzt war. In dem d'Heureusischen Hause kommandierte der Blousenmann Sigrist, über dessen Haltung später viel Zweifelvolles verlautete.

Gegen neun Uhr rückte vom Schloßplatz her eine starke Truppenabteilung heran, an ihrer Spitze der Kommandeur des Bataillons. Es war das erste Bataillon Franz, geführt vom Major von Falckenstein. Er war bis zum Moment seiner Verwundung immer an der Spitze. Dicht vor der Scharrnstraße zog sich eine Barrikade quer über die Breite Straße fort. Es war eine schwierige Situation für die Truppen, denn im Augenblick, wo sie bis dicht an die Barrikade heran waren, wurden sie doppelt unter Feuer genommen, von d'Heureuse und von unserem Rathause her. Sie wichen zurück. Ein neuer Ansturm wurde versucht, aber mit gleichem Mißerfolg. Eine Pause trat ein, während welcher man beim Bataillon schlüssig geworden war, es mit einer Umfassung zu versuchen. An solche, so nah es lag, hatten wir in unserer militärischen Unschuld nicht gedacht. Gleich danach ging denn auch das Bataillon zum drittenmal vor, aber mehr zum Schein, und während wir sein Anrücken wieder von unserem Fenster her begrüßten und sicher waren, es abermals eine Rückwärtsbewegung machen zu sehen, hörten wir plötzlich auf der zu uns hinaufführenden Treppe die schweren Grenadiertritte. Von der Brüder- und Scharrnstraße, will also sagen von Rücken und Seite her, war man in das Rathaus eingedrungen. Jeder von uns wußte, daß wir verloren seien. In einem unsinnigen Rettungsdrange verkroch sich alles hinter den großen schwarzen Kachelofen, während mir eine innere Stimme zurief: »Ueberall hin, nur nicht da«. Das rettete mich. Ich trat dem an der Spitze seiner Mannschaften eindringenden Offizier entgegen, empfing einen Säbelhieb über den Kopf und brach halb ohnmächtig zusammen, hörte aber gleich danach noch Schuß auf Schuß, denn alles, was die Büchse in der Hand, sich hinter den Ofen geborgen hatte, wurde niedergeschossen ...«

Auf die Weise, wie hier erzählt, sind am achtzehnten März die Meisten zu Tode gekommen, namentlich auch in den Eckhäusern der Friedrichstraße; die Verteidiger retirierten von Treppe zu Treppe bis auf die Böden, versteckten sich da hinter die Rauchfänge, wurden hervorgeholt und niedergemacht. Es fehlte am achtzehnten März so ziemlich an allem, aber was am meisten fehlte, war der Gedanke an eine geordnete *Rückzugslinie*. Das könnte ja nun heldenhaft erscheinen, aber es war nur grenzenlos naiv. »*Ich*« so etwa war der Gedankenweg, »schieße oder werfe Steine nach Belieben; die *Andern* werden dann wohl das Hausrecht respektieren«.

Ich knüpfe an diese vorstehende Bemerkung gleich noch eine zweite und bemerke des weiteren, daß alles, was ich in diesem Kapitel erzählt habe, bezw. noch erzählen werde, sich auf persönliche Wahrnehmung oder aber auf die mündlichen Berichte *direkt* Beteiligter stützt. Es weicht, wie mir wohl bewußt ist, hier und da von den damals in Büchern und Broschüren gemachten Angaben ab, woraus man aber, – ohne daß ich meinen Berichten eine besondere Berechtigung zuschreiben möchte – nicht etwa schließen wolle, daß das von mir Erzählte notwendig unrichtig sein müsse. Selbst das aus offiziellen und halboffiziellen Quellen Stammende widerspricht sich so sehr untereinander, daß eine

Punkt für Punkt sichere Feststellung der Geschehnisse so gut wie ausgeschlossen ist*.

Ich kehre nun zu meinen eigenen persönlichen Erlebnissen zurück.

Nach kurzem Gespräch kamen mein Vetter und ich überein, uns wieder auf den Weg zu machen, und zwar wollt er mich bis in meine Wohnung zurückbegleiten. In nächster Linie zu gehen, war unmöglich, weil die Innenstadt zerniert war. Wir gingen also zunächst über die Weidendammerbrücke fort, auf das Oranienburgertor zu, wo mittlerweile der schon kurz erwähnte Kampf zwischen Maschinenarbeitern und der Besatzung der Artilleriekaserne stattgefunden hatte. Wir nahmen aber nichts mehr von diesem Kampfe wahr und gingen ruhig auf die Linienstraße zu, die hier die Nordhälfte der Stadt in weitem Bogen umspannt und etwa da ausmündet, wo ich hinwollte. Die wohl fast eine halbe Meile lange Wegstrecke war wie mit Barrikaden übersät, aber zugleich still und menschenleer. Das Ganze glich einer ausgegrabenen Stadt, in der das Mondlicht spazieren ging. Wenn vielleicht wirklich Verteidiger dagewesen waren, so hatten sie sich etwas früh zur Ruhe begeben. Mein Elendsgefühl über das, was eine Revolution sein wollte, war in einem beständigen Wachsen.

So kamen wie zuletzt bis an die Kreuzungsstelle von Linien- und Prenzlauerstraße, von welch letzterer aus nur noch eine kurze Strecke bis zum Alexanderplatz war. Als wir hier aber weiter wollten, sagte man uns: »Das ginge nicht.« »Warum nicht?« »Weil der Platz von zwei Seiten her bestrichen wird; sie schießen hier aus der Alexanderkaserne

---

* Seitdem ich das Vorstehende schrieb, hat die fünfzigjährige Wiederkehr des achtzehnten März eine ganze Literatur gezeitigt, Altes ist neu hervorgesucht, Neues, von damals Beteiligten, niedergeschrieben worden. Aber von einem *Aufhellen* der Ereignisse keine Rede; das Dunkel und die Widersprüche werden auch bleiben. Schon der gegenseitige Parteistandpunkt schließt das Licht aus; man *will* dies Licht nicht einmal.

die Münzstraße herunter und von den Kolonaden an der Königsbrücke her in die neue Königstraße hinein. Hören Sie nur, wie die Kugeln klappen.« Für mich waren diese Worte sehr überzeugend, mein excentrischer Vetter jedoch, dem etwas von dulce est pro patria mori vorschweben mochte, wollte durchaus über den Platz fort. Ich weigerte mich aber ganz entschieden und erklärte: »Ich hätte nicht Lust solchen Unsinn mitzumachen.« Da gab er's denn auch auf und ging, sich von mir trennend, in seine Pepiniere zurück, während ich mich durch die mit dem Alexanderplatz parallel laufende Wadzeckstraße bis an meine Apotheke heranschlängelte. Hier fand ich alles verrammelt, so daß ich klingeln und eine ganze Zeit warten mußte, bis man mich einließ. Ich stellte mich derweilen in eine kleine Hausnische, was sehr weise war, denn als ich eine Viertelstunde später, ich weiß nicht mehr in welcher Veranlassung, die nach der Straße führende Haupttür öffnete, war der porzellanene Klingelgriff weggeschossen. Das Haus, weil ein wenig vorspringend, lag überhaupt recht eigentlich in der Schußlinie, was denn auch Grund war, daß gleich die erste Sechspfünder Kugel in den Eckpfeiler des Hauses einschlug. Da steckte sie noch den ganzen Sommer über und der Berliner Witz hatte sich die Frage zurecht gemacht: »Herr Aptheker, wat kost denn die Pille?« Solche Sechspfünder Kugel (wie hier eingeschaltet werden mag) steckte desgleichen in einer Wand am Ende der Breiten Straße und zwar gerade da, wo man, kurz vor Beginn des Kampfes, eine Proklamation Friedrich Wilhelms IV. angeklebt hatte. Die Folge davon war, daß, unmittelbar über der Kugel, die Worte »*An meine lieben Berliner*« in Fettschrift zu lesen waren!

Die Stimmung in unserem Hause hatte sich mittlerweile sehr verändert. Jeder war abgespannt. Auch ich zog mich auf mein im Schutz des dicken alten Georgenturms gelegenes Zimmer zurück, und warf mich, in meinen Kleidern verbleibend, auf das hart am Fenster stehende Bett nieder, um zu schlafen. Alles war mir halb gleichgiltig geworden; ich sehnte mich nach Ruhe. Aber da hatte ich die Rechnung ohne den Wirt gemacht.

Ich lag noch keine zehn Minuten, als mich ein von der Landsbergerstraße her herüberschallendes Gejohl und Geschrei mit Flintengeknatter dazwischen und gleich danach ein sonderbares Geräusch aufschreckte, wie wenn große Hagelkörner massenhaft auf ein Schieferdach fallen. Ich sprang auf und machte, daß ich nach unten kam. Da stand denn auch schon alles an der eine gute Deckung gebenden Ecke des Hauses und starrte, nur dann und wann auf einen Augenblick sich vorbeugend, nach links hin in die Königstraße hinein. Der dazwischengelegene weite Platz, auf dem man einen in seiner Mitte befindlichen großen Holzschuppen angezündet hatte, war taghell erleuchtet und bei dem Glutschein dieser Fackel zog eine lange Truppenkolonne, die Helme blitzend, über den Platz hin; was noch in der Landsbergerstraße steckte, knatterte weiter. Es war das Füsilierbataillon vom Leibregiment, das Befehl erhalten hatte, bis zu Mitternacht auf dem Schloßplatz zu sein, – der Führer des Bataillons, Graf Lüttichau, an der Spitze. Das Ganze ein grausig schöner Anblick; unvergeßlich.

Um elf waren die Truppen über den Platz gezogen. Eine Stunde später wurde es still und ich kletterte wieder in meine Stube hinauf. Das erste, was ich sah, waren Glassplitter, die zerstreut um mein Bett her lagen. Bei dem kolossalen Schießen in der Landsbergerstraße war eine Kugel von der Turmecke her so eigenartig ricochetiert, daß sie die anscheinend in vollstem Schutz liegende Fensterscheibe getroffen hatte. Wenn die Gewehre erst losgehen, weiß man nie wie die Kugeln fliegen.

ZWEITES KAPITEL

Der andere Morgen (neunzehnter März.) Die »Proklamation«. »Alles Bewilligt«. Betrachtungen über Straßenkämpfe. Leopold v. Gerlachs Buch

Ich schlief während der Nacht die folgte, so fest, daß ich, als ich aufwachte, mich nur mühsam in dem am Tage vorher Erlebten zurechtfinden konnte. Gegen 8 Uhr war ich unten in unserem Geschäftslokal, woselbst ich schon viele Wartende, meist Frauen und Kinder vorfand. Mein erster Gedanke ging dahin, daß es sich um Verwundete handeln müsse, weshalb ich ihnen die Zettel rasch aus der Hand nahm. Aber wer beschreibt mein Staunen, als ich sofort bemerkte, daß es sich bei diesen ärztlichen Verordnungen um ganz alte Bekannte handelte, von denen ich die Mehrzahl wohl schon ein halbes Dutzend mal in Händen gehabt hatte. Nicht für Verwundete war man so früh schon aufgebrochen, nein, die Frauen, die da saßen und warteten, waren dieselben, die, – wie schon eingangs des vorigen Kapitels von mir hervorgehoben – jeden dritten oder fünften Tag zum Doktor gingen, um sich da das Lebertranrezept für ihre scrofulösen Kinder erneuern zu lassen, und die diesen Lebertran dann als Lampenöl benutzten. Alle diese guten Hausmütter hatten auch am 19. März frühmorgens keine Ausnahme gemacht und unbekümmert darum, ob »Vater« am Tage zuvor sein Gewehr abgeschossen oder seinen Ziegel geschleudert hatte, war »Mutter« jetzt da, um ihre Lampe wieder gratis mit Oel zu versorgen. Freiheit konnte sein, Lebertran mußte sein. Das ganz Alltägliche bleibt immer siegreich und am meisten das Gemeine. Während der Nacht vom 18. zum 19., um auch das nicht zu verschweigen, haben sich unglaubliche Szenen abgespielt.

Es war mittlerweile belebter in Haus und Straße geworden und überall, wo sich etliche zusammenfanden, wurde von dem Anrücken des Leibregiments vom Frankfurter Tor her bis auf den Alexanderplatz und von dort her weiter bis auf den Schloßplatz gesprochen. Hunderte von Anwohnern der Landsbergerstraße waren Augenzeugen dieses mit großer Energie durchgeführten Vormarsches gewesen, und was der eine nicht wußte, das wußte der andre. Tolle Sachen waren vorgekommen, zum Teil auch wohl häßliche, die sich hier nicht erzählen lassen, aber die Verluste hatten trotzdem auf beiden Seiten eine mäßige Höhe nicht überschritten. Unter denen, die auf Seiten des Volks die Zeche hatten bezahlen müssen, befand sich auch ein Liebling von mir, dessen Tod mir beinahe zu Herzen ging. Es war dies ein großer, bildschöner Kerl, der täglich in der Apotheke vorsprach, und dem ich dann, weil er mir so gefiel, immer etwas Furchtbares, – denn das war ihm das liebste – aus den bittersten und namentlich brennendsten Tinkturen zusammenbraute. Dieser gemütliche Süffel von Fach hatte denn auch das Anrücken des Leibregiments ganz von der humoristischen Seite genommen, was in seinem Falle – denn er war ein alter Gardesoldat, – eine doppelte Dummheit bedeutete. Just als die Tete bis in die Mitte der Landsbergerstraße gekommen war, stellte er sich gemütlich vor eine Barrikade, drehte dem Grafen Lüttichau den Rücken zu und machte ihm und seinem Bataillon eine unanständige Gebärde. Fast in demselben Augenblicke fiel er, von zwei Kugeln getroffen, tot vornüber. Ich hörte das mit aufrichtiger Teilnahme; die ganze Sachlage war aber, von Politik wegen, zu langer Beschäftigung mit solchem Einzelfalle nicht angetan.

Es handelte sich doch um Wichtigeres, und ich war eifrig bemüht, in Erfahrung zu bringen, wie nach all der Anstrengung vom Tage vorher, die Partie denn wohl eigentlich stehe. Viel Gutes, d. h. also von meinem damaligen Standpunkte aus viel Volkssiegreiches erwartete ich nicht. Aber niemand wußte was rechtes zu sagen. Nur soviel verlaute-

31 *Tiergarten mit dem Denkmal von Friedrich Wilhelm III.*

32 *Die Aufbahrung der Märzgefallenen*
(Ölgemälde von Adolph Menzel)

te, daß sich die bis an die Königsbrücke vorgedrungenen Truppen im Laufe der letzten Stunde mehr und mehr zurückgezogen hätten. Alles drehte sich um diese Frage. Manche zweifelten, andre waren guter Dinge. Da, während wir noch hin- und herstritten, sahen wir über den Alexanderplatz einen Haufen lebhaft gestikulierender Menschen herankommen, an deren Spitze, freudigen Ausdrucks, ein stattlicher Herr einherschritt. »Er bringt eine Botschaft« hieß es alsbald und wirklich, als er bis dicht an unsre Kulissenbarrikade heran war, auf deren Wald- und Felsenlandschaft ich mich postiert hatte, hielt er an, um mit deutlicher Stimme der sofort rasch anwachsenden Volksmenge die Mitteilung zu machen: »das alles *bewilligt* sei – *bewilligt* war damals Lieblingswort – und daß S. Majestät Befehl gegeben habe, die Truppen zurückzuziehen. Die Truppen würden die Stadt verlassen.« Der distinguierte Herr, der diese Botschaft brachte, war, wenn ich nicht irre, der Geheimrat Holleufer, oder vielleicht auch Hollfelder. – Alles jubelte. Man hatte gesiegt und die spießbürgerlichen Elemente, – natürlich gab es auch glänzende Ausnahmen – die sich am Tage vorher zurückgehalten, oder geradezu verkrochen hatten, kamen jetzt wieder zum Vorschein, um Umarmungen untereinander und mit uns auszutauschen, ja sogar Brüderküsse. Das Ganze eine, wie wir da so standen, in den Epilog gelegte Rütliszene, bei der man nachträglich die Freiheit beschwor, für die, wenn sie überhaupt da war, ganz andre gesorgt hatten. Viele bezeigten sich dabei vollkommen ernsthaft; mir persönlich aber war nur überaus elend zu Mute. Ich hatte, von mir und meinen Hausgenossen gar nicht zu reden, in den Stunden von Mittag bis Mitternacht nur ein paar beherzte Leute gesehen – natürlich alles Männer aus dem Volk – die die ganze Sache gemacht hatten; speziell an unsrer Ecke war ein älterer Mann in Schlapphut und Spitzbart, den ich nach seinem ganzen Hantieren für einen Büchsenmacher halten mußte, dann und wann aus der ihm Deckung gebenden Seitenstraße bis an die Barrikade vorgetreten und hatte da seinen mutmaßlich gut gezielten Schuß abgegeben. Sonst aber war alles in bloßem Radau geblieben, viel Geschrei und wenig Wolle. Wenn die Truppen jetzt zurückgingen, so war das kein von seiten des Volkes errungener und dadurch gefestigter Sieg, sondern ein bloßes königliches Gnadengeschenk, das jeden Augenblick zurückgenommen werden konnte, wenn's dem, der das Geschenk gemacht hatte, so gefiel, und während ich noch so dastand und kopfschüttelnd dem Jubel meiner Genossen zusah, sah ich schon im Geiste den in natürlicher Konsequenz sich einstellenden Tag vor mir, wo denn auch wirklich, sieben Monate später, dieselben Gardebataillone wieder einrückten und der Bürgerwehr die zehntausend Flinten abnahmen, mit denen sie den Sommer über, weder die Freiheit aufzubauen, noch die Ordnung herzustellen vermocht hatte. Mich verließ das Gefühl nicht, daß alles, was sich da Sieg nannte, nichts war, als ein mit hoher obrigkeitlicher Bewilligung zustande gekommenes Etwas, dem man, ganz ohne Not, diesen volkstriumphlichen Ausgang gegeben, und lebte meinerseits mehr denn je der Ueberzeugung von der absolutesten Unbesiegbarkeit einer wohldisziplinierten Truppe jedem Volkshaufen, auch dem tapfersten gegenüber. Volkswille war nichts, königliche Macht war alles. Und in dieser Anschauung habe ich vierzig Jahre verbracht.

Vierzig Jahre! Jetzt aber denke ich doch anders darüber. Vieles hat sich vereinigt, mich in dieser Frage zu bekehren.

Den ersten Anstoß dazu gaben mir die 1891 erschienenen »Denkwürdigkeiten des Generals Leopold von Gerlach«. In Band I, Seite 138, fand ich da das Folgende: »Den achtzehnten März spät abends ging ich – Gerlach – vom Schloß nach Hause. Ueberall standen Truppen. Unter den Linden hielt Waldersee. General Prittwitz hatte den Generalen befohlen, in ihren Stellungen ruhig zu bleiben; es sei nicht seine Absicht weiter vorzugehen; dann stattete er dem König Bericht ab. ›*Heut und morgen und auch noch einen Tag*‹ – so lautete dieser Bericht – ›*glaube er die Sache noch sehr gut halten zu können;* sollte sich aber der Aufruhr länger hinziehen, so wäre er der Meinung: mit dem König und den Truppen die Stadt zu verlassen und sich außerhalb derselben blockierend aufzustellen.‹ Diese Ansicht über die Sachlage hat General Prittwitz auch noch am Sonntag Morgen gegen Minutoli ausgesprochen und auf eben diese Rede hat sich dann Bodelschwingh bezogen, als er behauptete, »Prittwitz habe ja auch erklärt, *die Sache nicht länger halten zu können.*«

Diese wenigen Sätze machten einen großen Eindruck auf mich, und haben mich, erst auf den speziellen Fall, dann aufs Ganze hin umgestimmt, will sagen in meiner Gesamtanschauung über Kämpfe zwischen Volk und Truppen. Nicht plötzlich, nicht mit einemmal, kam mir diese Bekehrung, aber die seitens des Generals von Gerlach zitierten Prittwitzschen Worte wurden doch Veranlassung für mich, mich mit diesen Dingen, die mir im wesentlichen längst abgetan und erledigt erschienen, noch einmal zu beschäftigen, etwa wie ein Jurist, dem ein Zufall ein altes Aktenstück in die Hände spielt, und der nun bei Durchlesung eben desselben urplötzlich und zu seiner eigenen nachträglichen Verwunderung zu der Ueberzeugung kommt, daß in der betreffenden Sache doch eigentlich alles sehr sehr anders liege, wie bis dahin von ihm angenommen wurde. Dementsprechend hat auch mich die wiederaufgenommene Beschäftigung mit diesem alten, von mir selbst mit durchlebten Stoff zu der Ansicht geführt, daß es am achtzehnten März doch anders gelegen hat, als ich vermutete und daß ich die Gesamtsituation am Abende jenes Tages falsch beurteilt habe.

Schon gleich damals – ich kann hier keine bestimmten Angaben machen, weil ich alles, was Anstoß geben könnte, dringend zu vermeiden wünsche – schon gleich damals kam mir manches zur Kenntnis, was zu meiner ausschließlich der militärischen Macht und Disziplin günstigen Vorstellung nicht recht passen wollte. Die durch solche Mitteilungen empfangenen Eindrücke waren aber zunächst von keinem Gewicht, wenigstens von keiner Nachhaltigkeit: erstens, weil ich den Berichterstattern nicht recht traute, zweitens, weil das, was die nächsten Zeiten brachten, einer Widerlegung gleichkam. So blieb denn, trotz gelegentlicher leiser Schwankungen, durch länger als ein Menschenalter hin alles in meiner Anschauung beim Alten, bis das Gerlach'sche Buch kam. Da wurd' ich stutzig, nahm, wie schon angedeutet, meine vordem nur ganz flüchtig gehegten und weit zurückliegenden Bedenken wieder auf und sah mich, je länger und umfassender ich mich mit dem Gegenstande beschäftigte, zuletzt vor die Frage gestellt »ja, wie verlaufen denn diese Dinge *überhaupt*?« Und meine Antwort auf diese mir selbst gestellte Frage ging dahin: Sie müssen – vorausgesetzt daß ein großes und allgemeines Fühlen in dem Aufstande zum Ausdruck kommt, – jedesmal mit dem Siege der Revolution enden, weil ein aufständisches Volk, und wenn es nichts hat als seine nackten Hände, schließlich doch notwendig stärker ist, als die wehrhafteste geordnete Macht. Im Teutoburger Walde, bei Sempach, bei Hemmingstedt, überall dasselbe; die Waldestiefen, die Felsen und Schluchten, die durch die Dämme brechenden Fluten, sind eben stärker als alle geordneten Gewalten, und wenn sie nicht ausreichen und nicht helfen, so hilft zuletzt einfach der Raum und wenn auch der nicht hilft, so hilft die Zeit. Diese Zeit kann verschieden bemessen sein, sie kann sich – wir sehen das in diesem Augenblick in den Kämpfen auf Cuba – über Jahre hin ausdehnen, aber in den meisten Fällen genügen schon Tage. Bei Straßenkämpfen gewiß. Wie gestalten sich solche Kämpfe? Das Volk hat von Moment zu Moment das Spiel in der Hand, hat Aktionsfreiheit; es kann sich dem Feuer aussetzen, es kann sich ihm aber auch entziehen; es kann nach Hause gehen, um in Bequemlichkeit auszuschlafen und kann am andern Morgen wieder mit frischen Kräften in den Kampf eintreten. Der arme Soldat dagegen muß frieren, hungern, dursten und was er vom Schlaf hat – wenn überhaupt – wird ihn wenig erquicken, da man in den von ihm besetzten Häusern ihm widerwillig gesonnen ist. Diese Widerwilligkeit durch zwangsweises Vorgehen zu brechen, ist unmöglich, das läßt sich allenfalls gegen Landesfeinde tun – auch da sehr schwer –, aber sicherlich nicht gegen den guten Bürger, dem zuliebe ja, halb wirklich, halb vorgeblich, die ganze Szene durchgespielt werden soll. Eine Zeit lang hält eine gute Truppe trotz aller dieser Schwierigkeiten aus, zuletzt aber sind's Menschen, und von dem beständigen Abhetzen matt und müde geworden, versagt zuletzt die beste Kraft und der treuste Wille. Dazu kommt noch, daß auch Schlagwörter, plötzlich heraufbeschworene Vorstellungen, Imponderabilien, über die hinterher leicht lachen ist, mit einemmal eine halb unerklärliche Macht gewinnen. So weiß ich oder glaub ich zu wissen, daß für bestimmte kleinere Truppenteile mit einemmal der Schreckensruf da war: »Die Bürger kommen.«

Noch einmal, ich vermeide hier mit Absicht nähere Angaben. Es waren Kompagnien, die sich, wenige Monate später, ganz besonders und allen andern vorauf in ernsten Kämpfen ausgezeichnet haben. Jetzt erscheint uns der Schrei: »Die Bürger kommen« als der Inbegriff alles Komischen; damals, auf knappe vierundzwanzig Stunden, umschloß er eine Macht. Immer dieselbe Geschichte, wenn der Morgen anbricht, sieht man, daß es ein Handtuch war, aber in der Nacht hat man sich gegrault. Die Tapfersten haben mir solche Zugeständnisse gemacht. Nur der Feigling ist immer Held. So lag es sehr wahrscheinlich auch am achtzehnten März, und als General von

Prittwitz gegen den König die Worte aussprach: »Heute und morgen und auch noch einen Tag glaube ich die Sache halten zu können«, da waren wohl bereits die ersten Anzeichen eines solchen Versagens da. So wird es immer sein, weil es – wenn man nicht gleich im ersten Augenblick, wie beispielsweise am zweiten Dezember, mit vernichtender und bei patriarchalischem Regiment überhaupt nicht zulässiger Gewalt vorgehen will – nicht anders sein kann. Und auch in dem Ausnahmefall hat es nicht Dauer. Auflehnungen, ich muß es wiederholen, die mehr sind als ein Putsch, mehr als ein frech vom Zaun gebrochenes Spiel, tragen die Gewähr des Sieges in sich, wenn nicht heute, so morgen. Alle gesunden Gedanken, auch das kommt hinzu, leben sich eben aus, und hier die richtige Diagnose stellen, das Zufällige vom Tiefbegründeten unterscheiden können, das heißt Regente sein.

DRITTES KAPITEL

Der einundzwanzigste März

Am neunzehnten Vormittags – wie schon erzählt – erschien die Proklamation, »daß alles *bewilligt* sei«; mir persönlich, weil ich der Sache mißtraute, wenig zu Lust und Freude. Trotzdem sah ich ein, daß es töricht sein würde, mir die Stunde zu verbittern, bloß weil vielleicht bittre Stunden in Sicht standen. Ich war also bemüht mit dem Strome zu schwimmen und geriet nur, eine Zeit lang, in neues Unbehagen, als ich von der einigermaßen an Hinterlist gemahnenden Gefangennahme des alten General v. Möllendorf, Kommandeurs der einen Gardebrigade, hörte. Der vortreffliche alte Herr, der sich schon 1813 ausgezeichnet hatte, war von der Königsstraße her auf den Alexanderplatz vorgeritten, um in durchaus volksfreundlichem Sinne zu parlamentieren und war bei dieser Gelegenheit vom Tierarzt Urban, einem schönen Manne, von dem man nur, seinem Aussehn nach, nicht recht wußte, ob man ihn mehr in die böhmischen Wälder oder mehr nach Utah hin verlegen sollte, gefangen genommen worden, wie's hieß unter Assistenz eines vierzehnjährigen Schusterjungen, der dem General von hinten her den Degen aus der Scheide zog. Möllendorf, durch Tierarzt Urban gefangen genommen, das wollte mir schon nicht recht eingehn! Aber was mich direkt empörte, das war, daß man den alten General in das Schützenhaus geschleppt und ihn dort ganz gemütlich vor die Wahl gestellt hatte: Schießverbot an seine Truppen oder selber erschossen werden. Glücklicherweise nahmen die Dinge draußen solchen Verlauf, daß der Unsinn und mehr als das – solche Forderung *darf* man nicht stellen, auch nicht in *solchen* Momenten – ohne weitere Folge vorüber ging.

Am Nachmittage wurd' es ganz still und ich benutzte diese ruhigen Stunden, um einen langen Brief, wohl vier, fünf Bogen an meinen Vater zu schreiben. Es wird dies mutmaßlich der erste Bericht über den achtzehnten März gewesen sein und wenn es nicht der erste Bericht war, der geschrieben wurde, so doch wohl der erste, der in die Welt ging. Es gab nämlich an jenem neunzehnten – der noch dazu ein Sonntag war – keine Postverbindung, was mich denn auch veranlaßte, meinen Brief direkt nach dem Stettiner Bahnhof zu bringen und ihn dort in den Postwagen eines Eisenbahnzuges zu tun. So kam dies Scriptum am andern Morgen in dem großen Oderbruchdorfe Letschin, wo mein Vater damals wohnte, glücklich an. Von den Sonnabendvorgängen in Berlin wußte man dort kein Sterbenswörtchen, selbst das »Gerücht«, das sonst so schnell fliegt, hatte versagt und so war denn die Aufregung, die mein Brief schuf, ungeheuer. In alle Nachbardörfer gingen und ritten die Boten, um die große Sache zu melden, von der ich nicht weiß, ob sie mit Trauer oder Jubel aufgenommen wurde. Mein Vater, selbstverständlich, war an der Spitze der Erregtesten, beschloß sofort zu reisen, »um sich die Geschichte mal anzusehn« und war am einundzwanzigsten früh in Berlin. Wie gewöhnlich stieg er in einem Vorstadtsgasthofe, »wo's keine Kellner gab« ab und war um die Mittagsstunde bei mir. Ich freute mich herzlich ihn zu sehn, denn er war, von allem andern abgesehn, immer jovial und amüsant und keine halbe Stunde, so brachen wir gemeinschaftlich auf.

»Sage, kannst du denn so ohne weitres aus dem Geschäft fort?«

»Eigentlich nicht. Sonst haben wir grad' um Mittag immer viel zu tun. Aber es ist jetzt, als ob die Doktors auf Reisen wären. Und dann, Papa, was die Hauptsache ist, ich bin ja so gut wie ein Revolutionär und habe das Königstädtische Theater mitstürmen helfen ...«

»Wurde es denn verteidigt?«

»Nein. Beinahe das Gegenteil. Aber ich war doch mit dabei und das giebt mir nun so 'nen Heilgenschein« – ich machte mit dem Zeigefinger die entsprechende Bewegung um den Kopf herum – »und mein Prinzipal denkt: ich könnte am Ende so weiter stürmen.«

Er lachte. So was tat ihm immer ungeheuer wohl und so schritten wir denn, untergefaßt, die Königsstraße hinauf, auf den Schloßplatz zu. Wie wir nun da die Schloßhöfe und ihre Portale passierten und eben vor der großen, in das Lustgartenportal einmündenden Treppe standen, fragte ich ihn, »ob er da vielleicht hinein wolle?«

»Was? hier in die Schloßzimmer?«

»Ja. Wie du vielleicht weißt, Emiliens – meiner Braut – Vetter ist Stabsarzt in der Pepiniere und einer von denen, die hier die Behandlung der Verwundeten haben. Ich war gestern schon eine Viertelstunde mit ihm zusammen und hab' einen großen Eindruck von der Sache gehabt. An den

Wänden hängen allerlei Prinzessinnenbilder und darunter liegen die Verwundeten. Es sind merkwürdige Zustände.«

»Ja, höre, das find' ich auch. Aber ich mag da nicht hinein; ich geh nicht gern in Schlösser. So eigentlich gehört man doch da nicht hin.«

Unter diesen Worten waren wir, an den Rossebändigern vorüber, wieder in's Freie getreten und gingen auf die Linden zu. Hart an der Brücke und dann auch wieder dicht vor der neuen Wache waren große metallene Teller aufgestellt, in die man für die Verwundeten eine Geldmünze hineintat.

»Wir müssen da wohl auch 'was geben«, sagte mein Vater. »Eine Kleinigkeit; so bloß symbolisch...«

Und dabei zog er seine Börse, deren Ringe, links und rechts, ziemlich weit nach unten saßen. Ich folgte seinem Beispiel und wir entledigten uns jeder einer verhältnismäßig anspruchsvollen Münze, die damals den prosaischen Namen »Achtgroschenstück« führte.

Gleich danach waren wir bis an die jenseitige Zeughausecke gekommen, da wo das Kastanienwäldchen anfängt. Er blieb hier stehen, sah sich mit sichtlichem Behagen den prächtigen sonnenbeschienenen Platz an und sagte dann mit der ihm eigenen Bonhommie; »sonderbar, es sieht hier noch gerade so aus wie vor fünfzig Jahren...« Seitdem ist wieder ein Halbjahrhundert vergangen und wenn die Stelle kommt, wo mein guter Papa in jenen Tagen diese großen Worte gelassen aussprach, so kann ich mich nicht erwehren, sie meinerseits zu wiederholen und sage dann ganz wie er damals: »es sieht noch gerade aus wie vor fünfzig Jahren.« Es ist in der Tat ganz erstaunlich, wie wenig sich – ein paar Ausnahmen zugegeben – Städtebilder verändern. Wenn an die Stelle von engen schmutzigen Ghettogassen ein Square mit Springbrunnen tritt, so läßt sich freilich von Aehnlichkeit nicht weiter sprechen, präsentieren sich aber die Hauptlinien unverändert, während nur die Fassade wechselte, so bleibt der Eindruck ziemlich derselbe. Die Maße entscheiden, nicht das Ornament. Dies ist, es mag so schön sein wie es will, für die Gesamtwirkung beinah gleichgiltig.

Wir hatten vor, die Linden hinunter zu gehen und draußen vor dem Brandenburger Tor in Puhlmanns Garten – den ich kannte – Kaffee zu trinken. Aber zunächst wenigstens kamen wir nicht dazu, denn als wir eben unsern Weitermarsch antreten wollten, erschien, von der Schloßbrücke her, eine ganze von hut- und mützeschwenkendem Volk umringte Kavalkade. Beim Näherkommen sahen wir, daß es der König war, der da heranritt, links neben ihm Minister v. Arnim, eine deutsche Fahne führend.

»Du hast Glück, Papa, jetzt erleben wir was.«

Und richtig, hart an der Stelle, wo wir standen, hielt der Zug und an die rasch sich mehrende Volksmenge richtete jetzt der König seine so berühmt gewordene Ansprache, drin er zusagte, sich, unter Wahrung der Rechte seiner Mitfürsten, an die Spitze Deutschlands stellen zu wollen. Der Jubel war ungeheuer. Dann ging der Ritt weiter.

Als der Zug vorbei war, sagte mein Vater: »Es hat doch ein bißchen was Sonderbares, . . . so rumreiten . . . Ich weiß nicht . . .«

Eigentlich war ich seiner Meinung. Aber es hatte mir doch auch wieder imponiert und so sagt' ich denn: »Ja, Papa, mit dem Alten ist es nun ein für allemal vorbei. So mit Zugeknöpftheiten, das geht nicht mehr. Immer an die Spitze . . .«

»Ja, ja.«

Und nun gingen wir auf Puhlmanns Kaffeegarten zu.

VIERTES KAPITEL

Auf dem Wollboden. Erstes und letztes Auftreten als Politiker

Ich weiß nicht mehr, um wie viel Wochen später die Wahlen zu einer Art »Konstituante« begannen. Eine Volksvertretung sollte berufen und durch diese dann die »*Verfassung*« festgestellt werden. Bekanntlich kam es aber erheblich anders und das Endresultat, nach Steuerverweigerung und Auflösung der Versammlung, war *nicht* eine vom Volkswillen diktierte, sondern eine »oktroyierte Verfassung«. Es ist immer mißlich, wenn die Freiheitsdinge mit etwas Oktroyiertem anfangen.

Also Wahlen zur Konstituante! Der dabei stattfindende Wahlmodus entsprach dem bis diesen Augenblick noch seine sogenannten Segnungen ausübenden Dreiklassensystem und lief darauf hinaus, daß nicht direkt sondern indirekt gewählt wurde, mit anderen Worten, daß sich eine Zwischenperson einschob. Diese Zwischenperson war der »Wahlmann«. Er ging aus der Hand des Urwählers hervor, um dann aus seiner – des Wahlmanns – Hand wiederum den eigentlichen Volksvertreter hervorgehen zu lassen.

Alle Detailbestimmungen sind meinem Gedächtnisse natürlich längst entfallen und ich weiß nur noch, daß ich persönlich alt genug war, um als »Urwähler« auftreten zu können. Ich erhielt also mutmaßlich den entsprechenden Zettel und begab mich, mit diesem ausgerüstet, in ein Lokal, in welchem sich die Urwähler der Neuen Königstraße samt Umgegend über ihren »Wahlmann« schlüssig machen und diesen ihren politischen Vertrauensmann proklamieren sollten. Wenn ich eben sagte »in ein Lokal«, so ist dies nicht ganz richtig. Ein »Lokal« ist nach Berliner Vorstellung eine Oertlichkeit, drin viele Kellner umherstehen und einem unter Umständen ein Seidel bringen, noch ehe man es bestellt hat. Ein solches »Lokal« war nun aber unser *Wahl*-Lokal keineswegs; es war vielmehr ein großer langer Boden, an dessen Seiten mächtige Wollsäcke hochaufgetürmt lagen, während zwei dieser Säcke sich im rechten Winkel quer vorschoben und einen Abteil, eine Art Geschäftsraum herstellten. In Front davon war ein Tischchen aufgestellt, an dem ein Wahlkommissar, oder etwas dem Aehnliches saß, ein würdiger alter Herr, auch ganz augenscheinlich der klügste, der den Gang der Ereignisse zu leiten hatte. Die Zahl derer, die sich eingefunden, war nicht groß, höchstens einige dreißig, und weil wohl niemand recht wußte, was zu tun sei, stand man in Gruppen umher und wartete, daß irgend wer, der wenigstens einen Schimmer habe, die Sache in die Hand nehmen würde. Naive Menschen sind immer sehr führungsbedürftig. Endlich fragte der Wahlbeamte, ob nicht einer der Erschienenen Vorschläge hinsichtlich eines aufzustellenden Wahlmannes machen wolle. Man drückte Zustimmung aus, blieb aber schweigsam und sah nur immer zu einem langen Herrn von mittleren Jahren hinüber, der in jener Erregung, die das sichre Kennzeichen eines starke Redelust mit Rede-Unvermögen vereinigenden Menschen ist, in Front der beiden Wollsäcke auf und ab schritt. Er war eben so sehr ein Bild des Jammers wie der Komik, wozu seine Kleidung redlich beisteuerte. Während wir andern alle, meist kleine Handwerker, Budiker und Kellerleute, in unsrem Alltagsrock erschienen waren, trug der aufgeregte Mann einen schwarzen Frack und eine weiße Kandidatenbinde. Die Brille nahm er beständig ab und setzte sie wieder auf und war ärgerlich, wenn sich die beiden Häkchen in seinem angekräuselten blonden Haar verfitzten.

»Wer ist der Herr?« fragte ich einen neben mir Stehenden.

»Das ist der Herr Schulvorsteher von hier drüben.«

»Wie heißt er denn?«

»Ich glaube Schaefer; er kann aber auch Scheffer heißen. Ich werde mal Roesike fragen ... Sage mal Roesike ...«

Und es war ersichtlich, daß er, mir zu Liebe, seinen Freund den Bäcker Roesike wegen »Schaefer oder Scheffer« interpellieren wollte. Kam aber nicht dazu. Denn in eben diesem Augenblicke hatte sich der Schulvorsteher neben den Tisch des den Wahlakt leitenden alten Herrn aufgestellt und sagte – ein paar Schlagwörter sind mir im Gedächtnis geblieben – ungefähr das folgende.

»Ja, meine Herren, was uns hergeführt hat, ... wir sind hier in diesem weiten Raum versammelt und es ist wohl jeder von uns davon durchdrungen. Und jeder dankt auch wohl Gott, daß wir ein Fürstengeschlecht haben, wie das unsrige. Kein Land, das ein solches Geschlecht hat und wir stehn zu ihm in Liebe und in Treue ... Aber, meine Herrn, nicht Roß nicht Reisige ... Sie wissen, auch an dieser Stelle ist heldenmütig gekämpft worden, Bürgerblut ist geflossen und der Sieg ist auf unserer Seite geblieben. Es handelt sich darum, diesen Sieg an unsre Fahne zu ketten. Und dazu bedürfen wir der richtigen Männer, die sich jeden Augenblick bewußt sind, daß das deutsche Gemüt einer Niedrigkeit nicht fähig ist. Und Verrat an unsren heiligsten Gütern ist Niedrigkeit. Unter uns, das weiß ich, ist niemand. Aber nicht alle denken und fühlen so, da sind ihrer noch viele, die der Freiheit nach dem Leben trachten. Mit Geierschnäbeln hacken sie danach. Ich bin deshalb für Anschluß an Frankreich und sehe Gefahr für Preußen in jenem Mann, der Polen eingesargt hat und unsre junge Freiheit nicht will. Also, meine Herren, Männer von verbürgter Königs- aber zugleich auch von verbürgter Volkstreue: Jahn, Arndt, Boyen, Grolmann, vielleicht auch Pfuel. Die werden unsre Fahne hochhalten. Ich wähle Humboldt.«

Diese Rede wurde mit Beifallsgemurmel aufgenommen und nur der Vorsitzende lächelte. Zu Widerlegungen sah er sich aber nicht gemüßigt und so fiel mir Aermsten denn die

Aufgabe zu, dem einem allerhöchsten Ziele wild nachjagenden Schulvorsteher in die Zügel zu fallen. Sehr gegen meine Neigung. Ich war aber über dies öde wichtigtuerische Papelwerk aufrichtig indigniert und bemerkte dem entsprechend mit einer gewissen übermütigen Emphase, »daß uns hier nicht zubestimmt sei für die Hohenzollern oder für die Freiheit direkt Sorge zu tragen, sondern daß wir hier in der Gotteswelt weiter nichts zu tun hätten, als in unsrer Eigenschaft als bescheidene Urwähler einen bescheidenen Wahlmann zu wählen. All das andre käme nachher erst; da sei dann der Augenblick da, Preußen nach rechts oder nach links zu leiten. Hoffentlich nach links. Ich müßte deshalb auch darauf verzichten, Alexander von Humboldt an dieser Stelle meine Stimme zu geben und wäre vielmehr für meinen Nachbar Bäcker Rösike, von dem ich wüßte, daß er ein allgemein geachteter Mann sei und in der ganzen Gegend die besten Semmeln hätte.«

Da zufällig kein andrer Bäcker zugegen war, so war man mit meinem Vorschlag allgemein einverstanden; aber Rösike selbst, allem Ehrgeiz fremd, wollte von seiner Wahl nichts wissen, schlug vielmehr in verbindlicher Revanche *mich* vor und als wir zehn Minuten später das Wahllokal verließen, war ich in der Tat *Wahlmann*.

Dies war mein Debüt auf dem Wollboden, zugleich erstes und letztes Auftreten als Politiker.

*

Am Abend eben dieses Tages ging ich nach Bethanien hinaus, um dort dem Pastor Schultz, mit dem ich, trotz weitgehendster politischer und kirchlicher Gegensätze, befreundet war, einen Besuch zu machen. Als ich draußen ankam, sah ich an den im Vorflur an verschiedenen Riegeln und Haken hängenden Hüten und Sommerüberziehern, daß drinnen im Schultz'schen Wohnzimmer Besuch sein müsse. Das war mir nicht angenehm. Aber was half es und so trat ich denn ein. Um einen großen runden Tisch herum saßen sechs oder sieben Herren, lauter Pommersche von Adel, unter ihnen ein Senfft-Pilsach, ein Kleist, ein Dewitz. Aus ein paar Worten, die gerade fielen als ich eintrat, konnt ich unschwer heraushören, daß man über die Wahlen sprach und sich darüber mokierte. Schultz, sonst ein sehr ernster Mann, – zu ernst – war der ausgelassenste von allen und als er mich von der Tür her meine Verbeugung gegen die Herren machen sah, rief er mir übermütig zu: »Was führt dich her! Du bist am Ende Wahlmann geworden.«

Ich nickte.

»Natürlich. So siehst du auch gerade aus.«

Alles lachte und ich hielt es für das Klügste mit einzustimmen, trotzdem ich, ein bißchen ingrimmig in meiner Seele, das eitle Gefühl hatte: »lieber Schultz, mit dir nehm ich es auch noch auf.«

FÜNFTES KAPITEL

Nachspiel. Berlin im Mai und Juni 48

Ich habe, voraufgehend, von meiner Wahlmannschaft und einer gleichzeitigen oratorischen Leistung auf dem in der Neuen Königsstraße gelegenen Wollboden als von meinem »ersten und letzten Auftreten als Politiker« gesprochen. Es war das auch im wesentlichen richtig. Ich habe jedoch hinzuzufügen, daß diesem »ersten und letzten Auftreten« noch ein mit zur Sache gehöriges *Nachspiel* folgte. Dies Nachspiel waren die Wahlmänner-Versammlungen behufs Wahl eines Abgeordneten. Auf dem Wollboden in der Neuen Königsstraße war ich gewählt *worden,* im Konzertsaale des Königlichen Schauspielhauses, wo die Wahlmännerversammlungen stattfanden, *hatte* ich zu wählen oder mich wenigstens an den Beratungen zu beteiligen. Das tat ich denn auch und ich zähle die Stunden, in denen diese Beratungen stattfanden, zu meinen allerglücklichsten. Es war alles voll Leben und Interesse, wenn auch, aufs eigentlich Politische hin angesehen, jeder moderne Parlamentarier sich schaudernd davon abwenden würde. Gerade von den besten Männern wurden Dinge gesprochen, die kaum in irgend welcher Beziehung zu dem dort zu Verhandelnden standen, aber so sonderbar und oft das Komische streifend, diese spontan abgegebenen und sehr »in die Fichten« gehenden Schüsse wirkten, so war doch in diesen dilettantischen Expektorationen immer »was drin«. So sprach einmal der alte General Reyher – Chef des großen Generalstabes und Vorgänger Moltkes, welcher letztere sich später oft dankbar zu diesem seinen Lehrer bekannt hat – und legte ganz kurz ein politisches, mit Rücksicht auf die Dinge, zu deren Erledigung wir versammelt waren, völlig zweckloses Glaubensbekenntnis ab. Es machte aber doch einen großen Eindruck auf mich, einen alten würdigen General sich freimütig zu seinem König und zur Armee bekennen zu hören. Denn von derlei Dingen hörte man damals wenig. Und dann, ich glaube es war an demselben Tage, schritt der alte Jakob Grimm auf das Podium zu, der wundervolle Charakterkopf – ähnlich wie der Kopf Mommsens sich dem Gedächtnis einprägend – von langem schneeweißem Haar umleuchtet und sprach irgend etwas von Deutschland, etwas ganz allgemeines, das ihm, in jeder richtigen politischen Versammlung, den Ruf: »zur Sache« eingetragen haben würde. Dieser Ruf unterblieb aber, denn jeder war betroffen und gerührt von dem Anblick und fühlte, wie weit ab das alles auch liegen mochte, daß man ihm folgen müsse, wollend oder nicht.

Das waren so zwei glänzende, mir durch alle Zeit hin in Erinnerung gebliebene Gestalten, während die Meisten freilich nur Schwätzer und Nullen waren, ein paar auch sogar Hochstapler. Ich kenne noch ganz gut ihre Namen, aber ich werde mich hüten sie hier zu nennen.

Wie lange diese Sitzungen dauerten, weiß ich nicht mehr; ich weiß nur, daß alles was ich erlebte, mich tagtäglich beglückte: der schöne Saal, das herrliche Wetter – wie's ein Hohenzollernwetter giebt, so giebt es auch ein Revolutionswetter – der Verkehr, das Geplauder. Eine Befangenheit, zu der ich sonst wohl neige, kam nicht auf, weil niemand da war – selbst die Besten mit eingerechnet, denen dann eben wieder das Politische fehlte – der mir hätte imponieren können. Von meiner Unausreichendheit, meinem Nichtwissen tief durchdrungen, sah ich doch deutlich, daß, kaum zu glauben, das Nichtwissen der Andern wo möglich noch größer war als das meinige. So war ich bescheiden und unbescheiden zugleich.

Eines Tages, als ich aus einer dieser immer den halben Tag wegnehmenden Sitzungen nach meiner Neuen Königsstraße zurückkehrte, fand ich daselbst ein Billet vor, dessen Aufschrift ich rasch entnahm, daß es von meinem Freunde, dem schon im vorigen Kapitel genannten Pastor Schultz in Bethanien herrühren müsse. So war es denn auch. Er fragte ganz kurz bei mir an, ob ich vielleicht bereit sei, die pharmaceutisch-wissenschaftliche Ausbildung zweier bethanischer Schwestern zu übernehmen, da man gewillt sei, den bethanischen Apothekendienst in die Hände von Diakonissinnen zu legen. Im Falle dieser sein Antrag mir passe, wär' es erwünscht, wenn ich baldmöglichst in die betreffende Stellung einträte. Das war eine ungeheure Freude. Auskömmliches Gehalt, freie Wohnung und Verpflegung, alles wurde mir geboten und ich antwortete, »daß ich nicht nur dankbarst akzeptierte, sondern auch der Hoffnung lebte, mich aus meiner gegenwärtigen Stellung sehr bald loslösen zu können«. Gleich am andern Morgen trug ich dementsprechend mein Anliegen meiner Prinzipalität vor und begegnete keiner Schwierigkeit. Eigentlich war man wohl froh, und auch mit Recht, mich los zu werden, denn solchen »Politiker« um sich zu haben, der jeden Tag ins Schauspielhaus lief, um dort pro patria zu beraten und bei dem außerdem noch die Möglichkeit einer plötzlichen Verbrüderung mit dem Blousenmann Siegrist nicht ausgeschlossen schien, hatte was Bedrückliches, ganz abgesehn von den nächstliegenden geschäftlichen Unbequemlichkeiten, die mein beständiges »sich auf Urlaub befinden« mit sich brachte.

So kam es denn, daß ich schon im Juni höchst vergnüglich nach Bethanien hin übersiedelte, nur ein ganz klein wenig bedrückt durch die Vorstellung, daß mir vielleicht ein »Singen in einem höheren Ton« dort zugemutet werden könnte. Sonderbarerweise aber hat es sich für mich immer so getroffen, daß ich unter Muckern, Orthodoxen und Pietisten, desgleichen auch unter Adligen von der junkerlichsten Observanz meine angenehmsten Tage verlebt habe. Jedenfalls keine unangenehmen.

IN BETHANIEN

ERSTES KAPITEL

Bethanien und seine Leute

Ich war nun also in Bethanien eingerückt und hatte in einem der unmittelbar daneben gelegenen kleineren Häuser eine Wohnung bezogen. In eben diesem Hause, dem Aerztehause, waren drei Doktoren einquartiert: in der Beletage der dirigierende Arzt Geheimrat Dr. Bartels, in den Parterre-Räumen einerseits Dr. Wald, andrerseits Dr. Wilms. Zwei von des letzteren Wohnung abgetrennte Zimmer mit Blick auf Hof und Garten bildeten meine Behausung. Bartels und Wald waren verheiratet, was einen Verkehr zwar nicht ausschloß, aber doch erschwerte, Wilms und ich dagegen trafen uns tagtäglich beim Mittagessen, das wir gemeinschaftlich mit einem ebenfalls unverheirateten bethanischen Inspektor in dessen im »Großen Hause« gelegenen Zimmer einnahmen. Drei Junggesellen: Wilms sechsundzwanzig, ich achtundzwanzig, der Inspektor einige dreißig. Das hätte nun reizend sein können. Es war aber eigentlich langweilig. Wilms war immer etwas gereizt, teils weil ihn das Pastor Schultzische Papsttum direkt verdroß, teils weil ihn die Haltung der beiden ihm vorgesetzten Aerzte das mindeste zu sagen nicht recht befriedigte. Dazu kam auch wohl noch die Vorahnung beziehentlich Gewißheit, daß er *die,* denen er sich jetzt unterstellt sah, sehr bald überflügeln würde. Dem nachzuhängen, wäre nun gewiß sein gutes und für mich unter allen Umständen sehr unterhaltliches Recht gewesen, aber weil er bei seinen großen Vorzügen – seine größte Eigenschaft, fast noch über das Aerztliche hinaus, war seine Humanität – doch eigentlich was Philiströses hatte, so verstand er es nicht, seinen Unmut grotesk-amüsant zu inszenieren. Er hatte keine Spur von Witz und Humor und entbehrte alles geistig Drüberstehenden. Er wurde nur groß, wenn er das Seziermesser in die Hand nahm.

So Wilms. Er war nicht interessant. Aber das war freilich auch das Einzige, was sich gegen ihn sagen ließ, während es mit dem Inspektor auf manch ernsterem Gebiete bedenklich stand. Er hatte das rosige, gut rasierte Glattgesicht der Frommen, dazu auch die verbindlichen Manieren, deren sich diese zwar nicht immer, aber doch meist befleißigen. Insoweit wär' es also mit ihm sehr gut auszuhalten gewesen. Aber er war ein Scheinheiliger comme-il-faut – Gott sei Dank der einzige, den ich in Bethanien kennen gelernt habe – und wenn er mit feinem Ohr hörte, daß spät am Abend noch die Oberin, Gräfin Rantzau, auf seinem Korridor erschien, um vor Nachtzeit noch einmal das Haus abzupatrouillieren, so begann er in seinem Zimmer auf und ab zu rutschen und Gott mit erhobener Stimme anzurufen, ihm seine Sünden zu verzeihen und wieder in Gnaden anzunehmen. Ob die Gräfin in diese Falle ging, weiß ich nicht; ich glaub es aber kaum, denn sie war klug und kannte die Menschen.

Uebrigens medisierten Wilms und ich, ich natürlich voran, bei unsren gemeinsam eingenommenen Mahlzeiten mit nie aussetzender Regelmäßigkeit und erzählten uns die bedenklichsten Geschichten, bei denen sich das Gesicht des Inspektors immer verklärte. Weiter ging er aber nicht. Er selber stimmte nicht ein, begnügte sich vielmehr, das eben Gehörte nach Spitzelart weiter zu melden. Solche Gestalten sind jetzt im Verschwinden; er vertrat noch ganz den alten Komödientartüffe, den man schon merkt, noch eh' er um die Ecke gebogen. Die heutigen sind viel gefährlicher, weil sie gröber auftreten. Und Grobheit gilt nun mal für gleichbedeutend mit Rechtschaffenheit und Wahrheit. Grobheit hat etwas Sakrosanktes. Aber zurück zu unsrem Inspektor! Er ist mir durch manche wunderliche Szene noch lebhaft in Erinnerung, am meisten durch einen »Refus«, zu dem er freilich, einem vorhandenen Reglement entsprechend, nicht bloß berechtigt, sondern sogar gezwungen war, was nicht ausschließt, daß er diesem Reglement auch *gern* gehorchte. Dafür sorgte seine kleinliche Natur. Und so kam es denn, daß er, als ich meine zwei Zimmer einrichten wollte, gegen jede die Wandfläche schädigende Handlung, also ganz besonders gegen jeden *einzuschlagenden Nagel* feierlich Protest einlegte, sich dabei auf den »Herrn Baurat« berufend, der dergleichen verboten und jedes neue Nageleinschlagen von seiner vorgängigen Erlaubnis abhängig gemacht habe. Wir alle: Dr. Wald, Wilms und ich, wahrscheinlich auch die andern Bewohner des Hauses, waren über diesen ungeheuren Blödsinn dermaßen empört, daß wir höheren Orts anfragten, »ob sich das wirklich so verhalte«. Worauf man uns achselzuckend mitteilte: »ja, das sei so.« Ganz neuerdings ist mir ein Akt ähnlich ridiküler Baumeister-Tyrannei zur Kenntnis gekommen, so daß also derlei Dinge nicht Spleen oder Anmaßung eines Einzelnen, sondern, namentlich bei Staats- und öffentlichen Bauten, ein gut preußisches Herkommen zu sein scheinen. Ich schicke dabei voraus, daß ich ein Baumeisterschwärmer bin, etwa wie die meisten Menschen Oberförsterschwärmer zu sein pflegen. Einzelne Berufe sind eben bevorzugt. Aber das mit dem nicht »einzuschlagenden Nagel« oder gar – wie in dem zweiten Falle – das Verbot eines an einer höchst fragwürdigen Kasernenbau-Front anzubringenden Fensterladens, ist mir denn doch zu viel gewesen. Da spricht man immer von Maleranmaßung, wenn irgendwo ein unglücklicher pittore glaubt, sich gegen eine von pater familias gewünschte Farbenungeheuerlichkeit auflehnen zu müssen, oder man eifert auch wohl gegen den Eigensinn und Dünkel eines armen Tragödienschreibers, der zwei

Menschen, die, seiner Meinung nach, sterben müssen, nicht in der Matthäikirche trauen lassen will. Aber was wollen diese sogenannten Maler- und Dichtereigensinnigkeiten sagen gegen diesen Architektenhochmut, der mir das Anbringen eines mich leidlich gegen Blendung schützenden Fensterladens verbieten und mich, vielleicht auf ein Menschenalter hin, zum Schmoren in der Nachmittagssonne verurteilen will.

*

Bethanien war eine Schöpfung Friedrich Wilhelms IV., der diesem Diakonissenhause, von Beginn seiner Regierung an, seine ganz besondere Liebe zugewandt hatte. 1845 wurde der Grundstein gelegt und 1847 die Anstalt eröffnet. An der Spitze stand, wie schon hervorgehoben, die Gräfin Rantzau. Hier ihres Amtes zu walten, war damals eine sehr schwierige Aufgabe, die viel Takt erheischte. Denn die Berliner Bevölkerung wollte von dem ganzen auf protestantischer und wie mancher fürchtete vielleicht sogar auf katholischer Kirchlichkeit aufgebauten Krankenhause nicht viel wissen. Der Gräfin lag es also, neben andrem, ob, die ziemlich widerwillige öffentliche Meinung mit Bethanien zu versöhnen. Sie vermied dem entsprechend alle Friktionen und wenn es mir auch gewiß ist, daß spätere Oberinnen ihr nicht nur an kirchlicher Dezidiertheit, sondern namentlich auch an Rührigkeit und Rüstigkeit – sie war von Anfang an sehr krank; starb auch früh – überlegen gewesen sind, so möcht' ich doch behaupten dürfen, daß sie die zu solcher Stellung wünschenswerten Eigenschaften in ganz besonders hohem Maße besessen habe. Der König, als er sie wählte, zeigte auch darin wieder seine feine Fühlung.

So viel über die Gräfin. Ihr erster Minister war Pastor Schultz, einer der Bestgehaßten jener Zeit. Aber auch bei ihm durft' es heißen: »viel Feind, viel Ehr.« Er gehörte ganz in die Reihe der unter Friedrich Wilhelm IV. einflußreichen und oft maßgebenden Persönlichkeiten und was von den Gerlachs, von Hengstenberg und zum Teil auch wohl von Büchsel – der freilich, im Gegensatz zu den andren, sich durch seinen Humor immer einer gewissen Volkstümlichkeit erfreute – galt, das galt auch von dem bethanischen Pastor Schultz. Er war herb und hart, herrschsüchtig, ehrgeizig und von der Anschauung durchdrungen, daß man die Welt mit Bibelkapiteln – unter allen Regierungsformen die furchtbarste – regieren könne, daneben aber doch auch von Eigenschaften, denen selbst der Feind den Respekt nicht versagen konnte. Das Leben war für ihn nicht zum Spaße da; Leben hieß kämpfen und in ascetisch strenger Erfüllung seiner Pflichten jeden Kampf mutig aufnehmend, sei's mit den Rammarbeitern draußen am Kanal, sei's mit hohen Vorgesetzten, so hat er seine Tage verbracht und ist unter Schmerz und Qualen – unter denen auch Zweifel waren, die ich ihm besonders hoch anrechne – wie ein tapferer Streiter gestorben. Er war nicht mein Geschmack, aber ein Gegenstand meiner Hochachtung.

Was mir sein Wohlwollen eintrug, weiß ich nicht recht. Er war mit meiner Familie liiert und namentlich meiner Mutter, die große Stücke von ihm hielt, in besonderer Liebe zugetan. Aber solche Erbgefühle halten nie recht vor und wenn man einem Menschen andauernd Liebe bezeigen soll, so muß noch etwas hinzukommen, was in der *Person* dieses Menschen liegt oder mit ihm zusammenhängt. Ich vermute, daß es, neben manchem Geringfügigeren, eine gewisse Beobachtungslust war, was mir des sonst so strengen Pastors sich immer gleichbleibenden freundlichen Gesinnungen eintrug. Er hatte sich meine Person ausgesucht, um an mir Studien über den natürlichen Menschen zu machen, etwa wie man gegnerische Bücher liest, nicht um sich zu bekehren, daran denkt niemand, sondern um Kenntnis zu nehmen. Die Naivität, mit der ich über Kirchliches und

Politisches mich aussprach, amüsierte ihn zunächst, aber er ließ es, weil er meiner Ehrlichkeit traute, bei diesem Amüsement keineswegs bewenden, sondern sagte sich: »ja, wenn *der* so spricht, so muß wohl ein Restchen von Richtigem drin sein.« Natürlich änderte das nichts an und in ihm. Aber er war gescheit genug, um jede aufrichtige Meinung, richtig oder falsch, klug oder dumm, der Betrachtung wert zu halten.

Er hatte – alles tanzte nach seiner Pfeife – großen Einfluß nicht bloß als dirigierender Minister im Hause, sondern auch nach außen hin in der kirchlichen und zugleich vornehmen Welt, so beispielsweise bei den Stolbergs. Aber sonderbarerweise galt er durchaus nicht für einen »Mann von Gaben«, auch bei seinen größten Verehrern nicht, die nur seinen Charakter und seine Bekenntnisstrenge betonten. Dies war aber, wenn ich in solchen Dingen mitsprechen darf, total falsch. Er hatte keinen abgerundeten und kunstvoll aufgeführten Satzbau, keine Bildersprache, keine geistreichen Vergleiche, keine Antithese, keinen Fluß der Rede, kein donnerndes Organ, nicht einmal gefällige Handbewegungen, aber gerade deshalb sind mir seine Predigten – in denen er nur der *einen* Schwäche huldigte, den Einzelnen gern anzupredigen (auch ich kam mal an die Reihe) – vielfach als mustergiltig erschienen, als Ausdruck einer schlichten Kunst, die wegen eben dieser Schlichtheit ihm nicht bloß die Herzen der Seinen hätte zuführen müssen, sondern auch ihre literarischen Huldigungen. Das blieb aber aus. Auch die Frommen sind von Aeußerlichkeiten viel mehr abhängig, als sie zugeben wollen und ihr mangelndes ästhetisches Urteil läßt sie nicht einmal zwischen ihren eigenen Leuten richtig unterscheiden. Sehr fromm, das ist die erste Bedingung. Aber ist diese Bedingung erfüllt, so steht ihnen ein frommer Sacher-Masoch höher, als ein frommer Goethe.

Als Beweis dafür, daß Schultz, trotz aller Orthodoxie,

doch ein sehr feines Kunstverständnis hatte, will ich hier nur noch Eins erzählen, das noch in meine ganz jungen Jahre fiel, fünf oder sechs Jahre vor meinem Eintritt in Bethanien. Wir waren gemeinschaftlich auf Landbesuch und schritten in dem Garten des Herrenhauses auf und ab, uns über Herwegh unterhaltend, der damals in seiner »Sünden Maienblüte« stand. Schultz sprach sehr heftig gegen ihn, wollte nichts wissen von »Noch einen Fluch schlepp ich herbei« und natürlich noch weniger von »Reißt die Kreuze aus der Erden«. Er zuckte die Achseln dazu, fand alles redensartlich und beklagte, daß der König einen solchen Phrasenmacher in Audienz empfangen habe. Dann aber brach er mit einem Male ab, sah mich scharf an und sagte: »Du darfst mich aber nicht mißverstehn. Trotz allem, was ich da eben gesagt habe, – *so* was kannst Du noch lange nicht.«

ZWEITES KAPITEL

Zwei Diakonissinnen

Meine Uebersiedlung in meine neue Stellung fand gerade an dem Nachmittage statt, wo Bürgerwehr und Volk auf dem Köpnicker Felde herumbataillierten, so daß ich – ich war mit einemmale mitten in einer Schützenlinie – unter Flintengeknatter meinen Einzug in Bethanien hielt. Ich hatte von dem Ganzen den Eindruck einer Spielerei gehabt, was es aber doch eigentlich nicht war.

Am andern Vormittage kam Pastor Schultz, um sich bei mir umzusehen und mich dann in mein Amt einzuführen. Wir traten von der Gartenseite her in das »Große Haus« ein und gingen durch die langen Korridore hin auf ein hohes Eckzimmer zu, das als Apotheke eingerichtet war und besonders um seiner Höhe willen einen wundervollen, halb mittelalterlichen Eindruck machte. Hier fanden wir zwei Damen, die eine – ältere – in einen schwarzen Wollstoff, die andere, noch sehr jung, in blau und weißgestreifte Leinwand gekleidet, beide in zierlichen weißen Häubchen. Die ältere, von einem gewissen Selbstbewußtsein getragen, begnügte sich mit einem kurzen Knix, während die jüngere, verlegen lächelnd, eine kleine Kopfverbeugung machte.

Schultz gab den Damen die Hand, war überhaupt in bester Stimmung und sagte dann, während er sich zu mir wandte: »Das sind nun also die zwei Schwestern, die du zu regelrechten Pharmazeutinnen heranzubilden haben wirst. Denn sie sollen, wie vorgeschrieben, ein richtiges Examen machen. Tue dein Bestes, – *sie* werden gewiß ihr Bestes tun. Uebrigens muß ich dir noch ihre Namen nennen: Schwester Emmy Dankwerts, Schwester Aurelie von Platen.«

Und damit ging er und überließ uns unserem Schicksal.

Emmy Dankwerts mochte 35 sein. Sie stammte aus einer bekannten hannöverschen Predigerfamilie, deren Mitglieder, besonders im Lüneburgischen, durch Geschlechter hin ihre Pfarren gehabt hatten und auch heute noch haben. Auf einem Dorfe in der »Heide« war sie geboren und erzogen. Wahrscheinlich gehörte sie zu den ich glaube zwölf Schwestern, die von Kaiserswerth her, wo Pastor Fliedner schon seit Jahren einem Diakonissinnenhause vorstand, nach Berlin hin übernommen waren. Es war eine ganz ausgezeichnete Dame: klug, treu, zuverlässig, ein Typus jener wundervollen Mischung von Charakterfestigkeit und Herzensgüte. Durchdrungen von der Pflicht der Unterordnung, war sie zugleich ganz frei. Selbst dem gefürchteten Schultz gegenüber – den wir gewöhnlich »Conrad von Marburg« nannten – bezeigte sie sich voll Mut, immer wissend, wie weit auch *ihr* ein Recht zur Seite stünde. Dabei ganz Hannoveranerin, in allen Vorzügen, freilich auch in bestimmten kleinen Schwächen. Unter den vielen klugen

33 *Das Krankenhaus Bethanien*

34 *Der Hamburger Eisenbahnhof in Berlin*

und charaktervollen Damen, die ich das Glück gehabt habe in meinem Leben kennen zu lernen, steht sie mit in erster Reihe. Während ich den Lehrer spielen sollte, habe ich viel im Umgange mit ihr gelernt. Sie war hervorragend.

Die jüngere Dame, Fräulein Aurelie von Platen, war das Widerspiel der älteren und nur darin ihr gleich, daß sie einen völlig andern Frauentypus in gleicher Vollkommenheit vertrat. Sie war, wenn nicht sehr hübsch, so doch sehr anmutig, ganz weiblich und glich in ihrem schlichten rotblonden Haar und den großen Kinderaugen einem aus dem Rahmen herausgetretenen Präraphaëlitenbilde. Was Schwester Emmy durch Geist und Energie zwang, erreichte Schwester Aurelie durch stillere Gaben. Auch in diesen stilleren Gaben, wie in aller Liebe, lag etwas Zwingendes und so ist es denn gekommen, daß beide Damen auf der Diakonissinnenleiter hoch empor gestiegen sind. Beide wurden Oberinnen. Aurelie von Platen lebt noch als Oberin zu Sonnenburg. Sie gehörte übrigens nicht zu den hannöverschen Platens, sondern zu den ostpreußischen.

An dem ersten Begegnungstage kam es noch zu keiner »Wissenschaftlichkeit«, vielmehr wurde nur festgesetzt, daß die Stunden am nächsten Nachmittag beginnen sollten. Und zur festgesetzten Zeit erschien ich denn auch, ein beliebiges Buch in der Hand, drin ich einen kleinen Zettel, mit ein paar Notizen darauf, eingelegt hatte. Diese Notizen enthielten mein Programm, nach dem ich vorhatte zunächst von Pharmakologie zu sprechen und daran anschließend, und zwar am ausgiebigsten, von Chemie. Botanik sollte bloß gestreift, Mineralogie noch leiser berührt werden. Physik fiel aus guten Gründen aus.

Es ging alles ganz vorzüglich, was an dem guten Willen und der großen Gelehrigkeit meiner zwei Schülerinnen lag. Aber ein bestimmtes Verdienst kann ich mir doch auch selber zuschreiben und zwar *das* Verdienst, daß ich selber so wenig wußte. Das ist, in solchem Falle wie der meinige war, immer ein großer Segen. Je weniger man weiß, je leichter ist es, das, was man zu sagen hat, in Ordnung und Uebersichtlichkeit zu sagen. Und darauf allein kommt es an. Natürlich ist durch eine so simple Prozedur kein Gelehrter heranzubilden, aber für Anfänger, bei denen es doch nur auf Interduktion und Orientierung ankommen kann, ist das Operieren mit einem ganz kleinen, aber übersichtlich angeordneten Material das Beste. Das Ende krönte denn auch das Werk; beide Damen bestanden ein Jahr später nicht nur das Examen vor einer eigens dazu berufenen Kommission, sondern Emmy Danckwerts war auch geradezu das Staunen der Examinatoren. Sie verdankte das zu Neunzehnteln sich selbst, aber ich hatte sie doch auf den rechten Weg gebracht und vor allem alles vermieden, was sie hätte langweilen und abschrecken können.

Meine Vortragsweise, wenn ich meiner Art zu sprechen diesen Namen geben durfte, war die plauderhafte, drin das Wissenschaftliche nur so nebenherlief, während ich beständig Anekdoten und kleine Geschichten erzählte. So beispielsweise beim Sauerstoff, mit dem ich anfing. Ich berichtete von seiner Entdeckung und daß er beinah gleichzeitig von drei Nationen und wenn man den in Schwedisch-Pommern lebenden Scheele als Vertreter von Schweden *und* Deutschland gelten lassen wolle, sogar von *vier* Nationen entdeckt worden sei. Dann fing ich an hervorzuheben, daß am Sauerstoff immer das Leben hinge. Schon gleich nach seiner Entdeckung habe man das auch gewußt und als König Friedrich Wilhelm II. in seinem wassersüchtigen Zustande vielfach von Erstickung bedroht gewesen sei, da habe man ihm allabendlich ein paar mit Sauerstoff gefüllte Schwimmblasen ans Bett gelegt und immer, wenn die Atemnot am größten gewesen, hab' er sich mit Hülfe des Sauerstoffs eine Linderung verschaffen und wieder leichter aufatmen können. Noch jetzt, wenn durch Grubengas vergiftete Arbeiter aus den Pariser Katakomben wie tot heraufgebracht würden, bringe man sie mit Sauerstoff wieder zum Leben und ebenso würden Scheintote durch in die Lunge gepumpten Sauerstoff wieder in Ordnung gebracht. In dieser Weise ging das auf jedem Gebiet. Beim Wasserstoff, nachdem ich ihn hergestellt und zum Ergötzen meiner Schülerinnen verpufft hatte, kam ich schnell auf die Luftballons und gab ein halbes Dutzend Aëronautengeschichten mit fabelhaften Gefahren und noch fabelhafteren Rettungen zum Besten und wenn ich im weitren Verlauf meiner Vorträge die Kohlenwasserstoffgase glücklich erreicht hatte, ging ich rasch zu den Kohlenbergwerken über und erzählte eine halbe Stunde lang Schreckensgeschichten von den schlagenden Wettern und von der sogenannten »Sicherheits-Lampe«, die eigentlich eine Unsicherheitslampe sei, weil der bodenlose Leichtsinn der Bergleute mehr Gefahr dadurch heraufbeschwöre als beseitige. Wenn ich Kleines mit Großem vergleichen darf, so verfuhr ich etwa so, wie zwanzig oder dreißig Jahre später Huxley in seinen öffentlichen Vorlesungen über derlei Dinge verfuhr. Es wiederholt sich immer wieder, daß die höchste und die niedrigste Wissenschaft denselben spielerischen Weg einschlagen, der Meister weil er *will*, der Stümper weil er *muß*.

Das Zimmer, worin diese Vorträge stattfanden, war das neben der Apotheke gelegene Wohnzimmer Emmy Danckwerts und bezeigte durch seine ganze Einrichtung, daß seine Bewohnerin eine exzeptionelle Stellung einnahm. In verschiedenen Truhen und Wandschränken war nicht bloß der Inhalt einer Speisekammer, sondern auch eine ganze Wirtschaftseinrichtung untergebracht und mit Hilfe des einen und des andern übte die Diakonissin hier eine großartige Hospitalität. Ich war ihr Lehrer, aber vor allem auch ihr Gast. Während ich sprach und sie zuhörte, machte sie zugleich die Wirtin und ich wurde, wie wenn ich ihr Besuch im Pfarrhaus auf der Lüneburger Heide gewesen wäre, mit Kaffee, Butter und Honig bewirtet, oder an heißen Tagen auch mit Erdbeeren, Selterwasser und Wein. Sie bestritt das alles aus ihren privaten Mitteln, nur um sich und mir die Freude dieser Gastlichkeit zu gönnen. Und dann unterbrachen wir Lektionsplan und Stundenvorschrift und plauderten eine halbe Stunde lang über Dinge, die mit Chemie herzlich wenig zu schaffen hatten und ließen dabei unsre Umgebung bez. unsere Vorgesetzten Revue passieren, erst die Aerzte, dann den Inspektor – über dessen Frömmigkeit wir gemeinschaftlich lachten – und verstiegen uns auch wohl zur Oberin, ja bis zu »Conrad von Marburg«. Alles natürlich sehr vorsichtig. Meine Partnerin war außerordentlich fein geschult und jeder wird an sich selber die Erfahrung gemacht haben, daß der feine Ton andrer auch seiner eignen Sprechweise zu gute kommt.

Ohne solche Führung war ich immer ziemlich unvorsichtig.

DRITTES KAPITEL

Wie mir die bethanischen Tage vergingen

Mein Leben mit den zwei Diakonissinnen war ein Idyll, wie's nicht schöner gedacht werden konnte: Friede, Freundlichkeit, Freudigkeit. In ruhigen Tagen, so viel muß ich zugestehen, wär' es mir des Idylls vielleicht zu viel geworden, aber daran war in der Zeit vom Sommer 48 bis Herbst 49 gar nicht zu denken und was Th. Storm in einem seiner schönsten Gedichte von seinem Kätner auf der schleswig-holsteinischen Heide singt:

Kein Ton der aufgeregten Zeit
Drang noch in seine Einsamkeit

– das war so ziemlich das Letzte, was von meinem damaligen Leben gesagt werden konnte. Rings um mich her erklang beinah unausgesetzt der »Ton der aufgeregten Zeit«. Wie schon erzählt, gleich am Tage meines Einzugs in Bethanien, bataillierte die Bürgerwehr auf dem Köpnickerfelde, dann stürmte das Volk das Zeughaus und dazwischen hieß es abwechselnd »Die Russen kommen« und dann wieder »die Polen kommen«. Ersteres war gleichbedeutend mit Hereinbrechen der Barbarei, letzteres mit Etablierung der Freiheit. Dann erschien allerdings Wrangel und ein paar stillere Monate folgten; aber mit dem Frühjahr war auch der Lärm wieder da: Dresden hatte seinen Mai-Aufstand, in Paris tobte die Junischlacht und in Baden unterlag die Sache der Aufständischen erst nach mühsamlichen Kämpfen. Es gab kaum einen in ruhiger Alltäglichkeit verlaufenden Tag und dies Widerspiel von Lärm da draußen und tiefster Stille um mich her gab meinem bethanischen Leben einen ganz besondren Reiz. Zugleich unternahm ich es bei bestimmter Gelegenheit zwischen diesen Gegensätzen zu vermitteln oder richtiger Schritte zu tun, als ob diese Gegensätze gar nicht vorhanden wären. Daß ich mich dabei durch bon sens und Takt ausgezeichnet hätte, kann ich leider nicht sagen. Ich las eines Morgens in einer Zeitung, daß eine »Tagung der äußersten Linken« geplant würde, für die Berlin als Versammlungsort ausersehen sei. Besonders vom Rheinland her, so hieß es weiter, seien für diese Versammlung bereits Anmeldungen eingetroffen und zwar in so großer Zahl, daß man, behufs gastlicher Unterbringung derselben, um Adressen bäte. Das gefiel mir außerordentlich und weil ich über ein freies Zimmer verfügte, so schrieb ich nicht bloß, mich ganz allgemein zur Verfügung stellend, an das Komitee, sondern bat mir auch im Speziellen Ferdinand Freiligrath als wünschenswertesten Gast aus. Ich erhielt glücklicherweise keine Antwort. Das Komitee war klüger als ich und begriff den Unsinn, einen blutroten Revolutionär – der Freiligrath damals wenigstens war – ganz gemütlich in Bethanien einquartieren zu wollen. Was ich mir dabei gedacht, ist mir noch nachträglich ganz unerfindlich. Alles in allem ein Musterstück unzulässigster Poetennaivität.

Inmitten dieses Treibens war ich auch literarisch tätig und zwar mit ganz besondrer Lust und Liebe. Was kaum Wunder nehmen durfte. Denn zum erstenmal in meinem Leben stand mir so was wie volle Muße zur Verfügung; ich brauchte mir die Stunden nicht abzustehlen und war in ungetrübter Stimmung, was fast noch mehr bedeutet als Muße. Mancherlei, was ich bald danach herausgab, ist in jenen bethanischen Tagen entstanden, auch eine meiner bekannteren und vielfach in Anthologieen abgedruckten Balladen, die den Titel »Schloß Eger« führt und das Massacre der Wallensteinschen Feldobersten Illo, Terzky und Kinsky schildert. Es ist das einzige meiner Gedichte, das ich in wenigen Minuten aufs Papier geworfen habe, buchstäblich stante pede. Beim Ankleiden überkam es mich plötzlich und einen Stiefel am Bein, den andern in der linken Hand, sprang ich auf und schrieb das Gedicht in einem Zuge nieder. Habe auch später nichts daran geändert. Als ich es tags darauf im Tunnel vorlas, sagte Friedrich Eggers: »ja, das ist ganz gut, aber doch eigentlich nur Kulissenmalerei«, wofür ich mich bei ihm bedankte, hinzusetzend, seine halb tadelnde Bemerkung sei durchaus richtig, aber dergleichen müsse auch ganz einfach mit einem großen Pinsel heruntergestrichen werden. Derselben Meinung bin ich auch heute noch.

Ueber das Leben, das ich all die Zeit über mit Wilms führte, nicht intim, aber doch voll aparter Züge, spräche ich gern, versage mir's aber und beschränke mich darauf eine ganz bestimmte Szene zu schildern, an der Wilms teilnahm und die wie manches andere, was ich in voraufgehenden Kapiteln erzählt habe, als ein Beweis dafür gelten mag, wie überall da, wo strenge Ordnungen herrschen, ein gewisser natürlicher Zug in den Menschen lebt, diese Ordnungen zu durchbrechen, nicht aus großer Veranlassung, sondern umgekehrt aus einem kleinen, ganz untergeordneten Hazardiertrieb und ein wenig auch wohl aus der jugendlichen Lust, sich über den Ernst des Lebens zu mokieren.

Es war in den ersten Januartagen 1849 und ich hatte vor, zur Nachfeier meines am Schluß des Jahres stattgehabten Geburtstages eine kleine Gesellschaft zu geben; zwei Tunnelfreunde waren geladen, außer ihnen aber sollten auch Wilms und der Inspektor und ein Leutnant von Karger, der als Kranker in Bethanien war, an der Festlichkeit teilnehmen. Leutnant von Karger war ein sehr charmanter junger Herr, der sich in einer kalten Manövernacht einen bei schon vorhandener Nervenschwäche nur allzu gut gediehenen Kolossalrheumatismus angeeignet hatte und nun bereits monatelang in Wilms und der andern Aerzte Behandlung war. Er humpelte ganz vergnüglich im Hause umher, sagte jedem Verbindliches und wurde beinah mehr als Gast wie als Kranker angesehn. Er war aber wirklich krank. Daß er in den Künsten dilettierte, braucht kaum noch versichert zu werden. Was im übrigen meine Festlichkeit anging, so war, neben dem, was ich aus der bethanischen Küche bezog, außerdem noch durch Ankauf von Datteln, Marzipan und Pfannkuchen ausgiebig gesorgt worden. Auf einem Tisch mit Steinplatte stand des weiteren ein Kohlenbecken mit einem Kessel darin, also etwas Samowarartiges. Es handelte sich aber durchaus nicht um Tee, sondern um einen festen Grog und als dieser endlich hergestellt war, war auch das Eis gebrochen, das bis dahin den freien Gang der Unterhaltung gehindert hatte. Der Inspektor wurde mehr und mehr Mensch, Wilms, eigentlich steif und zugeknöpft, war gar nicht mehr er selbst und Karger und ich brauchten nicht erst animiert zu werden. Dasselbe galt von den zwei Tunnelfreunden. Einen Augenblick kam sogar die Frage zur Erwägung, ob nicht vielleicht gesungen werden dürfe. Wir entschieden uns aber dagegen, besser sei besser. Was wir uns übrigens im Gesang versagten, wurde durch immer gewagter werdende Geschichten ausgeglichen. Und so plauderten wir uns denn glücklich über Mitternacht hinaus. Als Sprechlustigster geberdete sich, in seiner Eigenschaft als Nervenkranker, natürlich unser Leutnant und weil er im Trinken und Sprechen seiner Krankheit ganz vergaß, war ein schließlicher Rückschlag unvermeidlich. Mit einem Male schwieg er. Der Kopf fiel ihm nach vorn auf die Brust, die Unterkinnlade klappte weg und der Inspektor und ich kriegten einen Todesschreck, bis uns Wilms beruhigte. »Die Sache habe weiter nichts auf sich; wir müßten ihn freilich so bald wie möglich ins Bett schaffen.« Ja, »ins Bett schaffen«, das war leicht gesagt. Aber wie, wie? Karger's Krankenzimmer lag im »Großen Hause«, ganz hinten im nördlichen Flügel und der Weg dahin war eine kleine Reise. Dabei zeigte sich's, als wir ihn aufrichteten, daß an gehen seinerseits gar nicht zu denken war, auch wenn wir ihn von links und rechts her untergefaßt hätten. Eine ganz fatale Geschichte! Nach einiger Beratung stand uns fest, er müsse wohl oder übel hinüber*getragen* werden, aber um Gotteswillen nicht den Hochparterre-Korridor entlang, weil da die Wohnzimmer der Oberin lagen, sondern durch die darunterhin laufenden Gänge des Souterrains und dann eine Stiege hinauf, die dicht vor Kargers Zimmer einmündete.

Wir packten ihn also so gut es ging, der Inspektor und Wilms oben an den Schultern, ich an den beiden Beinen und so setzten wir uns in Bewegung, erst über ein Stück Hof hin und dann in die Kellerräume hinein. Alles dunkelte hier, bloß am andern Ende flimmerte was. »Nur zu«, rief ich, weil das Schweigen unheimlich war. Aber schon im nächsten Augenblick stoppten wir wieder und der Inspektor beugte sein Ohr und horchte. Gott sei Dank, es war nichts, eine Sinnestäuschung und so setzte sich unser Kondukt wieder in Bewegung. Immer grad aus auf das Licht zu. Fünf Minuten später stiegen wir die letzte Stiege hinauf und gleich danach lag Karger in seinem Bett. Wir aber schlichen uns in großen Abständen einzeln wieder zurück, weil wir instinktmäßig davon ausgingen, daß ein Angetroffenwerden zu dritt immer was Verschwörermäßiges habe.

Den andern Tag, als wir uns wie gewöhnlich bei Tische trafen, herrschte zunächst ein ängstlich bedrücktes Schweigen, keiner wollte mit der Sprache heraus. Zuletzt aber nahm ich des Inspektors Hand und sagte: »Sagen Sie, Inspektor, warum horchten Sie denn so auf?«

»Ja, es war mir so...«

»Was denn?«

»...Ja, sie kann nachts oft nicht recht schlafen. Und dann geht sie um, erst die Korridore lang und dann unten im Souterrain. Und ich dachte...«

IM HAFEN

ERSTES KAPITEL

Mein erstes Jahr als Schriftsteller

»*Im Hafen*« hab' ich diesen letzten Abschnitt betitelt. Es war aber nur ein »Nothafen«, (und auch das kaum) wie gleich hier vornweg bemerkt sein mag.

*

Fünfviertel Jahre verblieb ich in Bethanien. Als es damit auf die Neige ging, trat ernsthafter denn je zuvor die Frage an mich heran: »ja, was nun?« Ich war all die Zeit über in jedem Anbetracht derart verwöhnt worden, daß mir Stellungen »wieder draußen in der Welt« unmöglich behagen konnten, und zwar um so weniger, als ich das notorisch Beste davon, also Stellungen wie in Dresden und Leipzig, schon längst vorweg hatte. Was also tun? In einen elenden Durchschnittskasten mit schlechter Luft und schlechtem Bett wieder hineinzukriechen, bei Tisch ein zähes Stück Fleisch herunterzukauen und den Tag über allerlei Kompaniechirurgenwitze – die's damals noch gab – mit anhören zu müssen, all das hatte was geradezu Schaudervolles für mich und nach ernstlichstem Erwägen kam ich endlich zu dem Schluß: es sei das Beste für mich den ganzen Kram an den Nagel zu hängen und mich, *auf jede Gefahr hin,* auf die eignen zwei Beine zu stellen. Auf jede Gefahr hin! Daß eine solche da sei, darüber war mir kein Zweifel, ja, diese Gefahr stand mir so klar, so deutlich vor der Seele, daß ich mich davor gehütet haben würde, wenn irgendwie für mich ein Ende dieses immer langweiliger werdenden Umherfechtens abzusehen gewesen wäre. Das war aber nicht der Fall. Ohne jede Schwarzseherei mußt' ich mir vielmehr das Umgekehrte sagen und so war denn der Entschluß berechtigt: »gieb es auf; schlechter kann es nicht werden.« Nicht Leichtsinn oder Großmannssucht war für mich das Bestimmende, sondern einfach Zwang und Drang der Verhältnisse, nüchternstes Erwägen, und so nahm ich denn meine sieben Sachen und übersiedelte nach einer in der Luisenstraße gemieteten, an einer hervorragend prosaischen Stelle gelegenen Wohnung, dicht neben mir die Charitee, gegenüber die Tierarzneischule. Mein Dreitreppenhochzimmer hatte natürlich jenes bekannte Seegrassofa, dessen schwarzgeblümter und außerdem stachlicher Wollstoff nur deshalb nicht mehr stach, weil schon so viele drauf gelegen hatten. Die Wirtin war ein Mustertyp der damaligen Berliner Philöse: blaß, kränklich, schmuddlig und verhungert. Über mir, auf dem Boden, war noch eine Mansardenstube, drin ganz arme Leute wohnten, die, wenn ich arbeiten wollte, gerade ihr Holz spellten, um aus einem Scheit ein Dutzend zu machen. Es waren aber gute Menschen, denn als ich ihnen sagte: »das Holzspellen führe mir immer so in den Kopf«, ließen sie's, ein Fall, den ich, als einzig dastehend in meinen Berliner Mietserfahrungen, hier doch notieren muß. Der richtige Berliner klopft dann erst recht. »Was *der* sich einbildet ...«

Luisenstraße, gegenüber der Tierarzneischule, – da hab' ich ein Jahr zugebracht, das erste Jahr in meiner neuen Schriftsteller-Laufbahn. Und wenn ich dann bedenke, wie bang und sorgenvoll ich mich am ersten Tag in die Seegras-Sofaecke hineindrückte, so muß ich das in dieser elenden Chambre garnie verbrachte Jahr ein vergleichsweise glückliches nennen. Ich war sehr fleißig und schlug mich durch. Wie? weiß ich nicht mehr recht. Denn was ich einnahm, war begreiflicherweise sehr gering, weil ich davon nicht ablassen wollte, mein literarisches Leben auf den »Vers« zu stellen. Ein Entschluß, der übrigens schließlich, und zwar um vieles mehr als ich damals vermutete, das Richtige traf. Ich sagte mir: »wenn du jetzt ein Gedicht machst, das dir nichts einbringt, so hast du wenigstens ein Gedicht. Das Gedicht ist dein Besitz und wenn es nur leidlich gut ist, kann es immerhin für etwas gelten. Wenn du aber einen Aufsatz schreibst, den niemand haben will – und die Chancen des »Nicht-haben-wollens« sind immer sehr groß – so hast du rein gar nichts. Prosa darfst du nur schreiben, wenn sie von durchaus zahlungskräftigen Leuten von dir *gefordert* wird.« Dies letztere traf nun freilich selten ein, aber es kam doch vor, und die Verse, von denen ich glücklicherweise manches auf Lager hatte, trugen mir mehr ein, als man von einer Zeit, in der die sogenannten »hohen Honorare« noch nicht erfunden waren, hätte vermuten sollen. Ich war in jenen Tagen in Beziehungen zur Firma Cotta getreten, in deren »Morgenblatt« meine Gedichte vom alten Derfflinger, dem alten Zieten etc. und bald darnach auch meine Romanzen »Von der schönen Rosamunde« veröffentlicht worden waren und als sich um ein geringes später ein paar mutige Männer fanden, die nicht bloß diese vorgenannten Sachen, sondern auch noch andre kleine Dichtungen als Buch herauszugeben gedachten, war ich oben auf, besuchte meine damals in Schlesien im Kreise von Verwandten lebende Braut, überreichte ihr das ihr gewidmete Buch und versicherte ihr »die schönen Tage von Aranjuez seien nicht wie gewöhnlich vorüber, sondern brächen jetzt an«. Ein ungläubiges Lächeln störte mich nicht und ich kehrte guter Dinge nach Berlin zurück. Es ging hier auch alles zu meiner leidlichen Zufriedenheit weiter, bis der unglückliche Ausgang der Schlacht bei Idstedt mich mit einemmal aus meinem stillen und relativ glücklichen Tun und Treiben herausriß. Ich erinnere mich keines anderen Außenereignisses, das mich *so* getroffen hätte; ich war wie aus dem Häuschen. In einem richtigen politischen Instinkt hatte ich die Herzogtümerfrage, so lange sie »Frage« war, in ihrer ganz besonderen Wichtigkeit erkannt; all die Katzbalgereien in Deutschland, offen gestanden selbst die Schicksale des Frankfurter Parlaments, hatten mich vergleichsweise kalt gelassen, aber für Schleswig-Holstein war ich vom ersten Augenblick an Feuer und Flamme gewesen und hatte die preußische Politik, die dies alles in einer unglaublichen Verblendung auf den traurigen »Revolutionsleisten« bringen wollte, tief beklagt. Mein ganzes Herz war mit den Freischaren, mit »von der Tann« und Bonin und als dann später General Willisen an die Spitze der schleswig-holsteinschen Armee trat, übertrug ich mein Vertrauen auch auf diesen; die Deutschen mußten siegen. Und nun Idstedt! Ich war ganz niedergeschmettert und etliche Tage danach befand ich mich auf dem Wege nach Kiel, um in eins der regelrechten Bataillone einzutreten. Aber es war anders beschlossen, wie ich schon in einem früheren Kapitel erzählt habe. Gleich nach meinem Eintreffen in Altona, wo ich Station gemacht und im Hause eines kleinen holsteinschen Schulmeisters Quartier genommen hatte, traf mich ein mir aus Berlin nachgeschickter Brief mit Amtssiegel. Solche großgesiegelte Schriftstücke haben immer etwas Aengstliches für mich gehabt und ich überlegte, was ich verbrochen haben könnte. Zuletzt aber half kein Zögern und ich erbrach das Schreiben. Es enthielt die Mitteilung seitens meines väterlichen Freundes und Gönners W. von Merckel, daß ich im sogenannten »Literarischen Bureau« des Ministeriums des Innern eine diätarische Anstellung gefunden hätte. Das war eine große Sache. Der Mensch bleibt ein Egoist. Idstedt hatte mich aufrichtig erschüttert und das Schicksal der beiden »ungedeelten« lag mir nicht bloß redensartlich am Herzen; aber in diesem Augenblick siegte doch das Ich über das Allgemeine. Zwei Briefe schrieb ich noch in selber Stunde, von denen der eine an W. von Merckel gerichtete dankbarst akzeptierte, während der andre im Telegrammstil lautete: »Schleswig-Holstein aufgegeben. Wenn dir's paßt, im Oktober Hochzeit.«

ZWEITES KAPITEL

Hochzeit

Diese lapidare Mitteilung, der selbstverständlich Näheres auf dem Fuße folgte, ging nach Liegnitz. In der Antwort meiner Braut hieß es: »Also Oktober! Alle Verwandten, wie du dir denken kannst, haben lange Gesichter gemacht; aber niemand hat zu widersprechen oder auch nur abzuraten gewagt.« Hinzugefügt war seitens meiner Braut, daß sie demnächst nach Berlin kommen, eine Wohnung mieten und unsren »trousseau« beschaffen werde.

Das geschah denn auch und wir fanden alsbald eine Wohnung in der Puttkammerstraße.

Der 16. Oktober wurde von uns als Hochzeitstag angesetzt – es sei zwar ein Schlachttag, aber doch mit schließlichem Sieg – und als wir nah an diesen Tag heran waren, gingen wir zu Konsistorialrat Fournier, meinem alten Gönner aus Konfirmandentagen her, mit der Bitte uns trauen zu wollen. Wir fürchteten uns ein wenig vor diesem Gange, weil er nicht bloß ein Mann von sehr vornehmen Allüren, sondern auch von sehr praktisch nüchternem Verstande war, der als solcher sehr wahrscheinlich allerlei Bedenken, vielleicht sogar Mißbilligung äußern würde. Meine Braut, die er noch nicht kannte, machte aber ganz sichtlich einen überaus günstigen, beinah heitren und wie zur Schelmerei stimmenden Eindruck auf ihn, so daß er uns sofort in sein Herz schloß und statt uns herabzudrücken, uns erhob und ermutigte. Diese vom ersten Tag an uns erzeigte Liebe hat er uns bis an seinen Tod bewahrt, so daß wir, zwanzig Jahre später, den zur Notorität gelangten und seiner Zeit so viel besprochenen Fournier-Streitfall schmerzlich beklagten, eine Sache, die bestimmt war, diesen trotz mancher Eigenheiten – und zum Teil um derselben willen – sehr ausgezeichneten Mann, die letzten Lebensjahre zu vergällen. Er trat aus seinem Amte zurück. Ich gedenke noch seiner Abschiedspredigt, in der er, vor seiner ihn verehrenden Gemeinde, seinen Prozeß und seine Verurteilung leise berührte. Kein Ton von Bitterkeit drang durch. Das Gericht, das ihn verurteilt hatte, konnte nicht anders sprechen als es sprach; aber alles in der Sache war doch heraufgepufft und in den Motiven verzerrt. Er war strenggläubig, aber kein Zelot und stand – oft gerade da, wo er entrüstet schien – durchaus *über* den Dingen, mehr vielleicht, als er seiner Stellung und seinem Bekenntnis nach durfte. Durch und durch »Figur«, war er noch ganz von der alten Garde, deren Reihen sich immer mehr lichten. Dem Rechtsurteil, das ihn traf, unterwarf er sich nicht nur äußerlich, sondern auch in seinem eignen Gemüte. »Es ist meine Strafe; sie trifft mich da, wo ich gefehlt.« Denn er wußte sehr wohl, daß Hochmut der Fehler seines Lebens gewesen war.

Wir hatten natürlich auch einen Polterabend und die kleinen Räume waren ganz gefüllt, da nicht nur Verwandtschaft, sondern auch viele Tunnelmitglieder erschienen waren, einige davon direkt abdeputiert, um uns unter freundlicher Ansprache – Heinrich Smidt als Redner – ein hübsches und beinah wertvolles Geschenk zu überreichen. Alle Vereinsmitglieder hatten sich daran beteiligt, unter Ausschluß eines Einzigen, der sich bis dahin immer an mich gedrängt und gegen den ich, als ich von seiner Ablehnung erfuhr, einen wahren Haß faßte, den ich mir auch bis diesen Tag zu meiner ganz besonderen Freude bewahrt habe. Wenn man in einem dicken Buche, noch dazu bei Mitteilungen aus dem eignen Leben, dicht am Abschluß ist, ist es vielleicht gewagt, so noch nebenher rasch eine kleine Haß-Orgie feiern zu wollen. Aber ich kann darauf, auch wenn es Einzelnen Anstoß geben sollte, nicht verzichten, weiß ich doch, daß ich andern und sehr wahrscheinlich sogar einer Mehrheit damit aus der Seele sprechen werde. Denn *der*, um den sich's hier handelt, ist nur einer aus einer weitverzweigten Gruppe. Beinah überall da, wo sich Künstler, Musiker, Dichter zusammentun und einen Verein für ihr Vergnügen und ihre Interessen bilden, stellen sich sofort total unbefugte Personen ein, die bei völliger Unzugehörigkeit Kopf und Kragen daran setzen, in diesen Künstler- oder Dichterverein aufgenommen zu werden. In der Regel sind sie mit äußeren Glücksgütern gesegnet und gesellen sich zu diesem ihrem Vorzug auch noch Herzensgütigkeit und frohe Laune, so kann man sie sich nicht bloß gefallen lassen, sondern wird in ihnen auch Mitglieder haben, die durch die »Förderungen«, die sie gewähren können und tatsächlich oft gewähren, dem Vereine zu Nutz und Zierde gereichen. Aber dieser gute Wille, mit dem Einzigen, was sie haben, hilfreich zur Hand zu sein, ist auch ganz unerläßlich und wenn dieser gute Wille fehlt, wenn die betreffenden Leute sich nur mit einer ihnen au fond nicht zustehenden Genossenschaftszugehörigkeit vor der Welt herumzieren, im übrigen aber auch nicht das Geringste tun oder beisteuern und in ihrer weißen Halsbinde sich lediglich gerieren wollen, als ob sie schon *durch sich selbst* und ihre mehr oder weniger fragwürdige Gegenwart ein Schmuck und ein Stolz der Gesellschaft wären, so ist das nicht bloß ein elender Geiz, sondern auch Ueberhebung und in den schlimmen und schlimmsten Fällen ein Etwas, das an der Grenze der Unverschämtheit liegt.

Zu dieser letzteren Gruppe gehörte der aus purem Dünkel und Uebermut seinen Beitrag verweigernde Stockjobber, der sich, eitel und pfiffig, in unsern Tunnel eingedrängt hatte. Diesen Kranz auf sein Grab!

35 *Lange Brücke mit Denkmal des Großen Kurfürsten (Johann Heinrich Hintze)*

36 *Blick vom Dach des Zeughauses auf die Straße Unter den Linden (Carl G. Enslen)*

Doch zurück zu freundlicheren Bildern.

Am 15. Oktober war Polterabend gewesen, am 16. war Hochzeit. Ich habe viele hübsche Hochzeiten mitgemacht, aber keine hübschere als meine eigne. Da wir nur wenig Personen waren, etwa zwanzig, so hatten wir uns auch ein ganz kleines Hochzeitslokal ausgesucht und zwar ein Lokal in der Bellevuestraße – schräg gegenüber dem jetzigen Wilhelmsgymnasium – das »Bei Georges« hieß und sich wegen seiner »Spargel und Kalbkoteletts« bei dem vormärzlichen Berliner eines großen Ansehns erfreute. Dem Gastmahl voraus ging natürlich die Trauung, die zu 2 Uhr in der Fournierschen Kirche, Klosterstraße, festgesetzt worden war. Alles hatte sich rechtzeitig in der Sakristei versammelt, nur mein Vater fehlte noch und kam auch wirklich um eine halbe Stunde zu spät. Wir waren, um Fourniers willen, in einer tödlichen Verlegenheit. Er aber, ganz feiner Mann, blieb durchaus ruhig und heiter und sagte nur zu meiner Braut: »Es ist vielleicht von Vorbedeutung, – *Sie sollen warten lernen.*«

Und nun waren wir getraut und fuhren in unsrer Kutsche zu »Georges«, wo in einem kleinen Hintersaal, der den Blick auf einen Garten hatte, gedeckt war. Eine Balkontür stand auf, denn es war ein wunderschöner Tag. Draußen flogen noch die Vögel hin und her, aber es waren wohl bloß Sperlinge.

Das Arrangement hatten wir Wilhelm Spreetz überlassen. Wilhelm Spreetz, ein behäbiger Herr von Mitte 30, war Oberkellner im Café national hinter der Katholischen Kirche, *dem* Lokal also, drin wir seit einer ganzen Reihe von Jahren unsre Tunnelsitzungen hatten. Bei diesen Sitzungen uns zu bedienen, war der Stolz unsres literarisch etwas angekränkelten Wilhelm Spreetz, und als er davon hörte, daß ich Hochzeit machen wollte, bat er darum, dabei sein und so weit das in einem fremden Lokale möglich, alles leiten zu dürfen. Eine Bitte, die ich, schon weil ich an die

Macht freundlicher Hände glaube, mit tausend Freuden erfüllte.

Bei Tische, zu meinem Leidwesen, fehlte Fournier, was wohl damit zusammenhing, daß er von der mutmaßlichen Anwesenheit meines bethanischen Freundes Pastor Schultz gehört hatte. Beide paßten eigentlich vorzüglich zusammen, waren aber, der eine wie der andere, sehr harte Steine: Fournier ganz Genferischer, Schultz ganz Wittenbergischer Papst. Und so räumte denn Genf, klug und vornehm wie immer, das Feld.

Auf dem Tisch hin standen natürlich auch Blumen; aber was mir noch lieber war, auch schon bloß um des Anblicks willen, das waren die Menschen, die die Tafel entlang saßen. Ich bin sehr für hübsche Gesichter und fast alle waren hübsch, darunter viele südfranzösische Rasseköpfe. Doch verblieb der schließliche Sieg, wie das zum 16. Oktober auch paßte, dem Deutschtum. Unter den Gästen waren nämlich auch Eggers und Heyse, deren Profile für Ideale galten und dafür auch gelten durften.

Schultz brachte sehr reizend den Toast auf das Brautpaar aus und was das Reizendste für mich war, war, daß ein Bräutigam nicht zu antworten braucht. Ich beschränkte mich auf Kuß und Händedruck und aß ruhig und ausgiebig weiter, was, wie ich gern glaube, einen ziemlich prosaischen Eindruck gemacht haben soll. Als mir Schultz eine Weile schmunzelnd zugesehen hatte, sagte er zu meiner Frau: »Liebe Emilie, wenn der so fort fährt, so wird seine Verpflegung ihnen allerhand Schwierigkeiten machen.«

Diese Schwierigkeiten waren denn auch bald da: schon nach anderthalb Monaten flog meine ganze wirtschaftliche Grundlage, das »Litterarische Bureau«, in die Luft.

Ich hatte, wie schon angedeutet, geglaubt im Hafen zu sein und war nun wieder auf stürmischer See.

NACHWORT

Fontane hat uns eine vollständige und zusammenhängende Geschichte seines Lebens nicht überliefert, doch begleiten autobiographische Notizen und Einschübe von unterschiedlicher Ausführlichkeit das gesamte schriftstellerische Werk. So entstand aus den Erlebnissen seiner Aufenthalte in England eine Sammlung von kleinen Aufsätzen, die 1854 mit dem Titel »Ein Sommer in London« erschien. 1860 folgten weitere Berichte in dem Buch »Aus England – Studien und Briefe über Londoner Theater, Kunst und Presse«. In beiden finden sich Hinweise und Notizen über sein Leben in England, doch zumeist am Rande und eher beiläufig erwähnt.

Anders bei dem Buch über seine zweiwöchige Reise nach Schottland, die er im August 1858 mit dem Freund Bernhard von Lepel von London aus unternahm. Es erschien 1860 unter dem Titel »Jenseit des Tweed – Bilder und Briefe aus Schottland«. Hier berichtete Fontane von den Eindrükken seiner Reise und von seinen Erlebnissen, so daß man berechtigt ist, »Jenseit des Tweed« als autobiographischen Bericht zu werten.

Auch in den »Wanderungen durch die Mark Brandenburg« klingt diese Art des Berichtens immer wieder an. Es finden sich zahlreiche Stellen, in denen er Bezug auf die Geschichte des eigenen Lebens nahm, so z. B. in den Schilderungen seines Geburtsortes Neu-Ruppin im Abschnitt »Die Grafschaft Ruppin«. Als Fontane nach 1864 mit dem Ausbruch des Schleswig-Holsteinischen Krieges seine Tätigkeit als ›Kriegsberichterstatter‹ begann, waren es vor allem die Reisen an die Schauplätze der militärischen Auseinandersetzungen, die ihm Material für die geplanten Kriegsbücher, aber auch autobiographische Notizen einbrachten.

Im Mai und September 1864 reiste er nach Schleswig-Holstein und Dänemark, im August und September 1866 nach Böhmen und Süddeutschland, und schließlich war er im September 1870 und im April/Mai 1871 in Frankreich. Während der ersten Frankreichreise im Herbst 1870 geriet er Anfang Oktober in französische Gefangenschaft, wurde als vermeintlicher Spion verhaftet und auf die Atlantikinsel Oléron gebracht, bis die preußische Regierung nach knapp zwei Monaten seine Freilassung bewirken konnte.

Noch während der Gefangenschaft, unter dem unmittelbaren Eindruck der Erlebnisse, begann Fontane mit einem Bericht über diese Wochen, der dann nach seiner Rückkehr nach Berlin in der Vossischen Zeitung vorabgedruckt wurde und Anfang 1871 als Buch unter dem Titel »Kriegsgefangen – Erlebtes 1870« erschien. Der Untertitel sagt es: Es ist kein Bericht oder eine Sammlung von Reisenotizen, sondern das eigene Erleben, das Fontane in diesem Buch schildert.

Von seinen Gefühlen, von seinen Erlebnissen und von seinen Ängsten erzählt Fontane, und somit gehört »Kriegsgefangen« zu seinen autobiographischen Schriften, während der Bericht über die Reise des Frühjahrs 1871 »Aus den Tagen der Occupation – Eine Osterreise durch Nordfrankreich und Elsaß-Lothringen« mehr zu den Reiseschilderungen zu zählen ist, auch wenn kleine Einschübe aus der autobiographischen Sphäre den Text auflockern helfen.

Zusammenfassend kann man sagen, daß Fontane in den frühen Arbeiten der Jahre 1850 bis nach 1870 sich selbst, wenn überhaupt, mehr als Zuschauer einbrachte, um den Berichten Farbe und Unmittelbarkeit zu verleihen. Nur in »Jenseit des Tweed« und vor allem in »Kriegsgefangen« ist er Erlebender und Handelnder.

Vieles aus den Arbeiten dieser Jahre taucht später im erzählerischen Werk der achtziger und neunziger Jahre wieder auf. (H. H. Reuter hat wiederholt auf diese Zusammenhänge aufmerksam gemacht.) Damit deutet sich auch der vorbereitende Charakter vieler Arbeiten dieser Periode an, den eine briefliche Äußerung aus dem August 1882 unterstreicht: »Ich sehe klar ein, daß ich eigentlich erst bei dem 70er Kriegsbuche ... ein Schriftsteller geworden bin, d. h. ein Mann, der sein Metier als eine Kunst betreibt, als eine Kunst, deren Anforderungen er kennt ...«

Seine frühen Arbeiten benannte Fontane stets als mögliches Material für eine Biographie, wenn man ihn darum bat, so in einem Brief vom Dezember 1885: »... nehmen Sie hinzu, was in den verschiedenen Vorworten etc. zu meinen Wanderungen und last not least in meinem kl. Buche ›Kriegsgefangen‹ steht, so haben Sie die schönste Biographie ...«

Am deutlichsten äußerte er sich Maximilian Harden gegenüber, der ihn 1889 um autobiographisches Material gebeten hatte. »Wenn ich tot bin, und es findet sich wer, der mich der Nachwelt überliefern will, so geben ihm die Vorreden zu meinen verschiedenen Büchern, zum Teil die Bücher selbst – weil sie wie ›Kriegsgefangen‹, ›Aus den Tagen der Okkupation‹, ›Ein Sommer in London‹, ›Jenseit des Tweed‹ etc. Erlebtes enthalten – das beste Material an die Hand.«

Zu den unmittelbaren Aufzeichnungen müßten wir auch die Tagebuchaufzeichnungen und vor allem seine Briefe rechnen, die vielleicht seine wichtigsten autobiographischen Äußerungen überhaupt sind. Dies sollte jedoch mit der Einschränkung erfolgen, daß Fontane die Briefe nicht im Blick auf eine Publikation konzipiert und geschrieben hat. Erst postum sind sie zu einem unverzichtbaren Teil seiner Autobiographie geworden.

1885 erschien das Buch »Christian Friedrich Scherenberg und das literarische Berlin von 1840-1860«. Was vordergründig sich als die Biographie des Tunnelfreundes Scherenberg anbietet, ist darüber hinaus ein erster Versuch, nicht unmittelbar, sondern in gestaltender Rückschau eine Epoche des eigenen Lebens im Umkreis anderer zu gestalten. Je stärker dann ab 1878 das schriftstellerische Werk in den Vordergrund trat, um so mehr ging die Form des Berichts, die Schilderung des unmittelbar Erlebten zurück. Der Vorrat an vorgeformtem Erleben war groß und reichte für Jahre.

Erst im letzten Jahrzehnt bedurfte er der erinnernden Rückschau, recht eigentlich in dieser Form zum erstenmal. Es waren diesmal nicht die begleitenden Lebensumstände, die er aufzeichnete, vielmehr interessierten ihn Zeiten und Schichten des früher gelebten Lebens. So schrieb er 1891 aus einem Ferienaufenthalt in Wyk auf Föhr an seine Frau: »Ich beschäftige mich damit, mein Leben zu überblicken, allerdings in etwas kindischer oder doch mindestens in nicht sehr erhabener Weise; bei den ernsten Dingen verweile ich fast gar nicht; ich sehe sie kaum und lasse Spielereien, Einbildungen und allerhand Fraglichkeiten an mir vorüberziehen.« Es waren die Jahre und Jahrzehnte, die er bisher weitgehend ausgespart hatte, nun meldeten sie sich und wollten gehört werden.

1892 überschattete eine schwere körperliche und auch seelische Krise das Leben des 73jährigen, eine Weiterarbeit am Roman »Effi Briest« war nicht möglich, und vergebens suchte er im Riesengebirge Erholung und Besserung. Erst nach der Rückkehr nach Berlin im Herbst gelang ihm eine Art Befreiung. Er begann die Erinnerungen an seine Kinderjahre zu schreiben, die Geschichte seiner Kindheit bis zum zwölften Jahr. Hauptsächlich beschrieb er die in Swinemünde verlebten Jahre in einem »autobiographischen Roman«, wie er »Meine Kinderjahre« schließlich im Untertitel nannte. Und mit der ›Verarbeitung‹ der Swinemünder Jahre war auch der Weg für die weitere Arbeit frei, für die Arbeit am Roman der Effi Briest, denn Kessin ist Swinemünde.

1893, rechtzeitig zum Weihnachtsfest, erschien »Meine Kinderjahre«, und im Oktober des darauffolgenden Jahres begann der Vorabdruck von »Effi Briest«, ein Jahr später erschien die Buchausgabe.

Während der Arbeit an den ersten Kapiteln der Kindheitserinnerungen im Herbst 1892 plante Fontane noch eine Fortsetzung, die »Schuljahre«, wie er im Oktober an den Chefredakteur der ›Deutschen Rundschau‹, Julius Rodenberg, schrieb. Aber dazu kam es dann doch nicht, der poetische Reiz der Kinder- und frühen Jugendjahre ließ sich nicht ohne weiteres weiterführen, und durch die weitere Romanarbeit wurden andere Zeiten und Epochen für ihn wesentlich wichtiger.

Im Spätherbst 1895 arbeitete Fontane an den Hauptpartien eines »kleinen politischen Romans«, wie er die Skizzen in einem Brief nannte, und das war wohl eines der ersten Brouillons für den »Stechlin«, den großen Altersroman. Aus den ersten Vorarbeiten wurde Anfang 1896 ein Romanentwurf, der sich mit Änderungen, Korrekturen und Umstellungen zur Fassung für den Vorabdruck verdichtete, die im Spätsommer fertiggestellt werden konnte.

Parallel dazu lief eine Arbeit an weiteren Teilen seiner Erinnerungen und Beschreibungen seines Lebens, welche, die Schuljahre aussparend, mit dem Beginn der Lehrjahre in der Roseschen Apotheke in Berlin einsetzen sollten.

Ähnlich wie die Kinderjahre in Swinemünde für den Roman »Effi Briest« wichtig waren, wurde ihm jetzt die Epoche seines Lebens in Berlin, in Leipzig, Dresden und wieder in Berlin für die Arbeit am »Stechlin« wichtig. Auch hier hat H. H. Reuter zahlreiche Hinweise und Belege aufgeführt.

Aber diese Jahre forderten zu ihrer Verdeutlichung immer wieder Hinweise, die teils in die Zeit zurückblenden, aber auch teils vorgreifen mußten, und sie ließen sich nicht so dicht zusammenfügen wie die wenigen Jahre in Swinemünde. Auch eine zeitliche Eingrenzung wurde nur in dem etwas vagen »Von Zwanzig bis Dreißig« gefunden, und das wurde auch der Titel des zweiten Teiles der Autobiographie, wobei der Charakter der Sammlung mehrerer Teile durch den Untertitel ›Autobiographisches‹ offen genannt wurde. Es gab darüber hinaus vieles, das sich hier nicht einfügen wollte. Fontane wählte den Arbeitstitel »Kritische Jahre – Kritikerjahre« für diese erst postum veröffentlichte Sammlung von Erinnerungsskizzen.

Der Vorabdruck einer Arbeit war für Fontane aus verschiedenen Gründen äußerst wichtig. Einmal führte er zu einer wichtigen finanziellen Mehreinnahme, zum anderen wandte er sich mit dem Druck in einer großen Zeitschrift an ein weit größeres Publikum, das die Auflage eines Buches kaum je erreichen konnte. In den letzten Jahren hatte Fontane eine für ihn durchaus günstige und wichtige Verbindung zur »Deutschen Rundschau« und ihrem Chefredakteur Julius Rodenberg gefunden. Die Romane »Unwiederbringlich« und »Effi Briest« waren dort erschienen, er hätte auch gern das Manuskript für die »Kinderjahre« dieser Zeitschrift gegeben, aber Rodenberg verlangte Einschränkungen und Kürzungen, die Fontane nicht leisten konnte und wollte. Schließlich verzichtete er auf den Vorabdruck, lediglich zwei Kapitel wurden in zwei nicht sehr bekannten Zeitschriften vorabgedruckt.

Auch »Von Zwanzig bis Dreißig« eignete sich in voller Länge schwer für einen Abdruck in einer Zeitschrift, und so versuchte Fontane von Anfang an, verschiedene Kapitel in verschiedenen Zeitungen unterzubringen.

So wurde der Vorabdruck der Erinnerungen, der sich über Jahre erstreckte, fast eine Geschichte für sich. Es begann mit der neuen Kunst- und Literaturzeitschrift »PAN«, deren erster Jahrgang 1895/96 erschien. Bereits seit August 1894 gehörte Fontane neben Richard Dehmel, Wilhelm Bode, Eberhard Freiherr von Bodenhausen u. a.

dem Redaktionsausschuß an und blieb bis Herbst 1895 in diesem Gremium. In dieser, textlich und vor allem ausstattungsmäßig, exklusiven Zeitschrift erschienen in den Heften des ersten Jahrgangs drei Kapitel der Erinnerungen noch unter dem beziehungsreichen Gesamttitel »Aus meinem Leben« und im letzten Heft die Gedichte »Lurenkonzert«, »Fire, but don't hurt the flag« und »Die Balinesenfrauen«.

Hier fand sich Fontane zum erstenmal von Namen der modernen nationalen und internationalen Kunst und Literatur umgeben. Im zweiten Heft, in dem das Kapitel über die Literarischen Vereine erschien, folgte wenige Seiten danach die Gedichtfolge »Terzinen« des 21jährigen Hugo von Hofmannsthal, der noch unter dem Pseudonym Loris veröffentlichte.

Während des Vorabdrucks im »PAN« nahm Fontane noch einmal Verbindung zur »Deutschen Rundschau« und ihrem Herausgeber Julius Rodenberg auf, obwohl die Erfahrungen bei dem versuchten Vorabdruck von »Meine Kinderjahre« dagegen sprachen.

Im Juni 1895 bot er Rodenberg das »Tunnelkapitel« zum Vorabdruck an. »Ich habe seit etwa einem Jahr, aber glücklicherweise mit Unterbrechungen, an einer Fortsetzung meiner Lebenserinnerungen gearbeitet, und dieser 2. Teil ist im Entwurfe nahezu fertig. Ihnen denselben in seiner Totalität anzubieten, so grausam bin ich nicht und auch nicht so töricht. Aber die das Mittelstück des Buches bildende Abteilung, die den Titel führt: ›Der Tunnel über der Spree‹, wäre vielleicht etwas für die ›Rundschau‹. Sie persönlich haben, glaub ich, ein Interesse für Dinge der Art, und das Publikum hat es wenigstens zum Teil. Der beiliegende Zettel gibt den Inhalt näher an. Umfang zwischen 4 und 5 ›Rundschau‹-Bogen, so daß es wohl durch drei Nummern laufen würde. Zeit des Erscheinens, wenn nur bis Ostern 96 oder selbst in den drei folgenden Monaten, April, Mai, Juni stattfindend, wäre mir gleichgültig. Ich füge noch hinzu, daß ich – weil ich zu wissen glaube, daß die ›Rundschau‹ für Nicht-Novellistisches nur sehr ungern höhere Honorare zahlt – mit einem Honorar von 300 Mark pro Bogen zufriedengestellt sein würde.«

Rodenberg zeigte sich interessiert und Fontane sandte ihm Anfang 1896 das Manuskript zu und gestand Rodenberg Kürzungen zu, von denen dieser auch Gebrauch machte. Die Art und Weise dieser Eingriffe verstimmten Fontane aber derartig, daß mit diesem Vorabdruck die Verbindung zur »Deutschen Rundschau« und zu Julius Rodenberg ihr Ende fand. Während er sich in seinen Briefen noch resignierend-verbindlich zeigte, beschrieb er in einer Tagebuchnotiz des Jahres 1896 die wirkliche Situation. »Im Winter 95 auf 96 beende ich den zweiten Band meiner ›Erinnerungen‹ und übergebe den ›Tunnelabschnitt‹, der das Mittelstück und den Hauptinhalt des Bandes bildet, zum Abdruck an Rodenberg. Er nimmt es auch, schlägt aber wieder eine Volte, und wie Gott den Schaden besieht, bringt er nicht das Ganze, sondern die Hälfte des etwa 8 Kapitel umfassenden Abschnitts. – Die Verfahren und überhaupt seine gesamte, nur seinen Vorteil im Auge habende Haltung bestimmen mich, von ihm abzuspringen und mir andre Zeitschriften zu suchen. Ich beklage es sehr, mich dazu – beinah auch ehrenhalber – gezwungen zu sehen. Es hat sich so getroffen, daß er alles Beste, was ich geschrieben habe, in seiner ›Deutschen Rundschau‹ veröffentlichen konnte und da er nach Kellers und Storms Tode eigentlich nur noch mich hatte, so mußte er mich danach behandeln und so entgegenkommend mit mir verfahren, wie er mit Keller verfahren ist; das hat er aber nicht getan. Er war immer artig und verbindlich, aber ohne jede Rücksicht auf das Interesse des andern. Das wurde mir zuletzt zuviel. Gewiß hat ein Redakteur allem vorauf sein Blatt im Auge zu behalten und das zu tun, was dem Blatt dient; aber um seinem Blatte dienen zu können, muß er gelegentlich auch den Leuten dienen, die durch ihre Mitarbeit das Blatt recht eigentlich machen. Unterläßt er das und schafft dadurch Unmut, so wenden ihm die Mitarbeiter den Rücken und die selbstsüchtige, sich überschlagende Klugheit wird ihm und seinem Blatte schädlich. Dazu kam noch, daß er sich nicht einmal auf hohe Honorare berufen konnte. Das literarische Ansehn seines Blattes sollte alles tun, so wie eine Zeit lang bei Wilh. Hertz das Firmenansehn alles tun sollte. Ja, eine Zeit lang geht das, aber mit einem Male ist der Kladderadatsch da. Das bleibt bestehn, daß ich den Bruch beklage (denn alle andern Blätter sind scheußlich), aber dieser Bruch wurde mir aufgezwungen. Die Klugen rechnen zuletzt doch nie ganz richtig.« Damit fiel die »Deutsche Rundschau« für weitere Kapitel aus.

Aber in diesen Monaten ergab sich eine Verbindung zu einer neu erscheinenden internationalen Zeitschrift, der in drei Sprachen in London, Wien und Berlin herausgegebenen Revue »Cosmopolis«, deren Redakteur für den deutschen Teil Ernst Heilborn war. In ihr erschienen im Oktober 1896 der »18. März«, das Revolutionskapitel und kurz vor dem Erscheinen der Buchausgabe im Frühjahr 1898 das Kapitel mit den Erinnerungen an den Freund Bernhard von Lepel.

Auch in dieser Zeitschrift fand sich Fontane in einem Kreis, dem er bei früheren Abdrucken kaum begegnet war.

Zu einer besonderen Begegnung aus den Tagen »Von Zwanzig bis Dreißig« kam es auf den Seiten von »Cosmopolis«. Das Dezemberheft 1896 brachte unter dem Titel »Literary Recollections« die Erinnerungen von Max Müller, dem bekannten Sprachforscher, den Fontane in Dresden als Student kennengelernt hatte, und den er in seinen Erinnerungen über Dresden und auch bei einem Wiedertreffen in London 1856 erwähnte (siehe S. 111ff).

Auch Müller sprach von Fontane in seinem Beitrag, und seine Beschreibung gipfelte in dem Satz: »... he began life in a chemist's shop, and had a very hard struggle through life, which pretended his growing to his full hight.«

Einen weiteren Abdruck plante Fontane in der Zeitschrift »Die Zukunft« von Maximilian Harden. Er hatte das Kapitel über seinen Onkel August dafür vorgesehen. Im Herbst 1896 bot er Harden den Text an. »Ueberblick ich, was ich von Kapiteln habe, so finde ich zwei, die sich vielleicht eignen und zwischen denen Sie gütigst entscheiden mögen. Das eine Kapitel würde ich nennen: ›Mein Leipzig lob ich mir‹, das andre: ›Mein Onkel August.‹

Das erstere ist ein Bild Leipzigs aus den ersten 40er Jahren (Herwegh-Zeit) das andre ein Charakterbild meines Onkels und seiner Frau, in deren Hause ich meine Berliner Schuljahre und dann später meine Leipziger Tage verbracht habe, Charakterbild aber auch Räubergeschichte. Mein Onkel, Halbbruder meines Vaters und auch Fontane benamset, war ein Ausbund von Liebenswürdigkeit und zugleich ein Ausbund von – Fragwürdigkeit, ein verwöhnter Liebling, und dazu Schofelinski und Waschlapski in einer Person. Nicht Krapulinski, – dazu sah er zu gut aus und trug zu reine Vatermörder. Ich führe sein Leben (und das seiner Frau, die noch merkwürdiger war) bis zu Ende durch. Er starb natürlich in Amerika. Die ganze Geschichte ist aber nicht lang, höchstens halb so lang wie der Aufsatz in Cosmopolis.«

Harden stimmte zu, aber Fontane beschäftigte sich erst wieder nach Jahresfrist, im Herbst 1897, mit seinen Erinnerungen und bot nun den gesamten Abschnitt »Mein Leipzig lob ich mir« der Sonntagsbeilage der »Vossischen Zeitung« an. Dabei hatte er Teile der Kapitel, die sich mit ›Onkel August‹ befaßten, in diesen Abschnitt eingearbeitet und mußte nun im November 1897 Harden um Verständnis dafür bitten. »Eben habe ich ... ein ziemlich dickes Manuskript, fünf Kapitel abgehen lassen, unter dem gemeinschaftlichen Titel: ›Mein Leipzig lob ich mir‹. Das wäre nun weiter kein Verbrechen. Aber es kommt. In die beiden Schlußkapitel habe ich starke Bruchteile aus dem früher zwischen uns verhandelten ›Mein Onkel August‹ eingeschoben und für diese Tat rufe ich Ihre nachsichtige Beurteilung an. Ich hoffe, daß sie mir zuteil wird. Meine Stellung zu dieser biographischen Skizze hat sich nicht verändert; sie, die Skizze, paßt aus feineren Anstandsgründen nicht dazu, dem Publikum als etwas Selbständiges vorgestellt zu werden, aber zu verschämter Unterbringung eignet sie sich vielleicht. Daraufhin habe ich es gewagt und rechne vor allem auf Ihren aus andern Gründen zu erbittenden Spezialpardon.«

Harden reagierte verständlicherweise verärgert, und Fontane zog daraufhin alles den Onkel Betreffende zurück. So erschienen in den Sonntagsbeilagen der »Vossischen Zeitung« im November und Dezember 1897 unter der Überschrift »Mein Leipzig lob' ich mir« die ersten fünf Kapitel dieses Abschnittes. (S. 79ff unserer Ausgabe.)

Im Februar 1898 lieferte Fontane das Manuskript für die Buchausgabe an den Verlag seines Sohnes Friedrich, an den Verlag Fontane & Co. Und Anfang Juni, während seines Sommeraufenthaltes auf dem Weißen Hirschen bei Dresden, erhielt er das erste Exemplar.

Es gefiel ihm durchaus, und so schrieb er seinem Sohn: »Heute früh ... empfing ich Buch und Karte. Sei bestens bedankt. Ich fing gleich tapfer an zu lesen, habe wenigstens 150 Seiten bewältigt und bin bis jetzt noch keinem schrecklichen Druckfehler begegnet. Im Gegenteil, verhältnismäßig alles sehr gut; habe also alle Ursach, mit Bonde zufrieden zu sein. Auch der Einband gut (klappt vorzüglich auf), und die Dicke des Ganzen stört nicht, weil jede einzelne Seite klar, gefällig, übersichtlich wirkt. Mama rührt mich dadurch, daß sie mit allem, was sie betrifft, einverstanden ist und an dem ›Mächen mit de Eierkiepe‹ und Ähnlichem keinen Anstoß nimmt, was ich anfangs fürchtete. Für einen richtigen Leser – und nur auf solche kann ich Rücksicht nehmen – ist gerade diese Jugendschilderung eine vollständige Verherrlichung.«

Noch während des Aufenthaltes schrieb er zahlreiche Briefe, mit denen das Buch an Freunde und Bekannte versandt werden sollte. So unter anderem auch an Harden: »Hochgeehrter Herr. In Beifolgendem bitte ich Ihnen mein Neustes überreichen und Ihnen bei der Gelegenheit, nicht aus Rechthaberei sondern aus Friedensbedürfnis und gutem Gewissen, noch einmal versichern zu dürfen, daß meine Haltung in der bekannten Sache keine Spur von dolus oder auch nur Herauswinderei zu Grunde lag. Alles so, wie ich's Ihnen schrieb und ich nehme an, Sie glauben's und nicken zustimmend.«

Am 28. Juni kehrten Fontane und seine Frau nach Berlin zurück, und am nächsten Tag, am 29. Juni, konnten sie in der »Vossischen Zeitung« eine große Besprechung der Erinnerungen von Ludwig Pietsch lesen, der unter anderem schrieb: »Nie war eine Autobiographie freier von jener Schwäche, an der solche Memoiren nur gar zu häufig kranken: von der Selbstbespiegelung, von dem Bestreben, den Lesern ein möglichst schmeichelhaftes Bild von dem Autor zu entwerfen. Fontane verfährt oft wahrhaft grausam mit der Hauptperson seines Buches, d. h. seiner eigenen. Aber freilich – alle die dem eigenen Menschen von ihm nachgesagten Fehler, Irrtümer, schwache und komische Seiten, begangene Torheiten, verkehrte Handlungen, unterlassene Guttaten, lassen ihn uns nicht weniger liebenswert und sympathisch erscheinen. Wer so schonungslos mit seinem Selbst verfährt, braucht sich auch nicht davor zu scheuen, seiner Meinung und Anschauung von den anderen rückhaltlos Ausdruck zu geben. Von diesem Recht macht denn auch Fontane ausgiebigen Gebrauch. Aber gerade dadurch kommen die zahlreichen Bildnisse seiner Zeitgenossen, seiner Freunde und Bekannten, seiner Mitstrebenden und Konkurrenten auf literarischem Gebiet wie seiner lieben Verwandten, Prinzipale und Lebensgenossen so menschlich wahr heraus. Sein Auge sieht zu scharf, seine Beobachtungsgabe ist zu sicher und unbefangen, um die Menschen falsch, etwa als fehlerlose Idealwesen zu sehen: und seine Wahrheitsliebe zu groß und echt, sein realistisches Künstlergewissen zu streng, als daß er sie wider besseres Wissen als solche zu zeichnen vermöchte.«

Fontane war entzückt und bedankte sich umgehend bei Pietsch: »Gestern Abend bin ich retourniert, heute früh avanciert. Seien Sie herzlichst bedankt. Es ist ein Kabinettstück, wobei ich mir bewußt bin, daß meine Freude daran nicht bloß ein Kind empfangener großer Freundlichkeiten, sondern zugleich ein ästhetisches Produkt ist. Gelobtwerden ist immer gut, aber den Ausschlag gibt doch das ›wie‹. Ganz besonders dankbar bin ich Ihnen für den Hinweis darauf, daß ich andern zu Leibe rücke, mir selbst aber auch. Und hätte ich meiner Neigung folgen können, so wäre ich noch ganz anders gegen mich losgegangen, denn inmitten aller Eitelkeiten, die man nicht los wird, kommt man doch schließlich dazu, sich als etwas sehr Zweifelhaftes anzusehn. ›Thou comest in such a questionable shape.‹ Nochmals allerschönsten Dank. Ich rangiere es unter früher erfahrene Liebestaten ein, aber nicht unten oder in der Mitte, sondern obenan.«

Fast alle Besprechungen, die in den folgenden Wochen erschienen, lobten die Erinnerungen, nur einige bemängelten, daß der eine oder andere seiner Zeitgenossen nicht gebührend geschildert worden sei. Auch im Bekannten- und Familienkreise wurde dies geäußert, und Fontane verteidigte sich in einem Brief an seinen Sohn Friedel. »Theo hat mir 2mal geschrieben; sehr nett. Er findet, daß Heyse zu kurz gekommen ist, und Mama und Martha stimmten gleich mit ein. Sie alle (auch Theo) betrachten solche Schreiberei wie Sache der Freundschaft, der Courteoisie etc. Das geht aber nicht. Von Courteoisie ist in dem ganzen Buche nicht die Rede; das, überlasse ich denen, denen dergleichen Spaß macht. Natürlich hat man auch in bestimmten Fällen Rücksicht zu nehmen, so ich, wie nicht bestritten werden soll, Heyse gegenüber. Aber solche Rücksichten habe ich auch genommen; ich habe nur Anerkennendes, Schmeichelndes, Huldigendes über ihn gesagt; noch weiter gehen konnte ich nicht, denn so klug, so fein, so geistvoll, so äußerlich abgerundet bis zur Meisterschaft er ist, so ist doch die Kluft zwischen ihm und mir zu groß . . .«

Es war das letzte seiner Bücher, das er noch in Händen halten konnte. Die Buchausgabe des »Stechlin« erschien erst im Oktober 1898, kurz nach Fontanes Tod am 20. September. Zum Jahresende lagen zwei neue Bücher von ihm vor: »Der Stechlin« – und »Von Zwanzig bis Dreißig«, von letzterem mußte schon bald eine zweite und dritte Auflage gedruckt werden.

Otto Drude

Die Abbildungen wurden entnommen aus:

Fontane. Zum 150. Geburtstag. Ausstellungskatalog der Landesgeschichtlichen Vereinigung für die Mark Brandenburg Berlin und seine nächsten Umgebungen. Berlin 1981: 16, 32;

Theodor Fontane. Ausstellungskatalog Akademie der Künste. Berlin 1970: 1, 2, 4, 7, 8, 27;

Theodor Fontane 1819–1889. Stationen seines Werkes. Ausstellung Deutsches Literaturarchiv. Marbach 1969: 10, 11, 12, 13, 14, 15, 17, 18;

Theodor Fontane: Von Zwanzig bis Dreißig. Berlin 1898: Frontispiz;

Janos Frecot/Helmut Geisert: Berlin. Frühe Photographien. Berlin 1857–1913. Berlin 1984: 19, 20, 21, 22, 28;

Ludwig Rellstab: Berlin und seine nächsten Umgebungen. Berlin 1854: 3, 5, 6, 9, 33, 34;

Irmgarth Wirth: Eduard Gaertner. Der Berliner Architekturmaler. Berlin 1979: 23, 24, 25, 26;

––: Berlin 1650–1914. Berlin 1979: 29, 30, 31, 35, 36.

Zu dieser Ausgabe

insel taschenbuch 985
Theodor Fontane
Von Zwanzig bis Dreißig
Autobiographisches

In den Ausgaben der »Gesammelten Werke« erschienen die Erinnerungen in den Bänden 2 und 3 der Zweiten Abteilung. 1910 und 1913 druckte der Verlag illustrierte Ausgaben, es waren die 6. und 7. Auflage. Der S. Fischer Verlag, der die Rechte übernahm, brachte »Von Zwanzig bis Dreißig« in der »Jubiläumsausgabe« und in der Ausgabe der »Gesammelten Werke« jeweils in der 2. Abteilung und gab 1925 als 19. Auflage eine Sonderausgabe heraus. Nach 1945 erschien »Von Zwanzig bis Dreißig« als Band XV in der Nymphenburger Ausgabe und im 4. Band der zweiten Abteilung der Hanser-Ausgabe. 1982 veröffentlichte der Aufbau-Verlag die »Autobiographischen Schriften« in drei Bänden. Band 2 enthält »Von Zwanzig bis Dreißig« im normalisierten Text der Erstausgabe mit ausführlichen Angaben zur Entstehung, zu den Vorabdrucken, zu den Handschriften und mit zahlreichen Zitaten aus den zeitgenössischen Rezensionen.
Der Text unserer Ausgabe folgt der Erstausgabe »Von Zwanzig bis Dreißig«, Autobiographisches von Theodor Fontane, F. Fontane & Co., 1898. Die Bildvorlagen für die Abbildungen im Text stellte der Herausgeber dem Insel Verlag freundlicherweise zur Verfügung. Umschlagabbildung: Theodor Fontane. Ölgemälde von Carl Breitbach (1889). Berlin, Märkisches Museum. Mit freundlicher Genehmigung des Bildarchivs Preußischer Kulturbesitz, Berlin.

Theodor Fontane
im insel taschenbuch

- Allerlei Glück. Plaudereien. Skizzen. Unvollendetes. Ausgewählt und herausgegeben von Otto Drude. it 641
- Cécile. Mit einem Nachwort von Walter Müller-Seidel. it 689
- Effi Briest. Mit Lithographien von Max Liebermann. it 138
- Frau Jenny Treibel oder »Wo sich Herz zum Herzen findet«. Roman. Mit einem Nachwort von Richard Brinkmann. it 746
- Irrungen, Wirrungen. Roman. it 771
- Meine Kinderjahre. Ein autobiographischer Roman. Herausgegeben von Otto Drude. it 705
- Schach von Wuthenow. Erzählung aus der Zeit des ›Regiments Gendarmes‹. Mit einem Nachwort von Benno von Wiese. it 816
- Der Stechlin. Mit einem Nachwort von Walter Müller-Seidel. it 152
- Stine. Roman. Mit einem Nachwort von Peter Demetz. it 899
- Unwiederbringlich. Roman. Mit einem Nachwort von Gottfried Honnefelder. it 286
- Von Zwanzig bis Dreißig. Herausgegeben von Otto Drude. it 985
- Vor dem Sturm. Roman aus dem Winter 1812 auf 13. Mit einem Nachwort von Hugo Aust. it 583
- Ein Leben in Briefen. Herausgegeben von Otto Drude. Mit zahlreichen Abbildungen und Handschriften-Faksimiles. it 540

102/1/3.87

Goethe im Insel Verlag

Goethe, Johann Wolfgang von: Insel-Goethe. 6 Bände. Herausgegeben von Emil Staiger, Walter Höllerer, Hans-J. Weitz, Nobert Miller u. a. Leinen in Kassette.
– – Sonderausgabe. Broschiert.
– Jubiläumsausgabe in sechs Bänden. Aus Anlaß des 150. Todestages am 22. März 1982. Gebunden, mit Dekorüberzug.

Einzelausgaben
– Briefe an Auguste Gräfin zu Stolberg. Herausgegeben und mit einem Nachwort von Jürgen Behrens. Mit Abbildungen und Faksimiles. IB 1015
– Dichtung und Wahrheit. Mit Bildmaterial. 3 Bde. in Kassette. it 149/150/151 und Leinen
– Elegie von Marienbad. September 1823. Faksimile einer Urhandschrift. Herausgegeben von Christoph Michel und Jürgen Behrens. Mit einem Geleitwort von Arthur Henkel. Faksimile und Kommentarband zusammen in Kassette. Leder
– Die erste Schweizer Reise. it 300
– Faust I. Mit Illustrationen von Eugène Delacroix und einem Vorwort von Jörn Göres. it 50
– Faust. Zweiter Teil. Faksimile der Erstausgabe. Leinen und Leder
– Faust II. Mit Federzeichnungen von Max Beckmann. Mit einem Nachwort zum Text von Jörn Göres und zu den Zeichnungen von Friedhelm Fischer. it 100
– Faust. Gesamtausgabe. Leinen und Leder
– Faust. Drei Fassungen. Urfaust. Faust. Ein Fragment. Faust. Eine Tragödie. Herausgegeben mit einem Nachwort von Werner Keller. 2 Bde. it 625
– Frühes Theater. Mit einer Auswahl aus den dramaturgischen Schriften 1771-1828. Herausgegeben und mit einem Nachwort von Dieter Borchmeyer. it 675
– Gedichte in einem Band. Herausgegeben von Heinz Nicolai. Leinen
– Gedichte in zeitlicher Folge. Herausgegeben von Heinz Nicolei. 2 Bde. Leinen und it 350
– Goethes Gedanken über Musik. Eine Sammlung aus seinen Werken, Briefen, Gesprächen und Tagebüchern. Herausgegeben von Hedwig Walwei-Wiegelmann. Mit achtundvierzig Abbildungen erläutert von Hartmut Schmidt. it 800
– Goethes Liebesgedichte. Ausgewählt und herausgegeben von Hans Gerhard Gräf. Mit einem Nachwort von Emil Staiger. Insel-Bibliothek. Leinen und it 275

101/1/2.87

Geschenkausgaben
in Suhrkamp und Insel Verlag

Carossa, Hans: Jubiläumsausgabe in fünf Bänden. Insel Verlag

Dostojewskij, F. M.: Die großen Romane in acht Bänden. Insel Verlag

Goethe, Johann Wolfgang von: Jubiläumsausgabe in sechs Bänden. Insel Verlag

Hesse, Hermann: Die Romane und die Großen Erzählungen. Jubiläumsausgabe zum hundertsten Geburtstag. Acht Bände. Suhrkamp Verlag

– Gesammelte Erzählungen. Geschenkausgabe in sechs Bänden. Suhrkamp Verlag

Hölderlin, Friedrich: Geschenkausgabe in vier Bänden. Insel Verlag

Kin Ping Meh: oder Die abenteuerliche Geschichte von Hsi Men und seinen sechs Frauen. Aus dem Chinesischen von Franz Kuhn. Mit Holzschnitten. Geschenkausgabe in vier Bänden. Insel Verlag

Luther, Martin: Ausgewählte Werke in sechs Bänden. Herausgegeben von Karin Bornkamm und Gerhard Ebeling. Im Schmuckschuber. Insel Verlag

Nestroy, Johann: Geschenkausgabe in sechs Bänden. Herausgegeben und mit einer Einführung von Franz H. Mautner. Insel Verlag

Niebelschütz, Wolf von: Der Blaue Kammerherr. Galanter Roman. Geschenkausgabe in vier Bänden. Suhrkamp Verlag

Penzoldt, Ernst: Die schönsten Erzählungen. Geschenkausgabe in fünf Bänden. Suhrkamp Verlag

Proust, Marcel: Auf der Suche nach der verlorenen Zeit. Aus dem Französischen von Eva Rechel-Mertens. Geschenkausgabe in zehn Bänden im Schmuckschuber. Suhrkamp Verlag

Rilke, Rainer Maria: Werke. Geschenkausgabe in sechs Bänden. Ausgewählt und herausgegeben vom Insel Verlag. Mit einer Einleitung von Beda Allemann. Im Schmuckschuber. Insel Verlag

Shakespeare, William: Die großen Dramen, Tragödien, Historien und Komödien. Ausgewählt, nach den Erstdrucken neu übersetzt und erläutert von Rudolf Schaller. Geschenkausgabe in zehn Bänden. Insel Verlag

Tolstoj, Leo N.: Sämtliche Erzählungen. Herausgegeben, übersetzt und mit Anmerkungen von Gisela Drohla. Geschenkausgabe in acht Bänden. Insel Verlag

– Die großen Romane

Wagner, Richard: Dichtungen und Schriften. Herausgegeben von Dieter Borchmeyer. Jubiläumsausgabe in zehn Bänden. Insel Verlag

Walser, Robert: Die Romane und Erzählungen. Geschenkausgabe in sechs Bänden. Suhrkamp Verlag

91/1/8.84